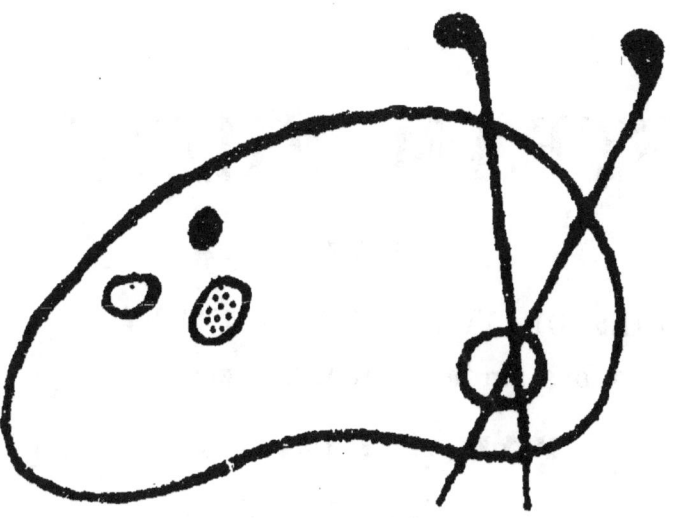

Début d'une série de documents en couleur

VIE ET OPINIONS

DE

TRISTRAM SHANDY

GENTILHOMME

SUIVIES DU VOYAGE SENTIMENTAL

ET DES LETTRES D'YORICK A ÉLISA

PAR STERNE

TRADUCTIONS NOUVELLES

PAR M. LÉON DE WAILLY

TOME SECOND

PARIS

G. CHARPENTIER, ÉDITEUR

13, RUE DE GRENELLE-SAINT-GERMAIN, 13

—

1882

Extrait du Catalogue de la BIBLIOTHÈQUE-CHARPENTIER
13, RUE DE GRENELLE-SAINT-GERMAIN, 13, PARIS
à 3 fr. 50 le volume.

CHOIX DE ROMANS

EDMOND ET JULES DE GONCOURT

Renée Mauperin.
Madame Gervaisais.
Charles Demailly.

Germinie Lacerteux.
Manette Salomon.
Sœur Philomène.

EDMOND DE GONCOURT

La fille Élisa.
Les frères Zemganno.
La Faustin.

H. CÉARD

Une belle journée.

PH. BURTY

Grave imprudence.

FERDINAND FABRE

Mon oncle Célestin.
Julien Savignac.

H. HENNIQUE

La Dévouée.

J. K. HUYSMANS

Les sœurs Vatard.

ANDRÉ THEURIET

Le mariage de Gérard.
Le filleul d'un marquis.

Le fils Maugars.
Raymonde.

JULES VALLÈS

JACQUES VINGTRAS : I. L'Enfant. — II. Le Bachelier.

PAUL ALEXIS

La fin de Lucie Pellegrin.

LUCIEN BIART

La Capitana.

LÉON CLADEL

Les Va-nu-pieds.
Bonshommes.

DURANTY

Les six barons de Septfontaines.
Le malheur d'Henriette Gérard.

GABRIEL GUILLEMOT

Le roman d'une Bourgeoise.

RENE MAIZEROY

Le capitaine Bric-à-Brac.

EDGAR MONTEIL

Henriette Grey.
Antoinette Margueron.

Paris. — Imp. E. Capiomont et V. Renault, rue des Poitevins, 6.

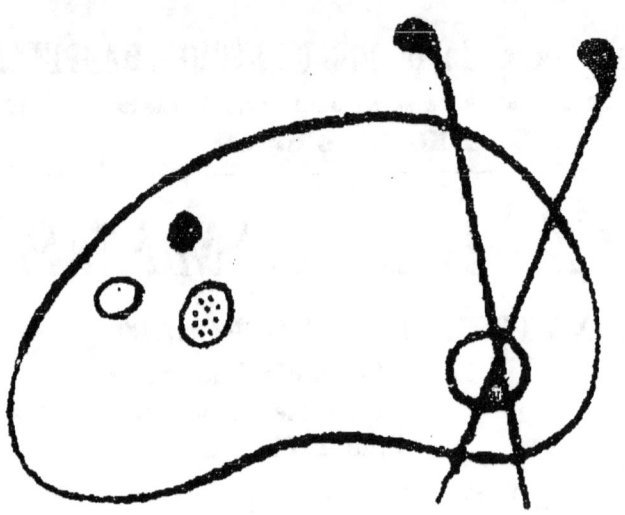

Fin d'une série de documents
en couleur

OEUVRES
DE STERNE

II

Paris. — Imp. E. CAPIOMONT et V. RENAULT, rue des Poitevins, 6.

VIE ET OPINIONS

DE

TRISTRAM SHANDY

GENTILHOMME

SUIVIES DU VOYAGE SENTIMENTAL

ET DES LETTRES D'YORICK A ÉLIZA

PAR STERNE

TRADUCTIONS NOUVELLES

PAR M. LÉON DE WAILLY

TOME SECOND

PARIS

G. CHARPENTIER, ÉDITEUR

13, RUE DE GRENELLE-SAINT-GERMAIN, 13

VIE ET OPINIONS

DE

TRISTRAM SHANDY

GENTLEMAN

LIVRE VI

CHAPITRE CLXII.

Nous ne nous arrêterons pas deux instants, mon cher monsieur : seulement, comme voici cinq volumes d'achevés (de grâce, monsieur, asseyez-vous sur un exemplaire, cela vaut mieux que rien), jetons un coup d'œil en arrière sur le chemin que nous avons fait. ——

Quel désert c'était ! et quelle faveur du ciel de ne pas nous être égarés tous les deux, et de n'avoir pas été dévorés par les bêtes féroces !

Pensiez-vous, monsieur, que le monde lui-même contînt un si grand nombre d'ânes ? —— —— comme ils nous ont passés en revue quand nous avons traversé le ruisseau au fond de cette petite vallée ! et lorsque nous avons gravi cette colline, et qu'ils allaient nous perdre de vue, ——

bon Dieu! comme ils se sont mis à braire tous ensemble!

— Je te prie, berger, à qui sont tous ces ânes?***

— Que le ciel les assiste! — Quoi! est-ce qu'on ne les étrille jamais? — Est-ce qu'on ne les rentre jamais l'hiver? — Allez, vous pouvez braire, — braire, — braire. — Continuez: le monde est de beaucoup votre débiteur; — encore plus fort; — ce n'est rien; — en bonne foi, on vous traite mal. — Si j'étais un âne, je le déclare solennellement, je voudrais braire en sol-ré-ut du matin jusqu'au soir.

CHAPITRE CLXIII.

Quand mon père eut fait danser son ours blanc en avant et en arrière à travers une demi-douzaine de pages, il ferma le livre tout de bon; et, avec une sorte de triomphe, il le remit dans les mains de Trim, en lui faisant signe de le poser sur le secrétaire, où il l'avait trouvé. — Je ferai, dit-il, conjuguer à Tristram chacun des mots du dictionnaire, en avant et en arrière, de la même façon: chaque mot, par ce moyen, Yorick, vous le voyez, est converti en thèse ou en hypothèse; — chaque thèse et hypothèse engendre des propositions; — et chaque proposition a ses propres conséquences et conclusions, qui, chacune, ramènent l'esprit sur de nouvelles voies d'investigations et de doutes. La force de cette machine, ajouta mon père, est incroyable pour ouvrir la tête d'un enfant. —— Elle suffit, frère Shandy, pour la faire éclater en mille morceaux, s'écria mon oncle Toby. ——

Je présume, dit Yorick en souriant, que c'est grâce à

cette méthode (car, que les logiciens disent ce qu'ils voudront, cela ne s'expliquerait pas suffisamment par le simple usage des dix prédicaments) — que le fameux Vincent Quirino, entre autres nombreux prodiges de son enfance, dont le cardinal Bembo a donné au monde une histoire si exacte, fut capable d'afficher dans les écoles publiques de Rome, dès l'âge de huit ans, jusqu'à quatre mille cinq cent soixante thèses différentes, sur les points les plus abstraits de la plus abstraite théologie; — et de les défendre et soutenir de façon à confondre et à réduire au silence ses adversaires. —— Qu'est-ce que cela, s'écria mon père, auprès de ce qu'on nous dit d'Alphonse Tostat, qui, presque dans les bras de sa nourrice, apprit toutes les sciences et tous les arts libéraux sans qu'on lui en enseignât rien ? — Que dirons-nous du grand Peiresc ? —— C'est précisément le même, s'écria mon oncle Toby, dont je vous ai parlé une fois, frère Shandy, qui fit cinq cents milles (en comptant l'aller et le retour de Paris à Schevening) uniquement pour voir le chariot à voiles de Stevin. — C'était un très-grand homme ! ajouta mon oncle Toby (sous-entendant Stevin). —— Très-grand, frère Toby, dit mon père (sous-entendant Peiresc) ; — et il avait si vite multiplié ses idées, et acquis un fonds si prodigieux de connaissances, que si nous devons ajouter foi à une anecdote qui le concerne, et que nous ne pouvons rejeter ici sans ébranler l'autorité de toutes les anecdotes quelconques, — à l'âge de sept ans, son père confia entièrement à ses soins l'éducation de son frère cadet, enfant de cinq ans, ainsi que la direction exclusive de toutes ses propres affaires. —— Le père en savait-il autant que le fils? demanda mon oncle Toby. —— Je croirais que non, dit Yorick, —————Mais qu'est-ce que cela, continua mon père — (pris soudain d'une sorte d'enthousiasme) — qu'est-ce que cela, auprès des prodiges de l'enfance de Grotius, Scioppius, Heinsius, Politien, Pascal, Joseph Scaliger, Ferdinand de Cordoue et autres, — dont les uns laissèrent là leurs *formes substantielles* à neuf ans, ou plus tôt, et continuèrent à raisonner sans ; — les autres avaient vu tous leurs classiques à sept ans, — et écrivaient des tragédies à huit. — Ferdinand de Cordoue, à neuf, était si savant, qu'on le crut possédé du démon ; — et à Venise il donna tant de preuves d'érudition et de mérite, que les moines s'imaginèrent qu'il ne pouvait être que l'Antechrist. ————— D'autres, à dix ans, savaient quatorze langues ; — à onze, finissaient leurs cours de rhétorique, de poésie, de logique et de morale ; — à douze mettaient au jour leurs commentaires sur Servius et Martianus Capella ; — et à treize, recevaient leurs degrés de philosophie, de droit et de théologie. ————— Mais vous oubliez le grand Lipse, dit Yorick, qui composa un ouvrage [1] le jour de sa naissance. ————— Il devait avoir besoin d'être torché, dit mon oncle Toby, sans ajouter un mot de plus.

---

[1] Nous aurions quelque intérêt, dit Baillet, de montrer qu'il n'a rien de ridicule, s'il était véritable, au moins dans le sens énigmatique que Nicius Erythræus a tâché de lui donner. Cet auteur dit que pour comprendre comment Lipse a pu composer un ouvrage le premier jour de sa vie, il faut s'imaginer que ce premier jour n'est pas celui de sa naissance charnelle, mais celui auquel il a commencé d'user de la raison ; il veut que c'ait été à l'âge de neuf ans ; et il nous veut persuader que ce fut à cet âge que Lipse fît un poëme. — Le tour est ingénieux, etc. *(Note de l'auteur.)*

CHAPITRE CLXIV.

Quand le cataplasme fut prêt, un scrupule de décorum s'était élevé mal à propos dans la conscience de Susanne, qui devait tenir la chandelle pendant que le docteur Slop le poserait : Slop n'avait pas traité la maladie de Susanne avec des anodins ; — et il s'en était suivi entre eux une querelle.

— Oh! oh! — dit Slop jetant un regard d'inconvenante liberté sur le visage de Susanne, comme elle déclinait la fonction ; — alors, je crois vous connaître, madame. ——— Vous me connaissez, monsieur! s'écria Susanne dédaigneusement et relevant la tête d'un air qui évidemment s'adressait non à la profession, mais à la personne même du docteur ; — vous me connaissez! répéta Susanne. ——— Le docteur Slop appliqua aussitôt son index et son pouce sur ses narines ; — à ce geste, la colère de Susanne fut près d'éclater. — C'est faux, dit Susanne. — Allons, allons, madame Modeste, dit Slop, qui n'était pas peu enflé du succès de sa dernière botte ; — si vous ne voulez pas tenir la chandelle et regarder, — vous pouvez la tenir et fermer les yeux. ——— C'est là un de vos expédients papistes ! s'écria Susanne. ——— Mieux vaut cette chemise-là [1], dit le docteur Slop en hochant la tête, que pas de chemise du tout, jeune femme. ——— Je vous défie, monsieur! s'écria Susanne, tirant sa manche de chemise au-dessous de son coude.

[1] Il y a là une équivoque que nous n'avons pu traduire. *Swift* veut dire à la fois expédient et chemise. (*Note du traducteur.*)

Il était presque impossible à deux personnes de s'assister l'une l'autre dans une opération chirurgicale avec une cordialité plus atrabilaire.

Slop prit brusquement le cataplasme ; — Susanne prit brusquement la chandelle. —— Un peu de ce côté-ci, dit Slop. — Susanne regardant d'un côté et ramant de l'autre, mit à l'instant le feu à la perruque de Slop, laquelle étant tant soit peu touffue et onctueuse aussi, fut toute consumée avant d'être bien allumée. —— Impudente garce ! s'écria le docteur Slop, — (car la colère n'est-elle pas une vraie bête féroce?) — impudente garce ! dit Slop en se redressant le cataplasme à la main. —— Je n'ai jamais détruit le nez de personne, dit Susanne ; — et c'est plus que vous ne pouvez dire. —— Vraiment ? s'écria Slop en lui jetant le cataplasme à la face. —— Oui vraiment, s'écria Susanne en lui rendant le compliment avec ce qui restait dans le poêlon.

CHAPITRE CLXV.

Le docteur Slop et Susanne se renvoyèrent l'un à l'autre l'accusation dans le parloir ; après quoi, comme le cataplasme était manqué, ils se retirèrent dans la cuisine pour me préparer une fomentation ; — et tandis qu'elle se faisait, mon père décida la chose comme vous allez lire.

CHAPITRE CLXVI.

Vous voyez qu'il est grandement temps, dit mon père s'adressant également à mon oncle Toby et à Yorick, de retirer cette jeune créature des mains de ces femmes, et de la mettre dans celles d'un gouverneur. Marc-Aurèle prit quatorze gouverneurs à la fois pour surveiller l'éducation de son fils Commode, — et en six semaines il en congédia cinq. — Je sais très-bien, continua mon père, que la mère de Commode était amoureuse d'un gladiateur à l'époque où elle conçut ; ce qui explique un grand nombre des cruautés de Commode quand il devint empereur ; — mais je n'en suis pas moins d'avis que les cinq gouverneurs que renvoya Marc-Aurèle, firent au caractère de Commode, dans ce court espace de temps, plus de mal que les neuf autres n'en purent réparer dans tout le cours de leur vie.

Or, comme je considère la personne qui doit être auprès de mon fils comme un miroir dans lequel il doit se regarder du matin au soir, et d'après lequel il doit ajuster son air, son maintien, et peut-être les plus intimes sentiments de son cœur, — je voudrais, s'il était possible, Yorick, en avoir un poli de tous points, et où mon fils pût convenablement se mirer.

C'est de très-bon sens, dit en lui-même mon oncle Toby.

— Il y a, continua mon père, un certain air et mouvement du corps et de toutes ses parties, soit en agissant, soit en parlant, qui dénote qu'un homme est *bien au dedans;* et je ne suis pas du tout surpris que Grégoire de Nazianze, en observant les gestes brusques et pétulants de Julien, ait prédit qu'il deviendrait un jour apostat, — ni que saint Ambroise ait mis un secrétaire à la porte, à cause d'un mouvement messéant de sa tête, qui allait et venait comme un fléau ; — ni que Démocrite ait compris que Protagoras était un savant, en le voyant attacher un fagot et rentrer les petites branches en dedans. — Il y a un millier d'ouvertures inaperçues, continua mon père, par lesquelles un œil pénétrant peut plonger tout droit dans l'âme d'un homme ; et je maintiens, ajouta-t-il, qu'un homme de sens ne pose pas son chapeau quand il entre dans une chambre, et ne le reprend pas quand il en sort, sans qu'il lui échappe quelque chose qui le trahisse.

C'est pour ces raisons, continua mon père, que le gouverneur dont je ferai choix ne doit ni [1] zézayer, ni loucher, ni clignoter, ni parler haut, ni avoir l'air farouche, ni avoir l'air bête ; — ni mordre ses lèvres, ni grincer des dents, ni parler du nez, ni le farfouiller, ni se moucher dans ses doigts.

Il ne doit ni marcher vite, ni marcher lentement, ni se croiser les bras, — car c'est de la paresse, — ni les avoir ballants, — car c'est de la niaiserie ; ni les cacher dans ses poches, — car c'est de l'absurdité.

Il ne doit ni frapper, ni pincer, ni chatouiller, — ni mordre ni couper ses ongles, ni graillonner, ni cracher, ni renifler, ni battre du tambour avec ses doigts ou ses

---

[1] Voir Pellegrina.   *(Note de l'auteur.)*

pieds en compagnie : — il ne doit pas non plus (suivant Érasme) parler à personne en faisant de l'eau, — ni montrer du doigt une charogne ou un excrément.———Tout ceci est encore de l'absurdité, dit en lui-même mon oncle Toby.

Je veux, continua mon père, qu'il soit gai, facétieux, jovial; en même temps prudent, attentif à sa besogne, vigilant, clairvoyant, délié, inventif, prompt à résoudre les doutes et les questions spéculatives ; — il doit être sage, et judicieux, et instruit. ——— Et pourquoi pas humble, et modéré, et doux et bon ? dit Yorick. ——— Et pourquoi pas, s'écria mon oncle Toby, franc, et généreux, et libéral, et brave ? — Il doit l'être, mon cher Toby, répliqua mon père, se levant et lui secouant la main. ———Alors, frère Shandy, répondit mon oncle Toby, quittant son siége, et posant sa pipe pour prendre l'autre main de mon père, — je vous demande en grâce la permission de vous recommander le fils du pauvre Le Fèvre. ——— Une larme de joie de la plus belle eau étincela dans l'œil de mon oncle Toby, et une autre, toute pareille, dans celui du caporal, à cette proposition : — vous verrez pourquoi, quand vous lirez l'histoire de Le Fèvre. — Sot que j'étais ! je ne puis me rappeler (ni vous non plus peut-être) sans retourner à l'endroit, qu'est-ce qui m'a empêché de laisser le caporal la raconter à sa manière, — mais l'occasion est perdue, — il faut maintenant que je la raconte à la mienne.

CHAPITRE CLXVII.

HISTOIRE DE LE FÈVRE.

C'était pendant l'été de l'année où Dendermonde fut pris par les alliés, c'est-à-dire sept ans avant que mon père vînt habiter la campagne, — et environ autant après que mon oncle Toby et Trim eurent décampé secrètement de la maison de mon père en ville, afin de faire le siége de quelques-unes des plus belles places fortes de l'Europe. —— Mon oncle Toby était un soir à souper, ayant Trim assis derrière lui à un petit buffet. — Je dis, assis, — car en considération de la blessure au genou du caporal (qui en souffrait parfois excessivement), quand mon oncle Toby dînait ou soupait seul, il ne tolérait pas que le caporal se tînt debout, et la vénération du pauvre garçon pour son maître était telle, qu'avec une artillerie convenable mon oncle Toby aurait eu moins de peine à prendre Dendermonde même, qu'à obtenir cela de lui : car mainte fois, quand mon oncle Toby supposait la jambe du caporal au repos, s'il se retournait, il le découvrait debout derrière lui dans le plus profond respect. — Ceci engendra plus de petites querelles entre eux que toute autre cause pendant vingt-cinq ans de suite. Mais ce n'est pas de cela qu'il s'agit, — pourquoi en fais-je mention? Demandez à ma plume : c'est elle qui me mène, — je ne la mène pas.

Il était un soir de la sorte à souper, quand le maître

d'une petite auberge du village entra dans le parloir, une ficle vide à la main, demander un ou deux verres de vin d'Espagne. —— C'est pour un pauvre monsieur, un officier, à ce que je crois, dit l'aubergiste, qui est tombé malade chez moi il y a quatre jours, et n'a pas relevé la tête depuis, ni eu le désir de prendre quoi que ce soit jusqu'à ce moment, où il vient d'avoir envie d'un verre de vin d'Espagne et d'une petite rôtie. — *Je crois*, a-t-il dit, en ôtant sa main de son front, *que cela me soulagerait*.

Si je n'en pouvais ni demander, ni emprunter, ni acheter, ajouta l'aubergiste, j'en volerais presque pour ce pauvre monsieur ; il est si malade ! J'espère encore qu'il se rétablira, continua-t-il : nous sommes tous bien affligés de son état.

——Tu es une bonne âme, j'en réponds, s'écria mon oncle Toby ; et tu boiras à la santé du pauvre monsieur un verre de vin d'Espagne toi-même ; — porte-lui-en une couple de bouteilles avec mes compliments, et dis-lui que je les lui offre de tout cœur, et une douzaine de plus, si elles peuvent lui faire du bien.

Quoique je sois persuadé que c'est un garçon fort compatissant, Trim, dit mon oncle Toby, comme l'aubergiste fermait la porte, cependant je ne puis m'empêcher d'avoir aussi une très-bonne opinion de son hôte. Il doit y avoir en lui quelque chose au-dessus du commun, pour avoir, en si peu de temps, gagné à ce point l'affection de son aubergiste. —— Et de toute la maison, ajouta le caporal, car ils sont tous affligés de son état. —— Rappelle-le, dit mon oncle Toby ; va, Trim ; et demande-lui s'il sait son nom.

——Je l'ai, ma foi, tout à fait oublié, dit l'aubergiste

en rentrant dans le parloir avec le caporal; — mais je puis le redemander à son fils. ——— Il a donc un fils avec lui? dit mon oncle Toby. ——— Un garçon de onze à douze ans, répliqua l'aubergiste; — mais le pauvre enfant n'a guère plus mangé que son père : il ne fait que pleurer et se lamenter jour et nuit. Il n'a pas quitté le chevet du lit depuis deux jours.

Mon oncle Toby posa son couteau et sa fourchette, et repoussa son assiette loin de lui, à ce renseignement que lui donnait l'aubergiste; et Trim, sans avoir reçu d'ordres, et sans dire un mot, sortit, et, quelques instants après, lui apporta sa pipe et son tabac.

——— Reste un peu dans la chambre, dit mon oncle Toby.

Trim! dit mon oncle Toby, après avoir allumé sa pipe et fumé environ une douzaine de bouffées. ——— Trim avança vis-à-vis de son maître, et fit son salut; — mon oncle Toby continua de fumer, sans rien dire. — Caporal! dit mon oncle Toby. — Le caporal fit son salut. ——— Mon oncle Toby n'alla pas plus loin, et finit sa pipe.

Trim! dit mon oncle Toby, j'ai un projet en tête; c'est, comme il fait mauvais ce soir, de m'envelopper chaudement dans ma roquelaure, et de rendre visite à ce pauvre monsieur. ——— Votre Honneur, repartit le caporal, n'a pas mis sa roquelaure depuis la nuit où votre Honneur reçut sa blessure, quand nous montions la garde dans la tranchée devant la porte Saint-Nicolas, et d'ailleurs, la soirée est si froide et si pluvieuse, que, tant la roquelaure que le temps, il y aura de quoi tuer votre Honneur, et redonner à votre Honneur ses douleurs dans l'aine. ——— J'en ai peur, répliqua mon oncle Toby;

mais je n'ai pas l'esprit en repos, Trim, depuis le récit que m'a fait l'aubergiste. — Je voudrais n'en pas tant savoir, ajouta mon oncle Toby, ou en savoir davantage. Comment y parvenir ? ———— Laissez-moi faire, sauf votre respect, dit le caporal. Je vais prendre ma canne et mon chapeau, pousser une reconnaissance jusqu'à l'auberge, et agir en conséquence; et d'ici à une heure je viendrai rendre compte de tout à votre Honneur. ———— Va, Trim, dit mon oncle Toby, et voici un shilling pour boire avec son domestique. ———— Je saurai tout de lui, dit le caporal en fermant la porte.

Mon oncle Toby remplit sa seconde pipe, et sauf de temps en temps quelques excursions pour considérer s'il n'était pas tout aussi bien d'avoir la courtine de la tenaille en droite ligne qu'en ligne courbe, — on peut dire que tant qu'elle dura, il ne pensa qu'au pauvre Le Fèvre et à son fils.

CHAPITRE CLXVIII.

Ce ne fut que lorsque mon oncle Toby eut fait tomber les cendres de sa troisième pipe, que le caporal Trim revint de l'auberge, et lui fit le récit suivant : —

———— J'ai désespéré d'abord, dit le caporal, de pouvoir rapporter à votre Honneur aucune espèce de renseignements sur le pauvre lieutenant malade. ———— Il est donc au service ? dit mon oncle Toby. ———— Oui, dit le caporal. ———— Et dans quel régiment ? dit mon oncle Toby. ———— Je vais, répliqua le caporal, tout raconter à votre Honneur au fur et à mesure, dans l'ordre où je l'ai appris. ——— Alors, Trim, je vais remplir une autre pipe, dit mon oncle Toby, et je ne t'interromprai pas que tu n'aies fini : assieds-toi donc à ton aise sur l'avance de la fenêtre, et recommence ton histoire. ——— Le caporal fit son ancien salut, qui en général disait aussi clairement qu'un salut peut le dire : *votre Honneur est bien bon :* — après quoi, il s'assit, comme il en avait reçu l'ordre, et recommença son histoire à mon oncle Toby à peu près dans les mêmes termes.

J'ai désespéré d'abord, dit le caporal, de pouvoir rapporter à votre Honneur aucun renseignement sur le lieutenant et son fils ; — car, quand j'ai demandé où était son domestique, de qui je comptais savoir tout ce qu'il était convenable de demander, ——— (Voilà une bonne distinction, Trim, dit mon oncle Toby) ——— on m'a répondu, sauf votre respect, qu'il n'avait pas de domestique avec lui ; qu'il était venu à l'auberge avec des chevaux de louage ; et que se trouvant hors d'état d'aller plus loin (pour rejoindre le régiment, je suppose), il les avait renvoyés le lendemain matin de son arrivée. ——— Si je vais mieux, mon cher, a-t-il dit en donnant sa bourse à son fils pour payer l'homme, nous pourrons louer des chevaux ici. ——— Mais, hélas ! le pauvre monsieur ne partira jamais d'ici, m'a dit la femme de l'aubergiste, car j'ai entendu toute la nuit l'horloge de la mort, et quand il mourra, son pauvre enfant mourra certainement aussi ; car il a déjà le cœur brisé.

J'étais à écouter ce récit, continua le caporal, quand l'enfant est entré dans la cuisine pour commander la petite rôtie dont l'aubergiste a parlé. — Mais je vais la faire moi-même pour mon père, a dit l'enfant. ———

Permettez que je vous en évite la peine, mon jeune monsieur, ai-je dit, en prenant une fourchette, et en lui offrant ma chaise pour s'asseoir auprès du feu pendant que je la ferais. ——— Je crois, a-t-il dit avec beaucoup de modestie, que je saurai mieux la faire à son goût.

——— Je suis sûr, ai-je dit, que son Honneur n'en trouvera pas la rôtie moins bonne pour avoir été grillée par un vieux soldat. ——— L'enfant m'a pris la main, et s'est mis à fondre en larmes. ——— Pauvre enfant ! dit mon oncle Toby ; il a été élevé à l'armée depuis le bas âge ; et le nom d'un soldat, Trim, a sonné à ses oreilles comme le nom d'un ami ! — Je voudrais qu'il fût ici.

——— Jamais, dans la plus longue marche, dit le caporal, je n'ai eu une aussi grande envie de dîner, que j'en ai eu de pleurer avec lui de compagnie. Qu'est-ce que je pouvais avoir, sauf votre respect ? ——— Rien du tout, dit mon oncle Toby en se mouchant ; seulement tu es un brave garçon.

— Quand je lui ai eu donné la rôtie, continua le caporal, j'ai pensé qu'il était convenable de lui dire que j'étais le domestique du capitaine Shandy, et que votre Honneur (quoique étranger) était extrêmement affligé de l'état de son père ; et que tout ce qu'il y avait dans votre maison ou dans votre cave ——— (Tu aurais pu ajouter, dans ma bourse aussi, dit mon oncle Toby) ——— était de bien bon cœur à son service. ——— Il m'a fait un salut très-profond (qui s'adressait à votre Honneur), mais sans me répondre ; — car il avait le cœur plein ; — et il est monté avec la rôtie. — Je vous réponds, mon cher, ai-je dit en ouvrant la porte de la cuisine, que votre père se rétablira. Le curé de M. Yorick était à fumer une pipe auprès du feu de la cuisine ; mais il n'a pas dit une parole, bonne ou mauvaise, pour consoler cet enfant. —— Je n'ai pas trouvé cela bien, ajouta le caporal. —————— Je pense de même, dit mon oncle Toby.

—————— Quand le lieutenant a eu pris son verre de vin d'Espagne et sa rôtie, il s'est senti un peu ranimé, et il a envoyé à la cuisine pour me faire savoir que si je voulais monter dans dix minutes environ, je lui ferais plaisir. —————— Je crois, a dit l'aubergiste, qu'il va faire ses prières ; car il y avait un livre sur une chaise à côté de son lit, et quand j'ai fermé la porte, j'ai vu son fils prendre un coussin.

—————— Je pensais, a dit le curé, que vous autres messieurs de l'armée, monsieur Trim, vous ne faisiez jamais vos prières. —————— Ce pauvre monsieur a fait les siennes très-dévotement hier au soir, a dit l'hôtesse ; je l'ai entendu de mes propres oreilles, sans quoi je n'aurais pas pu le croire. —————— En êtes-vous sûre ? repartit le curé. —————— Un soldat, sous le bon plaisir de votre Révérence, ai-je dit, prie aussi souvent (de son propre mouvement) qu'un prêtre ; et quand il se bat pour son roi, et pour sa vie, et pour son honneur aussi, il a plus de raisons de prier Dieu que qui que ce soit au monde. —————— C'était bien dit à toi, Trim, dit mon oncle Toby. —————— Mais quand un soldat, ai-je dit, sauf votre respect, est resté sur pied douze heures de suite dans la tranchée, et dans l'eau froide jusqu'aux genoux, — ou qu'il est engagé, ai-je dit, pendant des mois entiers dans de longues et dangereuses marches ; — harcelé, peut-être, sur ses derrières aujourd'hui, harcelant les autres demain ; — détaché ici ; — contre-mandé là ; — passant cette nuit dehors sous les armes ; — surpris en chemise, la nuit suivante; — engourdi dans ses articulations ; — peut-être sans paille dans sa tente pour s'agenouiller ; — il faut bien qu'il fasse ses prières *comme* et *quand* il peut. ——— Je crois, ai-je dit, — car j'étais piqué pour la réputation de l'armée, ajouta le caporal, — je crois sauf votre respect, ai-je dit, que lorsqu'un soldat trouve le temps de prier, — il prie d'aussi bon cœur qu'un prêtre, — quoiqu'il ne fasse pas autant d'embarras et d'hypocrisie. ——— Tu n'aurais pas dû dire cela, Trim, dit mon oncle Toby, — car Dieu seul sait qui est hypocrite, — et qui ne l'est pas. A notre grande revue générale à tous, caporal, au jour du jugement (et pas avant) — on verra qui a fait son devoir en ce monde, — et qui ne l'a pas fait ; et nous aurons, Trim, de l'avancement en conséquence. ——— Je l'espère, dit Trim. ——— C'est dans l'Écriture, dit mon oncle Toby; et je te le montrerai demain. — En même temps ce qui doit nous rassurer, Trim, dit mon oncle Toby, c'est que le Tout-Puissant est un maître si bon et si juste, que pourvu que nous ayons fait notre devoir ici-bas, — il ne s'enquerra pas si nous l'avons fait en habit rouge ou en habit noir. ——— J'espère que non, dit le caporal. ——— Mais continue ton histoire, Trim, dit mon oncle Toby.

Quand je suis monté dans la chambre du lieutenant, poursuivit le caporal, ce que je n'ai pas fait avant l'expiration des dix minutes, — il était couché dans son lit, sa tête appuyée sur sa main, et son coude sur l'oreiller, avec un mouchoir blanc de batiste à côté. — L'enfant se baissait pour ramasser le coussin, sur lequel j'ai supposé qu'il avait été à genoux ; — le livre était sur le lit ; — et comme il se relevait, en ramassant le coussin d'une main,

il a étendu l'autre pour emporter le livre en même temps.
——— Laisse-le là, mon cher, a dit le lieutenant.

Il n'a pas ouvert la bouche avant que j'aie été tout contre le lit. ——— Si vous êtes le domestique du capitaine Shandy, a-t-il dit, présentez mes remercîments à votre maître, et aussi ceux de mon petit garçon, pour sa politesse envers moi. ——— S'il était du régiment de Leven, — a dit le lieutenant. ——— Je lui ai appris que votre Honneur en était. ——— Alors, a-t-il dit, j'ai fait trois campagnes avec lui en Flandre, et je me souviens de lui ; — mais comme je n'avais nullement l'honneur d'être de ses amis, il est bien probable qu'il ne me connaît pas. — Vous lui direz, pourtant, que la personne à qui son bon cœur a fait contracter des obligations, est un nommé Le Fèvre, lieutenant dans le corps d'Angus ——— mais il ne me connaît pas, — a-t-il répété d'un air rêveur ; — peut-être bien connaît-il mon histoire, a-t-il ajouté. Je vous prie, dites au capitaine que je suis cet enseigne qui, à Bréda, a eu sa femme si malheureusement tuée dans ses bras d'un coup de mousquet, comme elle reposait dans sa tente. ——— Je me rappelle très-bien cette histoire, sauf votre respect, ai-je dit. — Vraiment ? a-t-il dit en s'essuyant les yeux avec son mouchoir, — alors je puis bien me la rappeler aussi. — En disant cela, il a tiré de son sein une petite bague qui paraissait attachée autour de son cou avec un ruban noir, et il l'a baisée deux fois. — Tiens, Billy, a-t-il dit ; — l'enfant est accouru auprès du lit, — et tombant à genoux, il a pris la bague dans sa main, et l'a baisée aussi, — puis il a embrassé son père, s'est assis sur le lit, et s'est mis à pleurer.

Je voudrais, dit mon oncle Toby avec un profond soupir, — je voudrais, Trim, être endormi. ———

Votre Honneur, répliqua le caporal, s'afflige trop. — Verserai-je à votre Honneur un verre de vin d'Espagne, pour boire en fumant sa pipe ? ——— Verse, Trim, dit mon oncle Toby. ———

Je me rappelle, dit mon oncle Toby en soupirant de nouveau, l'histoire de l'enseigne et de sa femme, et de plus, particulièrement bien, une circonstance que sa modestie a omise, c'est que l'un et l'autre, pour une raison ou une autre (j'ai oublié laquelle) ils furent universellement plaints dans tout le régiment ; — mais finis ton histoire. ——— Elle est finie, dit le caporal, — car je n'ai pu rester plus longtemps ; — et j'ai souhaité à son Honneur une bonne nuit. — Le jeune Le Fèvre s'est levé de dessus le lit, et m'a reconduit jusqu'au bas de l'escalier ; et comme nous descendions ensemble, il m'a dit qu'ils venaient d'Irlande, et étaient en route pour rejoindre le régiment en Flandre. — Mais, hélas ! dit le caporal, — le lieutenant a fait son dernier jour de marche ! ——— Alors que va devenir son pauvre enfant ? s'écria mon oncle Toby.

CHAPITRE CLXIX.

SUITE DE L'HISTOIRE DE LE FÈVRE.

Je le dis à l'honneur éternel de mon oncle Toby, — mais seulement pour ceux qui, lorsqu'ils se trouvent enfermés entre une loi naturelle et une loi positive, ne savent plus de quel côté se tourner, — quoique mon oncle

Toby fût chaudement occupé alors à pousser le siége de Dendermonde parallèlement aux alliés, qui pressaient le leur si vigoureusement qu'ils lui laissaient à peine le temps de dîner; — néanmoins il abandonna Dendermonde, bien qu'il eût déjà fait un logement sur la contrescarpe, — et tendit toutes ses pensées vers les malheurs privés de l'auberge; et excepté l'ordre qu'il donna de fermer au verrou la porte du jardin, au moyen de quoi on pouvait dire qu'il avait converti le siége de Dendermonde en blocus, — il laissa Dendermonde à lui-même; — le roi de France le secourrait ou non, selon que le roi de France jugerait la chose convenable; et il ne songea plus, quant à lui, qu'à secourir le pauvre lieutenant et son fils.

——— L'Être souverainement bon, qui est l'ami de celui qui n'a pas d'amis, te récompensera de cela. ———
Tu n'as pas fait tout ce qu'il fallait, dit mon oncle Toby au caporal qui le mettait au lit, — et je vais t'expliquer en quoi, Trim. — En premier lieu, quand tu as fait l'offre de mes services à Le Fèvre, — comme la maladie et les voyages sont deux choses coûteuses, et que tu savais que c'est un pauvre lieutenant qui n'a que sa paye pour vivre et faire vivre son fils, — tu aurais dû lui faire l'offre de ma bourse; car, s'il en avait eu besoin, tu sais, Trim, qu'il aurait été aussi bien venu à y puiser que moi-même.
——— Votre Honneur sait, dit le caporal, que je n'avais pas d'ordre. ——— C'est vrai, dit mon oncle Toby, — tu as très-bien fait, Trim, comme soldat, — mais certainement très-mal comme homme.

En second lieu, et ici, il est vrai, tu as la même excuse, continua mon oncle Toby, — quand tu lui as offert tout ce qui était dans ma maison, — tu aurais dû lui offrir ma maison aussi. — Un frère d'armes malade devrait avoir de meilleurs quartiers, Trim ; et si nous l'avions avec nous, — nous pourrions le veiller et le soigner. — Toi-même, Trim, tu es une excellente garde-malade ; — et avec tes soins, et ceux de la vieille femme, et ceux de son garçon et les miens réunis, nous pourrions le ravitailler tout de suite et le remettre sur pied. —

——— En quinze jours ou trois semaines, ajouta mon oncle Toby en souriant, — il pourrait marcher. ——— Jamais de sa vie il ne marchera, sauf votre respect, dit le caporal. ——— Il marchera, dit mon oncle Toby se levant sur le bord de son lit, avec un soulier de moins. ——— Sauf votre respect, dit le caporal, il ne marchera qu'à son tombeau. ——— Si fait, il marchera, s'écria mon oncle Toby, marchant du pied qu'il avait de chaussé, mais sans avancer d'un pouce, — il marchera à son régiment. ——— Il n'en aura pas la force, dit le caporal. — On le soutiendra, dit mon oncle Toby. ——— Il finira par tomber, dit le caporal, et que deviendra son garçon ? ——— Je te dis qu'il ne tombera pas, repartit mon oncle Toby avec fermeté. ——— Hélas ! nous aurons beau faire, répliqua Trim, maintenant son dire, — le pauvre homme n'en mourra pas moins. — Il ne mourra pas, nom de D— s'écria mon oncle Toby.

——— *L'ange accusateur*, qui vola avec ce jurement à la chancellerie du ciel, rougit en l'y déposant ; et *l'ange greffier* en l'inscrivant laissa tomber une larme sur le mot, et l'effaça pour jamais.

CHAPITRE CLXX.

—— Mon oncle Toby alla à son bureau, — mit sa bourse dans son gousset de culotte ; et ayant ordonné au caporal d'aller le lendemain de bonne heure chercher un médecin, il se coucha et s'endormit.

CHAPITRE CLXXI.

SUITE DE L'HISTOIRE DE LE FÈVRE.

Le lendemain matin, le soleil se montra brillant à tous les yeux du village, excepté à ceux de Le Fèvre et de son fils affligé ; la main de la mort s'appesantissait sur ses paupières ; — et la roue de la citerne pouvait à peine tourner autour de son cercle [1], quand mon oncle Toby, qui s'était levé une heure plus tôt qu'à l'ordinaire, entra dans la chambre du lieutenant, et sans préambule ni apologie, s'assit sur une chaise auprès du lit, et, sans aucun respect des modes et coutumes, ouvrit le rideau comme aurait fait un ancien ami et compagnon d'armes, et lui demanda comment il se portait, — comment il avait passé la nuit, — quel était son mal, — où il souffrait, — et ce qu'on pouvait faire pour l'assister ; — et sans lui donner

---

[1] Et que la roue se rompe sur la citerne. Ecclésiaste, chapitre XII.
(Note du traducteur.)

le temps de répondre à aucune de ses questions, continua et lui dit le petit plan qu'il avait concerté pour lui la veille au soir avec le caporal.

——— Vous viendrez chez moi tout de suite, Le Fèvre, dit mon oncle Toby, dans ma maison, — et nous ferons venir un docteur pour voir ce que vous avez; — et nous aurons un apothicaire; — et le caporal sera votre garde-malade; — et moi je serai votre domestique, Le Fèvre.

Il y avait dans mon oncle Toby une franchise qui n'était pas l'effet de la familiarité, — mais bien la cause, — et qui vous faisait tout d'un coup pénétrer dans son âme, et vous montrait la bonté de sa nature. A cela se joignait dans ses regards, dans sa voix et dans ses manières, quelque chose qui invitait éternellement les malheureux à venir s'abriter sous lui : si bien qu'avant que mon oncle Toby eût fini à moitié les offres obligeantes qu'il faisait au père, le fils insensiblement s'était serré contre les genoux du vieillard, et l'avait saisi aux revers de l'habit, et l'attirait vers lui. — Le sang et les esprits de Le Fèvre, qui se refroidissaient et se ralentissaient au dedans de lui, et se retiraient dans leur dernière citadelle, le cœur, — se rallièrent et revinrent sur leurs pas ; le voile qui couvrait ses yeux les quitta pour un moment ; — il les leva avec anxiété sur le visage de mon oncle Toby : puis il jeta un regard sur son enfant ; — et ce *lien*, tout faible qu'il était, — ne fut jamais rompu. —

La nature aussitôt eut un nouveau reflux : — le voile revint à sa place ; — le pouls tressaillit, — s'arrêta, — se remit en marche, — battit, — s'arrêta encore, remua, — s'arrêta. — Poursuivrai-je ? ——— Non.

CHAPITRE CLXXII.

Je suis si impatient de revenir à ma propre histoire, que ce qui reste de celle du jeune Le Fèvre, c'est-à-dire depuis ce changement dans sa destinée jusqu'à l'époque où mon oncle Toby proposa de me le donner pour précepteur, sera raconté en très-peu de mots dans le chapitre suivant. — Tout ce qu'il est nécessaire d'ajouter dans celui-ci, c'est —

Que mon oncle Toby mena le deuil avec le jeune Le Fèvre, qu'il tenait par la main, et accompagna le pauvre lieutenant jusqu'à la fosse.

Que le gouverneur de Dendermonde lui rendit, à ses obsèques, tous les honneurs militaires ; — et qu'Yorick, pour ne pas rester en arrière, — lui rendit tous les honneurs ecclésiastiques, — car il l'enterra dans son sanctuaire. — Et il paraît aussi qu'il prononça sur lui une oraison funèbre. — Je dis, *il paraît*, — car c'était la coutume d'Yorick (et je suppose qu'elle lui était commune avec tous ceux de sa profession), de noter sur la première feuille de chaque sermon qu'il composait, en quel temps, en quel lieu, et à quelle occasion il l'avait prêché : à cela il était dans l'habitude d'ajouter quelque court commentaire ou observation sur le sermon lui-même, — et en vérité rarement à sa louange. — Par exemple : « Ce sermon sur la dispense de la loi judaïque, — je ne l'aime pas du tout : — je reconnais bien qu'il renferme tout un monde de connaissances bizarres ; — mais tout cela est usé de fond et plus qu'usé de forme. — Ce n'est qu'une flasque composition. Où avais-je la tête quand je la fis?

—N.B. « Le mérite de ce texte-ci, c'est qu'il convient à tous les sermons : — et de ce sermon, — c'est qu'il convient à tous les textes.

—————— « Pour ce sermon-ci, je serai pendu, — car j'en ai volé la plus grande partie. Le docteur Paidagunes m'a découvert. ☞ Rien de tel qu'un voleur pour en attraper un autre.

Sur le dos d'une demi-douzaine je trouve écrit : *couci couci*, — rien de plus : — et sur deux autres, *moderato* ; et autant qu'on en peut juger d'après le dictionnaire italien d'Alfieri, — et surtout d'après l'autorité d'un bout de ficelle verte qui avait l'air d'avoir été arrachée du fouet d'Yorick et qui attachait ensemble en un paquet séparé les deux sermons qu'il nous a laissés marqués *moderato* et la demi-douzaine de *couci couci*, — on peut supposer en toute sécurité que par ces deux annotations il entendait à peu près la même chose.

Il n'y a qu'une seule difficulté à cette conjecture, c'est que les *moderato* sont cinq fois meilleurs que les *couci couci*, — montrent dix fois plus de connaissance du cœur humain, — ont soixante-dix fois plus d'esprit et de chaleur; — (et, pour m'élever convenablement dans ma gradation,) — découvrent mille fois plus de génie ; — et, pour couronner le tout, sont infiniment plus intéressants que ceux auxquels on les a accouplés : — aussi, quand les sermons *dramatiques* d'Yorick seront offerts au monde, quoique je n'admette qu'un seul de tout le nombre des *couci couci*, je me hasarderai néanmoins, sans aucune espèce de scrupule, à imprimer les deux *moderato*.

Ce qu'Yorick pouvait entendre par les mots *lentamente*, *tenute*, — *grave*, — et quelquefois *adagio*, — en tant qu'appliqués à des compositions théologiques, et par lesquels il a caractérisé quelques-uns de ses sermons, je n'ose me hasarder à le deviner. — Je suis encore plus embarrassé en trouvant *All' ottava alta!* sur l'un ; — *Con strepito* sur le dos d'un autre ; — *Scicilliana* sur un troisième ; — *Alla capella* sur un quatrième ; — *Con l'arco* sur celui-ci ; — *Senza l'arco* sur celui-là. — Tout ce que je sais, c'est que ce sont des termes de musique, et qu'ils ont un sens ; — et comme il était musicien, je ne fais pas de doute que, par quelque ingénieuse application de ces métaphores aux compositions en question, elles ne présentassent à son esprit des idées très-distinctes de leurs divers caractères, — quelque effet qu'elles puissent faire sur celui des autres.

Dans le nombre, se trouve en particulier le sermon qui m'a conduit à cette inconcevable digression — l'oraison funèbre du pauvre Le Fèvre, fort bien écrite, comme si elle avait été copiée sur un brouillon. Si je m'y arrête plus, c'est que ce paraît avoir été sa composition favorite. — Il est sur la mort ; et il est attaché en long et en travers avec de grosse laine, puis roulé et entortillé dans une demi-feuille de sale papier bleu qui semble avoir jadis couvert une revue générale, et qui encore aujourd'hui sent horriblement les drogues. — Que ces marques de mortification aient été mises à dessein, — j'en ai quelque soupçon ; — attendu qu'à la fin du sermon (et non pas au commencement) — ce qui est tout différent de sa manière de traiter le reste, il avait écrit

BRAVO !

— Mais cela n'a rien de très-choquant, — car c'est à deux pouces et demi, au moins, de distance de la dernière ligne du sermon, au-dessous, tout à l'extrémité de la page, et dans ce coin à droite qui, vous savez, est généralement recouvert par votre pouce; et, il faut lui rendre justice, il est tracé si faiblement avec une plume de corbeau, et d'une petite écriture italienne, qu'il attire à peine l'œil sur l'endroit, que votre pouce y soit ou non : — en sorte que la manière dont il est écrit l'excuse à moitié; et l'étant d'ailleurs avec une encre très-pâle, et réduite presque à rien à force d'être délayée, — c'est plutôt un *ritratto* de l'ombre de la Vanité, que celui de la Vanité elle-même; et il ressemble plus à un faible mouvement de satisfaction passagère, s'élevant en secret dans le cœur de l'auteur, qu'à une démonstration grossière, brutalement imposée au monde.

Malgré toutes ces circonstances atténuantes, je sens bien qu'en publiant ceci je ne rends pas service à la réputation d'Yorick comme homme modeste ; — mais tous les hommes ont leurs faiblesses! et ce qui diminue encore celle-ci, et l'efface presque, c'est — que le mot a été rayé quelque temps après (comme on le voit à la teinte différente de l'encre) par une barre qui le traverse de cette manière, ~~BRAVO~~ — comme s'il s'était rétracté, ou qu'il eût été honteux de l'opinion qu'il avait eue jadis.

Ces cours jugements portés sur ses sermons étaient toujours écrits, sauf cette seule fois, sur la première feuille qui leur servait de couverture; et d'ordinaire intérieurement, du côté qui faisait face au texte; — mais à la fin de son discours, quand, peut-être, il avait cinq à six pages, et parfois, peut-être, toute une vingtaine pour se retourner, — il faisait un plus grand circuit, et, en vérité, avec beaucoup plus d'ardeur; — comme s'il eût avidement saisi l'occasion de prendre ses coudées franches contre le vice par quelques boutades un peu plus vives que ne le comportait l'étroitesse de la chaire. — Ces boutades, quoiqu'elles escarmouchent légèrement et sans aucun ordre, à la hussarde, n'en sont pas moins des auxiliaires de la Vertu. — Dites-moi donc, mynheer Vander Blonederdondergewdenstronke, pourquoi on ne les imprimerait pas avec le reste?

CHAPITRE CLXXIII.

Quand mon oncle Toby eut fait argent de tout, et réglé tous les comptes entre l'agent du régiment et Le Fèvre, et entre Le Fèvre et tout le genre humain, il ne resta plus rien dans les mains de mon oncle Toby qu'un vieil uniforme et une épée : en sorte que mon oncle Toby trouva peu ou point d'opposition de la part du monde à faire acte d'héritier. L'uniforme, mon oncle Toby le donna au caporal. — Porte-le, Trim, dit mon oncle Toby, aussi longtemps qu'il durera, pour l'amour du pauvre lieutenant. — Et ceci, dit mon oncle Toby, en prenant l'épée et en la tirant du fourreau, — et ceci, Le Fèvre, je le garderai pour toi; — c'est toute la fortune, continua mon oncle Toby en l'accrochant à un clou et en la montrant,

— c'est toute la fortune, mon cher Le Fèvre, que Dieu t'a laissée ; mais s'il t'a donné un cœur pour te frayer ton chemin à l'aide d'elle, — et que tu le fasses en homme d'honneur, — c'est assez pour nous.

Dès que mon oncle Toby eut posé une première base, et lui eut enseigné à inscrire un polygone régulier dans un cercle, il l'envoya à une école publique où, excepté la Pentecôte et Noël, époques auxquelles le caporal lui était ponctuellement expédié, — il resta jusqu'au printemps de l'année dix-sept. Alors la nouvelle que l'empereur faisait marcher son armée en Hongrie contre les Turcs, allumant dans son sein une étincelle de feu, il laissa sans congé son grec et son latin, et se jetant aux genoux de mon oncle Toby, il demanda l'épée de son père, et, avec la permission de mon oncle Toby, pour aller tenter la fortune sous Eugène. — Deux fois mon oncle Toby oublia sa blessure, et s'écria : Le Fèvre, j'irai avec toi, et tu combattras à mon côté ! — et deux fois il porta la main à son aine, et pencha la tête de chagrin et d'abattement.

Mon oncle Toby décrocha l'épée du clou où elle était restée suspendue depuis la mort du lieutenant, et la remit au caporal pour la fourbir ; — et ayant retenu Le Fèvre quinze jours seulement pour l'équiper et traiter de son passage à Livourne, — il lui mit l'épée dans la main. Si tu es brave, Le Fèvre, dit mon oncle Toby, elle ne te manquera pas ; — mais la Fortune, dit-il (en rêvant un peu), la Fortune peut te manquer ; — et dans ce cas, — ajouta mon oncle Toby en l'embrassant, reviens-moi, Le Fèvre, et nous te frayerons une autre route.

La plus grande injure n'aurait pu oppresser le cœur de

Le Fèvre plus que ne fit la bonté paternelle de mon oncle Toby ; — il se sépara de mon oncle Toby comme le meilleur des fils du meilleur des pères : — tous deux versèrent des larmes ; — et mon oncle Toby, en lui donnant un dernier baiser, lui glissa dans la main soixante guinées enfermées dans une vieille bourse de son père, où était la bague de sa mère, — et pria Dieu de le bénir.

CHAPITRE CLXXIV.

Le Fèvre joignit l'armée impériale juste à temps pour essayer de quel métal était faite son épée, à la défaite des Turcs devant Belgrade ; mais une série de malheurs non mérités l'avait poursuivi depuis lors, et s'était acharnée à ses trousses pendant les quatre années suivantes. Il avait supporté ces coups du sort jusqu'au bout ; mais enfin il était tombé malade à Marseille, d'où il avait écrit à mon oncle Toby qu'il avait perdu son temps, ses services, sa santé, tout, excepté son épée, et qu'il attendait le premier vaisseau pour revenir près de lui.

Comme cette lettre arriva à destination environ six semaines avant l'accident de Susanne, Le Fèvre était attendu à toute heure ; et il tint la première place dans l'esprit de mon oncle Toby tout le temps que mon père fit à son frère et à Yorick sa description de l'espèce de personne qu'il me voulait choisir pour précepteur ; mais comme mon oncle Toby trouva d'abord que mon père donnait trop carrière à son imagination dans les perfections qu'il exigeait, il s'abstint de prononcer le nom de Le Fèvre, jusqu'au moment où le portrait, par l'intervention d'Yorick, aboutissant, inopinément, à la bonté, l'image de Le Fèvre et ses intérêts se gravèrent si fortement dans la pensée de mon oncle Toby, qu'il se leva à l'instant de sa chaise, et posant sa pipe, afin de prendre les deux mains de mon père : — Permettez-moi, frère Shandy, dit mon oncle Toby, de vous recommander le fils du pauvre Le Fèvre. —————— Je vous en conjure, prenez-le, ajouta Yorick. ———— Il a le cœur bon, dit mon oncle Toby. ———— Et brave aussi, sauf votre respect, dit le caporal.

————Les meilleurs cœurs, Trim, sont toujours les plus braves, répliqua mon oncle Toby. — Et les plus poltrons de notre régiment, sauf votre respect, en étaient aussi les plus grands vauriens. — Il y avait le sergent Kumber, et l'enseigne ————

Nous parlerons d'eux une autre fois, dit mon père.

CHAPITRE CLXXV.

Comme ce serait un jovial et joyeux monde que celui-ci, sous le bon plaisir de vos *Worships*, n'était ce labyrinthe inextricable de dettes, de soucis, de malheurs, de besoins, d'affliction, de mécontentement, de mélancolie, de gros douaires, de tromperies et de mensonges !

Le docteur Slop, en vrai fils de p————, comme l'appela mon père à cette occasion, pour se rehausser, — m'écrasa presque, — et fit dix mille fois plus d'embarras de l'accident de Susanne qu'il n'y avait lieu : en sorte qu'en une semaine ou même moins, tout le monde répétait que *le pauvre petit Shandy* * * * * * * * * *

* * * * * * * * * * * * * * * * *
* * * * * * * * * * * * * * * * *
* * * * * entièrement : — et la Renommée, qui aime à doubler toute chose, — au bout de trois autres jours, avait juré, positivement, qu'elle l'avait vu : — et tout le monde, comme de coutume, avait ajouté foi à son témoignage, — « que la fenêtre de la chambre d'enfants avait non-seulement * * * * * * * * * *
* * * * * * * * * * * * * * * * *
* * ; —— mais que * * * * * * * *
* * * * * * * * * * * * * * * * *
* * * * * * * * aussi. »

S'il avait été possible de poursuivre le monde comme une *communauté*, — mon père lui aurait intenté une action et l'aurait fait suffisamment punir ; mais s'attaquer à des individus — qui, tous, ne parlaient de l'affaire qu'avec la plus grande pitié imaginable, — c'était sauter au visage de ses meilleurs amis ; — pourtant laisser ce bruit sans réponse, c'était le reconnaître ouvertement, — du moins dans l'opinion de la moitié du monde ; et d'un autre côté, faire un esclandre en le contredisant, — c'était le confirmer aussi fortement dans l'opinion de l'autre moitié.

— Y a-t-il jamais eu un pauvre diable de campagnard aussi empêtré ? dit mon père.

—— Je le montrerai publiquement, en plein marché, dit mon oncle Toby.

—— Cela ne fera aucun effet, dit mon père.

CHAPITRE CLXXVI.

—·—— Je le mettrai, néanmoins, en culottes, dit mon père, — que le monde dise ce qu'il voudra.

CHAPITRE CLXXVII.

Il y a, monsieur, mille résolutions dans l'Église et dans l'État, aussi bien, madame, que dans des affaires d'un intérêt plus privé, — qui, bien qu'elles aient tout l'air d'avoir été prises et adoptées à la hâte, follement, inconsidérément, malgré cela (et si vous ou moi nous avions pu entrer au cabinet, ou nous tenir derrière le rideau, nous aurions constaté le fait) ont été pesées, examinées, considérées, — discutées, — *canevassées*, délibérées, — et envisagées sous toutes leurs faces avec tant de sang-froid, que le *dieu du sang-froid* lui-même (je ne me charge pas de prouver son existence) n'aurait pu désirer plus, ou mieux faire.

De ce nombre était la résolution que prit mon père de me mettre en culottes ; car, bien qu'il s'y fût déterminé tout d'un coup, — dans une sorte d'accès de colère e de défi au genre humain, le pour et le contre avaient, néanmoins, été ballottés et plaidés judiciairement entre lui et ma mère un mois auparavant, dans deux différents *lits de justice* que mon père avait tenus à cet effet. J'expliquerai dans mon prochain chapitre la nature de ces lits de justice ; et dans le chapitre d'après, vous passerez avec moi, madame, derrière le rideau, seulement pour entendre de quelle manière mon père et ma mère débattirent entre eux cette affaire des culottes ; — et d'après cela vous pourrez vous former une idée de celle dont ils débattaient toutes les affaires de moindre conséquence.

CHAPITRE CLXXVIII.

Les anciens Goths de Germanie, qui (le savant Cluvier l'affirme) étaient d'abord établis dans le pays situé entre la Vistule et l'Oder, et qui ensuite s'incorporèrent les Hérules, les Bulgares et quelques autres peuplades vandales, — avaient tous la sage coutume de débattre deux fois chaque question importante pour l'État ; à savoir, — une fois ivres, et une fois sobres. — Ivres, — afin que leurs conseils ne manquassent pas de vigueur ; et sobres, — afin qu'ils ne manquassent pas de prudence.

Or mon père, qui ne buvait que de l'eau, se cassa longtemps la tête pour tourner cette coutume à son avantage, comme il faisait de tout ce que les anciens avaient fait ou dit ; et ce ne fut qu'à la septième année de son mariage, et après mille expériences et combinaisons infructueuses, qu'il mit le doigt sur un expédient qui répondit à ses vues ; — et cet expédient, le voici : quand il avait à régler dans la famille quelque point difficile et important, dont la décision demandait une grande sobriété et une grande chaleur d'âme aussi, — il fixait et réservait la nuit du premier dimanche du mois, et la nuit du sa-

medi précédent, pour le discuter au lit avec ma mère ; au moyen de quoi, si vous réfléchissez, monsieur, à part vous, * * * * * * * * * * * * * *
* * * * * * * * * * * * * * * *
* * * * * * * * * * * * * * * *
* * * * * * * * * * * * * * * *

C'est là ce que mon père appelait assez plaisamment ses lits de justice ; — car de ses deux différentes délibérations prises dans ces deux humeurs différentes, sortait généralement un terme moyen qui se rapprochait autant de la sagesse, que si mon père eût été cent fois ivre et sobre.

Il ne faut pas en faire un secret au monde, ce moyen réussit aussi bien dans les discussions littéraires, que dans celles militaires ou conjugales ; mais ce ne sont pas tous les auteurs qui peuvent en faire l'expérience telle que la faisaient les Goths et les Vandales ; — ou s'ils le peuvent, plaise à Dieu que ce soit toujours pour le bien de leur corps ; et quant à le faire comme le faisait mon père, — suis-je sûr que ce serait toujours pour le bien de leur âme ?

Ma manière est celle-ci :

Dans toutes les discussions délicates et chatouilleuses, — (et Dieu sait qu'il n'y en a que trop dans mon livre) — où je vois que je ne puis faire un pas sans être en danger d'avoir, soit leurs *Worships*, soit leurs Révérences sur le dos, — j'en écris une moitié, le ventre plein, — et l'autre, à jeun, — ou j'écris tout le ventre plein, — et je le corrige à jeun ; — ou bien je l'écris à jeun, — et je le corrige le ventre plein ; car tout cela revient au même. — De sorte qu'en m'écartant moins du plan de mon père qu'il ne s'écartait du plan des Goths, — je me trouve de pair avec lui dans son premier lit de justice ; — et nullement inférieur à lui dans le second. — Ces effets différents et presque inconciliables découlent uniformément du sage et merveilleux mécanisme de la nature, — dont — à elle l'honneur. — Tout ce que nous pouvons faire, c'est de tourner et diriger la machine vers le perfectionnement et la fabrication meilleure des arts et des sciences.

Or, quand j'écris le ventre plein, — j'écris comme si je ne devais plus jamais écrire à jeun de tout le reste de ma vie ; — c'est-à-dire, j'écris libre des soins aussi bien que des terreurs du monde. — Je ne compte pas le nombre de mes cicatrices, — et mon imagination ne s'enfonce pas dans les allées sombres et dans les recoins pour antidater mes coups de poignard. — En un mot, ma plume prend sa course ; et j'écris dans la plénitude du cœur autant que de l'estomac.

Mais quand, sous le bon plaisir de vos Honneurs, je compose à jeun, c'est une autre histoire. — Je témoigne au monde toute l'attention et tout le respect possibles, — et (tant que cela dure) j'ai, autant que le meilleur d'entre vous, cette vertu de second ordre qu'on nomme prudence. — De façon qu'entre deux, j'écris une insouciante espèce de civil, extravagant, facétieux livre Shandien, qui vous fera à tous du bien au cœur. ———

— Et à la tête aussi, — pourvu que vous le compreniez.

CHAPITRE CLXXIX.

Nous devrions commencer, dit mon père se tournant à moitié dans son lit, et rapprochant un peu son oreiller de celui de ma mère, comme il ouvrait les débats ; — nous devrions commencer à songer, mistress Shandy, à mettre ce garçon en culottes. ———

Oui, nous le devrions, dit ma mère. — Il est honteux ma chère, dit mon père, de différer si longtemps.

Oui, je trouve que c'est honteux, monsieur Shandy, — dit ma mère. ———

Ce n'est pas que l'enfant, dit mon père, n'ait extrêmement bonne mine en brassières et en jaquette. ———

Il a très-bonne mine avec, repartit ma mère.

——— Et pour cette raison ce serait presque un péché, ajouta mon père, de les lui retirer.

——— C'en serait un, dit ma mère. ——— Mais aussi il devient grand garçon, — reprit mon père.

——— Il est très-grand pour son âge, effectivement, — dit ma mère.

——— Je ne puis (appuyant sur chaque syllabe) imaginer, dit mon père, à qui diable il ressemble.

——— Je n'y conçois rien, dit ma mère.

——— Hum ! — dit mon père.

(Le dialogue cessa pour un moment.)

— Je suis très-petit moi-même, continua mon père, gravement.

— Vous êtes très-petit, monsieur Shandy, dit ma mère.

Hum ! se dit mon père une seconde fois ; et en marmottant ceci, il éloigna un peu son oreiller de celui de ma mère, — et s'étant retourné, les débats furent clos pendant trois minutes et demie.

——— Quand on lui aura fait ces culottes, s'écria mon père d'un ton plus haut, il aura l'air d'une bête dedans.

———Il y sera très-emprunté d'abord, répliqua ma mère.

———— Et nous aurons bien du bonheur, si c'est là le pis, ajouta mon père.

———— Oui, nous aurons bien du bonheur, répondit ma mère.

———— Je suppose, repartit mon père, — s'arrêtant avant de donner son avis, qu'il sera exactement comme tous les autres enfants.

———— Exactement, dit ma mère.

———— Pourtant j'en serais fâché, ajouta mon père; et les débats furent encore une fois suspendus.

———— Il les faudrait de peau, dit mon père, se retournant de nouveau.

———— Elles lui dureront plus longtemps, dit ma mère.

———— Mais il ne pourra pas les avoir doublées, repartit mon père.

———— Non, il ne pourra pas, dit ma mère.

————Il vaudrait mieux les avoir de futaine, dit mon père.

———— Il n'y a rien de mieux, dit ma mère.

———— Excepté le basin, répliqua mon père. ———— Oui, c'est encore mieux, répliqua ma mère.

———— Il ne faut pas le tuer, pourtant, — interrompit mon père.

———— Certainement non, dit ma mère; — et le dialogue s'arrêta derechef.

Quoi qu'il en soit, je suis bien décidé, dit mon père rompant pour la quatrième fois le silence, à ne pas y fair faire de poches.

———— Il n'y a pas de raisons pour en mettre, dit ma mère.

———— J'entends à son habit et à son gilet, s'écria mo père.

—— C'est ce que j'entends aussi, repartit ma mère.

—— Cependant s'il a une toupie ou un sabot, — pauvres enfants ! c'est un sceptre et une couronne pour eux, il faut bien qu'ils aient où les serrer.

—— Ordonnez-en comme il vous plaira, monsieur Shandy, répliqua ma mère.

—— Mais ne le trouvez-vous pas bien ? ajouta mon père, la mettant au pied du mur.

—— Parfait, dit ma mère, si cela vous plaît, monsieur Shandy.

—— Vous voilà bien ! s'écria mon père perdant son sang-froid. — Si cela me plaît ! vous ne ferez jamais de distinction, mistress Shandy, et jamais je ne vous apprendrai à en faire entre une question de plaisir et une de convenance. — C'était dans la nuit du dimanche ; — et ce chapitre ne va pas plus loin.

CHAPITRE CLXXX.

Après que mon père eut débattu l'affaire des culottes avec ma mère, — il consulta Albertus Rubenius ; et Albertus Rubenius traita mon père dans la consultation dix fois pis (s'il est possible) que mon père même n'avait traité ma mère ; car, comme Rubenius avait écrit un in-quarto *tout exprès*, *De re vestiaria veterum*, — il appartenait à Rubenius de fournir quelques lumières à mon père. Au contraire, mon père aurait aussi bien pu songer à extraire d'une longue barbe les sept vertus cardinales, — qu'à extraire de Rubenius un seul mot sur ce sujet.

Sur tout autre article de l'habillement des anciens, Rubenius fut très-communicatif avec mon père ; — il lui donna un compte pleinement satisfaisant de

La toga, ou robe flottante ;

La chlamys ;

L'éphod ;

La tunica, ou jaquette ;

La synthesis ;

La pœnula ;

La lacerna avec son cucullus ;

Le paludamentum ;

La prætexta ;

Le sagum, ou justaucorps de soldat ;

La trabea, dont, suivant Suétone, il y avait trois espèces. ——

Mais quel rapport tout cela a-t-il avec les culottes ? dit mon père.

Rubenius lui versa sur le comptoir toutes les espèces de souliers qui avaient été de mode chez les Romains : —

Il y avait Le soulier ouvert ;

Le soulier fermé ;

Le soulier sans quartier ;

Le soulier de bois ;

Le brodequin ;

Le cothurne ;

Et Le soulier militaire à gros clous, dont parle Juvénal.

Il y avait Les claques ;

Les patins ;

Les pantoufles ;

Les galoches,

Les sandales à cordons ;
Il y avait Le soulier de feutre,
Le soulier de toile,
Le soulier lacé,
Le soulier tressé,
Le calceus incisus,
Et Le calceus rostratus.

Rubenius montra à mon père comme ils allaient tous bien, — de quelle manière on les attachait, — avec quelles aiguillettes, oreilles, courroies, cordons, rubans et dentelures. ——— Mais je voudrais apprendre ce qui a rapport aux culottes, dit mon père. ———

Albertus Rubenius apprit à mon père que les Romains fabriquaient des étoffes de différentes espèces ; — d'unies, — de rayées ; — d'autres ouvrées de soie et d'or tissés avec la laine ; — que la toile ne commença à être communément en usage que vers la décadence de l'empire, lorsque les Égyptiens, venant s'établir parmi eux, la mirent en vogue ; —

— Que les gens de qualité et de fortune se distinguaient par la finesse et la blancheur de leurs vêtements ; couleur qu'(après la pourpre qui était appropriée aux hauts emplois) ils préféraient et portaient le jour de leur naissance et aux réjouissances publiques ; — qu'il paraîtrait, d'après les meilleurs historiens du temps, qu'ils envoyaient fréquemment leurs habits au dégraisseur pour les faire nettoyer et blanchir ; — mais que la classe inférieure, pour éviter cette dépense, portait généralement des étoffes brunes et d'un tissu un peu plus commun, — jusque vers le commencement du règne d'Auguste, où l'esclave s'habilla comme son maître, et où presque toutes les distinctions d'habillement se perdirent, excepté le *latus clavus*.

Et qu'était-ce que le *latus clavus*? dit mon père. —— Rubenius lui dit que la question était encore en litige parmi les savants : — qu'Egnace, Sigonius, Bosius Ticinensis, Baïf, Budé, Salmasius, Lipse, Lazius, Isaac Casaubon et Joseph Scaliger, différaient tous entre eux, — et lui d'eux tous ; — que ceux-ci pensaient que c'était le bouton, — ceux-là l'habit lui-même, — d'autres seulement la couleur : — que le grand Baïf, dans sa *Garde-robe des Anciens*, chapitre XII, — dit avec candeur qu'il ne sait ce que c'était, — si c'était une couture, — un bouton double, — un bouton simple, — une bride, — une boucle, ou un fermoir. ——

Mon père perdit le cheval, mais non la selle. —— Ce sont des *portes* et des *agrafes*, dit mon père ; — et avec des portes et des agrafes, il ordonna que mes culottes fussent faites.

CHAPITRE CLXXXI.

Nous allons maintenant entrer sur une nouvelle scène d'événements.

Laissons donc les culottes entre les mains du tailleur, et mon père debout au-dessus de lui avec sa canne, lui lisant, tandis qu'il est assis à son travail, une dissertation sur le *latus clavus*, et désignant l'endroit précis de la ceinture où il a résolu de le faire coudre.

Laissons ma mère — (la plus véritable *pococurante* de son sexe) insouciante sur cela comme sur tout le reste de ce qui la concerne dans le monde ; — c'est-à-dire —

indifférente qu'on le fasse d'une manière ou de l'autre, — pourvu qu'après tout on le fasse.

Laissons également le docteur Slop à tous les profits de mon déshonneur.

Laissons le pauvre Le Fèvre se rétablir et revenir de Marseille du mieux qu'il peut : — et en dernier de tout, — comme le plus difficile.

Laissons, s'il est possible, *moi-même;* — mais c'est impossible : — il faut que j'aille avec vous jusqu'à la fin de l'ouvrage.

CHAPITRE CLXXXII.

Si le lecteur n'a pas une idée nette de ce tiers d'arpent qui se trouvait au fond du potager de mon oncle Toby, et qui fut pour lui le théâtre de tant d'heures délicieuses, — la faute n'en est pas à moi, — mais à son imagination ; — car, ma foi, je lui en ai donné une description tellement minutieuse, que j'en ai presque honte.

Une après-midi que le *Destin* jetait les yeux sur les grands événements des temps futurs, — se rappelant l'avenir auquel ce petit terrain était réservé par un décret gravé sur l'airain, — il fit un signe à la *Nature :* — ce fut assez, — la Nature jeta dessus une demi-pelletée de son plus généreux engrais, avec juste assez d'argile pour conserver la forme des angles et des dentelures, — et assez peu aussi pour que la terre ne pût tenir à la bêche, et rendre de si glorieux ouvrages inabordables dans le mauvais temps.

Mon oncle Toby descendit, comme les lecteurs le savent, apportant avec lui les plans de presque toutes les places fortes d'Italie et de Flandre : aussi, que le duc de Marlborough ou les alliés missent le siége devant n'importe quelle ville, mon oncle Toby était tout préparé.

Sa méthode, qui était la plus simple du monde, était celle-ci : — dès qu'une ville était investie — (mais plutôt quand le projet était connu (en prendre le plan (quelle que fût la ville) et le développer sur une échelle de la grandeur exacte de son boulingrin, sur la surface duquel, au moyen d'un gros peloton de ficelle, et d'une quantité de petits piquets enfoncés dans la terre, aux divers angles et redans, il transportait les lignes de son papier ; puis prenant le profil de la place et de ses ouvrages, pour déterminer la profondeur et l'inclinaison des fossés, — le talus du glacis, et la hauteur précise des divers banquettes, parapets, etc., — il mettait le caporal à l'œuvre, et la besogne avançait délicieusement. — La nature du sol, — la nature de la besogne même, — et, par-dessus tout, la bonne nature de mon oncle Toby, assis là du matin au soir, et causant amicalement avec le caporal sur les faits du temps passé, — faisaient que ce *travail* n'en avait guère que le nom.

Quand la place était finie de cette manière, et mise en état convenable de défense, — elle était investie ; — et mon oncle Toby et le caporal commençaient à ouvrir leur première parallèle. — Je demande qu'on ne m'interrompe point dans mon histoire, en me disant, *que la première parallèle devrait être au moins à trois cents toises de distance du corps principal de la place, — et que je ne lui ai pas laissé un seul pouce de terrain ;* — car mon oncle Toby prit la liberté d'empiéter sur son jardin potager, afin d'agrandir ses ouvrages sur le boulingrin ; et pour cette raison il ouvrait en général ses première et seconde parallèles entre deux rangées de choux et de choux-fleurs : système dont les avantages et les inconvénients seront examinés en détail dans l'histoire des campagnes de mon oncle Toby et du caporal, dont ce que j'écris en ce moment n'est qu'une esquisse, et sera fini, si mes conjectures sont justes, en trois pages (mais il n'y a pas moyen de deviner). — Les campagnes elles-mêmes occuperont autant de livres ; aussi j'aurais peur que ce ne fût suspendre trop lourd d'une seule espèce de chose à un travail aussi peu solide que celui-ci, si je les cousais, comme j'en avais eu l'intention, au corps de l'ouvrage ; — certainement il vaudrait mieux les imprimer à part. — Nous y songerons ; — en attendant, prenez-en donc l'esquisse suivante : —

CHAPITRE CLXXXIII.

Quand la ville était finie, avec ses ouvrages, mon oncle Toby et le caporal commençaient à ouvrir leur première parallèle, — non pas au hasard, ou n'importe comment, — mais des mêmes points et distances que les alliés avaient commencé à ouvrir les leurs ; et réglant leurs tranchées et attaques sur les relations que mon oncle Toby recevait par les feuilles quotidiennes, — ils suivaient, pendant tout le siége, les alliés pas à pas.

Quand le duc de Marlborough faisait un logement, — mon oncle Toby en faisait un aussi : — et quand la face d'un bastion était abattue, ou une défense ruinée, — le caporal prenait sa pioche et en faisait autant, — et ainsi de suite ; — ils gagnaient du terrain, et se rendaient maîtres des ouvrages, l'un après l'autre, jusqu'à ce que la ville tombât entre leurs mains.

Pour une personne heureuse du bonheur des autres, il n'y aurait pas eu de plus beau spectacle au monde que de se placer derrière la charmille le matin d'un jour de poste, lorsqu'une brèche praticable avait été faite par le duc de Marlborough dans le principal corps de la place, — et d'observer l'ardeur avec laquelle mon oncle Toby, ayant Trim derrière lui, faisait sa sortie ; — l'un, la gazette en main, — l'autre une bêche sur l'épaule pour en exécuter le contenu. — Quel honnête triomphe dans les regards de mon oncle Toby, quand il marchait aux remparts ! quel plaisir intense nageait dans ses yeux quand il se tenait au-dessus du caporal, lui relisant dix fois le paragraphe, pendant que celui-ci était à l'ouvrage, de peur que, par aventure, il ne fît la brèche d'un pouce trop grande, — ou qu'il ne la laissât d'un pouce trop étroite ! Mais quand la chamade était battue, et que le caporal aidait mon oncle à monter sur les remparts, et le suivait les drapeaux à la main, pour les y planter, — Ciel ! Terre ! Mer ! — Mais à quoi servent des apostrophes ? — Avec tous vos éléments secs ou humides, vous n'avez jamais composé un breuvage si enivrant.

C'est dans cette voie de félicité que pendant plusieurs années sans aucune interruption, excepté de temps à autre quand le vent continuait de souffler plein ouest une semaine ou dix jours de suite, ce qui arrêtait la poste de Flandre, et les tenait tout ce temps-là à la torture, mais encore c'était la torture du bonheur — c'est dans cette voie, dis-je, que mon oncle Toby et Trim marchèrent pendant plusieurs années, chacune, et quelquefois chaque mois ajoutant à leurs opérations quelque idée nouvelle ou amélioration ingénieuse, dont l'exécution leur ouvrait toujours de nouvelles sources de délices.

La campagne de la première année se fit du commencement jusqu'à la fin d'après la simple et facile méthode que j'ai rapportée.

Dans la seconde année, où mon oncle Toby prit Liége et Ruremonde, il crut pouvoir faire la dépense de quatre beaux ponts-levis, dont j'ai décrit exactement deux dans la première partie de mon ouvrage.

A la fin de la même année, il ajouta une couple de portes avec des herses : ces dernières furent ensuite converties en orgues, comme étant ce qui valait mieux ; et durant l'hiver de la même année, mon oncle Toby, au lieu d'un habillement complet, qu'il se faisait toujours faire à Noël, se régala d'une belle guérite à placer au coin du boulingrin, entre lequel point et le bas du glacis, était une espèce de petite esplanade, où le caporal et lui pouvaient conférer et tenir leurs conseils de guerre.

La guérite était là en cas de pluie.

Le tout fut peint en blanc et à trois couches, le printemps suivant, ce qui mit mon oncle Toby en état d'entrer en campagne avec une grande splendeur.

Mon père disait souvent à Yorick que si dans l'univers entier aucun mortel autre que mon oncle Toby eût fait pareille chose, le monde y aurait vu la satire la plus raffinée de l'ostentation et de la fanfaronnade avec laquelle Louis XIV, dès le commencement de la guerre, mais particulièrement cette même année, était entré en campagne. —— Mais il n'est pas dans la nature de mon frère Toby, la bonne âme ! ajoutait mon père, d'insulter qui que ce soit.

— Mais poursuivons.

CHAPITRE CLXXXIV.

Je dois faire observer que bien que dans la campagne de la première année le mot *ville* soit souvent répété, — cependant à cette époque il n'y avait aucune ville dans le polygone ; cette addition n'eut lieu que l'été qui suivit le printemps où les ponts et la guérite furent peints, c'est-à-dire dans la troisième année des campagnes de mon oncle Toby ; — alors, la prise successive d'Amberg, et de Bonn, et de Rhinberg, e. de Huy et de Limbourg, donna l'idée au caporal que de parler de prendre tant de villes, *sans en avoir une seule à montrer comme échantillon*, — c'était une manière absurde d'aller en besogne. Il proposa donc à mon oncle Toby de se faire bâtir un petit modèle de ville, — qu'on construirait avec des planches de sapin, qu'on peindrait ensuite, et qui, montée dans l'intérieur du polygone, servirait une fois pour toutes.

Mon oncle Toby sentit tout de suite ce que ce projet avait de bon, et tout de suite il l'adopta, mais en y ajoutant deux singulières améliorations qui le rendirent auss fier que s'il eût été l'inventeur original du projet même

L'une était de faire bâtir la ville exactement dans l style de celles qu'elle devait le plus vraisemblablemen représenter ; — avec des fenêtres grillées, et les pignon des maisons faisant face aux rues, etc., etc. — comme celles de Gand et de Bruges, et le reste des villes du Brabant et de la Flandre.

L'autre était de ne point avoir les maisons réunies, comme le proposait le caporal, mais d'avoir chaque maison indépendante, qu'on pût accrocher ou décrocher, de manière à exécuter à volonté le plan de toute espèce de villes. — Ceci fut aussitôt mis en main ; et mon oncle Toby et le caporal échangèrent maint et maint regard de congratulation mutuelle, pendant que le charpentier y travaillait.

L'effet en fut merveilleux l'été suivant ; — la ville était un vrai Protée. — Elle fut Landen, et Trerebach, et Santvliet, et Drusen et Haguenau ; — et puis elle fut Ostende, et Menin, et Aeth et Dendermonde.

— Certes, jamais *ville* depuis Sodome et Gomorrhe ne joua autant de rôles que celle de mon oncle Toby.

Dans la quatrième année, mon oncle Toby trouvant qu'une ville avait l'air ridicule sans église, en ajouta une très-belle avec clocher. Trim était d'avis d'y avoir des cloches. ——— Mon oncle Toby dit qu'il valait mieux employer le métal à fondre du canon.

Ceci amena à avoir pour la campagne suivante une demi-douzaine de pièces de campagne en cuivre à placer trois par trois de chaque côté de la guérite de mon oncle Toby ; et 1 peu de temps celles-ci amenèrent à augmenter un peu l'artillerie, — et ainsi de suite — (comme c'est nécessairement toujours le cas dans les affaires dadaïques) commençant par des pièces d'un demi-pouce de calibre, et finissant par en arriver aux bottes fortes de mon père.

L'année suivante, qui fut celle où Lille fut assiégé, et à la fin de laquelle Gand et Bruges tombèrent dans nos mains, — mon oncle Toby fut cruellement embarrassé de savoir où trouver des munitions *convenables*, — je dis des munitions convenables, — parce que sa grosse artillerie ne pouvait supporter la poudre ; et c'était bien heureux pour la famille Shandy : — car les gazettes, depuis le commencement du siége jusqu'à la fin, étaient si pleines du feu nourri que faisaient les assiégeants, et l'imagination de mon oncle Toby était si échauffée des descriptions qu'elles en donnaient, qu'il aurait infailliblement mis en poudre et brûlé tout son bien.

Il manquait donc, surtout dans un ou deux des plus violents paroxysmes du siége, *quelque chose* qui pût servir de remplaçant et entretenir une sorte de feu continuel dans l'imagination ; — et ce *quelque chose*, le caporal, dont le fort était l'invention, y pourvut par un système entièrement nouveau de batterie à lui, sans lequel les critiques militaires auraient objecté jusqu'à la fin du monde que c'était une des grandes lacunes de l'équipement de mon oncle Toby.

Ceci n'en sera pas plus mal expliqué pour dévier, comme je fais généralement, à quelque distance du sujet.

CHAPITRE CLXXXV.

Avec deux ou trois autres bagatelles de peu de valeur en elles-mêmes, mais moralement d'un grand prix, que le pauvre Tom, l'infortuné frère du caporal, lui avait enroyées, en lui faisant part de son mariage avec la veuve du juif, — se trouvaient

Un bonnet à la Montero, et deux pipes turques.

Le bonnet à la Montero, je le décrirai tout à l'heure. — Les pipes turques n'avaient en elles-mêmes rien de particulier ; elles étaient disposées et ornées comme à l'ordinaire, avec des tuyaux flexibles de maroquin et de fil d'or, et montées au bout, l'une en ivoire, — l'autre en ébène garni d'argent.

Mon père, qui ne voyait rien comme personne, dit au caporal qu'il devait regarder ces deux présents de son frère plutôt comme des marques de délicatesse que comme des marques d'affection. — Tom ne se souciait pas, Trim, dit-il, de porter le bonnet et de fumer la pipe d'un juif. — Dieu bénisse votre Honneur, dit le caporal (donnant une forte preuve du contraire) — comment est-ce possible ?

Le bonnet à la Montero était écarlate, d'un drap d'Espagne superfin, teint en graine [1], et bordé tout autour de fourrure, excepté environ quatre pouces du devant qui étaient garnis en drap bleu de ciel légèrement brodé ; — et il semblait avoir appartenu à un quartier-maître portugais, non d'infanterie, mais de cavalerie, comme le mot l'indique.

Le caporal n'en était pas peu fier, tant pour la chose en elle-même que pour celui qui la lui avait donnée ; il était donc rare ou sans exemple qu'il la mît d'autres jours que les jours de gala ; et cependant il n'y avait jamais eu de bonnet à la Montero qui eût servi à plus de choses ; car dans tous les points controversés, soit de guerre,

---

[1] Tainct en graine. Rabelais, *Pantagruel*, liv. II, chap. XII.
(*Note du traducteur.*)

soit de cuisine, pourvu que le caporal fût sûr d'avoir raison, — c'était son *serment* — sa *gageure* — ou son *cadeau*.

— Ce fut son cadeau dans le cas présent.

Je m'engage, dit le caporal se parlant à lui-même, je m'engage à donner mon bonnet à la Montero au premier mendiant qui vient à la porte, si je n'arrange pas la chose à la satisfaction de son Honneur.

L'exécution ne dépassa pas le matin suivant, qui était celui de l'assaut de la contrescarpe entre le Lower Deule à droite, et la porte de Saint-André, — et à gauche, entre Sainte-Madeleine et la rivière.

Comme c'était l'attaque la plus mémorable de toute la guerre, — la plus vaillante et la plus opiniâtre des deux côtés, — et je dois ajouter, la plus sanglante aussi (car elle coûta aux alliés, ce matin-là, plus de onze cents hommes), mon oncle Toby s'y prépara avec plus de solennité qu'à l'ordinaire.

La veille au soir, en s'allant mettre au lit, mon oncle Toby ordonna que sa perruque à la Ramillies, qui gisait depuis plusieurs années, dehors, dans le coin d'un vieux coffre qui lui avait servi dans ses campagnes et qui était à côté de son lit, en fût tirée et mise sur le couvercle, toute prête pour le lendemain matin ; — et la première chose qu'il fit, au saut du lit et en chemise, après avoir tourné en dehors le côté poilu, ce fut de la mettre. — Après quoi, il passa à ses culottes ; et ayant boutonné sa ceinture, il boucla son ceinturon, et il y avait à moitié entré son épée, — quand il réfléchit qu'il aurait besoin de se raser, et que ce serait bien incommode de le faire l'épée au côté : — il la retira donc. — En essayant son habit et sa veste d'uniforme, mon oncle Toby rencontra dans sa perruque la même difficulté : il les ôta donc aussi, — si bien que, soit une chose, soit une autre, comme il arrive toujours quand on est le plus pressé, ———— il était dix heures (c'est-à-dire une demi-heure plus tard qu'à l'ordinaire) avant que mon oncle Toby fît sa sortie.

CHAPITRE CLXXXVI.

Mon oncle Toby avait à peine tourné le coin de sa haie d'ifs, qui séparait son potager de son boulingrin, qu'il vit que le caporal avait commencé l'attaque sans lui.

Laissez-moi m'arrêter pour vous dépeindre l'équipement du caporal, et le caporal lui-même au fort de l'attaque, tel qu'il parut à mon oncle Toby, lorsque celui-ci se dirigea vers la guérite, où le caporal était à l'œuvre, — car il n'existe pas dans la nature un second tableau pareil ; — et on combinerait tout ce qu'elle a de grotesque et de fantasque qu'on ne le saurait égaler.

Le caporal ————

— Marchez légèrement sur ses cendres, vous hommes de génie, car il était votre parent :

Arrachez de sa fosse les mauvaises herbes, vous hommes de bien, — car il était votre frère. O caporal ! si je t'avais aujourd'hui, — aujourd'hui que je puis te donner un dîner et ma protection, — comme je te choierais ! tu porterais ton bonnet à la Montero toutes les heures de la journée, et tous les jours de la semaine ; — et quand il serait usé, je t'en achèterais deux pareils. —

5.

Mais, hélas! hélas! hélas! aujourd'hui que je puis le faire en dépit de leurs Révérences, — l'occasion est perdue, — car tu n'es plus; — ton génie s'est envolé aux étoiles d'où il était venu; — et ton cœur chaud, avec tous ses vaisseaux généreux et dilatés, est comprimé en une *motte de terre de la vallée.* —

Mais qu'est-ce, — qu'est-ce que cela auprès de cette page future et redoutée, où je porte les regards vers ce poêle de velours, décoré des insignes militaires de ton maître, — le premier, — le meilleur des êtres créés; — où je te verrai, fidèle serviteur! poser d'une main tremblante son épée et son fourreau en travers de la bière, et puis retourner pâle comme la cendre vers la porte, prendre son cheval de deuil par la bride, et suivre son convoi conformément à ses instructions; — où tous les systèmes de mon père seront renversés par ses chagrins; et où, en dépit de la philosophie, je l'apercevrai, lorsqu'il examinera l'écusson funéraire, ôtant deux fois ses lunettes de son nez, pour essuyer la rosée que la nature y aura répandue. — Quand je le verrai jeter le romarin d'un air de désolation, qui me criera aux oreilles: — O Toby! dans quel coin du monde chercherai-je ton pareil!

— Bienveillantes puissances! qui jadis avez ouvert les lèvres du muet dans sa détresse, et fait parler clairement la langue du bègue, — quand j'arriverai à cette page redoutée, n'en agissez pas, alors, mesquinement avec moi.

CHAPITRE CLXXXVII.

Le caporal, qui la veille au soir avait pris la résolution de combler la grande lacune, et de trouver un moyen d'entretenir un feu continuel contre l'ennemi pendant la chaleur de l'attaque, — n'avait pas en ce moment d'autre idée en tête que celle de brûler du tabac contre la ville dans une des six pièces de campagne qui étaient placées de chaque côté de la guérite de mon oncle Toby ; et comme les moyens d'exécution s'offrirent en même temps à son imagination, quoiqu'il eût répondu sur son bonnet de la réussite de ses plans, il ne le crut nullement en danger.

En tournant et retournant un peu la chose dans son esprit, il ne fut pas long à trouver qu'au moyen de ses deux pipes turques, avec le supplément de trois plus petits tuyaux de cuir à chacun de leurs bouts, qu'il allongerait par un même nombre de tubes d'étain adaptés aux lumières, et scellés avec de la terre glaise contre le canon, puis attachés hermétiquement avec de la soie cirée à leurs différentes insertions dans le tuyau de maroquin, il pourrait mettre le feu aux six pièces de campagne ensemble et avec la même facilité qu'à une seule.

Que nul homme ne dise de quelles pauvretés il est impossible de tirer quelque idée pour le progrès des connaissances humaines. Que nul homme, ayant lu la relation des premier et second *lits de justice* de mon père, ne se lève et ne dise de quelle espèce de corps entre-choqués on peut ou on ne peut pas faire jaillir la lumière pour porter les arts et les sciences à leur perfection.

— Ciel! tu sais combien je les aime ; — tu sais les secrets de mon cœur, et qu'à l'instant même je donnerais ma chemise ——— Tu est un fou, Shandy, dit Eugène, car tu n'en as qu'une douzaine au monde ; et cela va la dépareiller.———

Cela ne fait rien, Eugène; je m'ôterais la chemise du dos et je la donnerais pour faire de l'amadou, ne fût-ce qu'afin de fixer un fiévreux investigateur sur le nombre d'étincelles qu'un bon coup de briquet peut y faire jaillir. — Ne pensez-vous pas qu'en les faisant jaillir *dedans*, — il pourrait, par aventure, en faire jaillir *hors d'elle*? aussi sûr qu'un fusil.

— Mais ce projet n'est qu'en passant.

Le caporal resta la meilleure partie de la nuit à perfectionner *le sien*; et ayant fait une épreuve suffisante de ses canons, en les chargeant de tabac jusqu'à la bouche, — il alla se coucher satisfait.

CHAPITRE CLXXXVIII.

Le caporal s'était glissé hors de la maison environ dix minutes avant mon oncle Toby, afin de disposer son appareil et d'envoyer une ou deux volées à l'ennemi avant que mon oncle Toby arrivât.

A cette fin, il avait traîné les six pièces de campagne toutes à côté l'une de l'autre en tête de la guérite de mon oncle Toby, laissant seulement un pas et demi d'intervalle entre les trois de droite et les trois de gauche, pour la commodité de la manœuvre, — et peut-être pour avoir deux batteries, ce dont il pouvait attendre une fois plus d'honneur que d'une seule.

A l'arrière-garde, et en face de cette ouverture, le dos contre la porte de la guérite, de peur d'être pris en flanc, le caporal avait sagement établi son poste. — Il tenait la pipe d'ivoire appartenant à la batterie de droite, entre l'index et le pouce de sa main droite, — et la pipe d'ébène, garnie d'argent, qui appartenait à la batterie de gauche, entre l'index et le pouce de l'autre ; et le genou droit appuyé ferme à terre, comme s'il eût été au premier rang de son peloton, et son bonnet à la Montero en tête, le caporal faisait jouer à la fois avec fureur ses deux batteries croisées sur la contre-garde, qui faisait face à la contrescarpe, où l'attaque devait avoir lieu le matin. Sa première intention, comme j'ai dit, n'était que d'envoyer une ou deux bouffées à l'ennemi ; — mais le plaisir des bouffées et l'ardeur de l'action s'étaient insensiblement emparés du caporal, et de bouffée en bouffée l'avaient entraîné au plus fort de l'attaque, au moment où mon oncle Toby le rejoignit.

Il fut heureux pour mon père que mon oncle Toby n'eût pas à faire son testament ce jour-là.

CHAPITRE CLXXXIX.

Mon oncle Toby prit la pipe d'ivoire de la main du caporal, — la regarda une demi-minute, et la lui rendit.

Moins de deux minutes après, mon oncle Toby reprit la pipe au caporal, et la leva à mi-chemin de sa bouche, — puis il la lui redonna vite une seconde fois.

Le caporal redoubla l'attaque ; — mon oncle Toby sourit, — puis devint sérieux, — sourit un moment, — puis devint longtemps sérieux. ——— Passe-moi la pipe d'ivoire, Trim, dit mon oncle Toby. ——— Mon oncle Toby la porta à ses lèvres, — l'en ôta sur-le-champ, — jeta un coup d'œil par-dessus la charmille. — Jamais pipe n'avait tant fait venir l'eau à la bouche de mon oncle Toby. — Mon oncle Toby se retira dans la guérite, sa pipe à la main.

Cher oncle Toby ! n'entre pas dans la guérite avec la pipe : — on n'est pas sûr de soi avec une pareille chose dans un pareil coin.

CHAPITRE CXC.

Je prie le lecteur de m'aider ici à rouler l'artillerie de mon oncle Toby dans les coulisses ; — à enlever sa guérite, à débarrasser, s'il se peut, le théâtre des ouvrages à cornes et des demi-lunes, et à mettre de côté le reste de son attirail militaire ; — après quoi, mon cher ami Garrick, nous moucherons les chandelles, — nous balayerons la scène avec un balai neuf, — nous lèverons le rideau et présenterons mon oncle Toby dans le costume d'un rôle tout à fait nouveau, qu'il jouera d'une manière dont le monde n'a aucune idée : et pourtant, si la pitié est parente de l'amour, — et que la bravoure ne lui soit point étrangère, vous assez avez connu mon oncle Toby sous ces deux aspects, pour découvrir ces ressemblances de famille entre les deux passions (au cas qu'il y en ait) à la satisfaction de votre cœur.

Vaine science ! tu ne nous assistes dans aucun des cas de cette espèce, — et tu nous embarrasses dans tous.

Il y avait, madame, dans mon oncle Toby une sincérité de cœur qui l'égarait si loin des petites voies tortueuses que suivent ordinairement les choses de cette nature, que vous ne pouvez — vous ne pouvez en avoir aucune idée : avec cela, il y avait en lui une ingénuité, une simplicité de pensée, jointe à une si confiante ignorance des plis et replis du cœur de la femme ; — et il se tenait devant vous tellement nu et sans défense (quand il n'avait pas de siége en tête), que vous auriez pu vous tenir derrière une de vos allées tortueuses, et tirer à mon oncle Toby dix coups par jour au beau milieu du foie, si neuf par jour, madame, n'avaient pas suffi à vos vues.

Avec tout cela, madame, — ce qui d'un autre côté dérangeait et compensait chaque chose, mon oncle Toby avait cette incomparable modestie dont je vous ai parlé jadis, et qui, soit dit en passant, veillait comme une sentinelle éternelle sur ses sentiments, en sorte que vous auriez aussi vite pu ——— mais où vais-je ? Ces réflexions m'assiégent dix pages au moins trop tôt, et me prennent le temps que je devrais consacrer aux faits.

CHAPITRE CXCI.

Dans le petit nombre des fils légitimes d'Adam dont le sein n'a jamais senti l'aiguillon de l'amour, — (maintenant d'abord pour bâtards tous les *misogynes*) — les plus grands héros de l'histoire ancienne et moderne ont emporté entre eux les neuf dixièmes de cet honneur ; et je voudrais pour l'amour d'eux, avoir la clef de mon cabinet, qui est au fond du puits, seulement pendant cinq minutes, afin de vous dire leurs noms ; — me les rappeler, je ne le puis : — contentez-vous donc pour le moment d'accepter ceux-ci à leur place.

Il y avait le grand roi Aldrovandus, et Bosphorus, et Cappadocius, et Dardanus, et Pontus, et Asius, — pour ne rien dire de Charles XII au cœur de fer, dont la comtesse de K***** elle-même ne put rien faire. — Il y avait Babylonicus, et Mediterraneus, et Polyxenes, et Persicus, et Prusicus, dont pas un (excepté Cappadocius et Pontus, qui furent un peu soupçonnés) ne courba son cœur devant cette divinité. — Le fait est qu'ils avaient tous autre chose à faire ; — et mon oncle Toby aussi, — jusqu'à ce que la Destinée, — jusqu'à ce que la Destinée, dis-je, enviant à son nom la gloire d'être transmis à la postérité avec celui d'Aldrovandus et des autres, — plâtrât traîtreusement la paix d'Utrecht.

— Croyez-moi, messieurs, c'est ce qu'elle fit de pis cette année-là.

CHAPITRE CXCII.

Le traité d'Utrecht, entre autres fâcheuses conséquences, fut sur le point de dégoûter mon oncle Toby des siéges ; et quoique l'appétit lui revînt par la suite, cependant Calais même ne laissa pas dans le cœur de Marie une cicatrice plus profonde, qu'Utrecht dans celui de mon oncle Toby. Jusqu'à la fin de sa vie il ne put entendre parler d'Utrecht, n'importe sous quel rapport, — ni même lire un article tiré de la gazette d'Utrecht, sans pousser un soupir, comme si son cœur allait se fendre en deux.

Mon père, qui était un grand *fureteur de motifs*, et par conséquent un voisin fort dangereux, soit qu'on rît, soit qu'on pleurât, — car généralement il savait votre motif de faire l'un et l'autre beaucoup mieux que vous ne le saviez vous-même, — consolait toujours mon oncle Toby en cette occasion, de manière à montrer clairement que, selon lui, ce qui affligeait surtout mon oncle Toby dans toute cette affaire, c'était la perte de son DADA. — Ne t'inquiète pas, frère Toby, disait-il, — grâce à Dieu, il éclatera une autre guerre quelqu'un de ces jours ; et alors, — les puissances belligérantes auront beau faire, elles ne pourront nous empêcher d'être de la partie. — Je les défie, mon cher Toby, ajouta-t-il, de prendre des pays sans prendre des villes ou des villes sans faire des siéges.

Mon oncle Toby ne prenait jamais en bonne part ce revers dont mon père frappait son DADA. — Il trouvait le coup peu généreux ; et d'autant qu'en frappant le cheval il cinglait aussi le cavalier, et cela dans l'endroit le plus déshonorant où un coup pouvait tomber : de sorte que dans ces occasions, mon oncle posait toujours sa pipe sur la table, et mettait plus de feu à se défendre que de coutume.

J'ai dit au lecteur, il y a deux ans, que mon oncle Toby n'était point éloquent, et précisément dans la même page j'ai donné un exemple du contraire. — Je répète l'observation, et j'y joins un fait qui la contredit encore. — Il n'était point éloquent, — ce n'était point chose aisée pour mon oncle Toby de faire de longues harangues, — et il détestait les harangues fleuries ; mais il y avait des circonstances où le torrent emportait l'homme, et si contrairement à son cours habituel, que dans certaines parties, mon oncle Toby momentanément était pour le moins égal à Tertullien ; — mais dans d'autres, à mon avis, il lui était infiniment supérieur.

Mon père fut si enchanté d'un de ces discours apologétiques que mon oncle Toby avait prononcé un soir devant lui et Yorick, qu'il l'écrivit avant de se mettre au lit.

J'ai eu la bonne fortune de le rencontrer parmi les papiers de mon père, avec une insertion de lui, çà et là, entre deux crochets, ainsi [   ] ; et au dos est écrit :

Justification faite par mon frère Toby de ses principes et de sa conduite au sujet de son désir de continuer la guerre.

Je puis dire en toute sûreté que j'ai relu cent fois ce discours apologétique de mon oncle Toby ; et je le regarde comme un si beau modèle de défense, il montre un si charmant mélange de bravoure et de bons principes que je le donne au monde, mot pour mot (notes interlinéaires, et tout) tel que je le trouve.

CHAPITRE CXCIII.

DISCOURS APOLOGÉTIQUE DE MON ONCLE TOBY.

Je n'ignore pas, frère Shandy, que lorsqu'un homme qui suit la profession des armes, désire, comme j'ai fait, la guerre, — cela fait mauvais effet dans le monde ; — et que, quelque justes et droits que puissent être ses motifs et intentions, — il est dans une position désavantageuse pour s'absoudre de vues personnelles en le faisant.

C'est pourquoi, si un soldat est prudent, et pour l'être il n'en sera pas moins brave, il se gardera bien d'exprimer son désir en présence d'un ennemi ; car il aura beau donner ses raisons, un ennemi ne les croira pas. —————— Il évitera de le faire même devant un ami, — de peur de déchoir dans son estime ; — mais s'il a le cœur trop plein, et que ses soupirs belliqueux aient besoin de s'exhaler, il réservera son secret pour l'oreille d'un frère, qui connaisse son caractère à fond, et ses véritables idées, dispositions et principes sur l'honneur. Ce que j'espère avoir été sous tous ces rapports, frère Shandy, il me messiérait de le dire. — Je le sais, j'ai été bien au-dessous de ce que j'aurais dû, — et peut-être un peu au-dessous de ce que je pense ; mais tel que je suis, vous, mon cher frère Shandy, qui avez sucé le même lait que moi, — avec qui j'ai été élevé depuis le berceau, — et à qui, depuis les premières heures de nos passe-temps enfantins, jusqu'à celle-ci, je n'ai pas caché une action de ma vie, ni une pensée à peine ; — tel que je suis, frère, vous devez maintenant me connaître avec tous mes vices, et avec toutes mes faiblesses aussi, qu'elles viennent de mon âge, de mon caractère, de mes passions, ou de mon jugement.

Dites-moi donc, mon cher frère Shandy, par lequel de ces motifs, quand j'ai condamné la paix d'Utrecht, et déploré que la guerre ne fût pas continuée avec vigueur un peu plus longtemps, vous avez pensé que votre frère le faisait dans des vues indignes ; ou qu'en désirant la guerre il était assez mauvais pour désirer qu'un plus grand nombre de ses semblables fussent tués, — plus d'esclaves faits, — et plus de familles chassées de leurs paisibles habitations, simplement pour son plaisir. — Dites-moi, frère Shandy, sur quel acte de moi vous basez cette opinion. ——— [*Du diable si j'en connais un seul, frère Toby, si ce n'est un de cent livres, que je t'ai prêtés pour continuer ces maudits siéges.*]

Si, quand j'étais écolier, je ne pouvais entendre un tambour battre sans que mon cœur battît avec lui, — était-ce ma faute ? — M'étais-je donné cette propension ! — Qui sonnait l'alarme au dedans, était-ce moi, ou la nature ?

Quand Guy, comte de Warwick, et Parismus, et Parismenus, et Valentin, et Orson, et les sept champions de l'Angleterre circulaient dans l'école, — n'étaient-ils pas tous achetés de mon argent de poche ? — Était-ce de l'égoïsme, frère Shandy ? — quand nous lisions le siége de Troie, qui dura dix ans et huit mois, ——— quoique avec un train d'artillerie tel que celui que nous avions à Namur, la ville eût pu être emportée en une semaine ; n'étais-je pas aussi affligé de la destruction des Grecs et des Troyens qu'aucun autre enfant de l'école ? — Ne m'a-t-on pas donné trois coups de férule, deux sur la main droite et un sur la gauche, pour avoir appelé Hélène une catin ? — Aucun de vous a-t-il versé plus de larmes sur Hector ? — et quand le roi Priam vint au camp redemander son corps, et retourna en pleurant à Troie sans l'obtenir, — vous savez, frère, que je ne pus dîner.

Cela annonçait-il en moi de la cruauté ? — ou bien, frère Shandy, parce que mon sang s'élançait vers le camp, et que mon cœur palpitait pour la guerre, — était-ce une preuve qu'il ne pouvait pas compatir aussi aux malheurs de la guerre ?

O frère ! il y a temps pour un soldat de cueillir des lauriers, — et temps de répandre des cyprès. ———
[*Qui t'a dit, mon cher Toby, que le cyprès était employé par les anciens dans les cérémonies funèbres ?*] ———

Il y a temps pour un soldat, frère Shandy, de hasarder sa vie, — de sauter le premier dans la tranchée, où il est sûr d'être taillé en pièces ; — il y a temps, par esprit public et par soif de gloire, d'être le premier à entrer dans la brèche, — de se tenir au premier rang et de marcher bravement au son des tambours et des trompettes, et les enseignes au vent ; — il y a temps, dis-je, frère Shandy, de faire cela, — et temps de réfléchir sur les malheurs de la guerre, — de contempler des contrées entières désolées, et de considérer les fatigues et les peines que le soldat lui-même, l'instrument de ces maux, est forcé de subir, pour douze sous par jour, quand il peut les avoir.

Ai-je besoin qu'on me dise, cher Yorick, comme vous avez fait dans l'oraison funèbre de Le Fèvre, *qu'une créature aussi douce et aussi paisible que l'homme, née pour l'amour, la miséricorde, la bienveillance, n'était pas formée pour cela?* — Mais pourquoi n'avez-vous pas ajouté, Yorick, — que si elle ne l'est pas par *nature*, elle l'est par *nécessité* ? — Car qu'est-ce que la guerre ? Qu'est-ce, Yorick, lorsqu'elle est fondée, comme l'était la nôtre, sur des principes de *liberté* et sur des principes *d'honneur*, — qu'est-ce, si ce n'est rassembler un peuple tranquille et inoffensif, les armes à la main, pour contenir dans les bornes l'ambitieux et le turbulent ? — Et le ciel m'est témoin, frère Shandy, que le plaisir que j'ai pris à ces choses, — et, en particulier, les jouissances infinies que m'ont procurées mes sièges dans mon boulingrin, provenaient en moi, et, j'espère, dans le caporal aussi, de la conscience que nous avions tous deux, qu'en les faisant nous répondions au grand but de notre création.

CHAPITRE CXCIV.

J'ai conté au lecteur chrétien ; — je dis *chrétien*, — dans l'espérance qu'il l'est ; — et s'il ne l'est pas, j'en suis fâché, — et je le prie de considérer la chose en lui-même, et de ne pas jeter le blâme entièrement sur ce livre ———

Je lui ai conté, monsieur, — car en bonne vérité, quand un homme conte une histoire de la façon étrange dont je conte la mienne, il est continuellement obligé d'aller en avant et en arrière pour empêcher le fil de se rompre dans la pensée du lecteur ; — et pour ma part, si je n'y prends pas plus garde que je n'ai fait d'abord, il est tant de choses indéterminées et équivoques qui surgissent, avec tant de ruptures et de lacunes, — et j'obtiens si peu de service des étoiles que je suspends, pourtant, dans quelques-uns des passages les plus obscurs, sachant que le monde est sujet à perdre son chemin, malgré toute la lumière que le soleil lui-même peut lui donner en plein midi, — et en ce moment vous voyez que je me suis perdu moi-même ! ——

Mais c'est la faute de mon père ; et si jamais mon cerveau vient à être disséqué, vous distinguerez, sans lunettes, qu'il a laissé un grand fil inégal, comme vous en voyez quelquefois dans une pièce de batiste invendable, courant dans toute la longueur du tissu, et si maladroitement, que vous n'en pouvez pas couper une * * (ici je suspends encore une couple de lumières), — ou une bande, ou un doigtier, qu'il ne soit vu ou senti.

Quantò id diligentiùs in liberis procreandis cavendum, dit Cardan. — Le tout étant considéré, et attendu que vous voyez l'impossibilité morale où je suis de revenir à mon point de départ, ———

Je recommence le chapitre.

CHAPITRE CXCV.

'ai conté au lecteur chrétien, au commencement du chapitre qui a précédé le discours apologétique de mon oncle Toby, — quoiqu'en usant d'un trope différent de celui que je vais employer, que la paix d'Utrecht fut sur le point d'occasionner la même froideur entre mon oncle Toby et son DADA, qu'entre la reine et le reste des puissances confédérées.

Il y a parfois une manière indignée de descendre de son cheval qui équivaut à lui dire : — « J'irai à pied, monsieur, tout le reste de ma vie, plutôt que de faire encore un seul mille sur votre dos. » Or, on ne pouvait pas dire que mon oncle Toby fût descendu du sien de la sorte ; car, à parler strictement, on ne pouvait pas dire qu'il en fût descendu du tout, — son cheval, bien plutôt, l'avait jeté bas, — et assez *méchamment*, ce qui fit que mon oncle Toby le prit dix fois plus mal. Que les jockeys politiques décident la chose comme ils voudront ; — cela occasionna, dis-je, une sorte de froideur entre mon oncle Toby et son DADA. — Il n'eut aucune occasion de s'en servir du mois de mars au mois de novembre, c'est-à-dire l'été qui suivit la signature des articles, si ce n'est de temps à autre pour faire un petit tour, et s'assurer que l'on démolissait les fortifications et le havre de Dunkerque, conformément à la stipulation.

Les Français furent si lents tout cet été-là à se mettre à la besogne ; et monsieur Tugghe, le député des magistrats de Dunkerque, présenta tant de pétitions touchantes à la reine, — suppliant Sa Majesté de ne faire tomber ses foudres que sur les ouvrages de guerre qui pouvaient avoir encouru son déplaisir, — mais d'épargner, — d'épargner le môle, pour l'amour du môle, qui, dans le dénûment où il était, ne pouvait plus être qu'un objet de pitié ; — et la reine (qui n'était qu'une femme) étant compatissante de sa nature, — et ses ministres aussi, qui, au fond du cœur, ne désiraient pas que la ville fût démantelée, pour les raisons particulières que voici : * *
* * * * * * * *
* * * *

* * * * * * * * *
* * * * * * * * *
* * * * * * ; en sorte que le to..
se traîna pesamment au gré de mon oncle Toby ; à tel
point que ce ne fut que trois grands mois après que le
caporal et lui eurent construit la ville, et l'eurent mise en
état d'être détruite, que les divers commandants, com-
missaires, députés, négociateurs et intendants, lui permi-
rent de se mettre à l'œuvre. — Funeste intervalle d'inac-
tivité !

Le caporal était d'avis de commencer la démolition en
faisant une brèche aux remparts, ou principales fortifications de la ville. ——— Non ; cela ne vaudra rien, caporal, dit mon oncle Toby ; car, en nous y prenant de cette
manière avec la ville, la garnison anglaise n'y sera pas en
sûreté une heure : attendu que si les Français sont traîtres ——— Ils sont traîtres comme des diables, sauf votre
respect, dit le caporal. ——— Cela me fait toujours de la
peine quand je l'entends, Trim, dit mon oncle Toby, —
car ils ne manquent pas de bravoure personnelle ; et si
une brèche est faite aux remparts, ils peuvent y entrer, et
se rendre maîtres de la place quand il leur plaira. ———
Qu'ils y entrent, dit le caporal, en levant des deux mains
sa bêche de pionnier, comme s'il avait tout abattre autour de lui ; — qu'ils entrent, s'ils l'osent, sauf votre respect. ——— En pareil cas, caporal, dit mon oncle Toby,
faisant glisser sa main droite jusqu'au milieu de sa canne,
et la tenant ensuite comme un bâton de commandement,
l'index étendu, — il ne s'agit pas pour un commandant
de considérer ce que les ennemis osent, ou ce qu'ils n'o-
sent pas ; il doit agir avec prudence. Nous commencerons

par les ouvrages extérieurs, tant du côté de la mer que du côté de la terre, et particulièrement par le fort Louis, le plus éloigné de tous ; nous le démolirons le premier ; — et le reste un à un, de droite et de gauche, à mesure que nous nous retirerons vers la ville ; — alors nous démolirons le môle, — ensuite nous comblerons le port, — puis nous rentrerons dans la citadelle, et nous la ferons sauter ; après quoi, caporal, nous nous embarquerons pour l'Angleterre. ——— Nous y *sommes*, dit le caporal, revenant à lui-même. ——— C'est vrai, dit mon oncle Toby en regardant l'église.

CHAPITRE CXCVI.

Une ou deux consultations illusoires, mais délicieuses, de cette espèce, entre mon oncle Toby et Trim, sur la démolition de Dunkerque, — ramenèrent pour un moment l'idée de ces plaisirs qui lui échappaient. — Pourtant, — pourtant tout se traînait pesamment ; la magie laissait l'esprit d'autant plus faible ; le *Calme*, avec le *Silence* derrière lui, entra dans le parloir solitaire, et tira son voile de gaze sur la tête de mon oncle Toby ; et l'*Indifférence*, à la fibre relâchée et au regard vague, prit tranquillement place à côté de lui dans son fauteuil. — Amberg et Rhinberg, et Limbourg et Huy, et Bonn, une année ; et la perspective de Landen, et de Trerebach, et de Drusen, et de Dendermonde, la suivante, — n'accéléraient plus en lui la circulation du sang ; les sapes, et les mines, et les blindes, et les gabions, et les palissades, n'écartaient plus ce bel ennemi du repos de l'homme :

— mon oncle Toby, après avoir passé les lignes françaises, en mangeant son œuf à souper, ne pouvait plus de là pénétrer dans le cœur de la France, traverser l'Oise, et ayant toute la Picardie ouverte derrière lui, marcher droit aux portes de Paris, et s'endormir uniquement sur des idées de gloire ; — il n'en était plus à rêver qu'il avait planté l'étendard royal sur la tour de la Bastille, ni à s'éveiller en le sentant flotter dans sa tête.

—————— De plus molles visions, des vibrations plus faibles se glissèrent doucement dans son sommeil; la trompette de la guerre tomba de ses mains; il prit le luth, doux instrument! de tous le plus délicat! le plus difficile! — Comment en joueras-tu, mon cher oncle Toby?

CHAPITRE CXCVII.

Maintenant, parce que j'ai dit une ou deux fois, dans ma manière inconsidérée de parler, que j'étais sûr que les mémoires de la cour que mon oncle Toby fit à la veuve Wadman, si jamais j'avais le temps de les écrire, deviendraient un des systèmes les plus complets, tant élémentaires que pratiques de l'amour et de la façon de le faire, qui aient jamais été présentés au monde, — allez-vous inférer de là que je vais publier une définition de *ce que c'est que l'amour?* Dire s'il est en partie dieu et en partie diable, comme Plotin le prétend ——————.

— Ou, par une équation plus exacte, et en supposant que le total de l'amour soit comme dix, déterminer avec Ficinus, « *combien de parties en a l'un, — et combien l'au-*

tre ? » ou bien si *le tout est un grand diable*, de la tête à la queue, comme Platon a pris sur lui de le prononcer : suffisance sur laquelle je ne donnerai pas mon opinion ; mais mon opinion sur Platon est qu'il paraît, d'après cela, avoir été, comme caractère et comme manière de raisonner, fort semblable au docteur Baynyard, qui étant un grand ennemi des vésicatoires, dont il s'imaginait qu'une demi-douzaine à la fois mènerait aussi sûrement un homme à sa tombe, qu'un corbillard à six chevaux, — concluait précipitamment que le diable lui-même n'était qu'une énorme cantharide.

Je n'ai rien autre chose à dire aux gens qui prennent cette monstrueuse liberté en argumentant, que ce que Grégoire de Nazianze criait (polémiquement parlant) à Philagrius :

« Εὖγε ! » *Fort bien ! c'est un beau raisonnement, monsieur, sur ma foi !* — « Ὅτι φιλοσοφεῖς ἐν πάθεσι » — *et vous prenez bien noblement la vérité pour but, quand vous philosophez sur elle dans vos humeurs et passions.*

On ne doit pas non plus s'imaginer, par la même raison, que je m'arrêterai pour m'informer si l'amour est une maladie, — ou que je discuterai avec Rhasis et Dioscoride, si son siège est dans le cerveau ou dans le foie ; — parce que cela me conduirait à un examen des deux manières très-opposées dont les malades ont été traités, — l'une d'Aétius, qui commençait toujours par un clystère rafraîchissant de chènevis et de concombres pilés qu'il faisait suivre de légères potions de lis d'eau et de pourpier, auxquelles il ajoutait une pincée de l'herbe Hanea ; et, lorsque Aétius osait la risquer, sa — bague de topaze.

— L'autre, celle de Gordonius, qui (dans son chapitre xv *De amore*) ordonne de les battre « *ad putorem usque*, » jusqu'à ce qu'ils puent.

Ce sont là des recherches dont mon père, qui avait amassé un grand fonds de connaissances de cette espèce, s'occupera beaucoup dans le cours des affaires de mon oncle Toby. Je dois dire par anticipation, — que de ses théories sur l'amour (qui, soit dit en passant, réussirent à crucifier l'esprit de mon oncle Toby presque autant que l'amour lui-même) — il ne mit qu'un seul point en pratique; et, grâce à une toile cirée et camphrée qu'il trouva moyen de faire prendre au tailleur pour du bougran, au moment où celui-ci était en train de faire une culotte neuve à mon oncle Toby, il produisit sur mon oncle Toby l'effet de la méthode de Gordonius, sans ce qu'elle a de dégradant.

Quels changements en résultèrent, on le lira en temps et lieu : la seule chose indispensable à ajouter à cette anecdote, c'est que, — quel que fût l'effet de cette substitution sur mon oncle Toby, — elle eut un triste effet sur la maison ; — et si mon oncle Toby ne l'avait pas sentie comme il fit, elle aurait pu avoir aussi un triste effet sur mon père.

CHAPITRE CXCVIII.

Cela s'éclaircira de soi-même, avant peu. — Tout ce que je soutiens, c'est que je ne suis pas obligé de donner une définition de ce que c'est que l'amour ; et aussi longtemps que je pourrai continuer mon histoire intelligiblement, à l'aide du mot lui-même, sans autres idées à cet égard que celles que j'ai en commun avec le reste des hommes, pourquoi différerais-je d'eux un moment avant le temps ? — Quand je ne pourrai pas aller plus loin, — et que je me trouverai empêtré de tous côtés dans ce mystérieux labyrinthe, — mon opinion alors arrivera naturellement, — et m'aidera à sortir.

Quant à présent, j'espère être suffisamment compris en disant au lecteur que mon oncle Toby *tomba amoureux.*

— Non pas que la phrase soit en rien de mon goût ; car dire qu'un homme est *tombé* amoureux, — ou qu'il est *profondément* amoureux ; — ou qu'il est dans l'amour jusqu'aux oreilles, — et quelquefois même *par-dessus la tête*, — entraîne une sorte d'implication *idiomatique* que l'amour est une chose au-dessous d'un homme. — C'est revenir à l'opinion de Platon, laquelle, tout divin qu'il est, je tiens pour damnable et hérétique ; — mais en voilà assez.

Que l'amour, donc, soit ce qu'il voudra, — mon oncle Toby tomba amoureux.

— Et peut-être bien, ami lecteur, qu'avec une pareille tentation — tu aurais fait de même : — car jamais tes yeux n'ont contemplé, ni la concupiscence convoité rien au monde de plus concupiscible que la veuve Wadman.

CHAPITRE CXCIX.

Pour bien concevoir ceci, — demandez une plume et de l'encre ; — vous avez là du papier sous la main, —

asseyez-vous, monsieur, peignez-la à votre fantaisie ; — aussi semblable à votre maîtresse que vous pourrez, — aussi peu semblable à votre femme que vous le permettra votre conscience, — c'est tout un pour moi, — ne satisfaites en cela que votre imagination.

— Y eut-il jamais dans la nature rien de si charmant !
— de si parfait !

— Alors, cher monsieur, comment mon oncle Toby pouvait-il résister ?

Trois fois heureux livre ! tu auras, du moins, sous ta couverture une page que la *Malveillance* ne noircira pas, et que l'*Ignorance* ne pourra dénaturer.

CHAPITRE CC.

Comme Susanne fut informée par un message de mistress Brigitte, que mon oncle Toby était tombé amoureux de sa maîtresse, quinze jours avant que la chose arrivât, — message dont le contenu fut communiqué le lendemain à ma mère par Susanne, — cela m'a fourni l'occasion d'entamer les amours de mon oncle Toby deux semaines avant leur existence.

J'ai une nouvelle à vous apprendre qui vous surprendra grandement, monsieur Shandy, dit ma mère. —

Or mon père tenait alors un de ses seconds lits de justice, et rêvait à part lui aux désagréments du mariage, quand ma mère rompit le silence.

« — Mon frère Toby, » dit-elle, « va épouser mistress Wadman ! »

———— Alors, dit mon père, il ne pourra plus coucher diagonalement dans son lit, le reste de sa vie.

C'était pour mon père une cruelle vexation que ma mère ne demandât jamais la signification d'une chose qu'elle ne comprenait pas.

— Qu'elle ne soit pas une savante, disait mon père, c'est un malheur ; — mais elle pourrait faire une question.

— Ma mère n'en faisait jamais. — Bref, elle sortit du monde, à la fin, sans savoir s'il *tournait* ou *restait immobile*. — Mon père lui avait officieusement dit mille fois ce qui en était, — mais elle l'oubliait toujours.

Aussi une conversation entre eux allait rarement au delà d'une proposition, — d'une réponse, — et d'une réplique ; après quoi, en général, elle se reposait pour quelques minutes (comme dans l'affaire des culottes), et puis elle recommençait.

S'il se marie, ce sera tant pis pour nous, dit ma mère.

——— Pas le moins du monde, dit mon père ; — il peut aussi bien jeter son avoir au vent, de cette manière que de toute autre.

——— Certainement, dit ma mère. Ici finirent la proposition, — la réponse et la réplique dont je vous ai parlé.

——— Ce sera aussi un amusement pour lui, dit mon père.

——— Un très-grand, répondit ma mère, s'il a des enfants.

——— Le Seigneur ait pitié de moi ! se dit mon père à lui-même ——— * * * * * * * * * * * * *
* * * * * * * * * * * * * * * * *
* * * * * * * * * * * * * * * * *
* * * * * * * * * * * * * * * *

CHAPITRE CCI.

Je commence maintenant à bien entrer dans mon sujet; et à l'aide d'un régime de légumes, avec quelques semences froides, je ne fais pas de doute que je ne sois capable de continuer l'histoire de mon oncle Toby et la mienne sur une ligne passablement droite. Or,

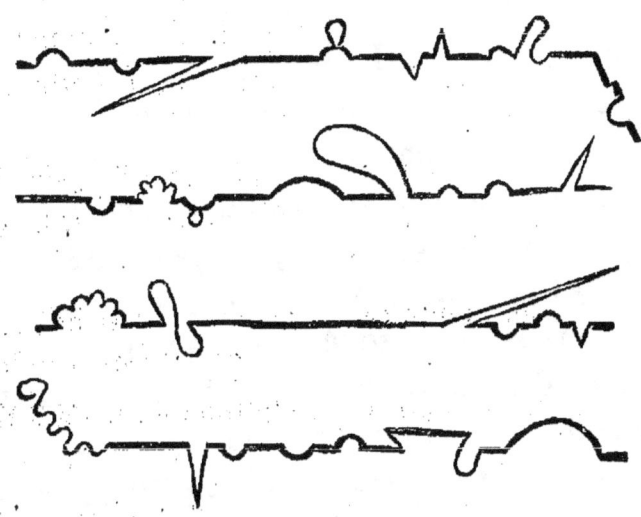

Inv. TS.   *Sculp.* TS.

Telles sont les quatre lignes que j'ai suivies dans mes premier, second, troisième et quatrième volumes. — Dans le cinquième, j'ai été très-sage : — la ligne précise que j'y ai décrite est celle-ci :

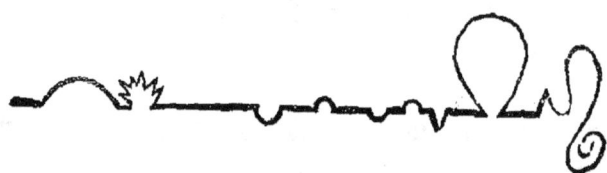

D'où il appert, qu'excepté à la courbe marquée A, où j'ai fait une excursion en Navarre ; — et à la courbe dentelée B, qui représente le court instant où j'ai pris l'air quand j'étais là avec la dame de Baussière et son page, je ne me suis pas laissé aller à la moindre digression jusqu'au moment où les Diables de Jean de la Casse m'ont fait faire le rond que vous voyez marqué D ; — car quant aux *c c c c c*, ce ne sont que des parenthèses, et ces entrées et sorties qui ont lieu si communément dans la vie des plus grands ministres d'État ; et quand on les compare à ce qui s'est fait, — ou à mes propres transgressions aux lettres A, B, D, — ils se réduisent à rien.

Dans ce dernier volume-ci, j'ai fait mieux encore, — car de la fin de l'épisode de Le Fèvre, jusqu'au commencement des campagnes de mon oncle Toby, — j'ai à peine fait un pas hors de mon chemin.

Si je me corrige de ce train-là, il n'est pas impossible, — avec la permission des diables de monseigneur de Bénévent — que j'arrive par la suite au degré de perfection d'aller ainsi : —

Ce qui est une ligne aussi droite que j'ai pu la tirer avec

la règle d'un maître d'écriture (que j'ai empruntée à cet effet) en ne la tournant ni à droite ni à gauche.

Cette *ligne droite*, —— le sentier où les chrétiens doivent marcher ! disent les théologiens, ——

—— L'emblème de la rectitude morale ! dit Cicéron, ——

—— La meilleure ligne ! disent les planteurs de choux, —— est la ligne la plus courte, dit Archimède, qui puisse être tirée d'un point donné à un autre. ——

Je voudrais, my ladies, que vous prissiez la chose à cœur dans vos toilettes pour la prochaine fête du roi !

— Quel voyage !

Pouvez-vous me dire, je vous prie, — c'est-à-dire sans colère, avant que j'écrive mon chapitre sur les lignes droites, — par quelle méprise, — par quels faux renseignements, — ou par quelle combinaison de circonstances il se fait que vos hommes d'esprit et de génie ont tout le temps confondu cette ligne avec celle de la gravitation ?

LIVRE VII

CHAPITRE CCII.

Non ; — je crois avoir dit que j'écrirais deux volumes par an, pourvu que ce vilain rhume qui me tourmentait alors, et que jusqu'à cette heure je crains plus que le diable, voulût bien me le permettre ; — et dans un autre endroit (mais où, je ne puis me le rappeler maintenant) en parlant de mon livre comme d'une machine, et en posant ma plume et ma règle en croix sur la table, pour donner plus d'autorité à mon serment, — j'ai juré que je continuerais d'aller de ce train-là pendant quarante ans, si seulement il plaisait à la Fontaine de la Vie de me maintenir aussi longtemps en santé et en belle humeur.

Or, quant à mon humeur, j'ai peu de chose à lui reprocher — et même tellement peu (à moins que ce ne soit un grief de me mettre à cheval sur un long bâton et de faire des folies dix-neuf heures sur vingt-quatre) — qu'au contraire, j'ai beaucoup, — beaucoup à la remercier. Oui, vous m'avez fait gaiement parcourir le sentier de la vie avec toutes ses charges (les soucis exceptés) sur le dos : dans aucun moment de mon existence, que je me rappelle, vous ne m'avez abandonné une seule fois, ni teint les objets qui se présentaient sur ma route, soit de noir, soit d'un vert blafard ; dans les dangers, vous avez doré d'espoir mon horizon ; et quand la *Mort* elle-même a frappé à ma porte, — vous lui avez dit de revenir ; et vous l'avez fait d'un ton si gai d'insouciante indifférence, qu'elle a douté de sa mission.

« — Il doit certainement y avoir là quelque méprise, » a-t-elle dit.

Or il n'y a rien au monde que j'exècre plus que d'être interrompu au milieu d'une histoire ; et en ce moment j'étais en train d'en raconter une fort magnifique, à mon sens, d'une nonne qui s'imaginait être un coquillage ; et d'un moine damné pour avoir mangé une moule ; et je lui montrais les fondements et la justice de la procédure.

« ——— Un si grave personnage a-t-il jamais pu se fourrer dans un si infâme guêpier ? dit la mort. ——— Tu l'as échappé belle, Tristram, dit Eugène en me prenant la main comme je finissais mon histoire. ———

Mais il n'y a pas moyen, Eugène, de *vivre* sur ce pied-là, répliquai-je ; car si cette *fille de p*——— a découvert mon logement —

——— Tu la nommes bien, dit Eugène ; — car c'est par le péché, nous dit-on, qu'elle est entrée dans le monde. ——— Peu m'importe par quelle voie elle est entrée, dis-je, pourvu qu'elle ne soit pas si pressée de m'en faire sortir, — car j'ai quarante volumes à écrire, et quarante mille choses à dire et à faire, que personne au monde ne dira et ne fera à ma place, excepté toi ; et comme tu vois qu'elle me tient par la gorge (car Eugène pouvait à peine m'entendre de l'autre côté de la table) et que je ne suis pas de force contre elle en rase campagne, ne ferais-je pas mieux, tandis que mes esprits ne sont pas tous dispersés, et que ces deux jambes d'araignée (je lui en tendais une) sont en état de me porter, — ne ferais-je pas mieux, Eugène, de chercher mon salut dans la fuite ? ——— C'est mon avis, mon cher Tristram, dit Eugène. ——— Eh bien, par le ciel ! je vais la mener d'un train dont elle ne se doute guère ; — car je galoperai, dis-je, sans regarder une seule fois derrière moi, jusqu'aux bords de la Garonne ; — et si je l'entends sur mes talons, — je décamperai au mont Vésuve ; — de là à Joppa, et de Joppa au bout du monde ; où, si elle me suit, je prie Dieu qu'elle se casse le cou. ———

Elle court *là* plus de risques que toi, dit Eugène.

L'esprit et l'affection d'Eugène ramenèrent à mes joues le sang qui en était banni depuis plusieurs mois : — c'était un vilain moment pour dire adieu ; il me conduisit à ma chaise. ——— Allons ! dis-je : — le postillon fit claquer son fouet, — je partis comme un canon, et en une demi-douzaine de bonds je fus à Douvres.

CHAPITRE CCIII.

Que diable ! dis-je en regardant les côtes de France. — on devrait connaître un peu son propre pays avant d'aller à l'étranger ; — et je n'ai pas jeté un coup d'œil sur l'église de Rochester, je n'ai pas pris garde au chantier de Chatham, ni visité Saint-Thomas à Canterbury, quoiqu'ils fussent tous trois sur mon chemin.

— Mais mon cas, il est vrai, est tout particulier.

— Sans donc discuter plus longtemps là-dessus avec Thomas O'Becket, ou tout autre, je sautai dans le bateau, et au bout de cinq minutes nous mîmes à la voile, et nous allâmes comme le vent.

Je vous prie, capitaine, dis-je en descendant dans la cabine, est-ce qu'on meurt jamais dans ce passage ?

Eh ! on n'a pas le temps d'être malade, répliqua-t-il. Quel damné menteur ! car je suis déjà malade comme un cheval, dis-je. — Quel cerveau ! — sens dessus dessous ! — Qu'est-ce donc ! les cellules sont rompues, elles se déchargent l'une dans l'autre, et le sang, la lymphe, le fluide nerveux, ainsi que les sels fixes et volatils, sont tous confondus en une seule masse ! — bon Dieu ! tout tourne dedans comme mille tourbillons. — Je donnerais un shilling pour savoir si je n'en écrirai pas avec plus de clarté. —

J'ai mal au cœur ! mal au cœur ! mal au cœur ! mal au cœur !

— Quand aborderons-nous, capitaine ? — Ils sont durs comme des pierres. — Oh ! j'ai affreusement mal au cœur. — Donnez-moi ceci, garçon : — c'est bien le mal le plus pénible ! ―――― Je voudrais être au fond de la mer. — Madame, comment cela va-t-il ? ―――― Je n'en puis plus ! je n'en puis plus ! je n'en――― oh ! je n'en puis plus, monsieur. ―――― Quoi ! est-ce la première fois ?

―――― Non ; c'est la seconde, la troisième, la sixième, la dixième fois, monsieur. ―――― Ah ! mon Dieu ! — quel trépignement au-dessus de notre tête ! — Holà ! garçon, qu'y a-t-il ? ―――

Le vent a tourné ! ―――― Mort et passion ! — je vais donc encore la voir face à face. —

—. Quel bonheur! — le vent a encore tourné, monsieur. ——— Oh! que le diable tourne!

Capitaine, dit-elle, pour l'amour du ciel, abordons.

CHAPITRE CCIV.

C'est un grand inconvénient pour un homme pressé, qu'il y ait trois routes distinctes de Calais à Paris, en faveur desquelles les divers députés des villes qu'on y rencontre ont tant à dire, qu'un jour est aisément perdu à décider celle qu'on prendra.

La première, la route par Lille et Arras, qui est la plus longue, — mais la plus intéressante et la plus instructive ; —

La seconde, celle par Amiens; par où on doit aller, si on tient à voir Chantilly ; —

Et celle par Beauvais, par où on peut aller, si on veut.

Ce qui fait que beaucoup de gens préfèrent aller par Beauvais.

CHAPITRE CCV.

« Ah çà, avant de quitter Calais, » dirait un auteur de voyages, » il ne serait pas mal d'en rendre un peu compte. » — Et moi, je crois qu'il est fort mal — qu'un homme ne puisse pas passer tranquillement par une ville et la laisser en repos, quand elle n'a rien à démêler avec lui, mais qu'il doive se tourner et tirer sa plume à chaque ruisseau qu'il traverse, uniquement, sur ma conscience, pour le plaisir de la tirer ; car, si nous pouvons en juger d'après ce qui a été écrit en ce genre par tous ceux qui ont *écrit et galopé*, — ou qui ont *galopé et écrit*, ce qui est encore une manière différente ; ou qui, pour plus de rapidité, ont *écrit en galopant*, ce que je fais en ce moment, — d'après le grand Addison, qui avait sa sacoche de livres de classe pendue au c—, et écorchant à chaque coup la croupe de sa bête, il n'y a pas un seul galopeur de nous tous qui n'aurait pu aller l'amble tranquillement sur sa propre terre (si tant est qu'il en eût une), et écrire tout aussi bien ce qu'il avait à écrire, sans s'aller mouiller les pieds.

Pour ma part, aussi vrai que le ciel est mon juge et que c'est à lui que je ferai toujours mon dernier appel, — je ne connais pas plus Calais (excepté le peu que m'en a dit le barbier en repassant son rasoir) que je ne connais en ce moment le Grand Caire ; car il faisait sombre le soir que j'ai débarqué, et noir comme un four le matin que j'en suis parti ; et pourtant, rien qu'en sachant comment m'y prendre, et en tirant ceci de cela dans une partie de la ville, et en épelant et assemblant ceci et cela dans une autre, — je tiendrais n'importe quelle gageure, que j'écris à l'instant sur Calais un chapitre aussi long que mon bras ; et avec un détail si distinct et si satisfaisant de chaque article digne de la curiosité d'un étranger dans la ville, — que vous me prendriez pour le secrétaire de la ville de Calais elle-même ; — et où serait la merveille, monsieur ? Démocrite, qui riait dix fois plus moi, — n'était-il pas secrétaire de la ville d'Abdère ? et (j'oublie son nom) qui avait plus de prudence que nous deux, n'était-il pas secrétaire de la ville d'Éphèse ? De plus, monsieur, il serait écrit avec tant d'érudition, et de bon sens, et de vérité, et de précision ———

— Ma foi, — si vous ne me croyez pas, vous pouvez lire le chapitre pour votre peine.

CHAPITRE CCVI.

Calais, Calatium, Calusium, Calesium.

Cette ville, si nous pouvons nous fier à ses archives, autorité que je ne vois aucun motif de mettre en question ici, — n'était *autrefois* qu'un petit village, appartenant à l'un des premiers comtes de Guignes ; et comme elle se vante à présent de n'avoir pas moins de quatorze mille habitants, sans compter quatre cent vingt familles distinctes dans la basse ville, ou les faubourgs, elle doit être parvenue peu à peu, je suppose, à son étendue actuelle.

Quoiqu'il y ait quatre couvents dans la ville, il n'y a qu'une seule église paroissiale. Je n'ai pas eu occasion d'en prendre les dimensions exactes, mais il est assez facile de s'en former une idée passable ; — car comme il y a quatorze mille habitants dans la ville, si l'église les contient tous, elle doit être d'une grandeur considérable ; — et si elle ne les contient pas, — c'est une pitié qu'ils n'en aient pas d'autre. — Elle est bâtie en forme de croix, et dédiée à la Vierge Marie ; le clocher, qui a une flèche, est placé au milieu de l'église, et repose sur quatre piliers élégants et assez légers, mais suffisamment forts en même temps. — Elle est décorée de onze autels plus riches que beaux. Le maître-autel est un chef-d'œuvre en son genre, il est de marbre blanc, et, à ce qu'on m'a dit, il a près de soixante pieds de haut ; — s'il avait été beaucoup plus haut, il l'aurait été autant que le mont Calvaire lui-même : — Je le suppose donc assez haut en bonne conscience.

Rien ne m'a plus frappé que le grand *square* : quoique je ne puisse dire qu'il soit bien pavé ou bien bâti ; mais il est au cœur de la ville, et la plupart des rues surtout celles de ce quartier, y aboutissent. Si l'on avait pu avoir une fontaine dans tout Calais, ce qui ne se peut, à ce qu'il paraît, comme c'eût été un grand ornement, il n'y a pas de doute que les habitants l'auraient placée au centre même de ce *square* ; non pas que ce soit proprement un *square*, — attendu qu'il est de quarante pieds plus long de l'est à l'ouest que du nord au sud : en sorte que les Français généralement ont raison de les appeler places plutôt que *squares*, car, à parler strictement, à coup sûr ils ne sont pas carrés.

La maison de ville paraît être un assez triste édifice, et ne pas être entretenue le mieux du monde ; autrement ç'aurait été un autre grand ornement pour cette place : elle suffit toutefois à sa destination, et sert fort bien à la réception des magistrats qui s'y assemblent de temps en temps : de sorte qu'il est présumable que la justice est régulièrement distribuée.

J'en avais beaucoup entendu parler, mais il n'y a rien du tout de curieux dans le Courgain : c'est un quartier distinct de la ville, habité seulement par des matelots et des pêcheurs ; il se compose d'une quantité de petites rues proprement bâties, et la plupart en briques. Il est extrêmement populeux ; mais comme cela peut s'expliquer par leur genre de nourriture, — il n'y a là non plus rien de curieux. — Un voyageur peut le visiter pour se satisfaire : — il ne doit pas négliger toutefois, sous aucun prétexte, de faire attention à la tour du Guet; elle doit ce nom à sa destination particulière, parce qu'en temps de guerre elle sert à découvrir et à signaler les ennemis qui s'approchent de la place, soit par mer, soit par terre ; — mais elle est prodigieusement haute, et elle attire si continuellement l'œil, que vous ne pourriez éviter d'y faire attention quand vous le voudriez.

Ce m'a été un singulier désappointement de ne pouvoir obtenir la permission de lever un plan exact des fortifications, qui sont les plus fortes du monde, et qui, depuis le premier jour jusqu'au dernier, c'est-à-dire depuis qu'elles furent commencées par Philippe de France, comte de Boulogne, jusqu'à la guerre actuelle, où on y fit beaucoup de réparations, ont coûté (comme je l'ai appris dans la suite d'un ingénieur en Gascogne) — plus de cent millions de livres françaises. — Il est fort remarquable que c'est à la tête de Gravelines, et où la ville est naturellement le plus faible, qu'on a dépensé le plus d'argent ; en sorte que les ouvrages extérieurs s'étendent très-loin dans la campagne, et conséquemment occupent un grand espace de terrain. Quoi qu'il en soit, on a beau *dire* et beau *faire*, il faut reconnaître que Calais n'a jamais été à aucun égard si considérable par lui-même que par sa situation, et à cause de ce facile accès en France qu'il a donné à nos ancêtres en toute occasion, il n'était pas non plus sans inconvénients ; n'étant pas moins incommode pour les Anglais de ce temps-là, que Dunkerque

8.

l'a été pour nous dans le nôtre ; tellement qu'on le regardait avec raison comme la clef des deux royaumes ; ce qui, sans aucun doute, est la raison pour laquelle il s'est élevé tant de débats à qui l'aurait : de ces débats, le siége ou plutôt le blocus de Calais (car il était cerné par terre et par mer) fut le plus mémorable ; car il résista toute une année aux efforts d'Édouard III, et ne se rendit à la fin que par famine et excès de misère ; la bravoure d'Eustache de Saint-Pierre, qui le premier s'offrit comme victime pour ses compatriotes, a rangé son nom parmi celui des héros. — Comme cela ne prendra pas plus de cinquante pages, ce serait faire tort au lecteur de ne pas lui donner une relation détaillée de ce fait romanesque, ainsi que du siége lui-même, dans les propres termes de Rapin. —

CHAPITRE CCVII.

Mais courage ! ami lecteur. — Je le dédaigne ; — il me suffit de t'avoir en ma puissance ; — mais user de l'avantage que la fortune de la plume m'a donné sur toi, ce serait trop. — Non ! — par ce feu tout-puissant qui échauffe le cerveau visionnaire, et éclaire les esprits dans les voies surnaturelles ! avant de forcer une créature destituée de secours à ce rude service et de te faire payer, pauvre âme ! pour cinquante pages que je n'ai aucun droit de te vendre, — tout nu que je suis, j'aimerais mieux brouter sur les montagnes, et sourire de ce que le vent du nord ne m'apporte ni ma tente ni mon souper.

Ainsi en avant, mon brave garçon ! et dépêche-toi d'arriver à Boulogne.

CHAPITRE CCVIII.

— Boulogne ! — ah ! — ainsi nous sommes tous rassemblés, — débiteurs et pécheurs devant le ciel ; la belle réunion que nous faisons ; — mais je ne puis rester et trinquer avec vous, — je suis poursuivi moi-même comme cent diables, et je serai rattrapé avant de pouvoir changer de chevaux : au nom du ciel, hâte-toi. —— C'est pour haute trahison, dit un très-petit homme parlant aussi bas qu'il put à un homme très-grand qui était debout à côté de lui. —— Ou bien pour meurtre, dit le grand homme. —— Bien jeté, Six-et-As ! dis-je. —— Non, dit un troisième, ce monsieur a commis ——

Ah ! ma chère fille ! dis-je, comme elle passait revenant de matines, — vous avez l'air aussi rose que le matin (car le soleil se levait, et cela rendait le compliment d'autant plus gracieux). —— Non, ce ne peut pas être cela, dit un quatrième — (elle me fit une révérence, — je baisai ma main) c'est pour dettes, continua-t-il. —— C'est certainement pour dettes, dit un cinquième. —— Je ne voudrais pas payer les dettes de ce monsieur, dit As, pour mille livres. —— Ni moi, dit Six, pour six fois autant. —— Bien jeté, Six-et-As, encore une fois, dis-je — mais je n'ai d'autres dettes que la dette de la *Nature* ; et je ne lui demande que de la patience, et je lui payerai jusqu'au dernier liard que je lui dois. — Comment pouvez-vous avoir le cœur assez dur, madame, pour arrêter un pauvre diable qui, sans molester personne, voyage pour affaires légitimes ? De grâce, retenez cette face de mort, cette gueuse d'attrape-pêcheur, aux longues jambes, qui court après moi. — Sans vous elle ne m'aurait jamais suivi ; quand ce ne serait que pour un relais ou deux, juste de quoi me donner de l'avance sur elle, je vous supplie, madame —— de grâce, chère dame ——

Sur ma foi, c'est grand'pitié, dit mon hôte irlandais, que toute cette galanterie soit perdue ; car la jeune dame s'en allait pendant ce temps-là, et était trop loin pour l'entendre. ———

Imbécile ! dis-je.

Ainsi vous n'avez pas autre chose à voir à Boulogne ?

Par Jésus ! il y a le plus beau *Séminaire* pour les *humanités*. ———

Il ne peut pas y en avoir de plus beaux, dis-je.

CHAPITRE CCIX.

Quand la fougue des désirs d'un homme lance ses idées quatre-vingt-dix fois plus vite que ne va sa voiture, — malheur à la vérité ! et malheur à sa voiture et à ses agrès (qu'ils soient faits de ce qu'on voudra) sur lesquels il exhale le désappointement de son âme !

Comme je ne porte jamais de jugement général, soit sur les hommes, soit sur les choses, quand je suis en colère, « plus on se presse, moins on avance, » fut ma seule parole de reproche, la première fois que la chose m'arriva ; — les seconde, troisième, quatrième et cinquième fois, je m'en pris à la circonstance en particulier, et en conséquence, mon blâme tomba simplement sur les second, troisième, quatrième et cinquième postillons, sans porter mes reproches au delà ; mais le fait continuant de se reproduire de la cinquième, aux sixième, septième, huitième, neuvième et dixième fois, et sans une seule exception, je ne pus alors m'empêcher d'en faire un reproche national, que je formule en ces termes : —

Qu'il y a toujours, au départ, quelque chose qui va mal dans une chaise de poste française.

Ou la proposition peut se rédiger ainsi :

Un postillon français a toujours à descendre de cheval avant d'avoir fait trois cents pas hors de la ville.

Qu'est-ce qui va mal à présent ? —— Diable ! — une corde de cassée ! — un nœud de défait ! — un crampon d'arraché ! — une cheville à couper ! — une broquette, une languette, une loquette, une courroie, une boucle, ou l'ardillon d'une boucle à raccommoder.

Quelque vrai que soit tout ceci, je ne me crois jamais le droit d'excommunier à cette occasion, soit la chaise de poste, soit celui qui la mène ; et je ne me mets pas en tête de jurer par le Dieu vivant, que j'aimerais dix mille fois mieux aller à pied, — ou que je veux être damné si jamais je remonte dans une autre chaise ; — mais je me mets froidement la chose sous les yeux, et je réfléchis qu'il y aura toujours quelque broquette, ou languette, ou loquette, ou cheville, ou boucle, ou ardillon de boucle qui manquera ou aura besoin d'être raccommodé, n'importe où je voyage ; — aussi je ne m'échauffe jamais, mais je prends le bien et le mal comme je les rencontre, et je poursuis mon chemin. — Fais de même, mon garçon, dis-je. Il avait déjà perdu cinq minutes à descendre de cheval pour prendre un morceau de pain noir, qu'il avait fourré dans la poche de la voiture, et était remonté et allait à son aise, afin de le mieux savourer. — Allons, mon garçon, vivement, dis-je, — mais du ton le plus persuasif possible; car je fis sonner une pièce de vingt-quatre sous contre la vitre, en prenant soin de lui en présenter le côté plat lorsqu'il retourna la tête. Le chien fit une grimace d'intelligence de l'oreille droite à l'oreille gauche; et derrière son museau de suie, découvrit une rangée de perles telles qu'une reine aurait mis ses joyaux en gage pour les avoir.

Juste ciel ! { quels *masticateurs!* quel pain !

Et comme il finissait sa dernière bouchée, nous entrâmes à Montreuil.

CHAPITRE CCX.

Il n'y a pas dans toute la France de ville qui, à mon avis, ait meilleur air sur la carte que celle de Montreuil.
——— J'avoue qu'elle n'a pas si bon air dans le livre de poste ; — mais quand vous venez à la voir, — certes elle a l'air pitoyable.

Il s'y trouve pourtant en ce moment quelque chose de fort beau ; c'est la fille de l'aubergiste. — Elle a passé dix-huit mois à Amiens, et six à Paris, à faire ses classes : aussi elle tricote, elle coud, elle danse, et fait la coquette à merveille.

— La drôlesse ! pendant les cinq minutes que je suis resté à la regarder, elle a laissé échapper au moins une douzaine de mailles à un bas de fil blanc. ——— Oui. oui, — je vois bien, fine matoise, — qu'elle est longue et effilée, vous n'avez pas besoin de l'attacher sur votre genou avec une épingle ; — et qu'il est à vous, — et qu'il vous va parfaitement. —

— Dire que la Nature a appris à cette créature ce que c'est qu'un *pouce de statue !*

Mais comme cet échantillon vaut tous leurs pouces, — outre que j'ai ses pouces et doigts par-dessus le marché, s'ils peuvent me guider en rien, — et comme de plus Jeanneton (car c'est son nom) est si bien posée pour être tirée, puissé-je ne jamais plus tirer un seul trait ; ou plutôt, puissé-je tirer comme un cheval de trait, de toutes mes forces, tous les jours de ma vie, — si je ne la tire pas dans toutes ses proportions, et cela d'un crayon aussi arrêté que si je l'avais là dans la draperie la plus mouillée.

Mais vos *Worships* préfèrent que je leur donne la longueur, la largeur, et la hauteur perpendiculaire de la grande église paroissiale, ou un dessin de la façade de l'abbaye de Saint-Austreberte, qui a été transportée d'Artois ici : — chaque chose est, je suppose, juste comme les maçons et les charpentiers l'ont laissée ; — et, si la croyance en Jésus-Christ dure aussi longtemps, sera de même dans cinquante années ; ainsi vos *Worships* et vos Révérences peuvent tous en prendre la mesure à loisir ; — mais celui qui veut te mesurer, Jeanneton, doit le faire à présent ; tu portes en toi les principes du changement ; et, vu les chances d'une vie passagère, je ne répondrais pas de toi un moment ; avant que deux fois douze mois aient fui et disparu, tu peux grossir comme un potiron, et perdre tes formes ; — ou tu peux passer comme une fleur, et perdre ta beauté ; — tu peux même mal tourner, — et te perdre toi-même. — Je ne répondrais pas de ma tante Dinah, si elle était en vie ; — je répondrais, ma foi, à peine de son portrait, — pourvu seulement qu'il fût de Reynolds. —

Mais si je continue mon dessin après avoir nommé ce fils d'Apollon, je suis un homme mort.

Il faut donc vous contenter de l'original : si la soirée est belle quand vous passerez à Montreuil, vous le verrez à la portière de votre chaise, pendant que vous changerez de chevaux ; mais à moins que vous n'ayez une aussi fâcheuse raison de vous hâter que j'en ai, — vous ferez mieux de rester. Elle est quelque peu dévote ; mais cela, monsieur, c'est trois sur neuf en votre faveur. ———

Dieu me soit en aide ! Je n'ai pu marquer un seul point : me voilà pic, repic et capot comme le diable.

CHAPITRE CCXI.

Tout bien considéré, et attendu de plus que la Mort pourrait bien être plus près de moi que je n'ai cru, je voudrais être à Abbeville, dis-je, ne fût-ce que pour voir comment on y carde et file : — nous partîmes donc.

¹ De Montreuil à Nampont — poste et demie.
De Nampont à Bernay — poste.

¹ Voir le livre de poste français, page 36, édition de 1762.
(Note de l'auteur.)

De Bernay à Nouvion — poste.

De Nouvion à Abbeville — poste.

— Mais les cardeurs et fileurs étaient tous couchés.

CHAPITRE CCXII.

Quel avantage de voyager ! seulement cela échauffe ; mais il y a à cela un remède que vous pourrez trouver dans le chapitre suivant.

CHAPITRE CCXIII.

Si j'étais en position de stipuler avec la Mort, comme je stipule en ce moment avec mon apothicaire, comment et où je prendrai son clystère, — je m'opposerais certainement à ce que ce fût devant mes amis : aussi jamais je ne pense sérieusement au mode et au genre de cette grande catastrophe, lesquels en général occupent et tourmentent ma pensée autant que la catastrophe même, — sans tirer constamment le rideau dessus en formant le vœu que le Dispensateur de toutes choses permette qu'elle ne m'arrive pas dans ma propre maison, — mais plutôt dans quelque auberge décente. — Chez moi, je le sais, — le chagrin de mes amis, et les derniers services de m'essuyer le front et de rajuster mon oreiller, que me rendra la main tremblante de la pâle Affection, me crucifieront tellement l'âme, que je mourrai d'un mal dont mon médecin ne se doute pas ; — mais dans une auberge, le peu de froids offices dont j'aurais besoin seraient achetés avec quelques guinées, et me seraient rendus avec une attention impassible, mais ponctuelle [1] ——— mais prenez garde : — cette auberge ne devrait pas être celle d'Abbeville ; — quand il n'y aurait pas d'autre auberge dans l'univers, je rayerais celle-ci de la capitulation : ainsi

Que les chevaux soient à la chaise à quatre heures précises du matin. ——— Oui, à quatre heures, monsieur, — ou par Geneviève ! je ferai dans la maison un tapage à réveiller les morts.

CHAPITRE CCXIV.

« *Rendez-les semblables à une roue,* » est un sarcasme amer, comme le savent tous les gens instruits, contre le grand tour, et cette inquiète ardeur à le faire, que l'esprit prophétique de David a prévu devoir s'attacher dans la suite aux enfants des hommes ; aussi, dans l'opinion du grand évêque Hall, c'est une des plus rigoureuses imprécations que David ait jamais prononcées contre les

---

[1] Il (l'archevêque Leighton) avait coutume de dire que s'il avait à choisir le lieu de sa mort, ce serait une auberge ; que cela avait l'air du retour d'un pèlerin pour qui ce monde-ci n'est qu'une auberge, et qui est fatigué du bruit et de la confusion qui y règnent. Il ajoutait que la tendresse et les soins empressés de ses amis étaient un tracas pour un mourant ; et que les froids services que l'on pouvait obtenir dans un tel endroit, troubleraient moins. Burnet's *History of his own times*, vol. II, p. 259, in-8°. La mort de Sterne donne à son chapitre un air de pressentiment.

(*Note du traducteur.*)

ennemis du Seigneur, — et comme s'il eût dit : « Je ne leur souhaite pas d'autre mal que de rouler toujours. » — Autant de mouvement, continue-t-il (car il était très-gros) — c'est autant de trouble ; et autant de repos, par la même analogie, c'est autant de béatitude céleste.

Or moi (qui suis très-mince) je pense différemment ; et qu'autant de mouvement c'est autant de vie et autant de joie ; — et que de rester immobile, ou de n'aller que lentement, c'est la mort et le diable.

— Holà ! oh ! — tout le monde est endormi ! — amenez les chevaux, — graissez les roues, — attachez la malle, — et mettez un clou à cette moulure ; — je ne veux pas perdre un moment.

Or, la roue dont nous parlons, et *dans laquelle* (mais non pas sur laquelle, car ce serait en faire une roue d'Ixion) son imprécation veut voir ses ennemis, devrait à coup sûr, eu égard à la complexion de l'évêque, être une roue de chaise de poste, qu'il y en eût ou non à cette époque en Palestine ; — et ma roue, par les raisons contraires, doit aussi sûr être une roue de charrette plaintive, accomplissant sa révolution une fois par siècle ; et si j'avais à devenir commentateur, je ne me ferais nul scrupule d'affirmer que dans ce pays montueux il y en a beaucoup de cette espèce.

J'aime les Pythagoriciens (bien plus que je n'ose jamais dire à ma chère Jenny) pour leur « χωρισμὸν ἀπὸ τοῦ σώματος εἰς τὸ καλῶς φιλοσοφεῖν — [leur] *sortir du corps afin de bien penser.* — Aucun homme ne pense juste tant qu'il est dedans ; aveuglé qu'il doit être par les humeurs qui lui sont propres, et tiré de différents côtés, comme l'évêque l'a été ainsi que moi, selon que la fibre est trop lâche ou trop tendue. — La *Raison* est moitié *Sens*; et la mesure du ciel même n'est que la mesure de nos appétits et digestions du moment. ———

— Mais qui des deux, en cette occasion, pensez-vous avoir le plus tort ?

——— Vous, certainement, dit-elle, de déranger toute une maison de si bonne heure.

CHAPITRE CCXV.

——— Mais elle ne savait pas que j'avais fait vœu de ne pas me raser que je ne fusse à Paris : — pourtant je hais de faire des mystères de rien ; — c'est la froide circonspection d'une de ces petites âmes d'après lesquelles Lessius (lib. XIII *De moribus divinis*, cap. XXIV) a fait son évaluation, où il avance qu'un mille hollandais, multiplié cubiquement, sera assez vaste, et de reste, pour en contenir huit cent mille millions, ce qu'il suppose être un aussi grand nombre d'âmes (en comptant depuis la chute d'Adam) qu'il peut y en avoir de damnées jusqu'à la fin du monde.

D'après quoi il a fait cette seconde évaluation, — à moins que ce ne soit d'après la bonté paternelle de Dieu, — je l'ignore : — je sais encore bien moins ce que pouvait avoir dans la tête Franciscus Ribera, qui prétend qu'il ne faudra pas moins de deux cents milles italiens multipliés par eux-mêmes, pour en contenir le même nombre ; — il a certainement dû baser son calcul sur quelques-unes des vieilles âmes romaines dont il avait lu l'histoire, sans réfléchir combien, par un déclin et dépérissement graduels, dans le cours de dix-huit cents années, elles devaient inévitablement s'être rétrécies de façon à être réduites presque à rien à l'époque où il écrivait [1].

Du temps de Lessius, qui paraît le plus modéré, elles étaient aussi petites qu'il est possible d'imaginer.

——— Nous les voyons encore moindres *maintenant* ;

——— Et l'hiver prochain nous les verrons moindres encore : en sorte que si nous continuons d'aller de peu à moins, et de moins à rien, je n'hésite pas un moment à affirmer que dans un demi-siècle, de ce train-là, nous n'aurons plus du tout d'âmes ; et cette époque étant celle au delà de laquelle je doute également de l'existence de la foi chrétienne, il y aura cela d'avantageux que l'une et les autres seront usées juste en même temps.

Bienheureux Jupiter ! et bienheureux tout autre dieu ou déesse du paganisme ! car alors vous reviendrez tous sur jeu, et Priape à votre queue. — Quel joyeux temps ! — Mais où suis-je ? et dans quels délicieux désordres vais-je me jeter ? moi, — qui dois être enlevé au milieu de mes jours [2], et ne plus goûter de la vie que ce que j'en em-

---

[1] Franciscus Ribera (*in cap.* xiv *Apocalyps.*) veut que l'enfer soit un feu matériel et local au centre de la terre, de deux cents mille italiens de diamètre, comme il l'infère de ces mots, *Exivit sanguis de terrâ... per stadia mille sexcenta*, etc. Mais Lessius (lib. XIII, *De moribus divinis*, cap. xxiv) veut que cet enfer local soit bien moins grand, d'un seul mille hollandais de diamètre, tout rempli de feu et de soufre ; parce que, comme il l'y démontre, cet espace, multiplié cubiquement, fera une sphère capable de contenir huit cent mille millions de corps damnés (en allouant à chaque corps six pieds carrés); ce qui suffira abondamment, *cùm certum sit, inquit, factâ subductione, non futuros centies mille milliones damnandorum.*

Burton, *Anatomy of melancholy*, part. II, sect. 2, mém. 3, *Digression of ayre*. P. 156. (*Note du traducteur.*)

[2] « Mais où suis-je ? Dans quel sujet me suis-je jeté ? Qu'ai-je à faire

prunte à mon imagination : —— paix à toi, généreuse folle ! et laisse-moi continuer mon chemin.

CHAPITRE CCXVI.

—— « Haïssant donc, dis-je, de faire des mystères de *rien,* » je confiai mon secret au postillon, dès que je fus hors du pavé. Il répondit au compliment par un claquement de fouet ; sur quoi le limonier ayant pris le trot, et l'autre une espèce d'entre-deux, nous arrivâmes en dansant à Ailly-aux-Clochers, fameux aux temps jadis par les plus beaux carillons du monde ; mais notre danse ne fut pas accompagnée de musique, — les carillons étant grandement dérangés — (du reste, comme dans toute la France).

Faisant donc toute la diligence possible,

D'Ailly-aux-Clochers, j'allai à Flixcourt ;

De Flixcourt à Péquigny ; et

De Péquigny à Amiens ;

ville sur laquelle je n'ai pas à vous donner d'autres renseignements que celui que je vous ai déjà donné, — à savoir — que Jeanneton y fut mise à l'école.

---

avec les nonnes, filles, vierges et veuves ?... » Burton, part. I, sect. 3, mém. 2, subs. 4. *Symptoms of maids, nuns and widows melancholy* (mais non pas à la fin du chapitre, comme le prétend le docteur Ferriar, qui augmente ainsi, involontairement sans doute, cette effrayante similitude).

A une accusation de même nature, Voltaire répondit un jour :

« Faites-moi l'honneur de croire que j'aurais été capable d'inventer cela... »

CHAPITRE CCXVII.

Dans tout le catalogue des petites tribulations qui viennent souffler dans les voiles d'un homme, il n'en est pas d'une nature plus taquinante, plus tourmentante que celle que je vais décrire, — et à laquelle (à moins que pour la prévenir vous ne vous fassiez précéder d'un courrier, ce que font nombre de gens) il n'y a aucun remède ; cette tribulation, la voici : —

Que vous soyez dans la disposition la plus favorable pour dormir, — que vous passiez par le plus beau pays peut-être, sur les meilleures routes, et dans la voiture la plus douce pour le faire, qui soit au monde ; — que dis-je ? quand vous seriez sûr de pouvoir dormir pendant cinquante milles tout d'une traite, sans ouvrir une seule fois les yeux ; — quand même, qui plus est, il vous serait démontré d'une manière aussi satisfaisante que peut vous l'être aucune des vérités d'Euclide, que vous seriez aussi bien à tous égards endormi qu'éveillé, — et peut-être même mieux ; — cependant les payements continuels qui reviennent à chaque relais, — la nécessité de mettre à cet effet votre main dans votre poche, d'en tirer et de compter trois livres quinze sous (sou à sou), mettent fin à ce projet, du moins à tout ce que vous n'en pouvez pas exécuter dans un espace de six milles (ou, supposé qu'il y ait poste et demie, dans un espace de neuf milles) — quand il s'agirait du salut de votre âme.

———— Nous serons à deux de jeu, dis-je ; car je vais

mettre la somme exacte dans un morceau de papier, et je la tiendrai prête dans ma main tout le long du chemin; « maintenant je n'aurai rien à faire, » dis-je (me disposant à dormir), « qu'à laisser tomber ceci tout doucement dans le chapeau du postillon, sans mot dire. — Mais voilà qu'il manque deux sous au pourboire, — ou qu'il y a une pièce de douze sous de Louis XIV qui ne passe pas, — ou une livre et quelques liards redus de la dernière poste, que monsieur avait oubliés ; altercations qui le réveillent (car on ne peut pas disputer très-bien quand on est endormi) : cependant le doux sommeil est encore possible à retrouver ; et la chair pourrait encore l'emporter sur l'esprit, et se remettre de ces coups ; — mais alors, par le ciel ! vous n'avez payé que pour une seule poste, — tandis qu'il y a poste et demie ; et ceci vous oblige à tirer votre livre de poste, dont l'impression est si fine, qu'elle vous force à ouvrir les yeux, que vous le vouliez ou non ; alors monsieur le curé vous offre une prise de tabac, — ou un pauvre soldat vous montre sa jambe, — ou un moine son tronc, — ou la prêtresse de la citerne veut arroser vos roues ; elles n'en ont pas besoin ; — mais elle jure que si, par sa prêtrise (en me renvoyant le mot) : — alors vous avez tous ces points à discuter et à peser dans votre esprit ; et en le faisant, les facultés intellectuelles s'éveillent si complétement, — que vous n'avez qu'à les rendormir comme vous pourrez.

Sans une de ces infortunes, je passais sans m'arrêter près des écuries de Chantilly.

———— Mais le postillon affirmant d'abord, puis me soutenant en face que la pièce de deux sous n'était pas marquée, 'ouvris les yeux pour m'en convaincre ; — et y voyant la marque aussi clairement que mon nez, — je sautai hors de ma chaise en colère, et je vis de mauvaise humeur tout ce qu'il y avait à Chantilly. — Je n'en ai fait l'épreuve que pendant trois postes et demie, mais je crois que c'est le meilleur mobile du monde pour voyager rapidement ; car comme, dans cette disposition, peu d'objets vous paraissent attrayants, — vous n'avez rien, ou que peu de chose qui vous arrête ; c'est ce qui fit que je passai à Saint-Denis sans même tourner la tête du côté de l'abbaye. ——

— La richesse de leur trésor ! quelles balivernes ! — à cela près de leurs joyaux, qui encore sont tous faux, je ne donnerais pas trois sous pour rien de ce qui s'y trouve, si ce n'est de la lanterne de Judas ; — ni de cela non plus, n'était qu'il commence à faire sombre, et qu'elle peut servir à quelque chose.

CHAPITRE CCXVIII.

Clic, clac, — clic, clac, — clic, clac : — c'est donc là Paris ! dis-je (fidèle à mon humeur) — et c'est là Paris ! — hum ! — Paris ! m'écriai-je, répétant le nom pour la troisième fois. —

La première, la plus belle, la plus brillante des villes ! Les rues, pourtant, sont bien sales.

Mais la vue, je suppose, en vaut mieux que l'odeur. — Clic, clac, — clic, clac ; — quel embarras tu fais ! — comme s'il importait à ces bonnes gens d'être avertis qu'un homme à face pâle, et vêtu de noir, a l'honneur d'entrer à Paris, à neuf heures du soir, mené par un pos-

tillon en veste jaune tannée, à revers de calmande rouge!
— clic, clac, — clic, clac, — clic, clac. ——— Je voudrais que ton fouet ———

——— Mais c'est l'esprit de ta nation, ainsi claque — claque à ton aise.

Ah! et personne ne cède le haut du pavé! — mais dans l'ÉCOLE de l'URBANITÉ même, si les murs sont emm — és, comment faire autrement?

Et je t'en prie, quand allume-t-on les lanternes? — Quoi! — jamais dans les mois d'été! — Oh! c'est le temps des salades. — Oh! fort bien! salade et soupe, — soupe et salade, — salade et soupe, encore ———

— C'est *trop* pour des pécheurs.

Non, je ne puis souffrir une pareille barbarie. Comment ce déraisonnable cocher peut-il dire tant d'infamies à ce maigre cheval? Ne voyez-vous pas, l'ami, que les rues sont si abominablement étroites, qu'il n'y a pas dans tout Paris la place de tourner une brouette. Dans la plus magnifique ville du monde entier, il n'eût pas été mal de les laisser une idée plus larges; si seulement chaque rue l'était assez pour qu'on pût savoir (ne fût-ce que pour sa propre satisfaction) de quel côté on y marche.

Une, — deux, — trois, — quatre, — cinq, — six, — sept, — huit, — neuf, — dix. — Dix boutiques de traiteurs, et deux fois autant de barbiers! et le tout dans un espace de trois minutes en voiture! on croirait que tous les cuisiniers du monde, dans quelque grande et joyeuse réunion avec les barbiers, d'un commun accord ont dit:

— Allons tous vivre à Paris; les Français aiment la bonne chère; — ils sont tous gourmands; — nous y serons haut placés; si leur ventre est leur dieu, — leurs cuisiniers doivent être des messieurs; et comme *la perruque fait l'homme*, et que le perruquier fait la perruque, — *ergo*, les barbiers ont dit : Nous y serons placés plus haut encore, nous serons au-dessus de vous tous, — nous serons capitouls pour le moins, — pardi, nous porterons tous l'épée.

— Et cela, on jurerait (c'est-à-dire, à la chandelle, — mais il n'y a pas à s'y fier) — qu'ils ont continué de le faire jusqu'à ce jour.

CHAPITRE CCXIX.

Les Français sont certainement mal compris; — mais si la faute en est à eux, en ce qu'ils ne s'expliquent pas suffisamment, ou ne parlent pas avec cette exacte ponctualité et précision qu'on attendrait sur un point de cette importance, et tellement exposé, qui plus est, à être contesté par nous; — ou si la faute ne serait pas tout à fait de notre côté, en ce que nous ne comprenons pas toujours assez nettement leur langue pour savoir ce qu'ils veulent dire, — je ne le déciderai pas; mais il est évident pour moi que quand ils affirment « *que qui a vu Paris a tout vu,* » ils doivent parler de ceux qui l'ont vu dans le jour.

Quant à la lueur des chandelles, — je l'abandonne; — j'ai dit précédemment qu'il n'y avait pas à s'y fier; — et je le répète encore : non pas que les jours et les ombres soient trop accentués, — ou les teintes confondues, — ou qu'il n'y ait ni beauté, ni harmonie, etc. . . . car ce n'est pas la vérité; mais c'est une lueur incertaine en ce que sur la totalité des cinq cents grands hôtels dont on vous fait le dénombrement dans Paris ; — et des cinq cents bonnes choses, à calculer modérément (car ce n'est accorder qu'une bonne chose par hôtel, qui, à la chandelle, sont les meilleures *à voir, à sentir, à entendre* et *à comprendre* (ce qui, par parenthèse, est une citation de Lilly), — du diable si un de nous sur cinquante peut bien mettre le nez dessus.

Ceci ne fait pas partie du calcul des Français ; c'est simplement —

Que d'après le dernier relevé fait dans l'année 1716, depuis laquelle il y a eu des augmentations considérables, Paris contient neuf cents rues ; (*à savoir :*)

Dans le quartier appelé la Cité, il y a cinquante-trois rues ;

Dans celui de Saint-Jacques la Boucherie, cinquante-cinq rues ;

Dans celui de Sainte-Opportune, trente-quatre rues ;

Dans le quartier du Louvre, vingt-cinq rues ;

Dans celui du Palais-Royal, ou Saint-Honoré, quarante-neuf rues ;

Dans celui de Montmartre, quarante et une rues ;

Dans celui de Saint-Eustache, vingt-neuf rues ;

Dans celui des Halles, vingt-sept rues ;

Dans celui de Saint-Denis, cinquante-cinq rues ;

Dans celui de Saint-Martin, cinquante-quatre rues ;

Dans celui de Saint-Paul, ou de la Mortellerie, vingt-sept rues ;

Dans celui de la Grève, trente-huit rues ;

Dans celui de Sainte-Avoye, ou de la Verrerie, dix-neuf rues ;

Dans le Marais, ou le Temple, cinquante-deux rues ;
Dans celui de Saint-Antoine, soixante-huit rues ;
Dans celui de la place Maubert, quatre-vingt-une rues ;
Dans celui de Saint-Benoît, soixante rues ;
Dans celui de Saint-André des Arcs, cinquante et une rues ;
Dans le quartier du Luxembourg, soixante-deux rues ;
Et dans celui de Saint-Germain, cinquante-cinq rues ; dans chacune desquelles vous pouvez aller ; et quand vous les aurez vues, avec tout ce qui en dépend, bien en plein jour, — leurs portes, leurs ponts, leurs places, leurs statues, ——— et que vous aurez en outre fait votre pèlerinage à toutes leurs églises paroissiales, vous gardant bien d'omettre Saint-Roch et Saint-Sulpice ; ——— et que, pour couronner le tout, vous aurez parcouru les quatre palais que vous pouvez voir avec ou sans les statues et tableaux, juste comme bon vous semble, —

Alors vous aurez vu ———

— Mais c'est ce que personne n'a besoin de vous dire, car vous le lirez vous-même sur le portique du Louvre en ces termes :

> [1] La terre n'a pas nos semblables.
> Jamais peuple n'eut ou n'aura
> De villes qui soient comparables
> A Paris ! — tra de ri de ra.

Les Français ont une manière gaie de traiter tout ce qui est grand ; c'est tout ce qu'on peut dire là-dessus.

---

[1] Non orbis gentem, non urbem gens habet ullam
——————————— ulla parem.

CHAPITRE CCXX.

En prononçant le mot *gaie* (comme à la fin du dernier chapitre) cela fait venir à l'esprit (c'est-à-dire à celui d'un auteur) le mot *mauvaise humeur*; surtout si on a quelque chose à en dire. Non que par aucune analyse, — ou par aucune table d'intérêt, ou généalogie, il se trouve beaucoup plus de fondement d'alliance entre eux qu'entre la lumière et les ténèbres, ou aucune des deux choses les plus hostiles et les plus opposées du monde; — seulement c'est un artifice des auteurs d'entretenir une bonne intelligence entre les mots, comme font les politiques entre les hommes, — ne sachant pas jusqu'à quel degré ils peuvent être dans la nécessité de les mettre près les uns des autres; — lequel point étant obtenu maintenant, et afin de pouvoir placer mon mot exactement à ma fantaisie, je l'écris ici.

MAUVAISE HUMEUR.

En quittant Chantilly, j'ai déclaré que c'était là le meilleur mobile du monde pour voyager rapidement; mais je n'ai donné cela que comme affaire d'opinion. Je reste toujours dans les mêmes sentiments; — seulement je n'avais pas alors assez d'expérience de ses effets pour ajouter, que vous avez beau aller d'un train à tout briser, tout en allant vous êtes mal à votre aise : aussi je renonce à ce moyen, et si quelqu'un le veut, je le mets de grand cœur à son service; — il m'a empêché de digérer un bon souper et m'a donné une diarrhée bilieuse qui m'a ramené à la première disposition dans laquelle j'étais parti, — et dans laquelle je vais maintenant m'enfuir aux bords de la Garonne.

— Non; — je ne puis m'arrêter un moment pour vous donner le portrait des habitants, — de leur génie, — de leurs mœurs, — de leurs usages, de leurs lois, — de leur religion, — de leur gouvernement, — de leurs manufactures, — de leur commerce, — de leurs finances, avec toutes les ressources et sources cachées qui les alimentent; quoique je sois bien en état de le faire, ayant passé trois jours et deux nuits parmi eux, et durant tout ce temps ayant fait de ces choses le seul sujet de mes recherches et de mes réflexions.

Mais, — il faut repartir, — les routes sont pavées; — les postes sont courtes, — les jours sont longs, — il n'est pas plus de midi, — je serai à Fontainebleau avant le roi.

— Y va-t-il ? Pas que je sache. —

CHAPITRE CCXXI.

Je hais d'entendre une personne, surtout si c'est un voyageur, se plaindre qu'on n'aille pas si vite en France qu'en Angleterre; tandis qu'on va beaucoup plus vite, *consideratis considerandis*; par là voulant toujours dire que si l'on pèse leurs voitures avec les montagnes de bagage qu'ils y mettent devant et derrière, — et puis que l'on considère leurs chétifs chevaux, et le peu qu'ils leur donnent, — c'est une merveille qu'on avance du tout. Leur manière de les traiter est tout à fait antichrétienne; et à cet égard il est évident pour moi qu'un cheval de poste français ne saurait que faire au monde, n'étaient les deux mots * * * * * et * * * * * qui le soutiennent autant que si vous lui donniez un picotin d'avoine. Or, comme ces mots ne coûtent rien, je me meurs d'envie de les dire au lecteur; — mais c'est là la question, — il faut les dire crûment, et articuler d'une manière distinctes, ou l'on n'obtiendra aucun résultat; — et d'un autre côté, si je le fais crûment, leurs Révérences auront beau en rire dans la chambre à coucher, je sais parfaitement qu'elles en méditeront au parloir : c'est pourquoi je suis depuis quelque temps à me creuser la tête, mais inutilement, pour trouver un moyen net, une invention à facettes pour les moduler de manière à satisfaire *l oreille* que le lecteur veut bien me *prêter*, — sans mécontenter l'autre qu'il garde pour lui-même.

Mon encre me brûle les doigts; essayons; — et quand je l'aurai fait, — l'effet sera pire, — elle brûlera (j'ai peur) mon papier.

— Non; — je n'ose pas. —

Mais si vous désirez de savoir comment l'abbesse des Andouillettes et une novice de son couvent vinrent à bout de cette difficulté, commencez seulement par me souhaiter tout le succès imaginable — et je vous le dirai sans le moindre scrupule.

CHAPITRE CCXXII.

L'abbesse des Andouillettes (couvent que vous trouverez situé dans les montagnes qui séparent la France de la Savoie, si vous consultez la grande collection des cartes de provinces qu'on publie en ce moment à Paris), était menacée d'une *ankylose,* ou roideur d'articulation (la *synovie* de son genou s'étant durcie à force d'assister à matines), et elle avait essayé de tous les remèdes : — d'abord des prières et actions de grâces ; — puis des invocations à tous les saints du ciel, indistinctement : — puis en particulier à chaque saint qui avant elle avait eu la jambe roide ; — puis en la touchant avec toutes les reliques du couvent principalement avec le fémur de l'homme de Lystra, qui avait été impotent dès sa jeunesse ; — puis en l'enveloppant dans son voile quand elle se mettait au lit ; — puis mettant dessus son rosaire en croix ; — puis appelant à son aide le bras séculier, et oignant la partie malade avec des huiles et de la graisse chaude d'animaux ; puis la traitant avec des fomentations émollientes et fondantes ; — puis avec des cataplasmes de guimauve, de mauve, de bon Henri, de lis blanc et de sénégré ; — puis prenant les bois, j'entends leur fumée, en tenant son scapulaire en travers sur ses genoux ; — puis des décoctions de chicorée sauvage, de cresson d'eau, de cerfeuil, de myrrhis et de cochléaria ; — et comme rien de tout cela ne réussissait, on la décida enfin à essayer des bains chauds de Bourbon. — Ayant donc au préalable obtenu du visiteur général la permission de prendre soin de son existence, — elle ordonna de tout préparer pour son voyage. Une novice du couvent, âgée d'environ dix-sept ans, qui souffrait d'un panaris au doigt du milieu, pour l'avoir constamment trempé dans les cataplasmes qu'on faisait pour l'abbesse, etc., — lui avait inspiré tant d'intérêt, que sans s'inquiéter d'une vieille nonne affligée de sciatique, que les eaux de Bourbon auraient pu à jamais rétablir, elle choisit Marguerite, la petite novice, pour compagne de voyage.

Une vieille calèche, doublée de ratine verte, et qui appartenait à l'abbesse, sur son ordre revit le soleil. Le jardinier du couvent, choisi comme muletier, fit sortir les deux vieilles mules, pour leur épiler le croupion ; tandis qu'une couple de sœurs laies s'occupaient, l'une à repriser l'étoffe, et l'autre à recoudre les lambeaux de galon jaune que la dent du temps avait rongés ; — le garçon jardinier repassa le chapeau du muletier dans de la lie de vin chaude ; — et un tailleur se mit harmonieusement en besogne, sous un appentis vis-à-vis du couvent, et assortit quatre douzaines de sonnettes pour les harnais, sifflant dans le ton de chaque sonnette à mesure qu'il l'attachait avec une courroie.

Le charpentier et le forgeron des Andouillettes tinrent une assemblée de roues : et à sept heures, le lendemain matin, tout avait bon air, et était prêt à la porte du couvent pour le voyage aux eaux de Bourbon. — Deux rangées de malheureux y étaient prêts, eux, depuis une heure.

L'abbesse des Andouillettes, soutenue par Marguerite la novice, s'avança lentement vers la calèche, toutes deux vêtues de blanc, avec leurs rosaires noirs pendant sur leur poitrine.

— Il y avait dans ce contraste une solennelle simplicité ; elles montèrent dans la calèche ; les nonnes, dans le même uniforme, doux emblème d'innocence, occupaient chacune une croisée, et quand l'abbesse et Marguerite levèrent la tête, — chacune (la pauvre nonne à la sciatique exceptée) — chacune rejeta en arrière le bas de son voile, — puis baisa la main de lis qui le laissait aller. La bonne abbesse et Marguerite posèrent saintement leurs mains sur leur poitrine, — levèrent les yeux vers le ciel, — puis vers elles, — et eurent l'air de dire : « Dieu vous bénisse, chères sœurs. »

Je déclare que cette histoire m'intéresse, et que j'aurais voulu être là.

Le jardinier, que maintenant j'appellerai le muletier, était un petit compère vigoureux et trapu, bon enfant, aimant à jaser et à boire, et se troublant fort peu la cervelle des *quand* et *comment* de la vie. Aussi il avait hypothéqué un mois de ses gages du couvent pour se procurer une outre, ou tonneau de vin en cuir, qu'il avait placé derrière la calèche, avec une grande casaque de couleur brune par-dessus, pour la garantir du soleil ; et comme il faisait très-chaud, et que notre homme, qui n'était pas chiche de sa peine, allait dix fois plus à pied qu'à cheval, — il trouva plus d'occasions que la nature n'en demandait, de tomber sur l'arrière-garde de sa voiture ; si bien qu'à force d'allées et de venues il arriva que tout son vin s'était enfui par l'issue *légale* de l'outre, avant qu'une moitié du voyage fût accomplie.

L'homme est un animal d'habitude. La journée avait été étouffante, — la soirée était délicieuse, — le vin était généreux, — le coteau bourguignon où il croissait était escarpé, — au pied, un petit bouchon tentateur pendait au-dessus de la porte d'une fraîche chaumière, et vibrait en pleine harmonie avec les désirs, — un air doux bruissait distinctement à travers les feuilles : — « Venez, — venez, — muletier altéré, — entrez ici. »

— Le muletier était fils d'Adam ; je n'ai pas besoin d'en dire davantage. Il donna à chacune des mules un grand coup de fouet, et regardant l'abbesse et Marguerite à la face comme pour leur dire : « Je suis là, » — il donna à ses mules un autre bon coup, — comme pour leur dire : « Allez toujours; » — et s'échappant par derrière, il entra dans la petite auberge qui était au pied du coteau.

Le muletier, je vous l'ai dit, était un joyeux et gazouillant petit compère, qui ne songeait pas au lendemain, ni à ce qui l'avait précédé, ni à ce qui devait le suivre, pourvu qu'il eût tout son soûl de vin de Bourgogne, et une petite causerie en le buvant. Il entra donc en longue conversation, contant comme quoi il était jardinier en chef du couvent des Andouillettes, etc., etc., et que par amitié pour l'abbesse et mademoiselle Marguerite, qui n'en était qu'à son noviciat, il était venu avec elles des frontières de la Savoie, etc., etc., — et comme quoi l'abbesse avait gagné une tumeur blanche à faire ses dévotions ; — et quelle légion d'herbes il lui avait fournies pour mollifier ses humeurs, etc., etc., — et que si les eaux de Bourbon ne guérissaient pas cette jambe, — elle pourrait aussi bien boiter des deux, etc., etc., etc. — Il mena si bien son histoire, qu'il en oublia complétement l'héroïne, — et avec elle la petite novice ; et, ce qui était un point plus chatouilleux, — il oublia les deux mules. Or, les mules sont des créatures qui, victimes de l'égoïsme de leurs parents, prennent leur revanche envers le monde, — et qui n'étant pas à même de s'acquitter par voie de descendance (comme le sont hommes, femmes et bêtes), — le font de côté, et en longueur, et à reculons, et en montant, et en descendant, et de toutes les manières possibles. — Les philosophes, avec toute leur morale, n'ont jamais bien considéré ceci : — comment notre pauvre muletier, le verre en main, pouvait-il le considérer aucunement ! Il n'y songea même pas ; — il est temps que nous le fassions. Laissons-le donc en plein dans son élément, le plus heureux et le plus insouciant des mortels, — et pour un moment retournons aux mules, à l'abbesse et à Marguerite.

Par la vertu des deux derniers coups de fouet du muletier, les mules avaient continué de gravir tranquillement la côte, guidées par leur conscience, et elles étaient parvenues à moitié chemin, quand la plus âgée, qui était une malicieuse et rusée vieille diablesse, au détour d'un angle, jetant un regard de côté et ne voyant pas de muletier derrière elles, —————

Par ma fi ! dit-elle en jurant, je n'irai pas plus loin.

————Et si cela m'arrive, répliqua l'autre, ils peuvent faire un tambour de ma peau.

— Et là-dessus, d'un commun accord, elles s'arrêtèrent. ————

CHAPITRE CCXXIII.

————Allez donc, dit l'abbesse.

———— Pst ————— pst, — pst, — cria Marguerite.

——— Kn---t— kn-t, — knt, — knt, — *knta* l'abbesse.

——— Hu — u — e, — hue — e, e, — *hua* Marguerite, plissant ses charmantes lèvres en forme de bourse, moitié moquerie, moitié sifflet.

Pan, — pan, — carillonna l'abbesse des Andouillettes, avec le bout de sa canne à pomme d'or, contre le fond de la calèche.

——— La vieille mule fit un p —

CHAPITRE CCXXIV.

Nous sommes perdues, c'est fait de nous, mon enfant, dit l'abbesse à Marguerite ; — nous passerons ici toute la nuit : — nous serons volées, — nous serons violées !

——— Nous serons violées, dit Marguerite, aussi sûr que j'existe.

——— *Sancta Maria !* s'écria l'abbesse (oubliant l'*O!*) — pourquoi ai-je cédé à cette maudite roideur d'articulation ? pourquoi ai-je quitté le couvent des Andouillettes ? et pourquoi n'as-tu pas permis que ta servante descendît impolluée dans la tombe ? ———

O mon doigt ! mon doigt ! cria la novice, prenant feu au mot de *servante*, — pourquoi ne me suis-je pas contentée de le mettre ici ou là, partout plutôt que dans ce défilé.

——— Défilé ! dit l'abbesse.

——— Défilé, — dit la novice ; car la terreur avait troublé leur jugement, — l'une ne savait ce qu'elle disait, — ni l'autre ce qu'elle répondait.

O ma virginité ! virginité ! s'écria l'abbesse.
——— Inité ! inité ! dit la novice en sanglotant.

CHAPITRE CCXXV.

Ma chère mère, dit la novice, revenant un peu à elle-même, — il est deux certains mots qui, m'a-t-on dit, peuvent forcer tout cheval, âne ou mulet, de gravir, bon gré, mal gré, une montagne ; quelque entêté ou récalcitrant qu'il soit, du moment qu'il les entend prononcer, il obéit. ——— Ce sont des mots magiques ! s'écria l'abbesse toute saisie d'horreur. ——— Non, repartit Marguerite avec calme, — mais c'est un péché de les proférer. ——— Quels sont-ils ? interrompit l'abbesse. ——— C'est un péché du premier degré, répondit Marguerite, — un péché mortel ; et si nous sommes violées, et que nous mourions sans avoir reçu l'absolution, nous serons toutes deux ——— Mais vous pouvez les prononcer de vous à moi, dit l'abbesse des Andouillettes. ——— Il est tout à fait impossible de les prononcer, ma chère mère, dit la novice ; il y aurait de quoi faire monter à la face tout le sang qu'on a dans le corps. ——— Mais vous pouvez me les dire à l'oreille, répliqua l'abbesse.

O ciel ! n'avais-tu aucun ange gardien à envoyer à l'auberge au bas de la côte ? — Tous les esprits généreux et bienveillants étaient-ils occupés ? n'y avait-il point d'agent dans la nature qui, par quelque frisson courant le long de l'artère qui conduisait à son cœur, pût avertir le muletier et lui faire quitter son banquet ? — Pas de douce musique pour rappeler l'idée charmante de l'abbesse et de Marguerite avec leurs noirs rosaires.

Éveille, éveille-toi ! — mais il est trop tard ; — les horribles mots se prononcent en ce moment même, — et comment les dire ? ———— vous qui pouvez parler de tout ce qui existe sans souiller vos lèvres, — apprenez-le-moi, — guidez-moi ! ————

CHAPITRE CCXXVI.

Tous les péchés quelconques, dit l'abbesse devenant casuiste dans la détresse où elles étaient, sont considérés par le confesseur de notre couvent comme mortels ou véniels : il n'y a pas d'autre division. — Or, un péché véniel étant le plus léger et le moindre de tous les péchés, — si on le partage en deux, — soit en n'en prenant que la moitié, et laissant le reste, — soit en le prenant tout entier, et le partageant à l'amiable entre une autre personne et vous, — nécessairement, il se réduit à rien.

Or, je ne vois aucun péché à dire *bou, bou, bou, bou, bou,* cent fois de suite ; et il n'y a non plus aucune turpitude à prononcer la syllabe *gre, gre, gre gre, gre,* fût-ce depuis matines jusqu'à vêpres. — C'est pourquoi, ma chère fille, continua l'abbesse des Andouillettes, — je vais dire *bou,* et tu diras *gre ;* et puis alternativement comme il n'y a pas plus de péché à dire *fou* qu'à dire *bou,* — tu diras *fou,* et j'entrerai avec *tre* (comme fa, sol, la, ré, mi, ut, à complies) : — et effectivement l'abbesse, donnant le ton, attaqua ainsi :

L'abbesse, Bou - - bou - - bou - -
Marguerite, ——— gre, - - gre, - - gre.
Marguerite, Fou, - - fou fou - - fou-
L'abbesse, ——— tre, - - tre, - - tre.

Les deux mules répondirent à ces accents connus par un mutuel coup de queue ; mais cela n'alla pas plus loin. ——— Cela va venir, dit la novice. ———

L'abbesse, Bou - bou - bou - bou - bou-
Marguerite ——— gre, gre, gre, gre, gre, gre.

Encore plus vite, cria Marguerite.

Fou, fou, fou, fou, fou, fou, fou, fou, fou.

Encore plus vite, cria Marguerite.

Bou, bou, bou, bou, bou, bou, bou, bou, bou.

Encore plus vite. — Dieu me protége, dit l'abbesse.

——— Elles ne nous entendent pas, s'écria Marguerite.

——— Mais le Diable nous entend, dit l'abbesse des Audouillettes.

CHAPITRE CCXXVII.

Quelle étendue de pays j'ai parcourue ! — De combien de degrés je me suis rapproché du soleil, et combien de belles et bonnes villes j'ai vues, pendant le temps que vous avez mis, madame, à lire et à méditer cette histoire ! — J'ai vu Fontainebleau, et Sens, et Joigny, et Auxerre, et Dijon, la capitale de la Bourgogne, et Châlons, et Mâcon, la capitale du Mâconnais, et une vingtaine d'autres sur la route de Paris à Lyon ; — et maintenant que je les ai traversées, — je pourrais aussi bien vous parler des villes de la lune, que vous dire un seul mot d'elles. J'aurai beau faire, voilà pour le moins ce chapitre-ci, et peut-être même le suivant, entièrement perdus.

—Eh mais, c'est une étrange histoire, Tristram!

———Hélas! madame, si c'eût été quelque mélancolique instruction sur la croix, — sur la paix de l'humilité, ou le contentement de la résignation, — je n'aurais pas été embarrassé; ou si j'eusse songé à l'écrire sur des abstractions plus pures de l'âme, sur cette nourriture de sagesse, de sainteté et de contemplation, qui doit être à jamais la subsistance de l'esprit humain, une fois séparé du corps, — vous en seriez revenue avec un meilleur appétit.

— Je voudrais ne pas l'avoir écrite : mais comme je n'efface jamais rien, — employons quelque honnête moyen de nous l'ôter sur-le-champ de la tête.

Je vous prie, passez-moi mon bonnet de fou : — je crains que vous ne soyez assise dessus, madame; — il est sous le coussin; — je le mettrai.

Miséricorde ! voilà une demi-heure que vous l'avez sur la tête. — Eh bien, qu'il y reste avec un

Traderi, deri

et un traderi, dera

et un lanturelu

Lire - - - lon - fa.

Et maintenant, madame, nous pouvons nous hasarder, j'espère, à continuer un peu notre route.

CHAPITRE CCXXVIII.

Tout ce que vous avez à dire de Fontainebleau (en cas qu'on vous le demande), c'est que c'est une ville située à environ seize lieues (un peu au sud) de Paris, au milieu d'une vaste forêt ; — qu'elle a quelque chose de grand ; — que le roi y va une fois tous les deux ou trois ans, avec toute sa cour, pour s'y livrer au plaisir de la chasse ; — et que durant ce carnaval du *sport*, tout Anglais de distinction (sans vous oublier vous-même) peut disposer d'un ou deux chevaux pour prendre part à la chasse, en ayant soin seulement de ne pas dépasser le roi.

Cependant il y a deux raisons pour que vous ne deviez pas le répéter hautement à tout le monde.

Premièrement, parce que cela rendra lesdits chevaux plus difficiles à obtenir ; et

Secondement, c'est qu'il n'y a pas un mot de cela qui soit vrai. — Allons !

Quant à Sens, — vous pouvez l'expédier en une parole : — « c'est un siége archiépiscopal. »

Pour Joigny, moins on en dit, je pense, mieux cela vaut.

Mais pour Auxerre, j'en pourrais parler toujours : car lors de mon grand tour en Europe, dans lequel, après tout, mon père (qui ne se souciait de me confier à personne) m'accompagna lui-même, avec mon oncle Toby, et Trim, et Obadiah, et en vérité presque toute la maison, excepté ma mère, qui étant occupée d'un projet de tricoter à mon père une paire de grandes culottes d'estame — (la chose est toute naturelle) — et ne voulant pas être dérangée, resta au logis, à Shandy-Hall, à maintenir tout en ordre pendant notre expédition; lors de ce grand tour, dis-je, mon père nous fit rester deux jours à Auxerre, et comme ses recherches étaient toujours de nature à récolter même dans un désert, — il m'a suffisamment laissé à dire sur Auxerre. Bref, partout où mon père allait, — mais ce fut plus remarquable encore dans ce voyage en France et en Italie, qu'à toute autre époque de sa vie, — sa route avait l'air si fort en dehors de celle où tous les autres voyageurs avaient passé avant lui, — il voyait les rois, et les cours, et les soies de toute couleur, sous des jours si étranges; et ses remarques et raisonnements sur les caractères, mœurs et coutumes des pays que nous traversions, étaient si opposés à ceux de tous les autres mortels, particulièrement à ceux de mon oncle Toby et de Trim — (pour ne rien dire de moi-même) ; — et pour couronner le tout, les événements et embarras que nous rencontrions perpétuellement, grâce à ses systèmes et à son opiniâtreté, — étaient d'une contexture si bizarre, si mêlée, et si tragi-comique, — et le tout réuni à une nuance et une teinte si différentes de tout autre tour qui ait jamais été fait en Europe, — que je me hasarderai à dire — que la faute en doit être à moi, et à moi seulement, — si le sien n'est pas lu par tous les voyageurs et lecteurs de voyages, jusqu'à ce qu'on cesse de voyager, — ou, ce qui revient au même, jusqu'à ce que le monde, finalement, se mette en tête de rester tranquille.

— Mais ce riche ballot ne doit pas être ouvert à présent,

excepté un ou deux fils simplement pour débrouiller le mystère de ce séjour à Auxerre.

— Puisque j'en ai fait mention, — ce fil est trop faible pour le tenir en suspens, et quand je l'aurai tissu, ce sera une affaire faite.

Frère Toby, dit mon père, allons, pendant que le dîner cuit, — à l'abbaye de Saint-Germain, quand ce ne serait que pour voir ces corps que M. Séguier nous a tant recommandés. ——— J'irai voir n'importe quelle corporation, dit mon oncle Toby ; car il fut la complaisance même d'un bout à l'autre du voyage.——— Dieu m'assiste ! dit mon père, je vous parle de momies.——— Alors il est inutile de se raser, dit mon oncle Toby. ——— Se raser ! non, s'écria mon père, — cela aura davantage un air de famille, si nous y allons avec une barbe longue. — Nous partîmes donc pour l'abbaye de Saint-Germain, le caporal donnant le bras à son maître et formant l'arrière-garde.

Tout cela est très-beau, et très-riche, superbe, magnifique, dit mon père s'adressant au sacristain, qui était un jeune frère de l'ordre des bénédictins ; mais le but de notre curiosité est de voir les corps dont M. Séguier a donné au public une description si exacte. ——— Le sacristain fit un salut, et après avoir allumé une torche qu'il avait toujours toute prête à cet effet dans la sacristie, il nous conduisit au tombeau de saint Hérébald.——— C'était, dit le sacristain en posant sa main sur la tombe, un prince renommé de la maison de Bavière, qui, sous les règnes successifs de Charlemagne, de Louis le Débonnaire et de Charles le Chauve, jouit d'une grande autorité dans le gouvernement, et contribua principalement à établir partout l'ordre et la discipline.

Alors il a été aussi grand, dit mon oncle, sur le champ de bataille que dans le cabinet. ——— J'ose dire que c'était un vaillant soldat. ——— C'était un moine, dit le sacristain.

Mon oncle Toby et Trim cherchèrent quelque consolation dans les yeux l'un de l'autre, — mais ils n'en trouvèrent point. — Mon père frappa des deux mains sur sa brayette, ce qui était un geste à lui quand quelque chose lui faisait grand plaisir ; car quoiqu'il détestât les moines, et tout ce qui sentait le moine, plus que tous les diables de l'enfer, — cependant, le coup portant plus sur mon oncle Toby et sur Trim que sur lui-même, c'était un triomphe relatif, et qui le mit de la meilleure humeur du monde.

— Et dites-moi, comment appelez-vous ce personnage? demanda mon père, plutôt en badinant. Cette tombe, dit le jeune bénédictin, les yeux baissés, contient les os de sainte Maxime, qui vint de Ravenne dans le but de toucher le corps ———

— De saint Maxime, dit mon père, survenant avec son saint devant lui ; — c'étaient deux des plus grands saints de tout le martyrologe, ajouta mon père. — Excusez-moi, dit le sacristain, — c'était pour toucher les os de saint Germain, le fondateur de cette abbaye. — Et qu'est-ce qu'il y gagna ? dit mon oncle Toby. ——— Qu'est-ce qu'y gagne toute femme? dit mon père. ——— *Le martyre*, répartit le jeune bénédictin, faisant un salut jusqu'à terre, et prononçant le mot d'un ton si humble, mais si positif, que mon père en fut désarmé pour un moment. On suppose, continua le bénédictin, que sainte Maxime est dans cette tombe depuis quatre cents ans, et deux cents avant sa canonisation. ——— L'avancement est bien lent, frère

Toby, dit mon père, dans cette armée de martyrs. — Furieusement lent, sauf votre respect, dit Trim, à moin qu'on n'ait le moyen de l'acheter. ——— J'aimerais au tant vendre tout à fait, reprit mon oncle Toby. ——— Je suis assez de votre opinion, frère Toby, dit mon père.

— Pauvre sainte Maxime ! se dit mon oncle Toby bas à lui-même, comme nous nous éloignions du tombeau. C'était une des plus agréables et des plus belles dames d'Italie ou de France, poursuivit le sacristain. Mais qui diantre s'est couché ici à côté d'elle ? dit mon père indiquant avec sa canne un grand tombeau, tandis que nous continuions de marcher. ——— C'est saint Optat, monsieur, répondit le sacristain. ——— Et bien placé est saint Optat ! dit mon père : et quelle est l'histoire de saint Optat ? reprit-il. ———Saint Optat, repartit le sacristain, était évêque. ———

——— Je m'en doutais, par le ciel ! interrompit mon père, ——— saint Optat ! comment saint Optat aurait-il échoué ? — Tirant donc vivement son portefeuille de sa poche, et le jeune bénédictin lui tenant la torche pendant qu'il écrivait, il le nota comme une nouvelle preuve à l'appui de son système sur les noms de baptême ; et il était, j'oserai dire, si désintéressé dans la recherche de la vérité, qu'eût-il trouvé un trésor dans la tombe de saint Optat, il ne se fût pas cru à moitié si riche ; jamais courte visite rendue aux morts n'avait été plus fructueuse, et il fut si enchanté de tout ce qui s'y était passé, — qu'il se détermina sur-le-champ à rester un jour de plus à Auxerre.

——— Je verrai demain le reste de ces bonnes gens, dit mon père, comme nous traversions la place. ———

Et tandis que vous leur rendrez visite, frère Shandy, dit mon oncle Toby, le caporal et moi nous monterons aux remparts.

CHAPITRE CCXXIX.

———— C'est ici le plus embrouillé de tous les écheveaux ; — car dans le dernier chapitre, jusqu'à l'endroit du moins où il m'a mené par Auxerre, j'ai fait à la fois deux voyages différents, et cela du même trait de plume : — car je suis tout à fait sorti d'Auxerre dans le voyage que j'écris maintenant, et j'en suis à moitié dehors dans celui que j'écrirai plus tard. — Chaque chose n'est susceptible que d'un certain degré de perfection ; et, en poussant un peu au delà, je me suis mis dans une situation où jamais voyageur ne s'est trouvé avant moi ; car en ce moment je traverse la place du marché d'Auxerre, avec mon père et mon oncle, pour aller dîner ; et en ce moment aussi j'entre à Lyon, avec ma chaise de poste brisée en mille morceaux ; — et, qui plus est, je suis en ce moment dans un beau pavillon bâti par Pringello [1] sur le bord de la Garonne, que M. Sligniac m'a prêté, et où je m'occupe à écrire cette rapsodie.

———— Laissez-moi me recueillir, et poursuivre mon voyage.

[1] Le même don Pringello, le fameux architecte espagnol dont mon cousin Antony a fait une mention si honorable dans une scolie au conte qui lui est attribué. — Voir page 129, petite édit.
(*Note de l'auteur.*)

CHAPITRE CCXXX.

J'en suis bien aise, dis-je, faisant mon calcul en moi-même, comme j'entrais à pied dans Lyon, — ma chaise ayant été entassée pêle-mêle avec mon bagage sur une charrette, qui se traînait lentement devant moi ; — je suis ravi, dis-je, qu'elle soit tout en pièces ; car maintenant je puis aller directement par eau à Avignon, ce qui m'avancera de quarante-huit lieues, et ne me coûtera que sept livres, — et de là, continuai-je en suivant mon calcul, je puis louer une paire de mules, — ou d'ânes, si je veux (car personne ne me connaît), et traverser presque pour rien les plaines du Languedoc. — Je gagnerai à ce malheur quatre cents livres, clair et net, et du plaisir ! du plaisir, pour le double de cette somme. Avec quelle vitesse, continuai-je en frappant des mains, je descendrai le Rhône rapide, ayant le Vivarais à ma droite et le Dauphiné à ma gauche, et voyant à peine les anciennes villes de Vienne, de Valence et de Viviers ! quelle flamme cela rallumera dans ma lampe, d'arracher une grappe rougissante à l'Ermitage et à la Côte-Rôtie, quand je passerai comme un trait à leur pied ! et quel nouvel élan pour le sang, de voir s'avancer et se retirer sur les rives ces châteaux romanesques dont les victimes ont été jadis délivrées par des chevaliers courtois ; — et de contempler avec le vertige, les rocs, les montagnes, les cataractes, et toute cette course de la nature entourée de tous ses grands ouvrages.

A mesure que j'allais de ce pas, il me semblait que ma chaise, dont le naufrage avait un assez grand air au premier abord, insensiblement s'amoindrissait de plus en plus; la fraîcheur de la peinture était passée, — la dorure avait perdu son lustre, — et le tout ensemble apparaissait si pauvre à mes yeux ! — si piètre ! — si méprisable ! — et, en un mot, tellement au-dessous de la calèche même de l'abbesse des Andouillettes, — que j'ouvrais la bouche pour la donner au diable, — quand un impertinent petit raccommodeur de voitures, traversant lestement la rue, demanda si monsieur voulait faire réparer sa chaise. ———— Non, non, dis-je en secouant la tête de côté. ———— Monsieur voudrait-il la vendre ? reprit le petit sellier. ———— De tout mon cœur, dis-je ; — le fer vaut quarante livres — les glaces en valent autant, — et quant au cuir, vous pouvez le prendre par-dessus le marché.

———— C'est pour moi une mine d'argent que cette chaise de poste ! dis-je pendant qu'il m'en comptait le prix. C'est là ma manière habituelle de tenir mes livres, du moins quand il s'agit des malheurs de la vie, — faisant argent de chaque, à mesure qu'ils m'adviennent.

———— Dis, ma chère Jenny, dis pour moi au monde comment je me conduisis lors d'un malheur, le plus accablant en son genre qui pût m'arriver, comme homme fier de son sexe ainsi qu'on doit l'être.

C'est assez, dis-tu en venant tout près de moi, comme je me tenais debout, mes jarretières à la main, réfléchissant sur ce qui *ne* s'était *pas* passé. ———— C'est assez, Tristram, je suis satisfaite, repris-tu, en me disant ceci à l'oreille : * * * * * * * * * * * * * * * * ; — * * * * * * * * ———— tout autre homme serait rentré sous terre.

————A quelque chose malheur est bon, dis-je.

————J'irai passer six semaines dans le pays de Galles, je boirai du lait de chèvre, et cet accident me vaudra sept années de plus. Aussi je me trouve inexcusable de blâmer la Fortune aussi souvent que j'ai fait, pour m'avoir poursuivi toute ma vie de tant de petits maux, comme une méchante duchesse, ainsi que je l'ai appelée. Certes, si j'ai aucune raison de lui en vouloir, c'est de ce qu'elle ne m'en a point envoyé de grands : — une vingtaine de bonnes maudites pertes bien éclatantes m'auraient rapporté autant qu'une pension.

— Une de cent livres sterling par an, ou à peu près, est tout ce que je désire ; — je ne voudrais pas avoir l'ennui de payer l'impôt foncier pour plus.

CHAPITRE CCXXXI.

Pour ceux qui s'y connaissent et appellent les vexations des *vexations*, il ne saurait y en avoir de plus grandes que de passer la meilleure partie d'une journée à Lyon, la plus opulente et la plus florissante cité de France, et la plus riche en antiquités, — et de ne la pouvoir visiter. En être empêché par *n'importe* quoi, doit être une vexation ; mais en être empêché *par* une vexation — ce doit être assurément ce que la philosophie appelle avec justesse

VEXATION SUR VEXATION.

J'avais pris mes deux tasses de café au lait (ce qui, par parenthèse, est excellent pour la consomption ; mais il faut faire bouillir le lait et le café ensemble, — autrement ce n'est que du café et du lait) — et comme il n'était pas plus de huit heures du matin, et que le bateau ne partait pas avant midi, j'avais le temps de voir assez de choses à Lyon pour en assommer tous les amis que j'ai dans le monde. Je vais faire un tour à la cathédrale, dis-je en regardant ma liste, et voir, en premier lieu, le merveilleux mécanisme de cette grande horloge de Lippius de Bâle.

Or, de toutes les choses du monde, celle que je comprends le moins, c'est la mécanique ; — je n'ai pour elle ni goût ni disposition, et j'ai l'esprit si peu apte aux choses de cette espèce, que, je le déclare solennellement, je n'ai pas encore pu concevoir les principes du mouvement d'une cage d'écureuil, ou de la roue d'un repasseur de couteaux, — quoique, pendant bien des heures de ma vie, j'aie contemplé l'une avec une grande attention, — et que je me sois tenu près de l'autre avec autant de patience qu'aucun chrétien a jamais pu le faire.

J'irai voir le jeu surprenant de cette grande horloge, dis-je, c'est la première chose que je ferai ; puis je rendrai visite à la grande bibliothèque des jésuites, et je tâcherai qu'on me montre, s'il est possible, les trente volumes de l'histoire générale de la Chine, écrite (non en tartare, mais) en chinois, et avec des caractères chinois, qui plus est.

Or, je n'entends guère plus la langue chinoise que le mécanisme de l'horloge de Lippius ; et pourquoi ces deux articles se sont rencontrés les premiers sur ma liste, — je le laisse à deviner aux curieux, comme un problème de la Nature. J'avoue que cela a l'air d'un caprice de Madame; et ceux qui la courtisent sont aussi intéressés que moi à connaître son humeur.

Quand j'aurai vu ces curiosités, dis-je m'adressant à demi à mon valet de place qui se tenait derrière moi, — nous ne ferons pas mal d'aller à l'église de Saint-Irénée, voir le pilier où le Christ fut attaché; et après cela, la maison où demeurait Ponce-Pilate. ——— C'était dans la ville précédente, dit le valet de place, — à Vienne.

——— J'en suis bien aise, dis-je en me levant vivement, et faisant par la chambre des enjambées deux fois aussi grandes que mon pas ordinaire; — « car j'en serai d'autant plus tôt au tombeau des deux amants. »

Quelle était la cause de ce mouvement, et pourquoi je fis de si longues enjambées en disant ceci, — je pourrais aussi le laisser à deviner aux curieux; mais comme il ne s'agit point de mécanisme d'horloge, — autant vaut pour le lecteur que je l'explique moi-même.

CHAPITRE CCXXXII.

Oh! il est une douce époque dans la vie de l'homme, c'est lorsque (le cerveau étant mou et plein de petites fibres, plutôt semblable à de la bouillie qu'à toute autre chose) — la lecture de l'histoire de deux tendres amants, séparés l'un de l'autre par de cruels parents, et par la destinée plus cruelle encore ———

Amandus — lui,
Amanda — elle, ———

Chacun d'eux ignorant le sort de l'autre

> Lui — à l'est,
> Elle — à l'ouest ;

Amandus pris par les Turcs, et emmené à la cour de l'empereur de Maroc, où la princesse de Maroc, tombant amoureuse de lui, le retint vingt ans prisonnier volontaire pour l'amour de son Amanda ——

Elle (Amanda) tout ce temps errant pieds nus, et les cheveux épars, sur les rocs et les montagnes, s'enquérant d'Amandus! — Amandus! — Amandus! — faisant redire son nom à tous les échos des monts et des vallées ——

> Amandus! Amandus!

A chaque ville, à chaque cité s'asseyant désespérée à la porte : —— Est-ce qu'Amandus? — est-ce qu'Amandus est entré? —— jusqu'à ce que, — à force d'aller et de venir par le monde, — un hasard inespéré les amenant au même instant de la nuit, quoique de côtés différents, à la porte de Lyon, leur ville natale, et chacun d'eux d'une voix bien connue, s'écriant :

Est-ce qu'Amandus ⎫
Est-ce qu'Amanda ⎭ vit encore ?

Ils volent dans les bras l'un de l'autre, et tous deux tombent morts de joie.

Il est une douce époque dans la vie de tous les mortels, c'est quand une telle histoire offre plus de *pabulum* au cerveau que tous les jetons, centons et rogatons d'antiquité que les voyageurs peuvent lui servir.

—— Ce fut tout ce qui s'arrêta sur la partie droite du tamis de mon cerveau, de ce que Spon et autres.

dans leurs relations de Lyon, y avaient *passé;* et trouvant, en outre, dans quelque itinéraire, mais dans lequel, Dieu sait, — qu'en l'honneur de la fidélité d'Amandus et d'Amanda, un tombeau avait été érigé hors des portes, où, jusqu'à cette heure, les amants venaient les prendre à témoin de leur sincérité, — de ma vie je n'ai pu me trouver dans un embarras de cette espèce, sans que ce tombeau des amants finît, de manière ou d'autre, par me venir à l'idée; il avait même pris un tel empire sur moi, que je ne pouvais guère penser à Lyon ou en parler, — ni, quelquefois, voir ma veste de Lyon, sans que ce fragment d'antiquité se présentât à mon imagination; et j'ai souvent dit dans ma folle manière d'aller mon train, — quoique, j'en ai peur, avec quelque irévérence, — « que je regardais ce reliquaire (tout négligé qu'il était) comme aussi précieux que celui de la Mecque, et si peu au-dessous, excepté en richesse, de la Santa Casa elle-même, qu'un jour ou l'autre j'irais en pèlerinage (sans avoir d'autre affaire à Lyon) tout exprès pour lui rendre visite. »

Aussi dans la liste des curiosités de Lyon, celle-ci, quoique la dernière, — n'était pas, comme vous voyez, la moindre : faisant donc une douzaine ou deux d'enjambées plus longues que de coutume à travers la chambre, juste au moment où l'idée me traversa le cerveau, je descendis paisiblement dans la cour, afin de sortir; et ayant demandé mon mémoire, — comme j'étais incertain si je reviendrais à mon auberge, je l'avais payé, — j'avais, en outre, donné dix sous à la fille, et je recevais les derniers compliments de M. Leblanc, qui me souhaitait un voyage agréable vers le Rhône, — quand je fus arrêté à la porte.

CHAPITRE CCXXXIII.

C'était par un pauvre âne qui venait d'y tourner avec deux grands paniers sur le dos, afin de ramasser une aumône de têtes de navets et de feuilles de choux, et qui se tenait incertain, les deux pieds de devant en dedans du seuil, et les deux pieds de derrière du côté de la rue, comme ne sachant pas très-bien s'il devait entrer ou non.

Or c'est un animal (quelque pressé que je puisse être) que je n'ai pas le cœur de frapper; — la patience avec laquelle il endure ses souffrances est si naturellement écrite dans ses regards et dans son maintien, et plaide si puissamment pour lui, qu'elle me désarme toujours; et à un tel point que je n'aime pas à lui parler durement : au contraire, n'importe où je le rencontre, — à la ville ou à la campagne — à une charrette ou entre des paniers, — en liberté ou en esclavage, — j'ai toujours quelque chose d'honnête à lui dire pour ma part; puis, comme un mot en amène un autre (s'il est aussi désœuvré que moi — généralement j'entre en conversation avec lui; et certainement jamais mon imagination n'est si occupée qu'à construire ses réponses d'après les indications de sa physionomie; — et quand celles-ci ne me guident point assez avant, — à voler de mon propre cœur dans le sien, et à voir ce qu'il est naturel à un âne, — aussi bien qu'à un homme, de penser en cette occasion. A la vérité, de toutes les classes d'êtres au-dessous de moi, c'est la seule avec laquelle je puisse le faire; quant aux perroquets, aux corneilles, etc., je n'échange jamais un mot avec eux, — non plus qu'avec les singes, etc., à peu près pour la même raison; ils agissent comme les autres parlent, par routine, et me rendent également silencieux; bien plus, mon chien et mon chat, quoique je fasse grand cas de tous deux — (et quant à mon chien, il parlerait s'il pouvait) — néanmoins, pour une cause ou une autre, ils n'ont pas de talent pour la conversation; — avec eux je ne puis prolonger l'entretien au delà de la *proposition*, de la *réponse* et de la *réplique*, qui terminait les conversations de mon père avec ma mère dans ses lits de justice; — et passé ces trois phrases, le dialogue en reste là.

——— Mais avec un âne, je puis causer indéfiniment.

— Allons, mon brave, dis-je, — voyant qu'il était impossible de passer entre lui et la porte, — comptes-tu entrer ou sortir?

——— L'âne se tordit la tête pour regarder dans la rue.

——— Eh bien, répliquai-je, nous attendrons ton maître une minute.

——— Il retourna sa tête d'un air pensif, et regarda fixement du côté opposé.

Je te comprends parfaitement, répondis-je; — si tu fais ici un pas mal à propos, il t'assommera de coups. — Eh bien, une minute n'est qu'une minute, et si elle évite la bastonnade à un de mes semblables, elle ne sera pas notée comme mal employée.

Pendant cette conversation il mangeait la tige d'un artichaut, et dans les tiraillements pénibles de la nature entre la faim et l'insipidité, il l'avait laissée tomber de sa bouche et ramassée une demi-douzaine de fois. — Dieu t'assiste, l'ami ! dis-je, tu fais là un amer déjeuner, — et tu as bien d'amères journées de travail, — et plus d'un coup amer, j'ai peur, pour salaire ! — quelle que soit la vie pour les autres, pour toi elle est tout amertume ! — Et en ce moment si on savait la vérité, on verrait, j'ose dire, que ta bouche est aussi amère que la suie — (car il avait rejeté sa tige), et tu n'as peut-être pas dans ce bas monde un ami qui te donne un macaron. — En disant cela, j'en tirai un paquet que je venais d'acheter, et je lui en donnai un, — et maintenant que je le raconte, mon cœur me reproche de l'avoir fait plutôt par plaisanterie, dans l'idée de voir *comment* un âne mangerait un macaron, — que par un sentiment de bienveillance.

Quand l'âne eut mangé son macaron, je le pressai d'entrer ; — le pauvre animal était lourdement chargé, — ses jambes semblaient trembler sous lui, il se reportait plutôt en arrière ; et son licol, que je tirai, se cassa net dans ma main. — Il me regarda tristement au visage — « Ne me frappez pas avec ; — mais, si vous le voulez, vous le pouvez. — » Si je le fais, dis-je, je veux être damné.

Le mot n'était prononcé qu'à moitié, comme celui de l'abbesse des Andouillettes — (il n'y avait donc pas de péché) — quand une personne qui entrait fit tomber une grêle de coups sur la croupe de la pauvre bête, ce qui mit fin à la cérémonie.

Au diable !
m'écriai-je ; mais l'interjection était équivoque, et, de plus, mal placée, je pense, — car un bout d'osier qui sortait du panier de l'âne avait accroché la poche de ma culotte, quand celui-ci passa précipitamment à côté de

moi, et l'avait déchirée dans la direction la plus désastreuse que vous puissiez imaginer : de sorte que le

Au diable ! selon moi, aurait dû venir ici ; — mais je le laisse à décider aux

FAISEURS DE REVUES DE MA CULOTTE,

que j'ai apportée tout exprès avec moi.

CHAPITRE CCXXXIV.

Quand tout fut réparé, je redescendis dans la cour avec mon valet de place, afin d'aller au tombeau des deux amants, etc. — et je fus une seconde fois arrêté à la porte, — non par l'âne, — mais par la personne qui l'avait frappé ; et qui, dans l'intervalle, avait pris possession (comme cela n'est pas rare après une victoire) du terrain même où l'âne se tenait.

C'était un commis qui m'était envoyé du bureau de poste, un rescrit à la main, pour réclamer le payement de quelque six livres et tant de sous.

A quel propos ? dis-je. — C'est de la part du Roi, repartit le commis en levant les épaules.

—— Mon bon ami, repris-je, — aussi sûr que je suis moi, — et que vous êtes vous ——

—— Et qui êtes-vous ? dit-il.

—— Ne me tourmentez pas, dis-je.

CHAPITRE CCXXXV.

— Mais une vérité indubitable, continuai-je, m'adressant au commis et ne changeant que la forme de mon affirmation, c'est que je ne dois au Roi de France que mon bon vouloir : car c'est un très-honnête homme, et je lui souhaite toute la santé et toute la joie du monde.

Pardonnez-moi, — répliqua le commis ; vous êtes débiteur envers lui de six livres quatre sous pour la prochaine poste d'ici à Saint-Fons, sur la route d'Avignon, laquelle étant une poste royale, vous payez double pour les chevaux et le postillon, — autrement cela n'eût pas monté à plus de trois livres deux sous.

———— Mais je ne vais pas par terre, dis-je.

———— Vous le pouvez, si vous voulez, repartit le commis.

———— Votre très-humble serviteur, — dis-je en lui faisant un profond salut. ————

Le commis m'en rendit un aussi profond, dans toute la sincérité d'un grave savoir-vivre. — Jamais salut ne m'a tant déconcerté de ma vie.

———— Le Diable emporte le caractère sérieux de ces gens-là ! dis-je — (à part) — ils ne comprennent non plus l'ironie que ————

La comparaison se tenait tout près de là avec ses paniers, — mais quelque chose me ferma la bouche ; — je ne pus prononcer son nom.

— Monsieur, dis-je en rentrant en moi-même, — ce n'est pas mon intention de prendre la poste.

— Mais vous le pouvez, — dit-il, persistant dans sa première réponse ; — vous pouvez prendre la poste, si cela vous plaît.

——— Et mettre du sel sur mon hareng salé, dis-je, si cela me plaît.

— Mais cela ne me plaît pas.

——— Mais vous devez payer, que vous le fassiez ou non.

Oui pour le sel, dis-je (je sais) —

——— Et pour la poste aussi, ajouta-t-il. ——— Miséricorde ! m'écriai-je.

——— Je voyage par eau ; — je descends le Rhône cette après-midi ; — mon bagage est dans le bateau, — et je viens de payer neuf livres pour mon passage.

——— C'est égal, — c'est tout un, dit-il.

Bon Dieu ! quoi ! payer pour la route que je prends ! et pour la route que je *ne* prends *pas !*

——— C'est égal, repartit le commis.

C'est le diable ! dis-je ; — mais je me ferai plutôt enfermer dans dix mille bastilles —

O Angleterre ! Angleterre ! terre de la liberté et pays du bon sens ! toi la plus tendre des mères et la plus douce des nourrices ! m'écriai-je mettant un genou en terre au début de mon apostrophe ———

Quand le directeur de la conscience de madame Leblanc survenant en cet instant, et voyant en prière une personne vêtue de noir, la face aussi pâle que la cendre, — et paraissant plus pâle encore par le contraste et le misérable état de son costume, — demanda si j'avais besoin des secours de l'Église.

————— Je vais par *eau*, dis-je ; — et en voici un autre qui voudra me faire payer pour aller par *huile !*

CHAPITRE CCXXXVI.

Voyant que le commis de la poste voulait avoir ses six livres quatre sous, il ne me restait qu'à lui dire là-dessus quelque chose de piquant qui valût la somme :

Et je l'apostrophai ainsi :

— Et je vous prie, monsieur le commis, en vertu de quelle loi de courtoisie un étranger sans défense est-il traité juste à rebours d'un Français ?

————— En aucune façon, dit-il.

— Excusez-moi, dis-je ; — car vous avez commencé, monsieur, par me déchirer ma culotte, — et maintenant vous en voulez à ma poche.

Tandis que — si vous aviez d'abord pris ma poche, comme vous faites à vos compatriotes, — et qu'ensuite vous m'eussiez laissé c — nu, — j'aurais été une bête de me plaindre.

Tel que cela est —————

— C'est contraire à la *loi de nature.*

— C'est contraire à la *raison.*

— C'est contraire à l'*Évangile.*

————— Mais non à ceci, — dit-il — en me mettant un papier imprimé dans la main. —

DE PAR LE ROI.

—— Voilà, dis-je, un préambule énergique ; — et je poursuivis ma lecture. ——————

————————————————————
————————————————————
————————————————————

—————————

— D'après tout cela il paraît, dis-je, ayant lu un peu trop rapidement, que si un homme part de Paris en chaise de poste, — il faut qu'il voyage ainsi tout le reste de sa vie, — ou paye tout comme. — Pardonnez-moi, dit le commis, l'esprit de l'ordonnance est — que si vous partez avec l'intention de courir la poste de Paris à Avignon, etc., vous ne pourrez pas changer d'intention ou de manière de voyager sans avoir préalablement payé aux fermiers les deux postes qui suivent celle où le repentir vous prend ; — et cela est fondé, continua-t-il, sur ce que les *revenus* ne doivent pas souffrir de votre *légèreté*.

—— Oh ! par le ciel ! m'écriai-je, — si on taxe la légèreté en France, — il ne nous reste qu'à faire la paix de notre mieux.

Et ainsi la paix fut faite ;

— Et si elle ne vaut rien, — comme Tristram Shandy en a posé la pierre angulaire, — nul autre que Tristram Shandy ne doit être pendu.

CHAPITRE CCXXXVII.

Quoique je sentisse que j'avais dit assez de bonnes choses au commis pour équivaloir à six livres quatre sous, je n'en étais pas moins déterminé à prendre note de cet abus dans mes remarques avant de quitter la place : je mis donc ma main dans la poche de mon habit pour les chercher — (ce qui, par parenthèse, peut servir d'avertissement aux voyageurs à venir de prendre plus de soin de leurs remarques) — les miennes avaient disparu. — Jamais voyageur mécontent ne fit autant de tapage et de tintamarre au sujet de ses remarques que j'en fis, moi, en cette occasion.

Ciel ! terre ! mer ! feu ! criai-je, appelant tout à mon aide, excepté ce que j'aurais dû appeler, — mes remarques ont disparu ! — que ferai-je ? — monsieur le commis ! de grâce, ai-je laissé tomber des remarques pendant que je me tenais près de vous ? ———

Vous en avez laissé tomber de votre bouche un bon nombre de fort singulières, répliqua-t-il. ——— Bon ! dis-je, celles-là étaient en petite quantité, il n'y en avait pas pour six livres deux sous ; — mais les autres forment un gros paquet. ——— Il secoua la tête. Monsieur Leblanc ! madame Leblanc ! avez-vous vu des papiers à moi ? — La fille, courez en haut ! — François, courez après elle !

— Il faut que j'aie mes remarques ; c'étaient, m'écriai-je, les meilleures remarques qu'on ait jamais faites

— les plus sages, les plus spirituelles ! — Que ferai-je ? — de quel côté me tourner ?

Sancho Pança quand il perdit l'équipement de son âne ne poussa pas des exclamations plus amères.

CHAPITRE CCXXXVIII.

Quand le premier transport fut passé, et que les registres du cerveau commencèrent à revenir un peu du désordre où ce mélange confus de contrariétés les avait jetés, — l'idée me vint alors que j'avais laissé mes remarques dans la poche de ma voiture ; — et qu'en la vendant, j'avais en même temps vendu mes remarques au petit sellier.

Je laisse cet espace vide, afin que le lecteur puisse le remplir du jurement qui lui est le plus familier. — Pour ma part, si jamais de ma vie j'ai rempli un vide avec un jurement complet, je crois que ce fut celui-ci — ***** *** ** ****, dis-je ; — et ainsi mes remarques sur la France, qui étaient aussi pleines d'esprit qu'un œuf est plein de substance, et qui valaient quatre cents guinées comme ce même œuf vaut un sou, — je les ai vendues ici à un mauvais sellier — pour quatre louis d'or ; et cela (Dieu du ciel !) en lui donnant par-dessus le marché une chaise de poste qui en valait six ; si c'eût été à Dodsley, à Becket, ou à tout autre honorable libraire, qui quittât le commerce et eût besoin d'une chaise de poste, — ou qui y débutât — et eût besoin de mes remarques, et avec elles de deux ou trois guinées,

— j'aurais pu le supporter ; — mais à un raccommodeur de voitures ! — Menez-moi chez lui à l'instant même, François, dis-je. ——— Le valet de place mit son chapeau, et prit les devants ; — moi, j'ôtai le mien en passant devant le commissaire, et je le suivis.

CHAPITRE CCXXXIX.

Quand nous arrivâmes chez le petit sellier, nous trouvâmes tout fermé, maison et boutique ; c'était le huit de septembre, jour de la Nativité de la bienheureuse Vierge Marie, mère de Dieu.

— Tantarra-ra-tan-tiri, — tout le monde était allé planter un Mai, — gambadant ici, — cabriolant là, — personne ne se souciait de moi ni de mes remarques : je m'assis donc sur un banc près de la porte, philosophant sur ma situation. Par un hasard plus heureux que je n'en rencontre d'habitude, je n'avais pas attendu une demi-heure, que la maîtresse entra pour ôter ses papillotes avant d'aller au Mai.

Les Françaises, soit dit en passant, aiment les Mais à la folie, — c'est-à-dire autant que leurs matines. ——— Donnez-leur seulement un Mai, que ce soit en mai, en juin, en juillet, ou en septembre, — elles ne calculent pas l'époque, — il est le bien venu, — c'est pour elles le boire, le manger, le blanchissage et le logement ; — et si nous avions la politique, sous le bon plaisir de vos Honneurs (vu que le bois est un peu rare en France), de leur envoyer des Mais en abondance ———

Les femmes les planteraient ; et quand elles les auraient plantés, elles danseraient alentour (et les hommes pour leur tenir compagnie) jusqu'à en perdre la vue.

La femme du petit sellier rentra, comme je vous ai dit, pour ôter ses papillotes, — la toilette ne s'arrête pour aucun homme, — elle arracha donc son bonnet pour les défaire, dès en ouvrant la porte ; ce que faisant, une d'elles tomba à terre : — je reconnus aussitôt mon écriture. —

O Seigneur ! m'écriai-je, — vous avez toutes mes remarques sur la tête, madame ! ———— J'en suis bien mortifiée, dit-elle. ———— Il est heureux, pensai-je, qu'elles se soient arrêtées là, — car si elles eussent pénétré plus avant, elles auraient mis dans une telle confusion la caboche d'une Française, — qu'il eût mieux valu pour elle aller sans frisure jusqu'au jour de l'éternité.

Tenez, — dit-elle ; — et sans aucune idée de la nature de ma souffrance, elle les ôta de ses cheveux, et les mit gravement, une à une, dans mon chapeau ; — une était tortillée dans ce sens-ci, — une autre dans celui-là. ———— Ah ! par ma foi, quand elles seront publiées, dis-je, —

Elles en verront bien d'autres.

CHAPITRE CCXL.

Et maintenant à l'horloge de Lippius ! dis-je, de l'air d'un homme délivré de tous ses embarras ; — rien ne peut nous empêcher de voir cela, et l'histoire de la Chine, etc.———— Si ce n'est le temps, dit François ; car il est près d'onze heures. ————Alors il faut nous hâter d'autant plus, dis-je allongeant le pas vers la cathédrale.

Je ne puis dire, en conscience, que j'aie éprouvé le moindre chagrin de m'entendre dire par un des chanoines mineurs, comme j'entrais par la porte de l'ouest, — que la grande horloge de Lippius était toute détraquée, et n'allait plus depuis plusieurs années. — J'en aurai d'autant plus de temps, pensai-je, pour examiner l'histoire de la Chine ; et d'ailleurs, je serai plus capable de rendre compte de l'horloge dans sa décadence que je n'aurais pu le faire dans son état florissant————

— Et là-dessus je courus au collége des jésuites.

Or il en est du projet de jeter un coup d'œil sur l'histoire de la Chine en caractères chinois, — comme de maint autre que je pourrais citer, qui ne frappe l'imagination qu'à distance, car à mesure que j'approchai de l'endroit, — mon sang se refroidit, — ma fantaisie passa peu à peu, si bien qu'à la fin je n'aurais pas donné un noyau de cerise pour la satisfaire. — La vérité était que le temps me pressait, et que mon cœur m'entraînait au Tombeau des Amants. — Plaise à Dieu, dis-je comme je tenais le marteau en main, que la clef de la bibliothèque soit perdue. Cela revint au même, —

Car tous les jésuites avaient la colique ; — et à un tel degré, que le plus vieux praticien ne se souvenait pas de leur en avoir vu de pareille.

CHAPITRE CCXLI.

Comme je connaissais la géographie du Tombeau des Amants aussi bien que si j'avais vécu vingt ans à Lyon ; à savoir qu'il fallait tourner à main droite, juste en dehors de la porte qui mène au faubourg de Vaise, — je dépêchai François au bateau, afin de pouvoir rendre l'hommage que je devais depuis si longtemps, sans avoir de témoin de ma faiblesse — j'allai vers l'endroit avec toute la joie imaginable ——— quand je vis la porte qui gardait le tombeau, je sentis mon cœur s'embraser ———

Tendres et fidèles esprits ! m'écriai-je m'adressant à Amandus et à Amanda, — longtemps — longtemps j'ai tardé à verser cette larme sur votre tombe. — Je viens — je viens ———

Quand je fus venu, — il n'y avait plus de tombe où la verser.

Que n'aurais-je pas donné pour que mon oncle Toby me sifflât son Lillibullero !

CHAPITRE CCXLII.

Peu importe comment, et dans quelle humeur, — mais je m'éloignai vite du Tombeau des Amants, — ou plutôt je ne m'en éloignai pas — (car il n'existait rien de pareil) et j'arrivai au bateau juste à temps pour ne pas perdre mon passage ; — et avant que j'eusse fait une cinquantaine de toises, le Rhône et la Saône se rencontrèrent, et m'emportèrent gaiement à eux deux.

Mais j'ai décrit ce voyage sur le Rhône avant de l'avoir fait.

— Ainsi maintenant je suis à Avignon, et comme il n'y a rien à voir que la vieille maison où résidait le duc d'Ormond, et que je n'ai rien qui m'arrête, à cela près d'une courte remarque à faire sur l'endroit, dans trois minutes vous me verrez passer le pont sur un mulet, avec François à cheval, ayant mon portemanteau derrière lui, et le propriétaire des deux bêtes, arpentant le chemin devant nous, un long fusil sur l'épaule et une épée sous le bras, de peur que par hasard nous ne nous sauvions avec ses montures. Si vous aviez vu ma culotte à mon entrée dans Avignon, — quoique vous l'eussiez mieux vue, je pense, quand je mis le pied à l'étrier, — vous n'auriez pas trouvé la précaution déplacée, ni eu le cœur de la prendre en mauvaise part : quant à moi, je la pris très-bien, et je résolus de lui faire présent de ma culotte, quand nous serions à la fin de notre voyage, pour la peine qu'elle lui avait donnée de s'armer de pied en cap contre elle.

Avant que j'aille plus loin, laissez-moi me débarrasser de ma remarque sur Avignon, et cette remarque c'est — que je trouve mal qu'un homme, par la seule raison que le vent lui a emporté son chapeau de dessus la tête, par hasard le premier soir de son arrivée à Avignon, se croie le droit de dire « qu'Avignon est plus sujette aux grands vents qu'aucune autre ville de France : » c'est pourquoi je n'attachai pas grande importance à cet accident avant d'avoir questionné à ce sujet le maître de l'auberge ; mais ayant su de lui que sérieusement il en était ainsi, — et apprenant de plus que les vents d'Avignon étaient passés en proverbe dans le pays d'alentour, je l'inscris purement pour demander aux savants quelle en peut être la cause ; ———— la conséquence, je la vis, — car là ils sont tous ducs, marquis, et comtes, — du diable s'il y a un baron dans tout Avignon : — de sorte qu'il n'y a guère moyen de leur parler un jour de vent.

Je te prie, l'ami, dis-je, tiens-moi mon mulet un moment ; — car j'avais besoin de retirer une de mes bottes qui me blessait le talon : — mon homme était debout, complétement oisif, à la porte de l'auberge ; et comme je m'étais mis en tête qu'il avait quelque emploi dans la maison ou dans l'écurie, je lui mis la bride dans la main, et je m'occupai de ma botte. — Quand j'eus fini, je me tournai pour lui reprendre mon mulet et le remercier —

— Mais monsieur le marquis était rentré.

CHAPITRE CCXLIII.

J'avais maintenant tout le midi de la France, des bords du Rhône à ceux de la Garonne, à traverser à loisir, — *à loisir*, — car j'avais laissé la Mort derrière moi, le Seigneur sait, — et sait seul, — à quelle distance ! — « J'ai suivi bien des gens en France, dit-elle ; mais jamais d'un pareil train. » ———— Cependant toujours elle me suivait, — et toujours je la fuyais, — mais je la fuyais gaiement ; — toujours elle me poursuivait, — mais comme un chasseur qui poursuit sa proie sans espoir ; — à mesure qu'elle s'attardait, chaque pas qu'elle perdait adoucissait son aspect. — Pourquoi la fuir de ce train ?

Aussi, malgré tout ce qu'avait dit le commis de la poste, je changeai encore une fois de manière de voyager ; et après une course aussi précipitée et aussi bruyante que celle que j'avais faite, je caressais l'idée de traverser les riches plaines du Languedoc sur le dos de mon mulet, et aussi lentement que son pied pourrait tomber.

Il n'y a rien de plus agréable pour un voyageur, — ni de plus terrible pour les auteurs de voyages, qu'une vaste et riche plaine, principalement si elle est sans grandes rivières, ni ponts, et ne présente à l'œil que le tableau monotone de l'abondance ; car une fois qu'ils vous ont dit qu'elle est délicieuse, ou ravissante (selon le cas) ; que le sol est fertile, et que la nature y répand toutes ses largesses, etc. — ils ont alors sur les bras une vaste plaine dont ils ne savent que faire, et qui leur est de peu ou point d'usage, si ce n'est pour les conduire à quelque ville ; et cette ville ne leur sert pas beaucoup plus, si ce n'est de nouveau point de départ pour gagner la plaine voisine, — et ainsi de suite. —

C'est là une terrible besogne ; jugez si je ne me tire pas mieux de mes plaines.

CHAPITRE CCXLIV.

Je n'avais pas fait plus de deux lieues et demie, que l'homme au fusil commença à regarder son amorce.

A trois reprises différentes, j'étais *terriblement* resté en arrière, un demi-mille au moins à chaque fois : une fois en profonde conférence avec un fabricant de tambours

qui en faisait pour les foires de Beaucaire et de Tarascon :
— je ne comprenais pas les principes de sa fabrication. ———

La seconde fois, il ne serait pas aussi juste de dire que je m'arrêtai, — car ayant rencontré deux Franciscains qui étaient plus pressés que moi, — j'étais retourné sur mes pas avec eux. ———

La troisième était une affaire de négoce avec une commère, au sujet d'un panier de figues de Provence pour quatre sous ; l'affaire aurait été conclue sur-le-champ, sans un cas de conscience qui se présenta au dernier moment ; car, lorsque les figues furent payées, il se trouva qu'il y avait au fond du panier deux douzaines d'œufs recouverts de feuilles de vigne : — comme je n'avais eu nulle intention d'acheter des œufs, — je ne les réclamais en aucune façon ; — quant à l'espace qu'ils occupaient, — que signifiait cela ? j'avais assez de figues pour mon argent. ———

Mais c'était mon intention d'avoir le panier ; — c'était l'intention de la commère de le garder ; sans lui, elle ne savait que faire de ses œufs ; — et à moins que je n'eusse le panier, je savais aussi peu que faire de mes figues, qui étaient déjà trop mûres, et la plupart crevées d'un côté : ceci amena une courte contestation, qui aboutit à diverses propositions relatives à ce que nous devions faire. ———

— Comment nous disposâmes de nos œufs et de nos figues, je vous défie, et je défierais le diable lui-même, s'il n'avait pas été là (or je suis persuadé qu'il y était), de former à cet égard une conjecture tant soit peu probable. — Vous lirez tout cela, — non pas cette année, car je me hâte d'arriver à l'histoire des amours de mon oncle Toby ; mais vous le lirez dans la collection des aventures de mon voyage à travers cette plaine ; — et que pour cette raison j'appelle mes

HISTOIRES TOUT UNIES [1].

Jusqu'à quel point ma plume, comme celle d'autres voyageurs, s'est fatiguée dans ce voyage par un chemin si aride, — c'est au monde à en juger ; mais les impressions qui m'en restent, et qui en ce moment vibrent toutes ensemble, me disent que c'est l'époque la plus fructueuse et la plus occupée de ma vie ; car comme je n'avais fait avec l'homme au fusil aucune convention relativement au temps, — à force de m'arrêter pour causer avec chaque personne que je rencontrais n'allant pas au grand trot, — de joindre tous les voyageurs qui étaient devant moi, — d'attendre tous ceux qui étaient derrière, — de héler tous ceux qui arrivaient par des chemins de traverse, — d'arrêter toute espèce de mendiants, de pèlerins, de joueurs de violon, de moines, — ne passant pas près d'une femme grimpée sur un mûrier, sans faire l'éloge de sa jambe, et sans la tenter à entrer en conversation au moyen d'une prise de tabac ; — bref, à force de saisir toutes les anses et poignées, quelles qu'en fussent la grandeur et la forme, que le hasard me tendait dans ce voyage, — je changeai ma *plaine* en *cité* ; — j'étais toujours en compagnie, et en compagnie très-variée ; et comme mon mulet aimait la société autant que moi-même, et avait toujours, de son côté, quelques proposi-

---

[1] *Plain stories*, expression à double entente, voulant dire à la fois histoires de la plaine et histoires simples. (*Note du traducteur.*)

tions à faire à chaque bête qu'il rencontrait, — je suis convaincu que nous aurions pu passer dans Pall-Mall ou dans St-James'-Street, un mois de suite, sans avoir autant d'aventures — et d'occasions d'observer la nature humaine.

Oh! il y a chez le Languedocien une franchise pleine de vivacité qui détache en un instant tous les plis de son vêtement; — j'ignore ce qu'il y a dessous, mais cela ressemble tant à cette simplicité d'un âge meilleur que chantent les poëtes! — Je veux duper mon imagination, et croire qu'il en est ainsi.

C'était sur la route entre Nîmes et Lunel, où se trouve le meilleur vin muscat de toute la France, lequel, par parenthèse, appartient aux honnêtes chanoines de Montpellier; et malheur arrive à l'homme qui en a bu à leur table, et qui leur en chicane une seule goutte!

— Le soleil était couché; — tous les ouvrages étaient finis; — les nymphes avaient renoué leurs cheveux, — et les bergers se préparaient pour la danse; — mon mulet s'arrêta court. — C'est le fifre et le tambourin, dis-je. — Je me meurs de frayeur, répondit-il. ——— Ils courent au signal du plaisir, dis-je en lui donnant un coup d'éperon. ——— Par saint Bougar, et tous les saints qui sont au derrière de la porte du purgatoire, dit-il — (prenant la même résolution que les mulets de l'abbesse des Andouillettes), je ne ferai pas un pas de plus. ——— C'est fort bien, monsieur, dis-je. — De ma vie, je ne veux avoir de discussion avec personne de votre famille; sautant donc de dessus son dos, et lançant une botte dans ce fossé-ci, et l'autre dans celui-là, — je m'en vais danser, dis-je; — ainsi restez où vous êtes.

Une fille du Travail, au teint hâlé, se leva du groupe et vint à ma rencontre. Ses cheveux, qui étaient d'un châtain foncé tirant sur le noir, étaient noués tous ensemble, à l'exception d'une seule tresse. ———

Il nous manque un cavalier, dit-elle avançant les deux mains, comme pour me les offrir. — Et un cavalier vous aurez, dis-je en les prenant toutes deux.

Ah! Nanette, si tu avais été attifée comme une duchesse!

——— Mais cette maudite fente à ta jupe!

Nanette ne s'en tourmentait guère. ———

Nous n'aurions pu rien faire sans vous, dit-elle, laissant aller une de mes mains, avec une politesse instinctive, et me conduisant avec l'autre.

Un jeune garçon boiteux, qui en dédommagement avait reçu d'Apollon une flûte à laquelle il avait de son chef ajouté un tambourin, préluda agréablement en s'asseyant sur la butte. ——— Rattachez-moi vite cette boucle, dit Nanette en me mettant un bout de cordon dans la main. — Cela m'apprit à oublier que j'étais étranger.

——— Son chignon tomba. — Il y avait sept ans que nous nous connaissions.

Le jeune garçon frappa la note sur son tambourin, — sa flûte suivit, et nous nous mîmes à sauter ——— « le Diable emporte cette fente! »

La sœur du jeune garçon, d'une voix dérobée au ciel, chanta alternativement avec son frère ——— c'était une ronde gasconne.

VIVA LA JOIA!

ʰDON LA TRISTE-SA!

Les nymphes entrèrent à l'unisson, et leurs bergers à l'octave au-dessous. ——

J'aurais donné un écu pour voir cette fente recousue. — Nanette n'aurait pas donné un sou, — *viva la joia!* était sur ses lèvres : — *viva la joia!* était dans ses yeux. — Une étincelle passagère d'amitié traversa l'espace qui nous séparait. — Quel air aimable! — Pourquoi ne pas vivre et finir mes jours ainsi? Juste dispensateur de nos joies et de nos chagrins, m'écriai-je, pourquoi un homme ne pourrait-il pas se fixer par ici au sein du contentement, — et danser, et chanter, et dire ses prières, et aller au ciel avec cette fille brune? Elle penchait capricieusement la tête de côté, sa danse était insidieuse. — Il est temps d'aller danser ailleurs, dis-je; changeant donc seulement de partners et d'orchestre, je dansai de Lunel à Montpellier — de là à Pézenas et Béziers — je dansai à travers Narbonne, Carcassonne et Castelnaudary, jusqu'à ce qu'enfin ma danse m'amenât dans le pavillon de Perdrillo, où tirant un papier rayé de noir afin de pouvoir aller droit, sans digression ni parenthèse, dans les amours de mon oncle Toby, —

Je commençai ainsi ——

LIVRE VIII

CHAPITRE CCXLV.

— Mais doucement, — car dans ces plaines joyeuses et sous ce soleil excitant, où dans ce moment tout ce qui a vie, au son de la flûte et du violon, court en dansant à la vendange, et où à chaque pas qu'on fait, le jugement est la dupe de l'imagination, je défie, malgré tout ce qui a été dit sur les *lignes droites*[1] en divers endroits de mon livre, — je défie le meilleur planteur de choux qui ait jamais existé, qu'il plante en arrière ou en avant, cela fait peu de différence dans le compte (excepté qu'il aura plus de responsabilité dans un cas que dans l'autre), — je le défie d'aller froidement, exactement et canoniquement, plantant ses choux un à un, en lignes droites, et à des distances stoïques, surtout si les fentes aux jupes ne sont pas recousues, — sans écarter à tout instant les jambes et se jeter de guingois dans quelque digression peu légitime. — Dans la

[1] Voir plus haut, p. 78. (*Note de l'auteur.*)

Glaceterre, *Brumeterre*, et certaines autres terres que je sais bien, — cela se peut ; —

Mais dans ce clair climat de fantaisie et de transpiration, où toute idée, sensible ou insensible, s'exhale, — dans cette terre, mon cher Eugène, — dans cette fertile terre de chevalerie et de fictions, où je suis assis en ce moment, dévissant mon écritoire pour écrire les amours de mon oncle Toby, et voyant en plein de la fenêtre de mon cabinet tous les détours des pas de Julie en quête de son Diégo, — si tu ne viens pas me prendre par la main —

Quelle œuvre cette histoire promet de devenir !
Commençons-la

CHAPITRE CCXLVI.

Il en est de l'Amour comme du Cocuage : —— mais voilà que je parle de commencer un livre, et j'ai depuis longtemps à communiquer au lecteur une chose qui, si je ne la lui communique pas maintenant, ne pourra pas lui être communiquée de mon vivant (tandis que ma *comparaison* peut lui être communiquée à toute heure du jour). — Je n'en dirai qu'un mot, après quoi je commencerai tout de bon.

Cette chose c'est —

Que de toutes les diverses manières de commencer un livre, qui sont maintenant en usage dans le monde connu, je suis convaincu que ma manière de le faire est la meilleure. — Je suis sûr que c'est la plus religieuse, — car je commence par écrire la première phrase, — et je m'en rapporte au Tout-Puissant pour la seconde.

Il y aurait de quoi guérir à jamais un auteur de l'habitude de faire tant d'embarras, et de la folie d'ouvrir sa porte et d'appeler ses voisins, parents et amis, ainsi que le Diable et son train, avec leurs marteaux et engins, etc., rien que d'observer comment chez moi une phrase suit l'autre, et comment le plan suit le tout.

Je voudrais que vous vissiez avec quelle confiance, à moitié levé et cramponné au bras de mon fauteuil, je regarde en l'air, — attrapant l'idée, quelquefois même avant qu'elle soit à moitié arrivée !

— Je crois, en conscience, que j'intercepte mainte pensée que le ciel destinait à un autre.

Pope et son portrait [1] ne sont rien auprès de moi ; — nul martyr n'est si plein de foi ou de feu, — je voudrais pouvoir ajouter de bonnes œuvres ; — mais je n'ai ni

zèle ni colère, — ni.
colère ni zèle ; —

et jusqu'à ce que les dieux et les hommes s'accordent à les appeler du même nom, — le plus fieffé tartufe en science, — en politique, — ou en religion, n'allumera jamais une étincelle en moi, et n'aura jamais un mot plus dur, ou un plus mauvais accueil que ce que nous allons lire dans le chapitre suivant.

[1] Voir le portrait de Pope. (*Note de l'auteur.*)

CHAPITRE CCXLVII.

——— *Good morrow*[1] ! — Bonjour ! — Vous avez mis votre manteau de bonne heure ; — mais la matinée est froide, et vous avez raison : — mieux vaut être bien monté que d'aller à pied ; — et les obstructions aux glandes sont dangereuses. — Et comment va ta concubine, — ta femme, — et tes petits enfants de l'une et de l'autre ? Et quand avez-vous eu des nouvelles de vos père et mère, — de votre sœur, de votre tante, de votre oncle et de vos cousins ? — J'espère qu'ils sont remis de leurs rhumes de cerveau, toux, maladies vénériennes, maux de dents, fièvres, rétentions d'urine, sciatiques, tumeurs et maux d'yeux.

——— Quel diable d'apothicaire ! tirer tant de sang, — donner un si infâme purgatif, — vomitif, — cataplasme, — emplâtre, — potion, — clystère, — cautère ! ——— Et pourquoi tant de grains de calomel ? *Santa Maria !* et une telle dose d'opium ! mettant en danger, pardi ! toute votre chère famille, de la tête à la queue ! ———

——— Par le vieux masque en velours noir de ma

---

[1] Gens de bien, Dieu vous saulue et guard ! Où estes vous ? Ie ne vous peux veoir. Attendez que ie chausse mes lunettes.
Ha, ha. Bien et beau sen va quaresme, ie vous veoy. Et doncques ? vous auez eu bonne vinee, a ce que lon ma dict. Ie nen seroys en piece marry. Vous auez remede treuué infinable contre toutes alterations. Cest vertueusement operé. Vous, voz femmes, enfans, parens et familles estes en santé desiree. Cela va bien, cela est bon, cela me plaist..... Rabelais, Pantagruel, nouueau prologue du quart liure.
(*Note du traducteur.*)

grand'tante Dinah ! je crois qu'il n'y avait pas lieu à cela.

Or ce masque étant un peu pelé au menton à force d'avoir été mis et ôté, *avant* qu'elle eût un enfant du cocher, — personne de notre famille ne voulut le porter après. Recouvrir le *masque*, c'était plus que le masque ne valait ; — et porter un masque qui était pelé, ou au travers duquel on était à moitié vu, autant valait n'en point avoir du tout.

C'est là, sous le bon plaisir de vos Révérences, la raison pour laquelle dans toute notre nombreuse famille, depuis les quatre dernières générations, nous ne comptons pas plus d'un archevêque, d'un juge gallois, de quelque trois ou quatre aldermen, et d'un seul jongleur. ———

Dans le seizième siècle, nous avons à citer jusqu'à une douzaine d'alchimistes.

CHAPITRE CCXLVIII.

« Il en est de l'Amour comme du Cocuage ; » le patient est au moins le *troisième*, et généralement le dernier de la maison à savoir ce qui en est : cela vient, comme tout le monde sait, de ce que nous avons une demi-douzaine de mots pour une seule chose ; et tant que ce qui dans ce récipient-ci du corps humain est *Amour*, — peut être *Haine* dans celui-là, — *Sentiment* un pied et demi plus bas, — et *Sottise* ——— non, madame, — pas là ; — je veux dire à l'endroit que je désigne, en ce moment, de mon index ——— comment pouvons-nous nous en tirer.

De tous les hommes mortels, et immortels, aussi en

vous déplaise, qui ont jamais fait des soliloques sur ce mystérieux sujet, mon oncle Toby était le moins propre à pousser ses recherches au travers d'un tel conflit de sensations; et il les aurait laissées toutes aller leur train, comme nous faisons dans de plus graves occasions, pour voir ce qu'elles deviendraient, — si la prénotification qu'en avait donnée Brigitte à Susanne, et les manifestes répétés qu'à cet égard Susanne avait répandus dans le monde, n'eussent mis mon oncle Toby dans la nécessité d'examiner l'affaire.

CHAPITRE CCXLIX.

Pourquoi les tisserands, les jardiniers et les gladiateurs, — ou un homme dont la jambe s'est desséchée (à la suite de quelque mal au pied) — ont-ils toujours eu quelque tendre nymphe qui en secret se mourait d'amour pour eux ? ce sont là des points bien et dûment établis et expliqués par les anciens et modernes physiologistes.

Un buveur d'eau, pourvu qu'il le soit de profession, et qu'il la boive sans fraude ni collusion, est précisément dans la même catégorie : non qu'à la première vue il y ait aucune conséquence, ou apparence de logique à dire, « qu'un ruisseau d'eau froide tombant goutte à goutte dans mon corps puisse allumer une torche dans celui de ma Jenny — »

——— La proposition ne frappe pas : au contraire, elle semble aller contre le cours naturel des causes et des effets. —

———— Mais cela montre la faiblesse et l'imbécillité de la raison humaine.

———— « Et en parfaite santé avec cela ? »

———— La plus parfaite, madame, que l'amitié même pût me souhaiter. ————

———— « Et ne rien boire ! — rien que de l'eau ? »

———— Impétueux fluide ! Du moment que tu appuies contre les écluses du cerveau, — vois comme elles cèdent ! ————

———— La *Curiosité* entre à la nage, faisant signe à ses demoiselles de la suivre. — Elles plongent dans le centre du courant. ————

L'*Imagination* s'assied rêveuse sur le bord, et suivant des yeux l'eau qui fuit, elle change les pailles et les joncs en mâts de misaine et de beaupré. — Et le *Désir*, tenant d'une main sa robe retroussée jusqu'au genou, tâche avec l'autre de les saisir au passage. ————

O vous, buveurs d'eau ! est-ce donc au moyen de cette source trompeuse que vous avez si souvent gouverné et fait tourner le monde comme une roue de moulin, — broyant la face des faibles, — leur pulvérisant les côtes, — leur écrasant le nez, et changeant parfois jusqu'à la forme et l'aspect de la nature ? ————

Si j'étais vous, Eugène, dit Yorick, je voudrais boire plus d'eau. ———— Et moi aussi, si j'étais vous, Yorick, repartit Eugène.

Ce qui montre que tous deux ils avaient lu Longin. ————

Pour ma part, je suis décidé à ne lire de ma vie d'autre livre que le mien.

CHAPITRE CCL.

Je voudrais que mon oncle Toby eût été un buveur d'eau ; car alors on se serait expliqué pourquoi, du premier moment où la veuve Wadman le vit, elle se sentit remuer pour lui quelque chose au dedans d'elle — quelque chose ! — quelque chose.

— Quelque chose, peut-être, de plus que l'amitié, — de moins que l'amour ; — quelque chose, — n'importe quoi, — n'importe où ; — je ne voudrais pas donner un seul crin de la queue de mon mulet, et être obligé de l'arracher moi-même (en effet, le drôle n'en a guère de trop, et n'est pas médiocrement vicieux par-dessus le marché), pour être mis par vos *Worships* dans le secret.

Mais la vérité est que mon oncle Toby n'était pas un buveur d'eau ; il n'en buvait ni de pure, ni de mélangée, ni d'aucune manière, ni en aucun lieu ; excepté par hasard dans quelques postes avancés, où on n'avait rien de mieux à boire, — ou dans le temps qu'il était en traitement ; quand, le chirurgien lui disant que cela distendrait ses fibres, et les mettrait plus vite en contact, — mon oncle Toby en buvait pour avoir la paix.

Or, comme tout le monde sait que dans la nature il n'y a pas d'effet sans cause, et comme il est également connu que mon oncle Toby n'était ni tisserand, ni jardinier, ni gladiateur, — à moins qu'en tant que capitaine vous ne vouliez à toute force le considérer comme tel — mais alors je répondrai qu'il était simplement capitaine d'infan-

terie, et d'ailleurs, le tout roule sur une équivoque ———
la seule supposition qui nous reste à faire, c'est que c'était
la jambe de mon oncle Toby...., — mais cela ne pourrait
guère nous servir dans la présente hypothèse, à moins
que la cause n'eût été quelque mal *au pied*, tandis que sa
jambe n'était amaigrie par aucune maladie du pied, —
car elle n'était pas amaigrie du tout. Elle était un peu
roide et gauche, faute d'aucun exercice pendant les trois
ans qu'il avait gardé la chambre dans la maison de mon
père en ville ; mais elle était potelée et musculeuse, et à
tous autres égards, elle était aussi bonne et promettait
autant que l'autre.

Je déclare que je ne me rappelle aucune opinion, aucun
passage de ma vie, où mon esprit ait été plus en peine
qu'en ce moment de joindre les deux bouts, et de torturer le chapitre que j'avais écrit dans l'intérêt du chapitre suivant : on croirait que j'ai pris plaisir à me jeter
dans des difficultés de cette espèce, simplement pour
faire de nouvelles expériences sur la manière d'en sortir.
— Esprit inconsidéré que tu es ! Quoi ! est-ce que les embarras inévitables dont, comme auteur et comme homme,
tu es environné de tous côtés ——— est-ce qu'ils ne suffisent pas, Tristram, sans qu'il faille que tu t'empêtres
encore plus ?

N'est-ce pas assez que tu sois endetté, et que tu aies
dix charretées de tes cinquième et sixième volumes encore, — encore à vendre, et que tu sois presque au bout
de ton latin sans avoir trouvé à t'en défaire ?

A l'heure qu'il est, n'es-tu pas tourmenté par un maudit
asthme que tu as gagné en Flandre en patinant contre le
vent ? et il n'y a pas plus de deux mois, à force de rire en

royant un cardinal lâcher de l'eau comme un choriste (à deux mains) ne t'es-tu pas rompu un vaisseau dans la poitrine, à la suite de quoi, en deux heures, tu as perdu quatre pintes de sang ; et si tu en avais perdu une fois autant, la Faculté ne t'a-t-elle pas dit — que cela aurait été à un gallon ? ——

CHAPITRE CCLI.

—— Mais pour l'amour du ciel, ne parlons pas de pintes et de gallons, — menons notre histoire droit devant nous ; elle est si délicate et si embrouillée, qu'elle peut à peine supporter la moindre transposition ; et, de manière ou d'autre, vous m'avez lancé au beau milieu ——
De grâce, mettons-y plus de soin.

CHAPITRE CCLII.

Mon oncle Toby et le caporal qui voulaient entrer en campagne d'aussi bonne heure que le reste des alliés, avaient mis tant de chaleur et de précipitation à prendre possession du terrain dont nous avons si souvent parlé, qu'ils avaient oublié un des articles les plus nécessaires de tous ; ce n'était ni une bêche de pionnier, ni une pioche, ni une pelle —

C'était un lit pour se coucher : en sorte que comme Shandy-Hall n'était pas meublé à cette époque, et que la petite auberge où mourut le pauvre Le Fèvre n'était point encore bâtie, — mon oncle Toby fut contraint d'accepter un lit chez mistress Wadman pour une ou deux nuits, jusqu'à ce que le caporal Trim (qui, aux talents d'un excellent valet, groom, cuisinier, couturier, chirurgien et ingénieur, joignait aussi ceux d'un excellent tapissier), à l'aide d'un charpentier et d'une couple de tailleurs, en eût construit un dans la maison de mon oncle Toby.

Une fille d'Ève, car telle était la veuve Wadman, et tout ce que j'ai l'intention d'en dire, c'est,

— « *Qu'elle était femme dans toute l'étendue du mot,* » — ferait mieux d'être à cinquante lieues, — ou chaudement au lit, — ou jouant avec la gaîne d'un couteau, — ou tout ce qu'il vous plaira, — que de faire d'un homme l'objet de son attention, quand la maison et tout le mobilier sont à elle.

Au dehors et en plein midi, cela ne fait rien qu'une femme ait la faculté, physiquement parlant, de voir un homme sous plus d'un jour ; — mais ici, elle a beau faire, elle ne le peut voir sous aucun jour sans lui associer quelque partie de son ameublement, — jusqu'à ce qu'à force de réitérer de telles combinaisons, elle l'ait compris dans son inventaire ————

— Et alors bonsoir.

Mais ce n'est point ici une question de *système* ; car cela, je l'ai dit plus haut — ni une question de *bréviaire* ; — car je ne me mêle que de mes propres croyances — ni une question de *fait*, — au moins que je sache ; mais c'est une question copulative et servant d'introduction à ce qui suit.

CHAPITRE CCLIII.

Je n'en parle pas sous le rapport de la grossièreté de la toile ou de leur propreté, — ou de la force de leurs goussets — mais je vous prie, les chemises de nuit ne diffèrent-elles pas des chemises de jour en ceci autant qu'en aucune autre chose au monde ; à savoir qu'elles dépassent tellement les autres en longueur, que quand vous être couchés dedans, elles tombent au delà des pieds presque autant que les chemises de jour restent en deçà?

Les chemises de nuit de la veuve Wadman (comme c'était la mode, je suppose, sous le roi Guillaume et sous la reine Anne) étaient, quoi qu'il en soit, taillées sur ce patron ; et si cette mode a changé (car en Italie elles sont venues à rien) — tant pis pour le public ; elles avaient de long deux aunes et demie de Flandre : de sorte qu'en accordant deux aunes à une femme de moyenne taille, il lui restait une demi-aune pour en faire ce qu'elle voulait.

Or, au nombre des petites douceurs qu'elle s'était données l'une après l'autre, dans le cours de ces froides et *décembresques* nuits d'un veuvage de sept années, insensiblement l'habitude avait été prise, et depuis les deux dernières années s'était introduite dans les règlements de la chambre à coucher, — qu'aussitôt que mistress Wadman avait été mise au lit, et qu'elle avait allongé ses jambes au fond, ce dont elle avertissait toujours Brigitte, — Brigitte, avec toute la décence convenable, après avoir soulevé la couverture au pied du lit, prenait la demi-aune de toile en question, et lorsqu'elle l'avait doucement, et des deux mains, tirée à elle dans toute l'extension possible, puis retirée sur le côté au moyen de quatre à cinq plis plats, elle ôtait de sa manche une grosse épingle, et dirigeant la pointe vers elle, elle attachait fortement tous les plis ensemble, un peu au-dessus de l'ourlet : après quoi, elle bordait le tout ferme, au pied, et souhaitait une bonne nuit à sa maîtresse.

C'était une habitude constante et invariable : seulement dans les nuits grelotantes et orageuses, quand Brigitte débordait le pied du lit, etc., pour faire sa besogne, elle ne consultait d'autre thermomètre que celui de ses propres dispositions ; elle s'en acquittait debout, à genoux, — ou accroupie, suivant les divers degrés de foi, d'espérance et de charité, qu'elle se sentait cette nuit-là pour sa maîtresse. A tout autre égard, l'étiquette était sacrée, et aurait pu le disputer à l'étiquette la plus machinale de la plus inflexible chambre à coucher de la chrétienté.

Le premier soir, aussitôt que le caporal eut conduit mon oncle Toby en haut, ce qui eut lieu vers dix heures, — mistress Wadman se jeta dans son fauteuil, et croisant son genou droit sur son genou gauche, ce qui lui faisait un point d'appui pour son coude, elle posa sa joue sur la paume de sa main, et se penchant en avant, elle rumina jusqu'à minuit les deux côtés de la question.

Le second soir, elle alla à son bureau, et ayant ordonné à Brigitte de lui apporter deux autres chandelles et de les laisser sur la table, elle prit son contrat de mariage, et le lut avec grande attention ; et le troisième soir (qui était le dernier du séjour de mon oncle Toby), quand

Brigitte, ayant tiré la chemise de nuit, essayait d'y enfoncer la grosse épingle ⸺

⸺ D'un coup des deux talons à la fois, mais, en même temps, du coup le plus naturel qu'on ait jamais pu donner dans sa situation ; — car, en supposant que ******* fût le soleil dans son méridien, c'était un coup nord-est ; elle lui fit sauter l'épingle des doigts, — l'étiquette qui y était attachée tomba, — tomba à terre, et fut brisée en mille atomes.

Tout cela prouvait clairement que la veuve Wadman était amoureuse de mon oncle Toby.

CHAPITRE CCLIV.

La tête de mon oncle Toby à cette époque était remplie d'autres choses, en sorte que ce ne fut qu'à la démolition de Dunkerque, quand toutes les autres affaires de l'Europe eurent été réglées, qu'il trouva le loisir de s'occuper de celle de mistress Wadman.

Cela produisit un armistice (c'est-à-dire, pour parler au point de vue de mon oncle Toby, — car, à celui de mistress Wadman, c'était un chômage) — de près de onze ans. — Mais dans tous les cas de cette nature, comme c'est le second coup qui fait feu, n'importe à quelle distance de temps il arrive, — je préfère, pour cette raison, appeler ces amours les amours de mon oncle Toby avec la veuve Wadman, plutôt que les amours de mistress Wadman avec mon oncle Toby.

Ce n'est pas là une distinction sans fondement.

Il n'en est pas de ceci comme de *blanc bonnet*, — et de *bonnet blanc*, qui a si souvent divisé vos Révérences entre elles ; il y a ici une différence dans la nature des choses. ———

Et, permettez-moi de vous le dire, messieurs, une grande différence.

CHAPITRE CCLV.

Or, comme la veuve Wadman aimait mon oncle Toby, — et que mon oncle Toby n'aimait pas la veuve Wadman, il n'y avait rien à faire pour la veuve Wadman, que de continuer à aimer mon oncle Toby, — ou d'y renoncer.

La veuve Wadman ne voulait ni l'un ni l'autre.

———— Bonté du ciel ! — mais j'oublie que je suis moi-même un peu de son caractère : car toutes les fois qu'il arrive, ce qui n'est pas sans exemple, vers les équinoxes, qu'une divinité terrestre est si fort ceci, cela et autre chose encore, que j'en perds le boire et le manger, — pour elle qui ne s'informe guère si je bois et si je mange —

———— Malédiction sur elle ! et là-dessus je l'envoie en Tartarie, et de Tartarie à la Terre de Feu, et ainsi de suite jusqu'au diable. Bref, il n'y a pas de niche infernale où je ne porte et ne colloque ma divinité.

Mais comme le cœur est tendre, et que les passions, dans ces marées, montent et redescendent dix fois en une minute, je la ramène aussitôt ; et comme je suis extrême en toutes choses, je la place au centre même de la voie lactée. —

O la plus brillante des étoiles ! tu répandras ton influence sur quelqu'un. ———

——— Le diable l'emporte et son influence aussi, — car, à ce mot, je perds toute patience : — grand bien lui fasse ! — par tout ce qui est hérissé et balafré, m'écriai-je en ôtant mon bonnet fourré, et en le tortillant autour de mon doigt, — je ne donnerais pas douze sous pour en avoir une douzaine de cette espèce !

— Mais c'est un excellent bonnet aussi (le mettant sur ma tête et l'enfonçant jusqu'aux oreilles) — et chaud, — et doux; surtout si vous le caressez dans le sens convenable ; — mais, hélas ! ce ne sera jamais ma destinée ——— (et voilà ma philosophie qui fait encore naufrage).

——— Non ; je n'aurai jamais un doigt dans le pâté (voici que je romps ma métaphore).

Croûte et mie,

Dedans et dehors,

Dessus et dessous ; — je le déteste, je le hais, je le répudie ; — le cœur me soulève à sa vue —

Ce n'est que poivre,

      ail,

         épices,

           sel, et

              fumier du diable. — Par le grand archicuisinier des cuisiniers [1], qui ne fait rien, je pense, du matin au soir, que de rester au coin du feu, à inventer pour nous des plats inflammatoires, je n'y voudrais pas toucher pour tout l'univers.

——— O Tristram ! Tristram ! s'écria Jenny.

diable. (*Note du traducteur.*)

O Jenny ! Jenny ! répliquai-je, et je passai au chapitre suivant.

CHAPITRE CCLVI.

—— « N'y pas toucher pour tout l'univers » — ai-je dit ——

Dieu ! comme je me suis échauffé l'imagination avec cette métaphore !

CHAPITRE CCLVII.

Ce qui montre, que vos Révérences et vos *Worships* en disent ce qu'ils voudront (car quant à *penser*, — tous ceux qui pensent, — pensent à peu près de même sur cet article et sur maint autre) — que l'amour est certainement, au moins alphabétiquement parlant, une des plus

A gitantes,
B ouleversantes,
C onfondantes,
D iaboliques affaires de la vie ; — la plus
E xtravagante,
F utile,
G alochante,
H ourvarisante,
I racundule (le K manque) et
L yrique de toutes les passions humaines ; en même temps, la plus

M éfiante,

N igaudisante,

O bstruante,

P ersécutante,

S ifflante,

R idicule, — quoique, par parenthèse, le R eût dû passer le premier ; — mais, bref, sa nature est ce que disait un jour mon père à mon oncle Toby, à la fin d'une longue dissertation sur ce sujet : — « Vous ne sauriez guère, » dit-il, « combiner deux idées sur cette matière, sans faire un hypallage. » ——— Qu'est-ce que c'est s'écria mon oncle Toby.

La charrette devant le cheval, repartit mon père. ———

——— Et que peut-il y faire ? s'écria mon oncle Toby. ———

Rien, dit mon père, que d'aller de l'avant, — ou de tout laisser là.

Or, la veuve Wadman, je vous l'ai déjà dit, ne voulait faire ni l'un ni l'autre.

Elle se tenait pourtant harnachée et caparaçonnée de tous points, épiant les événements.

CHAPITRE CCLVIII.

Les Destinées qui prévoyaient toutes certainement ces amours de la veuve Wadman et de mon oncle Toby, avaient, depuis la création de la matière et du mouvement (et avec plus de courtoisie qu'elles ne font ordinairement les choses de cette espèce), établi un enchaînement de causes et d'effets liés si étroitement l'un à l'autre, qu'il n'eût guère été possible que mon oncle Toby habitât une autre maison au monde, ou occupât un autre jardin dans la chrétienté que cette même maison et ce même jardin qui étaient contigus et parallèles à ceux de mistress Wadman : ceci, avec l'avantage d'un épais berceau situé dans le jardin de mistress Wadman, mais planté sur la haie de celui de mon oncle Toby, fournit à la veuve toutes les occasions nécessaires à sa tactique amoureuse ; elle pouvait observer les mouvements de mon oncle Toby, et elle assistait aussi à ses conseils de guerre, et, comme son cœur sans défiance avait permis au caporal, auprès de qui Brigitte s'était entremise, de faire une porte de communication en osier pour étendre les promenades de la veuve, celle-ci fut à même de s'avancer jusqu'à la porte même de la guérite ; et quelquefois, par reconnaissance, de faire une attaque, et de tâcher de faire sauter mon oncle Toby au fond même de sa guérite.

CHAPITRE CCLIX.

C'est grand'pitié ; — mais il est prouvé par les observations de chaque jour, qu'un homme peut, comme une chandelle, être allumé par les deux bouts, — pourvu que la mèche soit suffisante ; si elle ne l'est pas, — tout est dit ; et si elle l'est, — et qu'on l'allume par en bas, comme en ce cas la flamme a généralement le malheur de s'éteindre d'elle-même, — tout est encore dit.

Pour ma part, si j'avais toujours le choix sur la manière d'être brûlé, — car je ne puis supporter l'idée d'être brûlé comme une bête, — j'obligerais une ménagère à m'allumer constamment par en haut; car alors je brûlerais décemment jusqu'à la bobèche, c'est-à-dire de la tête au cœur, du cœur au foie, du foie aux entrailles, et ainsi de suite par les veines et artères mésaraïques, à travers tous les détours et insertions latérales, des intestins et de leurs tuniques jusqu'au cœcum. ———

Je vous prie, docteur Slop, dit mon oncle Toby, l'interrompant comme il prononçait ce mot de *cœcum*, dans une conversation avec mon père le soir que ma mère accoucha de moi, — je vous prie, dit mon oncle Toby, de m'apprendre ce que c'est que le cœcum ; car, tout vieux que je suis, j'avoue que je ne sais pas encore où il est situé.

——— Le *cœcum*, répondit le docteur Slop, est situé entre l'ilium et le côlon.

——— Dans un homme? dit mon père.

——— C'est exactement de même dans une femme, s'écria le docteur Slop. ———

C'est plus que je n'en sais, dit mon père.

CHAPITRE CCLX.

— Et ainsi, pour s'assurer des deux systèmes, mistress Wadman prit d'avance la résolution de ne point allumer mon oncle Toby plutôt par un bout que par l'autre ; mais, s'il était possible, de l'allumer comme la chandelle d'un prodigue, par les deux bouts à la fois.

Or, quand mistress Wadman aurait, pendant sept années de suite, avec l'aide de Brigitte, fouillé tous les magasins d'équipement militaire, tant de cavalerie que d'infanterie, depuis le grand arsenal de Venise jusqu'à la Tour de Londres (exclusivement), elle n'aurait pu trouver de blinde ni de mantelet aussi propre à ses desseins que celui que la convenance des affaires de mon oncle Toby lui avait mis sous la main.

Je ne crois pas vous l'avoir dit, — mais je n'en sais rien, — peut-être bien que si; — quoi qu'il en soit, c'est une de ces mille choses qu'il vaut mieux recommencer que de disputer à propos d'elles — sachez donc que n'importe la ville ou forteresse à laquelle le caporal travaillait, durant le cours de leur campagne, mon oncle Toby prenait toujours soin d'avoir dans l'intérieur de sa guérite, à main gauche, un plan de la place, attaché en haut par deux ou trois épingles, mais flottant en bas, pour laisser la facilité de le rapprocher de l'œil, etc... dans l'occasion; en sorte que lorsqu'elle était résolue à une attaque, mistress Wadman, une fois avancée jusqu'à la porte de la guérite, n'avait qu'à étendre la main droite; et en insinuant en même temps le pied gauche, à se saisir de la carte, du plan, de l'élévation, ou de n'importe ce que c'était, et, en allant au-devant le cou allongé, — à l'attirer à elle : là-dessus, mon oncle Toby était sûr de prendre feu, — car il saisissait aussitôt de la main gauche l'autre coin de la carte, et avec le bout de sa pipe qu'il tenait dans la droite, il commençait une explication.

Quand l'attaque en était à ce point, la première manœuvre de mistress Wadman, et le monde de lui-même appréciera ses raisons, — était d'ôter aussitôt que possible la pipe des mains de mon oncle Toby ; ce que, sous un prétexte ou un autre, mais généralement sous celui de désigner plus distinctement quelque redoute ou parapet sur la carte, elle effectuait avant que mon oncle Toby (pauvre homme !) eût fait avec plus d'une demi-douzaine de toises.

— Cela obligeait mon oncle Toby à faire usage de son index.

La différence qui en résultait dans l'attaque était qu'en promenant sur la carte, comme dans le premier cas, le bout de son index contre le bout de la pipe de mon oncle Toby, mistress Wadman aurait pu parcourir sans aucun effet les lignes de Dan à Bershabé, si les lignes de mon oncle Toby se fussent prolongées aussi loin ; car comme il n'y a aucune chaleur artérielle ou vitale dans le bout d'une pipe, cela ne pouvait éveiller aucune idée, — cela ne pouvait communiquer le feu par pulsation, — ni le recevoir par sympathie ; — tout s'en allait en fumée.

Tandis qu'en suivant de près l'index de mon oncle Toby avec le sien, à travers toutes les petites sinuosités et dentelures des ouvrages, — le pressant quelquefois de côté, — puis lui marchant sur l'ongle, — puis le faisant trébucher, — puis le touchant ici, — puis là, et ainsi de suite, — cela mettait au moins quelque chose en mouvement.

Quoique ce ne fût qu'une légère escarmouche, et à distance du corps principal, elle entraînait pourtant tout le reste ; car alors, comme la carte tombait adossée à un des côtés de la guérite, mon oncle Toby, dans la simplicité de son âme, mettait sa main à plat dessus, afin de continuer son explication, et mistress Wadman, par une manœuvre aussi prompte que la pensée, ne manquait pas non plus de placer la sienne tout contre. Ceci à l'instant ouvrait une communication suffisante pour laisser passer et repasser tout sentiment dont peut être susceptible une personne versée dans la partie élémentaire et pratique de l'art de faire l'amour.

En élevant (comme auparavant) son doigt sur une ligne parallèle à celui de mon oncle Toby, — elle forçait inévitablement le pouce de prendre part à l'action, — et une fois l'index et le pouce engagés, la main tout entière était non moins naturellement amenée à en faire autant. La tienne, cher oncle Toby ! n'était plus jamais maintenant où elle devait être, — mistress Wadman avait toujours à la relever, ou, par les plus faibles coups, impulsions et pressions équivoques qu'une main à écarter soit capable de recevoir, — elle avait à la faire dévier de l'épaisseur d'un cheveu de sa propre route à elle-même.

Tandis que ceci avait lieu, comment pouvait-elle oublier de lui faire sentir que c'était sa jambe à elle (et aucune autre) qui, au fond de la guérite, se pressait légèrement contre son mollet à lui ! — De sorte que mon oncle Toby étant ainsi attaqué et poussé vigoureusement sur les deux ailes, — était-il étonnant que cela mît de temps à autre son centre en désordre ?

——— Le diable l'emporte ! dit mon oncle Toby.

CHAPITRE CCLXI.

Ces attaques de mistress Wadman, vous le concevrez aisément, étaient de diverses espèces, différant l'une de l'autre comme les attaques dont l'histoire est pleine, et pour les mêmes raisons. Un observateur superficiel aura peine à accorder que ce fussent des attaques ; — ou s'il l'accorde, il les confondra toutes ensemble ; — mais je n'écris pas pour ces gens-là. Il sera assez temps d'être un peu plus exact dans la description que j'en ferai quand j'en serai là, et je n'y serai pas de quelques chapitres : tout ce que j'ai à ajouter ici, c'est que dans un tas de papiers et dessins originaux, dont mon père prit soin de faire un rouleau à part, il y a un plan de Bouchain parfaitement conservé (et qui continuera de l'être tant que j'aurai la possibilité de conserver quoi que ce soit), à un des coins duquel, en bas, à droite, on voit encore les marques d'un doigt et d'un pouce barbouillés de tabac, qui, il y a toutes les raisons du monde de l'imaginer, étaient ceux de mistress Wadman ; car le côté opposé de la marge, que je suppose avoir été celui de mon oncle Toby, est parfaitement propre. C'est là, ce semble, la preuve authentique d'une de ces attaques ; car il existe des vestiges de deux piqûres en partie rebouchées, mais encore visibles à l'autre coin de la carte, qui sont évidemment les trous des épingles qui l'attachaient dans la guérite.

Par tout ce qu'il y a de sacerdotal ! je fais plus de cas de cette précieuse relique, avec ses stigmates et ses piqûres, que de toutes les reliques de l'Église romaine ; — exceptant toujours, quand j'écris sur ces matières, les pointes qui entrèrent dans la chair de sainte Radegonde dans le désert, et que, sur votre route de Fesse à Cluny, les religieuses de ce nom vous montreront pour l'amour de Dieu.

CHAPITRE CCLXII.

Je crois, sauf votre respect, dit Trim, que les fortifications sont entièrement détruites, — et que le bassin est de niveau avec le môle. —— Je le crois aussi, — repartit mon oncle Toby avec un soupir à demi étouffé ; — mais va au parloir, Trim, chercher la stipulation ; — elle est sur la table.

—— Elle y est restée pendant six semaines, répliqua le caporal ; mais ce matin même la vieille a allumé le feu avec.

—— Alors, dit mon oncle Toby, on n'a plus que faire de nos services. —— C'est d'autant plus triste, sauf votre respect, dit le caporal. Là-dessus, il jeta sa bêche dans la brouette qui était à côté de lui, d'un air de désolation le plus expressif qu'on puisse imaginer, et il se détournait lourdement pour chercher sa pioche, sa pelle de pionnier, ses piquets, et tout son petit matériel de guerre, afin de l'emporter du champ de bataille, — quand il fut arrêté par un hélas ! parti de la guérite, qui, étant faite de minces planches de sapin, renvoya le son plus lamentable à son oreille.

—— Non, se dit le caporal, je ferai cela demain matin avant que son Honneur se lève. Retirant donc sa bêche de la brouette, avec un peu de terre dessus, comme pour niveler quelque chose au pied du glacis, — mais dans l'intention réelle de se rapprocher de son maître pour le distraire, — il leva une ou deux mottes, —— en tailla les bords avec sa bêche, et, leur ayant donné un ou deux faibles coups avec le dos, il s'assit aux pieds de mon oncle Toby, et commença en ces termes : —

CHAPITRE CCLXIII.

C'est mille fois dommage — mais je crois, sauf votre respect, que ce que je vais dire est une bêtise dans la bouche d'un soldat ———

Un soldat, s'écria mon oncle Toby, interrompant le caporal, n'est pas plus exempt de dire une bêtise, Trim, qu'un homme de lettres. ——— Mais il n'en dit pas si souvent, sauf votre respect, repartit le caporal. ———
Mon oncle Toby fit de la tête un signe d'approbation.

——— C'est mille fois dommage donc, dit le caporal en jetant les yeux sur Dunkerque et sur le môle, comme Servius Sulpicius à son retour d'Asie (lorsqu'il faisait voile d'Égine à Mégare) jeta les siens sur Corinthe et le Pirée,

« C'est mille fois dommage, sauf votre respect, d'avoir détruit ces ouvrages, — et c'eût été mille fois dommage de les laisser debout. »

——— Tu as raison, Trim, dans les deux cas, dit mon oncle Toby.

——— C'est, continua le caporal, la raison pour laquelle, depuis le commencement de leur démolition jusqu'à la fin, je n'ai pas une seule fois sifflé, ni chanté, ni ri, ni pleuré, ni parlé de nos anciens faits d'armes, ni raconté à votre Honneur aucune histoire, bonne ou mauvaise. —

———— Tu as beaucoup d'excellentes qualités, Trim, dit mon oncle Toby; et je ne regarde pas comme la moindre d'entre elles, qu'étant conteur comme tu l'es, dans le nombre des histoires que tu m'as dites, soit pour m'amuser dans mes heures de souffrance, soit pour me distraire dans mes heures de sérieux, — tu m'en aies rarement conté une mauvaise.

———— C'est, sauf votre respect, qu'excepté une, celle d'un *roi de Bohême et de ses sept châteaux*, — elles sont toutes vraies ; car elles me concernent toutes.

———— Le sujet ne m'en plait pas moins pour cela, Trim, dit mon oncle Toby. Mais, je te prie, quelle est cette histoire ? tu as excité ma curiosité

———— Je vais la raconter à votre Honneur, dit le caporal. ———— Pourvu, dit mon oncle Toby fixant de nouveau les yeux sur Dunkerque et sur le môle, — pourvu qu'elle ne soit pas gaie : aux histoires de ce genre, Trim, il faut que l'auditeur apporte sa quote-part du plaisir ; et la disposition où je me trouve en ce moment, Trim, ferait tort à toi et à ton histoire. ———— Elle n'est pas gaie, en aucune façon, repartit le caporal. ———— Je n'en voudrais pas non plus une tout à fait sérieuse, ajouta mon oncle Toby. ———— Elle n'est ni l'un ni l'autre, répliqua le caporal ; elle conviendra parfaitement à votre Honneur.

———— Alors je t'en serai on ne peut plus obligé, s'écria mon oncle Toby : commence donc, Trim, je t'en prie.

Le caporal fit la révérence ; et quoique ce ne soit pas une chose aussi aisée que le monde se l'imagine que d'ôter avec grâce un flasque bonnet à la Montero, — ni d'un iota moins difficile à mon sens, quand un homme est accroupi par terre, de faire un salut aussi rempli de respect que le caporal avait coutume d'en faire; néanmoins, en laissant la paume de sa main droite qui était tournée vers son maître, glisser en arrière sur le gazon, un peu au delà de son corps, pour lui donner plus de carrière; — et en pressant en même temps sans effort son bonnet entre le pouce et les deux premiers doigts de sa main gauche, ce qui réduisit le diamètre du bonnet, de façon qu'on pouvait le dire plutôt insensiblement serré — que dégonflé violemment, — le caporal s'acquitta de ces deux gestes beaucoup mieux que ne le promettait sa posture; et ayant toussé deux fois, pour trouver dans quel ton son histoire irait le mieux, et conviendrait davantage à l'humeur de son maître, — il échangea avec lui un seul regard de tendresse, et débuta ainsi:

HISTOIRE DU ROI DE BOHÊME ET DE SES SEPT CHATEAUX.

Il était une fois un certain roi de Bo ———— hê —
Comme le caporal entrait sur le territoire de la Bohême, mon oncle Toby le força de faire halte pour un moment: le caporal était parti nu-tête, ayant laissé son bonnet de housard par terre à côté de lui depuis qu'il l'avait ôté à la fin du dernier chapitre.

— L'œil de la bonté épie tout; de sorte qu'avant que le caporal en fût au cinquième mot de son histoire, mon oncle Toby avait deux fois touché son bonnet de housard du bout de la canne, interrogativement; — comme pour dire: Pourquoi ne le mets-tu pas, Trim? ——— Trim le ramassa avec la plus respectueuse lenteur, et jetant un regard humilié sur la broderie de devant, qui était terriblement ternie et éraillée, qui plus est, dans plusieurs des feuilles principales et des parties les plus hardies du dessin, il le remit à terre entre ses pieds, pour moraliser dessus.

—— Ce n'est que trop vrai de tout point, ce que tu vas dire, s'écria mon oncle Toby : —

« *Rien dans ce bas monde, Trim, n'est fait pour durer toujours.* »

—— Mais quand tes gages d'amitié et de souvenir s'usent, cher Tom, dit Trim, que pouvons-nous dire ?

—— Il n'y a pas lieu, Trim, à rien dire de plus, reprit mon oncle Toby ; et quand on se creuserait la cervelle jusqu'au jour du jugement, je crois, Trim, que ce serait impossible.

Le caporal, voyant que mon oncle Toby avait raison, et que l'esprit humain songerait en vain à tirer de son bonnet une plus pure morale, le mit sur sa tête sans plus chercher ; et se passant la main sur le front pour en effacer une ride pensive que le texte et la doctrine avaient engendrée de concert, il retourna, du même air et du même ton de voix, à l'histoire du roi de Bohême et de ses sept châteaux.

SUITE DE L'HISTOIRE DU ROI DE BOHÊME ET DE SES SEPT CHATEAUX.

Il était un certain roi de Bohême ; mais sous quel règne ? tout ce que je puis dire à votre Honneur, c'est que c'était sous le sien.

Je ne t'en demande pas davantage, le moins du monde, Trim, s'écria mon oncle Toby.

—— C'était, sauf votre respect, un peu avant l'époque où les géants cessèrent d'engendrer ; — mais en quelle année de Notre-Seigneur c'était ———

—— Je ne donnerais pas un sou pour le savoir, dit mon oncle Toby.

—— Seulement, sauf votre respect, cela donne meilleure mine à une histoire ———

—— C'est à toi, Trim, de l'orner à ta guise, prends n'importe quelle date, continua mon oncle Toby avec un regard aimable ; — prends dans le monde entier la date que tu voudras, et applique-la à ton récit : — tu es mille fois le bien venu.

Le caporal salua ; car chaque année de chaque siècle depuis la création du monde jusqu'au déluge de Noé ; et depuis le déluge de Noé jusqu'à la naissance d'Abraham ; à travers tous les pèlerinages des patriarches jusqu'au départ des Israélites de l'Égypte ; et à travers toutes les dynasties, olympiades, fondations de villes, et autres mémorables époques des différentes nations du monde, jusqu'à la venue du Christ, et depuis ce moment jusqu'à celui où le caporal racontait son histoire, — mon oncle Toby venait de mettre ce vaste empire du temps et tous ses abîmes aux pieds du caporal ; mais comme la *Modestie* touche à peine du doigt ce que la *Libéralité* lui offre les mains ouvertes [1], — le caporal se contenta de la plus *mauvaise année* de toute la botte ; et pour vous empêcher, messieurs de la majorité et de la minorité, de vous dévorer dans des contestations sur la question de savoir si cette année-là n'est pas toujours la dernière vieille année du dernier

---

[1] Allusion à un tableau du Guide. (*Note du traducteur.*)

vieil almanach, — je vous dirai nettement que oui ; mais par une raison différente de celle que vous supposez.

— C'était l'année qui était près de lui ; — laquelle étant l'année de Notre-Seigneur mil sept cent douze, celle où le duc d'Ormond faisait le diable en Flandre, — le caporal la prit et se remit avec elle en marche pour la Bohême.

SUITE DE L'HISTOIRE DU ROI DE BOHÊME ET DE SES SEPT CHATEAUX.

L'an de Notre-Seigneur mil sept cent douze, il était, sauf votre respect ———

——— A te dire vrai, Trim, dit mon oncle Toby, toute autre date m'aurait plu davantage, non-seulement à cause de la tache fâcheuse faite cette année-là à notre histoire par la retraite de nos troupes, et par le refus de couvrir le siége du Quesnoy, quoique Fagel poussât les travaux avec une si incroyable vigueur, — mais dans l'intérêt même, Trim, de ta propre histoire ; parce que s'il y a — et ce qui t'est échappé me le fait soupçonner en partie, — s'il y a dedans des géants ———

——— Il n'y en a qu'un, sauf votre respect.

——— C'est tout aussi mauvais que vingt, repartit mon oncle Toby ; — tu aurais dû le reculer de quelque sept ou huit cents ans, pour le mettre hors de la portée des critiques et autres gens : je t'engagerai donc, si jamais tu la racontes encore —

——— Si je vis assez, sauf votre respect, pour la raconter une seule fois d'un bout à l'autre, je ne la raconterai jamais plus, dit Trim, ni à homme, ni à femme, ni à enfant. ——— Bah ! bah ! dit mon oncle Toby ; — mais il le dit d'un ton si plein de charme et d'encouragement, que le caporal reprit son histoire avec plus d'ardeur que jamais.

SUITE DE L'HISTOIRE DU ROI DE BOHEME ET DE SES SEPT CHATEAUX.

Il était, sauf votre respect, dit le caporal, élevant la voix et frottant joyeusement les deux paumes de ses mains l'une contre l'autre, un certain roi de Bohême ———

——— Laisse entièrement la date de côté, Trim, dit mon oncle Toby, se penchant en avant, et posant doucement la main sur l'épaule du caporal pour tempérer l'effet de l'interruption, — laisse-la entièrement, Trim ; une histoire se passe parfaitement de tous ces détails minutieux, à moins qu'on ne soit bien sûr de son fait. ——— Sûr de son fait ! dit le caporal en secouant la tête.

——— C'est juste, répondit mon oncle Toby ; il n'est pas aisé, Trim, pour un homme nourri, comme toi et moi l'avons été, dans le métier des armes, et qui voit rarement devant lui plus loin que le bout de son mousquet, et derrière au delà de son havre-sac, d'en savoir bien long sur cette matière. ——— Dieu bénisse votre Honneur ! dit le caporal, séduit par la *manière* de raisonner de mon oncle Toby autant que par le raisonnement lui-même, il a autre chose à faire ; à part les batailles, les marches et son service en garnison, — il a, sauf votre respect, son fusil à fourbir, — son fourniment à mettre en état, — son uniforme à raccommoder, — lui-même à raser et à tenir propre, de façon à avoir toujours la même apparence qu'à la parade. Quel besoin, ajouta le caporal d'un air triomphant, un soldat a-t-il, sauf votre respect, de rien entendre à la *géographie* ?

——— Tu veux dire la *chronologie*, Trim, dit mon oncle Toby ; car pour la géographie elle lui est d'un usage indispensable ; il doit être parfaitement au fait de chacun des pays où sa profession l'amène, et de leurs limites ; il doit connaître chaque ville, bourg, village et hameau, avec les canaux, les routes et chemins creux qui y mènent. Chaque rivière grande ou petite qu'il passe, Trim, il doit être en état de dire quel en est le nom, — dans quelle montagne elle prend sa source, — quel en est le cours, — jusqu'où elle est navigable, — où elle est guéable, — où elle ne l'est pas ; — il doit connaître le degré de fertilité de chaque vallée, aussi bien que le paysan qui la laboure ; et être capable de faire la description, ou, au besoin, de te donner une carte exacte de toutes les plaines et de tous les défilés, des forts, des montées, des bois et des marais, à travers lesquels son armée doit marcher ; il doit en connaître les produits, les plantes, les minéraux, les eaux, les animaux, les saisons, les climats, les chaleurs et les froids, les habitants, les coutumes, le langage, la politique et même la religion.

Autrement pourrait-on concevoir, caporal, continua mon oncle Toby se levant dans sa guérite, car il commençait à s'échauffer à cet endroit de son discours, — comment Marlborough aurait fait marcher son armée des bords de la Meuse à Belbourg ; de Belbourg à Kerpenord — (ici le caporal ne put rester assis plus longtemps) ; — de Kerpenord, Trim, à Kalsaken ; de Kalsaken à Newdorf ; de Newdorf à Landenbourg ; de Landenbourg à Mildenheim ; de Mildenheim à Elchingen ; d'Elchingen à Giengen ; de Giengen à Balmerchoffen ; de Balmerchoffen à Schellenberg, où il fondit sur les ouvrages de l'ennemi, força le passage du Danube, traversa le Lech, — poussa ses troupes au cœur de l'Empire, marchant à leur tête à travers Friedberg, Hohenwert et Schœnevelt, jusqu'aux plaines de Blenheim et de Hochstedt ? Tout grand capitaine qu'il était, caporal, il n'aurait pu avancer d'un pas, ni faire un seul jour de marche sans l'aide de la géographie. — Quant à la chronologie, j'avoue, Trim, continua mon oncle Toby en se rasseyant froidement dans sa guérite, que de toutes les sciences, c'est celle dont un soldat paraîtrait pouvoir le mieux se passer, n'étaient les lumières qu'elle doit lui donner un jour, en déterminant l'époque de l'invention de la poudre, invention terrible dans ses effets, qui, renversant tout devant elle comme la foudre, est devenue pour nous une ère nouvelle de perfectionnements militaires, et qui a changé si complétement la nature de l'attaque et de la défense, tant sur terre que sur mer, et a donné l'éveil à tant d'art et d'habileté, que le monde ne saurait mettre trop d'exactitude à fixer l'époque précise de sa découverte, ni faire trop de recherches pour savoir quel grand homme en est l'auteur, et quelles circonstances lui ont donné naissance.

Je suis loin de contester, continua mon oncle Toby, ce que les historiens s'accordent à reconnaître, savoir que l'an de Notre-Seigneur 1380, sous le règne de Wenceslas, fils de Charles IV, — un certain prêtre, dont le nom était Schwartz, apprit aux Vénitiens l'usage de la poudre, dans leurs guerres contre les Génois ; mais il est certain qu'il ne fut pas le premier ; car, si nous devons croire Dom

Pèdre, évêque de Léon — Comment se fait-il, sauf votre respect, que les prêtres et les évêques se soient mis si fort martel en tête au sujet de la poudre à canon ? — Dieu sait, dit mon oncle Toby — sa providence fait sortir du bien de toute chose. ——— Dom Pèdre affirme donc, dans sa Chronique du roi Alphonse qui soumit Tolède, que dans l'année 1343, c'est-à-dire trente-sept ans accomplis avant l'autre époque, le secret de la poudre était bien connu, et employé alors avec succès, tant par les chrétiens que par les Maures, non-seulement dans leurs combats sur mer, mais dans nombre de leurs plus mémorables siéges en Espagne et en Barbarie ; — et tout le monde sait que le moine Bacon avait écrit expressément sur la poudre à canon, et en avait généreusement publié la recette plus de cent cinquante ans avant la naissance de Schwartz ; — et que les Chinois, ajouta mon oncle Toby, nous embarrassent bien davantage, et confondent tous nos calculs, en se vantant d'avoir connu cette invention plusieurs centaines d'années même avant lui. ———

C'est un tas de menteurs, je crois, s'écria Trim. ———

Ils s'abusent de manière ou d'autre, dit mon oncle Toby ; cela m'est démontré par le misérable état dans lequel est en ce moment chez eux l'architecture militaire, qui ne consiste qu'en un fossé avec un mur en briques, dépourvu de flancs ; et quant à ce qu'ils nous donnent pour un bastion à chacun des angles, c'est construit d'une manière si barbare, que tout le monde le prendrait — Pour un de mes sept châteaux, sauf votre respect, dit Trim.

Mon oncle Toby, quoique dans le plus grand embarras pour trouver une comparaison, refusa très-courtoisement l'offre de Trim ; — mais Trim lui ayant dit qu'il en avait encore une demi-douzaine en Bohême, dont il ne savait comment se défaire, — mon oncle Toby fut si touché de la plaisanterie cordiale du caporal, — qu'il discontinua sa dissertation sur la poudre à canon, — et demanda au caporal de reprendre sur-le-champ l'histoire du roi de Bohême et de ses sept châteaux.

SUITE DE L'HISTOIRE DU ROI DE BOHÊME ET DE SES SEPT CHATEAUX.

Ce *malheureux* roi de Bohême, dit Trim ——— Était-il donc malheureux ? s'écria mon oncle Toby, car il s'était tellement préoccupé de sa dissertation sur la poudre à canon et autres affaires militaires, que, quoiqu'il eût invité le caporal à continuer, cependant les nombreuses interruptions qu'il avait faites n'étaient pas assez présentes à son esprit pour expliquer l'épithète. — Était-il donc malheureux, Trim? dit mon oncle Toby d'un ton pathétique. — Le caporal, après avoir souhaité le mot et tous ses synonymes à tous les diables, se mit aussitôt à repasser dans sa tête les principaux événements de l'histoire du roi de Bohême ; chacun desquels prouvant que ç'avait été l'homme le plus heureux qui eût jamais existé, — le caporal se trouva fort en peine ; car il ne se souciait pas de rétracter son épithète, — encore moins de l'expliquer, — et moins que tout de torturer les faits (comme les savants) dans l'intérêt d'un système : — il regarda donc mon oncle Toby pour lui demander assistance ; — mais voyant que c'était précisément ce que mon oncle Toby attendait de lui, — après un *hum* et un *hem* il reprit ———

Le roi de Bohême, sauf votre respect, repartit le caporal, était *malheureux*, en tant — que prenant extrêmement goût et plaisir à la navigation et à toute espèce d'affaires maritimes, — il *arriva* qu'il n'y avait pas un seul port de mer dans tout son royaume de Bohême. ———

Comment diable y en aurait-il eu, Trim? s'écria mon oncle Toby ; la Bohême étant tout à fait dans les terres, cela ne pouvait pas être autrement.

— Cela se pouvait, dit Trim, s'il avait plu à Dieu.

Mon oncle Toby ne parlait jamais de l'essence et des attributs naturels de Dieu qu'avec défiance et hésitation. ———

——— Je ne crois pas, répliqua mon oncle Toby après une pause ; car étant dans les terres, comme j'ai dit, et ayant la Silésie et la Moravie à l'est; la Lusace et la haute Saxe au nord; la Franconie à l'ouest, — et la Bavière au sud, — la Bohême n'aurait pu être poussée vers la mer sans cesser d'être la Bohême ; — et la mer, d'un autre côté, n'aurait pu arriver jusqu'à la Bohême sans submerger une grande partie de l'Allemagne, et détruire des millions d'infortunés habitants qui n'auraient pu se défendre contre elle. ——— Quelle horreur ! s'écria Trim.

— Ce qui dénoterait, ajouta mon oncle Toby avec douceur, un tel manque de compassion dans celui qui en est le père, que je pense, Trim, — que la chose n'aurait pu arriver d'aucune façon.

Le caporal fit un salut en homme sincèrement convaincu, et poursuivit. ———

Or donc il arriva que le roi de Bohême par un beau soir d'été alla se promener avec la reine et ses courtisans —
Bien, ici le mot *arriva* est juste, Trim, s'écria mon oncle

Toby ; car le roi de Bohême et sa femme auraient pu se promener ou ne pas le faire ; c'est une affaire de futur contingent, qui pouvait arriver ou ne pas arriver, suivant que le hasard en ordonnait. ———

Le roi Guillaume, sauf votre respect, dit Trim, était d'avis que notre destinée ici-bas était arrêtée d'avance ; tellement qu'il disait souvent à ses soldats que « chaque balle avait son billet. » ——— C'était un grand homme, dit mon oncle Toby. ——— Et je crois jusqu'à ce jour, continua Trim, que le coup de feu qui me mit hors de combat à la bataille de Landen ne fut dirigé contre mon genou que pour me faire quitter le service, et me faire entrer à celui de votre Honneur, où je serais bien mieux soigné dans mes vieux jours. ——— On n'aura jamais, Trim, d'autre explication à en donner, dit mon oncle Toby.

Le cœur du maître et celui du valet étaient également sujets à des débordements subits : — il y eut un instant de silence. ———

Et puis, dit le caporal, reprenant la parole, — mais d'un ton plus gai, — sans ce coup de feu, je n'aurais jamais été amoureux, sauf votre respect.

Tu as donc été amoureux, Trim ? dit mon oncle Toby en souriant.

En plein ! repartit le caporal, — par-dessus la tête ! sauf votre respect. ——— Et je te prie, où ? quand ? — et comment cela est-il arrivé ? — c'est le premier mot que j'en entends, dit mon oncle Toby. ——— J'ose dire, répondit Trim, qu'il n'y avait pas dans le régiment un tambour ou fils de sergent qui ne le sût. ——— Il est grandement temps que je le sache aussi, — dit mon oncle Toby.

Votre Honneur se souvient avec chagrin, dit le caporal, de notre déroute complète et du désordre de notre camp et de notre armée à l'affaire de Landen ; chacun dut s'en tirer comme il put ; et sans les régiments de Wyndham, de Lumley et de Galway, qui couvrirent la retraite par le pont de Neerspeeken, le roi lui-même aurait eu de la peine à le gagner ; il était, comme votre Honneur sait, vivement pressé des deux côtés. ———

Vaillant mortel ! s'écria mon oncle Toby, saisi d'enthousiasme, — en ce moment, où tout est perdu, je le vois passer au galop devant moi pour soutenir la droite et arracher, s'il est encore possible, le laurier du front de Luxembourg ; — je le vois avec le nœud de son écharpe qu'une balle vient d'emporter, redonnant une nouvelle ardeur au régiment du pauvre Galway, — courant le long de la ligne ; — puis faisant volte-face et chargeant Conti à la tête des siens. ——— Bravo ! bravo, par le ciel ! s'écria mon oncle Toby ; — il mérite une couronne — Aussi pleinement qu'un voleur la corde, acclama Trim.

Mon oncle Toby connaissait la loyauté du caporal, — autrement la comparaison n'eût pas du tout été de son goût ; — elle ne se trouva pas non plus tout à fait à l'idée du caporal, quand il l'eut faite ; — mais il n'y avait pas à revenir dessus : — il n'avait donc qu'à poursuivre.

Comme le nombre des blessés était prodigieux, et que personne n'avait le temps de songer à autre chose qu'à sa sûreté ——— Cependant Talmash, dit mon oncle Toby, opéra la retraite de l'infanterie avec une grande prudence. ——— Mais on me laissa sur le champ de bataille, dit le caporal. ——— On t'y laissa, pauvre garçon ! répliqua mon oncle Toby. ——— Si bien que ce n'est que le lendemain à midi, continua le caporal, que je fus échangé, et mis dans une charrette avec treize ou quatorze autres, pour être transporté à notre hôpital. ———

Il n'y a pas de partie dans tout le corps, sauf votre respect, où une blessure cause une torture plus intolérable qu'au genou ———

Excepté à l'aine, dit mon oncle Toby. ——— Sauf votre respect, repartit le caporal, le genou, à mon avis, doit certainement être plus douloureux, à cause de tous les tendons et de tous les je ne sais quoi qui s'y trouvent. ———

C'est pour cette raison, dit mon oncle Toby, que l'aine est infiniment plus sensible; — attendu qu'il s'y trouve non-seulement autant de tendons et de je ne sais quoi (car leurs noms me sont aussi peu connus qu'à toi) — mais en outre *** ———

Mistress Wadman, qui pendant toute cette conversation-là avait été dans son bosquet, — retint aussitôt son haleine, ôta l'épingle qui attachait sa coiffe sous son menton, et se tint debout sur une jambe.

La dispute se soutint amicalement et à forces égales pour quelque temps entre mon oncle Toby et Trim; jusqu'à ce que celui-ci, se rappelant à la fin qu'il avait souvent pleuré des souffrances de son maître, et jamais des siennes, — était près de s'avouer vaincu; mais mon oncle Toby n'y voulut pas consentir. ——— Cela ne prouve autre chose, Trim, dit-il, que la générosité de ton caractère. —

Si bien que c'est encore une question indécise jusqu'à ce jour de savoir si la douleur d'une blessure à l'aine (*cæteris paribus*) est plus forte que la douleur d'une blessure au genou, — ou

Si la douleur d'une blessure au genou n'est pas plus forte que la douleur d'une blessure à l'aine.

CHAPITRE CCLXIV.

Ma douleur au genou, continua le caporal, était excessive en elle-même ; et les cahots de la charrette sur des chemins raboteux et dans un état terrible — la rendant pire encore, — chaque pas était la mort pour moi : en sorte que, et la perte de sang, et le manque de soins, et de plus la fièvre que je sentais venir, (Pauvre garçon ! dit mon oncle Toby.) ——— tout cela ensemble, sauf votre respect, était plus que je n'en pouvais supporter.
Je racontais mes souffrances à une jeune femme, dans une maison de paysan, où notre charrette, qui était la dernière de la file, avait fait halte ; on m'y avait fait entrer, et la jeune femme avait tiré de sa poche un cordial et en avait versé sur du sucre ; et voyant qu'il m'avait ranimé, elle m'en avait donné une seconde et une troisième fois. — Je lui racontais donc, sauf votre respect, le supplice où j'étais, et je lui disais qu'il était si intolérable, que j'aimerais bien mieux m'étendre sur ce lit (en en désignant un qui était dans le coin de la chambre) — et mourir, — que d'aller plus loin ; — elle essaya de m'y conduire ; mais je m'évanouis dans ses bras. — C'était une bonne âme ! comme votre Honneur va voir, dit le caporal en s'essuyant les yeux. ———

Je croyais l'amour une chose joyeuse, dit mon oncle Toby. ———

Sauf votre respect, c'est (quelquefois) la chose la plus sérieuse qu'il y ait au monde. ———

A la persuasion de la jeune femme, continua le caporal, la charrette des blessés partit sans moi; elle leur avait assuré que j'expirerais immédiatement si on m'y remettait. Lors donc que je revins à moi, — je me trouvai dans une cabane silencieuse et tranquille, où il n'y avait que la jeune femme, le paysan et sa femme. J'étais couché en travers du lit dans le coin de la chambre, ma jambe blessée sur une chaise, et la jeune femme à côté de moi, d'une main me tenant sous le nez le coin de son mouchoir trempé dans du vinaigre, et de l'autre me frottant les tempes.

Je la pris d'abord pour la fille du paysan (car ce n'était point une auberge); — et je lui offris une petite bourse qui contenait dix-huit florins; c'était mon pauvre frère Tom (ici Trim s'essuya les yeux) qui me l'avait envoyée comme souvenir, par un recrue, juste au moment de partir pour Lisbonne. ——

Je n'ai pas encore conté à votre Honneur cette lamentable histoire — (Ici Trim s'essuya les yeux une troisième fois.)

La jeune femme appela le vieillard et sa femme dans la chambre, et leur montra l'argent, afin de leur donner confiance et d'obtenir pour moi un lit et toutes les petites choses dont j'aurais besoin, jusqu'à ce que je fusse en état d'être transporté à l'hôpital. ——— Allons, dit-elle en nouant la petite bourse, — je serai votre banquier; mais comme cet emploi à lui seul n'occupera pas tout mon temps, je serai votre garde-malade aussi. ——

A la manière dont elle dit cela, ainsi qu'à son habillement, que je commençai alors à regarder plus attentivement, — je vis que la jeune femme ne pouvait pas être la fille du paysan.

Elle était en noir de la tête aux pieds, et ses cheveux étaient cachés sous une bande de batiste serrée sur le front : c'était, sauf votre respect, une de ces religieuses non cloîtrées dont votre Honneur sait qu'il y a un bon nombre en Flandre. — D'après ta description, Trim, dit mon oncle Toby, je présume que c'était une jeune béguine; c'est un ordre qu'on ne trouve que dans les Pays-Bas espagnols, — si ce n'est aussi à Amsterdam. — Elles diffèrent des autres religieuses en ce qu'elles peuvent quitter le cloître si elles veulent se marier; par état, elles visitent et soignent les malades. J'aimerais mieux, pour ma part, que ce fût par bonté d'âme.

Elle m'a souvent répété, dit Trim, qu'elle le faisait pour l'amour de Jésus-Christ. — Cela ne me plaisait pas. —— Je crois, Trim, que nous avons tort tous les deux, dit mon oncle Toby : — nous le demanderons ce soir à M. Yorick chez mon frère Shandy; — fais-m'en souvenir, ajouta mon oncle Toby. ——

La jeune béguine, continua le caporal, s'était à peine donné le temps de me dire qu'elle serait ma garde, qu'elle sortit à l'instant pour en commencer l'office et me préparer quelque chose ; — et après un court intervalle, — que pourtant je trouvai long, — elle revint avec de la flanelle, etc., etc., et m'ayant bien bassiné le genou pendant une couple d'heures, etc., et fait une écuelle de gruau léger pour mon souper, — elle me souhaita un bon repos, et me promit de revenir de bonne heure le lendemain. —— Elle me souhaitait, sauf votre respect, une chose que je ne devais point avoir. Ma fièvre fut très-forte cette nuit-là, — sa tournure me mit dans un cruel désordre ; — à chaque instant je coupais le monde en deux — pour lui en donner la moitié ; — et à chaque instant je criais que je n'avais qu'un havre-sac et dix-huit florins à partager avec elle. — Pendant toute la nuit, la belle béguine était, comme un ange, tout près de mon lit, relevant mon rideau, et m'offrant des potions cordiales, — et je ne fus éveillé de mon rêve que par son arrivée à l'heure promise pour me les donner en réalité. Le fait est qu'elle me quittait à peine ; et j'étais si accoutumé à recevoir la vie de ses mains, que le cœur me manquait, et que je changeais de couleur quand elle sortait de la chambre ; et pourtant, continua le caporal (faisant une des plus étranges réflexions du monde) —

« Ce n'était pas de l'amour ; » — car durant les trois semaines qu'elle fut presque constamment avec moi, à bassiner de sa main mon genou, nuit et jour, — je puis dire en conscience, sauf votre respect, que * * * * une seule fois. ——

C'est fort étrange, Trim, dit mon oncle Toby. ——

Je le trouve aussi, — dit mistress Wadman. ——

Pas une seule fois, reprit le caporal.

CHAPITRE CCLXV.

—— Mais cela n'est pas étonnant, continua le caporal, — voyant mon oncle Toby y rêver, — car l'amour, sauf votre respect, est exactement comme la guerre ; un soldat peut avoir échappé aux balles pendant trois semaines entières et être arrivé au samedi soir, — et néanmoins être frappé au cœur le dimanche matin. — *C'est ce qui arriva ici*, sauf votre respect, avec cette seule différence, — que ce fut le dimanche dans l'après-midi que je tombai amoureux tout d'un coup, d'un *sisserara* — l'amour, sauf votre respect, éclata sur moi comme une bombe, me donnant à peine le temps de dire : « Dieu me bénisse. »

Je croyais, Trim, dit mon oncle Toby, qu'on ne tombait jamais amoureux si soudainement.

Si fait, sauf votre respect, quand on est sur la voie, — répliqua Trim.

Je t'en prie, dit mon oncle Toby, apprends-moi comment la chose est arrivée.

Avec beaucoup de plaisir, dit le caporal en faisant un salut.

CHAPITRE CCLXVI.

Jusque-là, poursuivit le caporal, j'avais échappé à l'amour, et j'aurais continué de même jusqu'au bout, si le sort n'en avait pas décidé autrement. — Il n'y a pas moyen de résister à sa destinée. — Ce fut un dimanche, dans l'après-midi, comme j'ai dit à votre Honneur.

Le vieillard et sa femme étaient sortis

Tout était calme et silencieux comme à minuit dans la maison

Il n'y avait pas un canard, pas un caneton dans la cour

——— Quand la jolie béguine vint me voir.

Ma blessure était en bonne voie de guérison, — l'inflammation avait disparu depuis quelque temps ; mais il lui avait succédé une démangeaison tellement insupportable au-dessus et au-dessous du genou, que je n'en avais pas fermé l'œil de toute la nuit. ———

Laissez-moi voir, dit-elle en s'agenouillant par terre parallèlement à mon genou, et mettant sa main sur la partie inférieure. — Cela ne demande qu'à être un peu gratté, dit la béguine. Y ramenant donc les draps, elle se mit à me gratter le dessous du genou avec l'index de sa main droite, qu'elle promenait le long de la flanelle qui retenait l'appareil.

Au bout de cinq ou six minutes, je sentis légèrement le bout de son second doigt, — qui bientôt se posa à côté de l'autre, et elle continua à gratter de la sorte assez longtemps ; alors il me vint à l'idée que je tomberais amoureux ; — je rougissais en voyant quelle main blanche elle avait. — Jamais, sauf votre respect, je ne verrai de ma vie une main si blanche ———

A cet endroit-là, dit mon oncle Toby ———

Bien qu'il y eût là de quoi désespérer le caporal, — il ne put s'empêcher de sourire.

La jeune béguine, continua le caporal, voyant que cela me rendait grand service, après m'avoir gratté quelque temps avec deux doigts, — se mit à me gratter avec trois, — jusqu'à ce que peu à peu elle abaissa le quatrième, puis elle finit par me gratter avec toute la main. Sauf votre respect, je ne veux plus dire un seul mot sur les mains ; — mais celle-là était plus douce que du satin. ———

—— Je t'en prie, Trim, fais-en l'éloge tant que tu voudras, dit mon oncle Toby; j'en écouterai ton histoire avec plus de plaisir. —— Le caporal remercia bien sincèrement son maître; mais n'ayant rien de nouveau à dire sur la main de la béguine, — il passa aux effets qu'elle avait produits.

La jolie béguine, dit le caporal, continua de me gratter avec toute sa main au-dessous du genou, — jusqu'à ce que la crainte me vint que son zèle ne la fatiguât. —— « J'en ferais mille fois plus, » dit-elle, « pour l'amour de Jésus-Christ. » — En disant cela, elle passa sa main pardessous la flanelle jusqu'au-dessus du genou, dont je m'étais plaint également, et le gratta aussi.

Je m'aperçus alors que je commençais à être amoureux. —

Comme elle continuait à gratte — gratte, — gratter, je sentis, sauf votre respect, l'amour qui, de dessous sa main, gagnait toutes les parties de mon corps.

Plus elle grattait et plus ses frottements étaient prolongés, plus le feu s'allumait dans mes veines, — si bien qu'à la fin deux ou trois grattements plus longs que le reste portèrent ma passion au plus haut point. — Je saisis sa main —

Et alors tu la pressas sur tes lèvres, Trim, dit mon oncle Toby, et tu lui fis une déclaration.

Si l'intrigue du caporal se termina précisément de la manière indiquée par mon oncle Toby, peu importe; c'est assez qu'elle contînt en elle l'essence de tous les romans d'amour qui aient jamais été écrits depuis le commencement du monde.

CHAPITRE CCLXVII.

Aussitôt que le caporal eut fini l'histoire de ses amours, — ou plutôt, mon oncle Toby pour lui, mistress Wadman sortit sans bruit de son bosquet, remit l'épingle de sa coiffe, passa la porte d'osier, et s'avança lentement vers la guérite de mon oncle Toby : la disposition où Trim avait mis l'esprit de mon oncle Toby était une occasion trop favorable pour la laisser échapper. —

— L'attaque fut résolue : elle était facilitée encore par l'ordre que mon oncle Toby avait donné au caporal d'emporter dans la brouette la pelle de pionnier, la bêche, la pioche, les piquets et tous les ustensiles de guerre qui gisaient épars sur l'emplacement de Dunkerque. — Le caporal s'était mis en marche, — le champ était libre.

Or considérez, monsieur, quelle absurdité c'est, soit qu'on se batte, soit qu'on écrive, soit qu'on fasse aucune autre chose (rimée ou non) qu'un homme a occasion de faire, — d'agir d'après un plan ; car si jamais Plan, indépendamment de toutes les circonstances, méritait d'être enregistré en lettres d'or (j'entends dans les archives de Gotham¹) — c'était certainement le Plan d'attaque de mistress Wadman contre mon oncle Toby dans sa guérite, et *à la faveur de son Plan*. — Or le Plan qui y était suspendu en cette occurence étant le Plan de Dunkerque, — et l'histoire de Dunkerque n'offrant que des idées de

¹ De la folie. (*Note du traducteur.*)

relâchement, cela détruisait toute l'impression qu'elle pouvait produire; — et d'ailleurs, quand elle aurait surmonté cet obstacle, — la manœuvre des doigts et des mains dans l'attaque de la guérite était tellement surpassée par celle de la jolie béguine dans l'histoire de Trim, — que précisément alors cette attaque particulière, en dépit de son succès précédent, — devenait la plus molle attaque qui se pût faire.

Oh! là-dessus rapportez-vous-en aux femmes. Mistress Wadman avait à peine ouvert la porte d'osier, que son génie se jouait déjà de ce changement de circonstances.

— En un moment, elle improvisa une nouvelle attaque.

CHAPITRE CCLXVIII.

——— Je suis à moitié folle, capitaine Shandy, dit mistress Wadman en portant à son œil gauche son mouchoir de batiste, comme elle approchait de la porte de la guérite de mon oncle Toby; — un atome, — un grain de sable, — quelque chose, — je ne sais quoi m'est entré dans l'œil; — regardez-y, je vous prie; — ce n'est pas dans le blanc. —

En disant cela, mistress Wadman se glissa tout à côté de mon oncle Toby, et se faisant une petite place sur le coin du banc, elle le mit à même d'y voir sans se lever.

——— Regardez-y, dit-elle.

Ame honnête! tu y regardas avec toute l'innocence de cœur d'un enfant qui regarde dans une lanterne magique; et c'eût été un aussi grand péché de te faire de la peine.

Quand un homme regarde de son propre mouvement dans des choses de cette nature — je n'ai rien à dire. —

Mon oncle Toby ne le faisait jamais ; et je réponds qu'il serait resté tranquillement assis depuis le mois de juin jusqu'au mois de janvier (ce qui, vous savez, comprend les mois chauds et froids de l'année), ayant à côté de lui un œil aussi beau que celui de Rhodope de Thrace [1], sans être capable de dire s'il était noir ou bleu.

La difficulté était d'arriver à en faire regarder un à mon oncle Toby.

La voilà surmontée. Et

Je le vois là-bas, tenant à la main sa pipe qui pend et dont les cendres tombent, — regardant, — et regardant, — puis se frottant les yeux, — et regardant de nouveau, d'aussi bon cœur deux fois que Galilée cherchant une tache dans le soleil.

Mais en vain ! car, par toutes les facultés qui animent l'organe, — l'œil gauche de la veuve Wadman brille en ce moment aussi clair que le droit ; — il n'y a dedans ni atome, ni sable, ni poussière, ni paille, ni fétu, ni parcelle de matière opaque qui y flotte. — Il n'y a rien dedans, mon cher oncle paternel ! rien qu'un feu léger et délicieux, qui de toutes les parties, dans toutes les directions, se glisse furtivement dans le tien. ———

——— Si tu cherches un moment de plus cet atome, oncle Toby, — tu es perdu.

---

[1] Rhodope Thracia tam inevitabili fascino instructa, tam exactè oculis intuens attraxit, ut si in illam quis incidisset, fieri non posset, quin caperetur. — Je ne sais qui. (*Note de l'auteur.*)

CHAPITRE CCLXIX.

Un œil est exactement comme un canon, en ce sens que ce n'est pas tant l'œil ou le canon en lui-même que la portée de l'œil, — et celle du canon, qui les met en état l'un et l'autre de produire de si grands effets. Je ne trouve pas la comparaison mauvaise : quoi qu'il en soit, comme elle est faite et placée en tête du chapitre autant pour l'utilité que pour l'ornement, tout ce que je demande en retour, c'est que toutes les fois que je parlerai des yeux de mistress Wadman (à l'exception d'une seule dans la phrase suivante) vous l'ayez présente à l'esprit.

———— Je proteste, madame, dit mon oncle Toby, que je ne vois rien du tout dans votre œil.

———— Ce n'est pas dans le blanc, dit mistress Wadman.

———— Mon oncle Toby regarda de tout son pouvoir dans la prunelle. ————

Or, de tous les yeux qui furent jamais créés ; depuis les vôtres, madame, jusqu'à ceux de Vénus elle-même, qui certes étaient aussi agaçants que jamais tête en ait contenu, — il n'y eut jamais œil aussi propre à ravir le repos de mon oncle Toby, que l'œil qu'il regardait. — Ce n'était pas, madame, un de ces yeux qui roulent, — un œil batifolant ou lascif ; — ce n'était pas non plus un œil étincelant, pétulant, ou impérieux, — à grandes prétentions, ou d'une exigence effrayante, ce qui aurait fait cailler à l'instant cette crème de bonté qui composait l'essence de mon oncle Toby ; — mais c'était un œil plein d'aimables salutations, — et de douces réponses, — parlant, — non comme la trompette d'un orgue mal fait, du ton grossier de maint œil avec lequel je cause, mais doucement, à voix basse, — comme les faibles et derniers accents d'une sainte expirante : — « Comment pouvez-vous vivre seul et délaissé, capitaine Shandy, sans un sein où reposer votre tête — et à qui confier vos soucis ? »

C'était un œil ⸻

Mais j'en deviendrai amoureux moi-même, si j'en dis un mot de plus.

⸻ C'était précisément l'affaire de mon oncle Toby.

CHAPITRE CCLXX.

Rien ne montre les caractères de mon père et de mon oncle Toby sous un point de vue plus intéressant, que leur différente manière de se conduire en présence de ce même événement ; — car je n'appelle pas l'amour un malheur, dans la persuasion où je suis que le cœur d'un homme en est toujours meilleur. — Grand Dieu ! que devait être celui de mon oncle Toby, lui qui sans cela était déjà la bonté même ! ⸻

Mon père, à ce qu'il paraît d'après plusieurs de ses papiers, était très-sujet à cette passion avant son mariage ; — mais comme il entrait dans son caractère une petite dose aigrelette d'impatience bouffonne, toutes les fois que cet événement lui arrivait, il refusait de s'y soumettre en chrétien ; c'étaient des dédains, des colères, il bondissait, regimbait, faisait le diable, et écrivait contre l'œil victorieux les plus amères philippiques que jamais homme ait écrites. — Il y en a une en vers sur je ne sais plus quel œil qui pendant deux ou trois nuits de suite lui avait ôté tout repos ; dans le premier transport de son ressentiment il commence ainsi :

> C'est le diable ! un d'entre eux fait seul plus de dégâts
> Que n'en ont fait Païens, Juifs, Turcs et renégats [1].

Bref, pendant toute la durée du paroxysme, mon père n'avait à la bouche qu'injures et gros mots : c'était presque une malédiction ; — seulement il ne la faisait point avec autant de méthode qu'Ernulph ; — il était trop impétueux ; ni avec la politique d'Ernulph ; — car, bien que mon père, avec l'ardeur la plus intolérante, maudît à tort et à travers tout ce qui pouvait sur la terre aider et favoriser son amour, — cependant il ne terminait jamais le chapitre de ses malédictions sans se maudire lui-même par-dessus le marché, comme un des fous et des sots les plus fieffés, disait-il, qui eût jamais été lâché dans ce monde.

Mon oncle Toby, au contraire, prenait la chose comme un agneau, — il se tenait coi, et laissait le poison agir dans ses veines sans résistance : — au plus poignant de sa blessure (comme pour celle de son aine), il ne lui échappait jamais un seul mot d'impatience ou de mécontentement, — il n'accusait ni le ciel, ni la terre, — il

---

[1] Ceci sera imprimé avec la vie de Socrate, par mon père, etc.
(*Note de l'auteur.*)

Ces deux vers se trouvent dans Burton, part. III, sect. 2, mém. 5, subsect. 1. *Prognosticks of love-melancholy*, et il n'en désigne l'auteur que par les initiales R. T. (*Note du traducteur.*)

ne pensait ni ne parlait mal de qui que ce soit, sous aucun rapport; il restait assis solitaire et pensif avec sa pipe, — regardant sa jambe estropiée, — poussant un sentimental hélas! qui, confondu avec la fumée, n'incommodait aucun mortel.

Il prenait, dis-je, la chose comme un agneau.

A la vérité, il s'était d'abord mépris; le matin même, il avait été à cheval avec mon père, afin de sauver, s'il était possible, un beau bois que le doyen et son chapitre faisaient abattre pour le donner aux pauvres [1]; lequel bois était juste en face de la maison de mon oncle Toby, et lui était singulièrement utile pour sa description de la bataille de Wynnendale; — et en trottant trop vite pour le sauver, sur une selle dure, et sur un cheval qui l'était encore plus, etc., etc.... il se trouva que la partie séreuse du sang avait passé entre cuir et chair dans les régions inférieures de mon oncle Toby. — Or, quand la cloche commença à pousser, mon oncle Toby, qui n'avait aucune expérience de l'amour, la prit pour une partie intégrante de cette passion, jusqu'au moment où l'ampoule de la selle ayant crevé et celle de l'amour restant la même, mon oncle Toby commença à être convaincu que sa blessure ne s'était pas arrêtée à la peau, — mais qu'elle avait pénétré jusqu'au cœur.

[1] M. Shandy doit vouloir dire aux pauvres d'esprit, attendu qu'ils se partagèrent l'argent. (*Note de l'auteur.*)

CHAPITRE CCLXXI.

Le monde rougit d'être vertueux. — Mon oncle Toby connaissait peu le monde : aussi, quand il se sentit amoureux de la veuve Wadman, il n'imagina pas qu'il en fallût faire plus de mystère que si mistress Wadman lui eût fait une coupure au doigt avec un couteau ébréché ; mais quand il en eût été autrement, — comme il avait toujours regardé Trim comme un humble ami, et que chaque jour de sa vie il voyait de nouvelles raisons de le traiter comme tel, — cela n'aurait rien changé à la manière dont il l'informa de l'affaire.

« Je suis amoureux, caporal ! » dit mon oncle Toby.

CHAPITRE CCLXXII.

Amoureux ! — dit le caporal, — votre Honneur se portait très-bien avant-hier, quand je lui racontais l'histoire du roi de Bohême. —— Bohême ! dit mon oncle Toby —— longtemps rêveur —— Qu'est devenue cette histoire, Trim ?

—— Elle s'est perdue, sauf votre respect, je ne sais comment, entre nous deux ; — mais votre Honneur avait alors le cœur aussi libre que je l'ai. —— Cela m'est venu juste quand tu es parti avec la brouette — en tête-à-tête avec mistress Wadman, dit mon oncle Toby. ——

Elle m'a laissé une balle ici, — ajouta mon oncle Toby en mettant le doigt sur sa poitrine. ——

—— Sauf votre respect, elle n'est pas plus en état de soutenir un siége que de voler, s'écria le caporal.

— Mais comme nous sommes voisins, Trim, la meilleure voie à suivre, je pense, c'est de commencer par le lui faire savoir civilement, reprit mon oncle Toby.

Si j'osais, dit le caporal, différer d'avis avec votre Honneur —— Sans cela, à quoi bon t'en parlerais-je, Trim ! dit mon oncle Toby avec douceur.

Eh bien, sauf votre respect, je commencerais en retour par diriger sur elle une bonne attaque bien foudroyante, — et les civilités viendraient ensuite ; car si elle sait le moins du monde à l'avance que votre Honneur est amoureux —— Le Seigneur lui soit en aide ! Elle ne s'en doute pas plus à présent, Trim, dit mon oncle Toby, — que l'enfant qui est à naître.

Précieuses âmes ! —

Mistress Wadman, vingt-quatre heures auparavant, avait raconté le fait avec toutes les circonstances à mistress Brigitte ; en ce moment même elle tenait conseil avec sa confidente, touchant quelques légers soupçons relatifs à l'issue des affaires, que le Diable, qui n'est jamais étendu mort dans un fossé, lui avait mis en tête, — avant de lui laisser la moitié du temps nécessaire pour achever tranquillement son *Te Deum*.

Dans le cas où je l'épouserais, Brigitte, dit la veuve Wadman, j'ai furieusement peur que le pauvre capitaine ne jouisse pas d'une bonne santé, avec sa terrible blessure à l'aine.

——Elle peut bien, madame, ne pas être aussi grande

que vous pensez, repartit Brigitte ; — et je crois, d'ailleurs, ajouta-t-elle, — qu'elle est séchée.

J'aimerais à le savoir, — simplement pour lui-même, dit mistress Wadman.

———— Nous en saurons le fort et le faible dans dix jours, répondit mistress Brigitte ; car tandis que le capitaine vous rendra des soins, — je suis sûre que M. Trim me fera la cour ; — et je le laisserai faire tant qu'il voudra, ajouta Brigitte, pour savoir de lui toute la vérité.

Les mesures furent prises à l'instant ; — et mon oncle Toby et le caporal disposèrent tout de leur côté. Maintenant, dit le caporal, posant sa main gauche sur sa hanche, et faisant de la droite un moulinet qui promettait le succès, — et rien de plus, — si votre Honneur veut me permettre de lui soumettre le plan de cette attaque ————

Tu me feras excessivement plaisir, Trim, dit mon oncle Toby ; — et comme je prévois que tu devrais m'y servir d'aide de camp, voici une couronne, caporal, pour commencer et pour arroser ton brevet.

———— Donc, sauf votre respect, dit le caporal (après avoir fait un salut pour son brevet) — nous commencerons par tirer du grand coffre de campagne les habits galonnés de votre Honneur, afin de leur faire prendre l'air, et nous ferons raccommoder le bleu et or aux manches ; — et je retaperai à neuf votre perruque blanche à la Ramillies ; — et je ferai venir un tailleur pour retourner la mince culotte d'écarlate de votre Honneur ————

— J'aimerais mieux prendre celle de peluche rouge, dit mon oncle Toby.

— Elle vous donnera l'air trop lourd, dit le caporal.

CHAPITRE CCLXXIII.

—————— Tu mettras un peu de blanc d'Espagne à mon épée, et avec une brosse —————— Votre Honneur trouvera tout sous sa main, répliqua Trim.

CHAPITRE CCLXXIV.

Mais il faudra remettre à neuf les deux rasoirs de votre Honneur, — et je repasserai mon bonnet à la Montero, et je mettrai l'uniforme du pauvre lieutenant Le Fèvre, que votre Honneur m'a donné à porter pour l'amour de lui ; — et aussitôt que votre Honneur sera rasé, — et qu'il aura sa chemise blanche, avec son habit bleu et or ou son bel écarlate, — tantôt l'un tantôt l'autre, — et que tout sera prêt pour l'attaque, — nous avancerons hardiment comme pour affronter un bastion ; et tandis que votre Honneur occupera mistress Wadman, à droite, dans le parloir, — j'attaquerai mistress Brigitte à gauche, dans la cuisine ; et une fois maîtres du passage, je réponds, dit le caporal en faisant claquer ses doigts au-dessus de sa tête, — que la victoire est à nous.

—————— Pourvu que je m'en tire bien, dit mon oncle Toby ; — mais je déclare, caporal, que j'aimerais mieux marcher sur le bord d'une tranchée.

—————— Une femme, c'est tout autre chose, dit le caporal.

—————— Je le suppose, dit mon oncle Toby.

CHAPITRE CCLXXV.

Si rien au monde de ce que disait mon père avait pu impatienter mon oncle Toby à l'époque de ses amours, c'était l'usage pervers que mon père faisait toujours d'une expression d'Hilarion l'ermite, qui, en parlant de son abstinence, de ses veilles, de ses flagellations et autres parties instrumentales de sa religion, — disait — quoiqu'un peu plus facétieusement qu'il ne convenait à un ermite, — que c'étaient les moyens qu'il avait coutume d'employer pour empêcher son *âne* (voulant dire son corps) de regimber [1].

Mon père en était enchanté ; ce n'était pas seulement une manière laconique d'exprimer — mais aussi de ravaler les désirs et appétits de la partie infime de nous-mêmes : en sorte que pendant nombre d'années il usa constamment de cette expression ; — il ne se servait jamais du mot *passions*, — il le remplaçait toujours par celui d'*âne* ; et l'on aurait vraiment pu dire de lui qu'il avait passé tout ce temps-là sur le dos de son âne, ou de celui de quelque autre.

Je dois ici vous signaler la différence qui existe
entre l'ane de mon père et
mon dada, — afin que les personnages

---

[1] Par ce moyen (le jeûne) Hilarion *empêchait son âne, comme il appelait son propre corps, de regimber* (à ce que Jérôme rapporte de lui dans sa vie) quand le diable le tentait à quelque gros péché de ce genre. Burton, part. III, sect. 2, mém. 6, subsect. 1. *Cure of love melancholy.* (Note du traducteur.)

restent aussi séparés que possible dans votre esprit, tant que nous faisons route ensemble.

Car mon Dada, si vous vous en souvenez un peu, n'est nullement une bête vicieuse; il n'a pas en lui un seul poil ou un seul trait de l'âne. — C'est le caprice de l'heure présente, c'est la folle boutade qui vous entraîne sur le moment, — une lubie, un papillon, un tableau, une bagatelle, — un siége d'oncle Toby, ou un *n'importe quoi* qu'un homme peut parvenir à enfourcher, pour s'éloigner au petit galop loin des soucis et sollicitudes de la vie. — C'est une bête aussi utile que pas une de la création; — et je ne vois réellement pas comment le monde pourrait s'en passer.

— Mais l'âne de mon père ! — Oh ! montez-le, — montez-le, — montez-le, — (cela fait trois fois, n'est-ce pas ?) — montez-le, et c'est fait de vous : — c'est une bête concupiscente ; — et malheur à l'homme qui ne l'empêche pas de regimber.

CHAPITRE CCLXXVI.

Eh bien, cher frère Toby, dit mon père, la première fois qu'il le vit depuis ses amours, — comment va votre Ane [1] ?

Or, mon oncle Toby pensant plus à la *partie* où il avait eu l'ampoule, qu'à la métaphore d'Hilarion, et nos préoc-

[1] Tout ce chapitre roule sur une équivoque intraduisible, résultat de la ressemblance qui existe entre le mot anglais qui signifie âne et celui qui signifie c-l. *(Note du traducteur.)*

cupations ayant (vous le savez) un aussi grand pouvoir sur le son des mots que sur la forme des choses, il s'était imaginé que mon père, qui n'était pas très-cérémonieux dans le choix des termes, avait demandé des nouvelles de la partie malade en l'appelant par son propre nom; et quoique ma mère, le docteur Slop et M. Yorick fussent dans le parloir, il crut qu'il était plus poli de se conformer au terme dont mon père avait fait usage. Quand un homme est placé entre deux inconvenances, et qu'il doit en commettre une, — j'observe toujours — que n'importe celle qu'il choisisse, le monde le blâmera : — je ne serais donc pas étonné qu'on blâmât mon oncle Toby.

Mon c-l, dit mon oncle Toby, va beaucoup mieux, frère Shandy. — Mon père avait fondé de grandes espérances sur son Ane dans cet assaut, et il l'y aurait ramené ; mais le docteur Slop étant pris d'un rire immodéré, — et ma mère s'étant écriée, Dieu nous bénisse ! l'Ane de mon père fut repoussé du champ de bataille ; — et le rire alors devenant général, il n'y eut pas moyen de quelque temps de revenir à la charge : —

La conversation continua donc sans lui.

Tout le monde, dit ma mère, prétend que vous êtes amoureux, frère Shandy ; — et nous espérons que cela est vrai.

Je suis aussi amoureux, je crois, ma sœur, repartit mon oncle Toby, qu'on l'est communément. —— Hum ! dit mon père. —— Et quand vous en êtes-vous aperçu ? demanda ma mère.

—— Quand l'ampoule a crevé, répliqua mon oncle Toby.

La réplique de mon oncle Toby mit mon père de bonne humeur, — et il chargea à pied.

CHAPITRE CCLXXVII.

Comme les anciens s'accordent à reconnaître, frère Toby, dit mon père, qu'il y a deux espèces différentes et distinctes d'*amour*, selon les parties différentes qui en sont affectées, — le cerveau et le foie, — je pense que, quand un homme est amoureux, il doit considérer un peu à laquelle de ces deux classes appartient son amour.

——— Qu'importe, frère Shandy, quelle espèce d'amour c'est, repartit mon oncle Toby, pourvu qu'un homme se marie, aime sa femme, et lui fasse quelques enfants ?

——— Quelques enfants ! s'écria mon père qui se leva et regarda ma mère en face, tout en se frayant un passage entre elle et le docteur Slop, — quelques enfants ! s'écria mon père, répétant les expressions de mon oncle Toby tout en allant et venant.

——— Ce n'est pas, mon cher frère Toby, reprit mon père, se remettant tout d'un coup, et venant contre le dossier de la chaise de mon oncle Toby, ——— ce n'est pas que je serais fâché que tu en eusses une vingtaine, — au contraire, je m'en réjouirais, — et je serais, Toby, aussi tendre qu'un père pour eux tous.

Mon oncle Toby, sans être vu, passa sa main derrière sa chaise, pour serrer celle de mon père. ———

Bien plus, continua celui-ci en gardant la main de

mon oncle Toby, — tu as tant, mon cher Toby, de ce qu'il y a de doux dans la nature humaine, et si peu de ses aspérités, — que c'est pitié que le monde ne soit pas peuplé de créatures qui te ressemblent ! Et si j'étais un monarque d'Asie, ajouta mon père s'échauffant à l'idée de ce nouveau projet, — je t'obligerais, pourvu que cela ne diminuât pas tes forces, — ou ne desséchât pas trop vite ton humide radical, — et que cela n'affaiblît ni ta mémoire ni ton imagination, frère Toby, effet que ces exercices pris immodérément sont sujets à produire, — à cela près, frère Toby, je te procurerais les plus belles femmes de mon empire, et je t'obligerais *nolens volens* à me faire un sujet tous les *mois*.

Comme mon père prononçait le dernier mot de cette phrase, — ma mère prit une prise de tabac. ———

Mais moi, je ne voudrais pas, dit mon oncle Toby, faire un enfant *nolens volens*, c'est-à-dire que je le voulusse ou non, pour plaire au plus grand prince de la terre. ———

Et ce serait cruel à moi, frère Toby, de t'y forcer, dit mon père ; — mais c'est une supposition que j'ai faite pour te montrer que ce n'est pas sur ta paternité, — en cas que tu sois capable de faire des enfants, — mais sur ton système d'amour et de mariage, que je voudrais rectifier tes idées.

Il y a du moins, dit Yorick, beaucoup de raison et de bon sens dans l'opinion que le capitaine Shandy a de l'amour ; et dans le nombre des heures mal employées de ma vie dont j'aurai à répondre, je puis compter celles où j'ai lu un si grand nombre de poëtes et de rhéteurs fleuris, dont je n'ai jamais pu en extraire autant. ———

Je voudrais, Yorick, dit mon père, que vous eussiez lu Platon ; car il vous aurait appris qu'il y a deux *amours*.

—— Je sais qu'il y avait deux *religions* chez les anciens, répliqua Yorick : — une pour le vulgaire, — et l'autre pour les gens instruits ; — mais je crois qu'*un seul amour* aurait fort bien pu leur suffire à tous. ——

Non pas, repartit mon père, — et pour les mêmes raisons : car de ces amours, suivant le commentaire de Ficinus sur Velasius, l'un est *rationnel*, —

—— L'autre est *naturel* : —

Le premier ancien, — sans mère, — où Vénus n'avait rien à faire ; le second engendré de Jupiter et de Dioné [1]. ——

Je vous prie, mon frère, dit mon oncle Toby, qu'est-ce qu'un homme qui croit en Dieu a à faire de cela ? —— Mon père ne put s'arrêter pour répondre, de peur de rompre le fil de son discours. ——

Ce dernier, continua-t-il, participe entièrement de la nature de Vénus.

Le premier, qui est la chaîne d'or qui pend du ciel, excite à l'amour héroïque, qui comprend en lui et allume à son tour le désir de la philosophie et de la vérité ; — le second excite au *désir*, simplement. ——

Je crois la procréation des enfants aussi avantageuse au

---

[1] *Duæ Veneres, duo amores ; quarum una antiquior et sine matre, Cœlo nata, quam cœlestem Venerem nuncupamus ; altera verò junior, a Jove et Dione prognata, quam vulgarem Venerem vocamus.* Ficinus, dans son commentaire sur ce passage, chapitre VIII, appelle d'après Platon, ces deux amours, deux démons (ou bons et mauvais anges, suivant nous), qui volent sans cesse autour de nos âmes. Burton, part. III, sect. 1, mém. 1, subsect. 2. *Objects of love.*

(*Note du traducteur.*)

monde, dit Yorick, que la découverte de la longitude. ——

A coup sûr, dit ma mère, l'*amour* entretient la paix dans le monde. ——

Au logis, — ma chère, j'en conviens. ——

Il remplit la terre, dit ma mère. ——

Mais il maintient le ciel vide, — ma chère, repartit mon père. ——

C'est la Virginité, s'écria Slop d'un ton triomphant, qui remplit le Paradis. ——

Bien riposté, digne nonne ! dit mon père. —

CHAPITRE CCLXXVIII.

Mon père avait dans ses disputes un genre d'escarmouche si tranchant, si piquant, si particulier, poussant et pourfendant, et donnant à chacun tour à tour un coup en guise de souvenir, — que s'il y avait vingt personnes dans une compagnie, — en moins d'une demi-heure il était sûr de les avoir toutes contre lui.

Ce qui ne contribuait pas peu à le laisser ainsi sans aucun allié, c'est que s'il y avait un poste moins tenable que le reste, il ne manquait pas de s'y jeter ; et il faut lui rendre justice, une fois qu'il y était, il s'y défendait si vaillamment que ç'aurait été un chagrin, pour tout homme ayant du courage ou un bon cœur, de l'en voir chasser.

Aussi Yorick, tout en l'attaquant souvent, — ne pouvait prendre sur lui d'y mettre toute sa force.

La *Virginité* du docteur Slop, à la fin du dernier chapitre, avait pour cette fois mis Yorick du côté de l'assiégé ; et il commençait à faire sauter tous les couvents de la Chrétienté aux oreilles de Slop, quand le caporal Trim entra dans le parloir pour informer mon oncle Toby que sa mince culotte d'écarlate, dans laquelle devait se faire l'attaque de mistress Wadman, ne pouvait pas aller; attendu que le tailleur, en la décousant pour la retourner, avait trouvé qu'elle avait déjà été retournée.

——— Eh bien, retournez-la de nouveau, frère, dit mon père vivement, car on aura à la retourner plus d'une fois encore avant que l'affaire soit faite. ——— Elle est comme de l'amadou, dit le caporal. ——— Alors de toute nécessité, dit mon père, il faut t'en commander une neuve, frère Toby; — car bien que je sache, continua mon père en s'adressant à la compagnie, que la veuve Wadman a été plusieurs années fort amoureuse de mon frère, et qu'elle a usé de tous les artifices et ruses femelles pour le faire tomber dans la même passion, cependant, maintenant qu'elle le tient, — sa fièvre sera en décroissance. ———

——— Elle a atteint son but.

Dans ce cas, continua mon père, auquel Platon, j'en suis convaincu, n'a jamais pensé, — l'amour, vous voyez, n'est pas tant un *sentiment* qu'une *condition* dans laquelle un homme entre, comme ferait mon frère Toby dans un *corps*, — qu'il aime le service ou non, peu importe; — une fois qu'il y est, — il se comporte comme s'il l'aimait, et ne perd pas une occasion de se montrer homme de cœur. ———

L'hypothèse, comme toutes celles de mon père, était assez plausible, et mon oncle Toby n'avait qu'un seul mot à y objecter : — cette objection, Trim se tenait prêt à la seconder ; — mais mon père n'avait pas tiré sa conclusion. ——

C'est pourquoi, continua mon père (posant de nouveau la question) — quoique tout le monde sache que mistress Wadman *affectionne* mon frère Toby ; — et que mon frère Toby, de son côté, *affectionne* mistress Wadman, et qu'aucun obstacle dans la nature n'empêche les violons de jouer dès ce soir, néanmoins je garantis qu'ils ne joueront pas d'ici à un an. ——

Nous avons mal pris nos mesures, dit mon oncle Toby, lançant à Trim un regard d'interrogation. ——

Je gagerais mon bonnet à la Montero, dit Trim. —— Or, le bonnet à la Montero de Trim était, je vous l'ai déjà dit, son éternel gage ; et l'ayant remis à neuf le soir même, afin d'aller à l'attaque, — l'enjeu en avait pris plus d'importance. —— Je gagerais, sauf votre respect, mon bonnet à la Montero contre un shilling, — s'il était convenable, continua Trim (en faisant un salut), de proposer un pari devant vos Honneurs ——

Il n'y a rien d'inconvenant à cela, dit mon père, — c'est une façon de parler ; car en disant que tu gagerais ton bonnet à la Montero contre un shilling, — tout ce que tu entends, — c'est que tu crois ——

Eh bien, qu'est-ce que tu crois ?

Que la veuve Wadman, sauf votre respect, ne peut pas tenir dix jours. ——

Et où donc, l'ami, s'écria Slop d'un ton railleur, as-tu pris toute cette connaissance des femmes ? ——

Dans mes amours avec une religieuse papiste, dit Trim.

C'était une béguine, dit mon oncle Toby.

Le docteur Slop était trop en colère pour écouter cette distinction ; et mon père, profitant de l'occasion pour tomber de droite et de gauche sur tout l'ordre des nonnes et béguines, un tas de sottes et puantes pécores, — Slop n'y put tenir ; — et comme mon oncle Toby avait des mesures à prendre au sujet de sa culotte, — et Yorick au sujet du quatrième point de son sermon, — chacun occupé de son attaque du lendemain, — la compagnie se sépara ; et mon père étant resté seul, et ayant une demi-heure disponible avant son coucher, il demanda deux plumes, de l'encre et du papier, et écrivit à mon oncle Toby la lettre d'instructions suivante : —

Mon cher frère Toby,

Ce que je vais te dire est relatif à la nature des femmes, et à la manière de leur faire la cour ; et peut-être est-il heureux pour toi, — quoique ce le soit moins pour moi, — que tu aies occasion de recevoir une lettre d'instructions sur ce chapitre, et que je sois capable de te l'écrire.

Si c'eût été le bon plaisir de celui qui dispose de nos lots, et que tu n'eusses pas souffert de ce savoir, j'aurais été bien aise que tu eusses trempé en ce moment ta plume dans l'encre à ma place ; mais puisque ce n'est pas là le cas, ——— pendant que mistress Shandy, qui est à côté de moi, fait ses apprêts pour se mettre au lit, — j'ai jeté ensemble, sans ordre, et comme ils me viennent à l'esprit, les conseils et renseignements que je crois pouvoir t'être utiles, voulant, en ceci, te donner un gage de mon amitié ; et ne doutant pas, mon cher Toby, de la manière dont il sera reçu.

En premier lieu, à l'égard de tout ce qui concerne la religion dans cette affaire, — quoique je sente, à la chaleur de ma joue, que je rougis quand je commence à te parler sur ce sujet, sachant bien, malgré ta discrétion naturelle, combien peu de ses devoirs tu négliges ; — cependant il en est un que je ne voudrais pas me dispenser de te rappeler particulièrement (tant que durera ta cour) ; et c'est de ne jamais te mettre en campagne, que ce soit le matin ou l'après-midi, sans d'abord te recommander à la protection du Tout-Puissant, pour qu'il te défende du malin.

Rase-toi entièrement la tête au moins une fois tous les quatre ou cinq jours, mais plus souvent si tu le peux ; de peur que si, par distraction, tu ôtes ta perruque devant elle, elle ne soit à même de découvrir combien de tes cheveux sont tombés sous la main du Temps, — et combien sous celle de Trim.

Il serait mieux d'éloigner de son imagination toute idée de calvitie.

Aie toujours présente à l'esprit, et suis cette maxime comme sûre, Toby,

« *Que les femmes sont timides;* » et il est heureux qu'elles le soient, — autrement, il n'y aurait pas moyen d'avoir affaire à elles.

Que tes culottes ne soient pas trop serrées, et qu'elles ne pendent pas trop lâches sur tes cuisses, comme les chausses de nos ancêtres. —

Un juste milieu prévient toute induction.

Quelque chose que tu aies à dire, que ce soit plus ou moins, n'oublie pas de l'articuler d'une voix faible et douce ; — le silence et tout ce qui en approche évoque dans le cerveau des idées de mystère nocturne : c'est pourquoi, si tu peux l'éviter, ne fais jamais tomber les pincettes ni le *poker*.

Abstiens-toi de toute espèce de plaisanteries et de facéties dans tes conversations avec elle, et fais en même temps tout ce qui sera en ton pouvoir pour écarter d'elle tous les livres et écrits qui ont cette tendance : il est certains traités de dévotion qu'il serait bon que tu pusses l'engager à lire ; mais ne souffre pas qu'elle ouvre Rabelais, Scarron ou Don Quichotte —

Tous ces livres excitent le rire ; et tu sais, cher Toby, qu'il n'y a pas de passion aussi sérieuse que celle de la chair.

Attache une épingle à ta chemise avant d'entrer dans son parloir.

Et si tu as la permission de t'asseoir sur le même sofa, et qu'elle te donne occasion de poser tes mains sur les siennes, garde-toi d'en profiter ; — tu ne saurais y poser les mains, sans qu'elle juge de la température des tiennes. — Laisse cela, et autant d'autres choses que tu pourras, tout à fait indécis ; de la sorte, tu auras pour toi sa curiosité ; et si elle n'est pas vaincue par cela, et que ton *Ane* continue à regimber, ce qu'il y a de grandes raisons de supposer, — tu devras commencer par te faire tirer quelques onces de sang au-dessous des oreilles, suivant l'habitude des anciens Scythes, qui guérissaient par ce moyen les appétits les plus immodérés.

Avicenne, après cela, est d'avis de frotter la partie avec du sirop d'ellébore, en faisant usage des évacuations et purgations convenables ; — et je crois qu'il a raison. — Mais tu ne devras manger que peu ou point de chair de chèvre ou de bête fauve ; — ni d'aucune chair non encore faite ; — et t'abstenir soigneusement, c'est-à-dire autant que tu le pourras, de paons, de grues, de foulques, de plongeons et de poules d'eau.

Quant à ta boisson, je n'ai pas besoin de te dire que ce doit être l'infusion de *verveine* et de l'herbe *hanéa*, dont Ælien rapporte de si grands effets ; — mais si elle affaiblit ton estomac, discontinues-en l'usage de temps en temps, — et remplace-la par des concombres, des melons, du pourpier, du nénufar, du chèvrefeuille et de la laitue [1].

Je ne vois rien de plus à te dire quant à présent, ————

A moins d'une nouvelle déclaration de guerre. — Je souhaite donc, cher Toby, que toute chose aille pour le mieux;

Et je reste ton affectionné frère,

WALTER SHANDY.

CHAPITRE CCLXXIX.

Pendant que mon père écrivait cette lettre d'instructions, mon oncle Toby et le caporal étaient occupés à tout préparer pour l'assaut. Comme on avait renoncé à retourner la culotte d'écarlate (du moins quant à présent), il n'y avait aucun motif de le différer au delà du lendemain matin ; et en conséquence il fut résolu pour onze heures.

Venez, ma chère, dit mon père à ma mère, nous ne

---

[1] Ces détails d'hygiène sont empruntés en partie à Burton, part. III, sect. 2, mém. 6, subsect. 1. *Cure of love melancholy.*
(*Note du traducteur.*)

ferons que notre devoir de frère et sœur, si vous et moi nous allons chez mon frère Toby — pour l'encourager à son attaque.

Mon oncle Toby et le caporal étaient habillés depuis quelque temps, quand mon père et ma mère entrèrent, et comme onze heures venaient de sonner, ils se mettaient en marche au moment même — Mais ce récit est digne d'être exposé ailleurs qu'à la fin du huitième volume d'un ouvrage tel que celui-ci. — Mon père n'eut que le temps de mettre la lettre d'instructions dans la poche d'habit de mon oncle Toby, et de se joindre à ma mère pour lui souhaiter une heureuse attaque.

Je voudrais, dit ma mère, pouvoir regarder par le trou de la serrure, par *curiosité*. ——— Appelez la chose par son vrai nom, ma chère, dit mon père ——

Et regardez par le trou de la serrure aussi longtemps que vous voudrez.

LIVRE IX

DÉDICACE A UN GRAND.

Ayant eu, *à priori*, l'intention de dédier les Amours de mon oncle Toby à M***, — je vois plus de raisons, *à posteriori*, pour les dédier à lord*******.

Je le déplorerais du fond de l'âme, si ceci m'exposait à la jalousie de leurs Révérences ; attendu que *posteriori*, en latin de cour, signifie baiser les mains pour obtenir une promotion ou toute autre chose.

Je n'ai de lord******* ni meilleure ni pire opinion que je n'avais de M***. Les honneurs, comme les empreintes d'une monnaie, peuvent donner une valeur idéale et locale à un morceau de vil métal ; mais l'or et l'argent passeront partout, sans autre recommandation que leur propre poids.

La même intention bienveillante qui m'a fait penser à offrir une demi-heure d'amusement à M*** au sortir de place, — agit avec plus de force à présent, attendu qu'une demi-heure d'amusement sera plus utile et plus délassante après la peine et le chagrin qu'après un repas philosophique.

Rien n'est si parfaitement amusant qu'un changement total d'idées ; il n'est point d'idées qui diffèrent si totalement que celles des ministres et celles des innocents amoureux : c'est pourquoi quand je viens à parler d'hommes d'État et de patriotes, et que je les désigne par des marques qui préviendront la confusion et les méprises dont ils pourraient par la suite être l'objet, je me propose de dédier ce volume à quelque doux berger, dont

>La science orgueilleuse
>N'a jamais égaré les pensers sur vos pas,
>Patriote, ou ministre arbitre des États ;
>Mais la *simple nature* en échange lui donne
>D'humbles cieux sur un mont que la brume couronne,
>Enfoncé dans les bois un sauvage univers,
>Une île plus heureuse au sein des vastes mers,
>Et dans laquelle, admis à partager sa vie,
>Son chien, fidèle ami, lui tiendra compagnie.

Bref, en présentant à son imagination toute une nouvelle série d'objets, je ferai inévitablement diversion à ses contemplations d'amoureux transi. En attendant,

Je suis,

L'AUTEUR.

CHAPITRE CCLXXX.

Je prends à témoin toutes les puissances du temps et du hasard, qui les unes et les autres nous arrêtent dans nos carrières en ce monde, que je n'avais pas encore pu en arriver aux amours de mon oncle Toby jusqu'au moment où la *curiosité* de ma mère, ainsi qu'elle expliqua la chose, — ou une impulsion différente, à ce que prétendait mon père, — lui fit désirer de les regarder par le trou de la serrure.

« Appelez la chose, ma chère, par son vrai nom, » dit mon père, « et regardez par le trou de la serrure aussi longtemps que vous voudrez. »

Il fallait la fermentation de cette petite humeur aigrelette qui, je l'ai déjà dit, était habituelle à mon père, pour donner lieu à une telle insinuation ; — il était pourtant franc et généreux de sa nature, et en tout temps accessible à la conviction : aussi il eut à peine prononcé le dernier mot de cette désobligeante repartie, que sa conscience la lui reprocha.

Ma mère était en train de se balancer conjugalement, son bras gauche passé sous le bras droit de mon père, de telle sorte que l'intérieur de sa main était posé sur le dos de celle de son mari ; — elle leva les doigts et les laissa retomber ; — cela ne pouvait pas s'appeler une tape ; ou, si c'en était une, — un casuiste aurait été embarrassé de dire si c'était une tape de remontrance ou une tape de confession : mon père, qui était la sensibilité même de la tête aux pieds, la classa convenablement ; — la conscience doubla le coup, — il tourna soudain le visage d'un autre côté, et ma mère, supposant qu'il allait tourner aussi le corps, pour rentrer chez lui, fit un mouvement oblique de sa jambe droite, en gardant la gauche comme centre, et se trouva face à face avec lui, si bien qu'en tournant la tête il rencontra ses yeux. — Nouvelle confusion ! il voyait mille raisons d'annuler le reproche, et autant de s'en adresser un à lui-même : — un cristal mince, bleu, froid, transparent, et toutes ses humeurs dans un tel repos que la plus petite parcelle, le moindre atome de désir se serait vu au fond, s'il y en avait eu — il n'y en avait pas : — et comment je me trouve être si sensuel moi-même, particulièrement un peu avant les équinoxes du printemps et de l'automne, — Dieu le sait ; — ma mère, madame, ne l'était à aucune époque, soit nature, soit éducation, soit exemple.

Son sang circulait d'un cours paisible et régulier dans ses veines tout le long de l'année, et également dans tous les moments critiques du jour et de la nuit ; et ses humeurs n'étaient pas échauffées le moins du monde par la lecture effervescente des traités de dévotion, qui, n'ayant que peu ou point de sens, forcent la nature à leur en trouver un — Et à mon père ! tant s'en fallait qu'il l'excitât et l'encourageât par son exemple, que toute l'affaire de sa vie était de la détourner de toute idée de ce genre. — La Nature avait tout fait pour lui éviter cette peine, et, ce qui n'était pas une petite inconséquence, mon père le savait. — Et me voici assis, ce 12 août 1786, en jaquette violette et en pantoufles jaunes, sans perruque ni bonnet, accomplissant de la façon la plus tragicomique sa prédiction « que, pour cette raison même, je ne penserais ni n'agirais en rien comme aucun autre enfant. »

L'erreur de mon père était d'avoir attaqué le motif de ma mère au lieu de l'acte même ; car certainement les trous de serrure ont été faits pour d'autres usages ; et à considérer l'acte comme contredisant une proposition

20.

vraie, et niant qu'un trou de serrure fût ce qu'il était, — cela devenait une violation de la nature, et comme tel, vous voyez, criminel.

C'est pour cette raison, n'en déplaise à vos Révérences, que les trous de serrure sont l'occasion de plus de mal et de péchés que tous les autres trous du monde mis ensemble :

——— Ce qui m'amène aux amours de mon oncle Toby.

CHAPITRE CCLXXXI.

Quoique le caporal, fidèle à sa parole, eût retapé la grande perruque à la Ramillies de mon oncle Toby, il avait eu trop peu de temps pour pouvoir avec produire un grand effet : elle était restée plusieurs années aplatie dans le coin de sa vieille malle de campagne ; et comme il n'est pas aisé de venir à bout des mauvais plis et qu'on n'entend pas toujours bien l'usage des bouts de chandelles, ce n'était pas une besogne aussi commode qu'on aurait pu le désirer. — Le caporal, d'un air joyeux et les deux bras étendus, s'était rejeté vingt fois en arrière, pour lui donner, s'il se pouvait, meilleur air : — si le *spleen* y avait jeté un coup d'œil, il en aurait coûté un sourire à sa seigneurie ; — elle frisait partout, excepté où le caporal voulait qu'elle frisât ; et là où une ou deux boucles, à son avis, lui auraient fait honneur, il aurait aussi vite ressuscité un mort.

Telle elle était, — ou plutôt telle elle aurait paru sur tout autre front ; mais l'air charmant de bonté qui était répandu sur celui de mon oncle Toby s'assimilait si parfaitement tout ce qui l'environnait, et la Nature, de plus, avait écrit en si beaux caractères *Gentleman* sur chaque trait de son visage, que son chapeau à galons d'or terni, et sa large cocarde de taffetas fripé lui seyaient ; et quoiqu'en eux-mêmes ils ne valussent pas un sou, du moment que mon oncle Toby les mettait, ils prenaient de l'importance et on eût vraiment dit que la Science les avait elle-même choisis pour le faire paraître à son avantage.

Rien au monde n'y aurait plus puissamment contribué que l'uniforme bleu et or de mon oncle Toby, — *si la quantité n'eût pas, jusqu'à un certain point, été nécessaire à la grâce.* Dans un espace de quinze ou seize ans depuis qu'il était fait, et que mon oncle Toby menait une vie complétement inactive (car il était rare qu'il allât au delà du boulingrin) — son uniforme bleu et or lui était devenu si misérablement étroit, que c'était avec la plus grande difficulté que le caporal avait pu l'y faire entrer ; le raccommodage des manches n'avait été d'aucun avantage : il était pourtant galonné par derrière et sur les coutures des côtés, etc., à la mode du règne du roi Guillaume, et pour abréger toute description, il reluisait tellement au soleil ce matin-là, et avait un air si métallique et si guerrier, que si mon oncle Toby avait eu l'idée de faire son attaque en armure, rien n'aurait été aussi capable d'en imposer à son imagination.

Quant à la culotte d'écarlate, le tailleur l'avait décousue entre les jambes, et l'avait laissée en désarroi.

——— Oui, madame ; mais tenons nos idées en bride. — Il suffit de dire qu'elle avait été jugée immettable l».

veille au soir, et comme il n'y avait pas d'alternative dans la garde-robe de mon oncle Toby, il fit sa sortie en culotte de peluche rouge.

Le caporal avait endossé l'uniforme du pauvre Le Fèvre, et, ses cheveux retroussés sous son bonnet à la Montero qu'il avait remis à neuf pour la circonstance, il marchait à trois pas de distance de son maître; une bouffée d'orgueil militaire avait enflé sa chemise au poignet; et dessus, à un cordon de cuir noir, dont le nœud se terminait par un gland, pendait le bâton du caporal. — Mon oncle Toby portait sa canne comme une pique.

Cela a bonne mine du moins, se dit mon père.

CHAPITRE CCLXXXII.

Mon oncle Toby tourna plus d'une fois la tête en arrière, pour voir comment il était soutenu par le caporal; et le caporal, chaque fois, fit un petit moulinet avec son bâton, mais sans rodomontade; et avec l'accent le plus doux du plus respectueux encouragement, il dit à son maître : « N'ayez pas peur. »

Or, mon oncle Toby avait peur, et cruellement; son savoir (ainsi que mon père le lui avait reproché) n'allait pas jusqu'à distinguer dans une femme le bon côté du mauvais : aussi n'était-il jamais complétement à l'aise auprès d'aucune, à moins qu'elle ne fût dans le chagrin ou l'infortune : alors sa pitié était infinie; et le héros le plus courtois des romans de chevalerie n'aurait pas été plus loin, du moins sur une jambe, pour essuyer une larme de l'œil d'une femme; et pourtant, excepté la fois où mistress Wadman l'avait obtenu de lui par ruse, il n'en avait jamais regardé une fixement; et il disait souvent à mon père, dans la simplicité de son cœur, que c'était presque (sinon tout à fait) aussi mal que de dire une obscénité.

——— Et quand cela serait, disait mon père.

CHAPITRE CCLXXXIII.

Elle ne peut pas, dit mon oncle Toby, faisant halte quand ils furent à vingt pas de la porte de mistress Wadman, — elle ne peut pas, caporal, le prendre en mauvaise part.

——— Elle le prendra, sauf votre respect, dit le caporal, juste comme la veuve du Juif à Lisbonne le prit de mon frère Tom.

——— Et comment était-ce ? demanda mon oncle Toby, faisant volte-face vers le caporal.

——— Votre Honneur, répliqua le caporal, connaît les malheurs de Tom; mais cette affaire-ci n'a rien de commun avec eux, à cela près que si Tom n'avait pas épousé la veuve, — ou si Dieu avait permis qu'après leur mariage ils eussent tant seulement mis du porc dans leurs saucisses, l'honnête garçon n'aurait pas été arraché de son lit et traîné à l'Inquisition : c'est un maudit endroit, ajouta le caporal en secouant la tête; quand une fois une pauvre créature est dedans, elle y est, sauf votre respect, pour toujours.

—— C'est bien vrai, dit mon oncle Toby, tout en regardant gravement la maison de mistress Wadman.

—— Rien au monde, continua le caporal, n'est si triste qu'une prison perpétuelle, — ni si doux, sauf votre respect, que la liberté.

—— Rien, Trim, dit mon oncle Toby, d'un air rêveur.

—— Tant qu'un homme est libre, s'écria le caporal en faisant le moulinet avec son bâton, de cette manière :

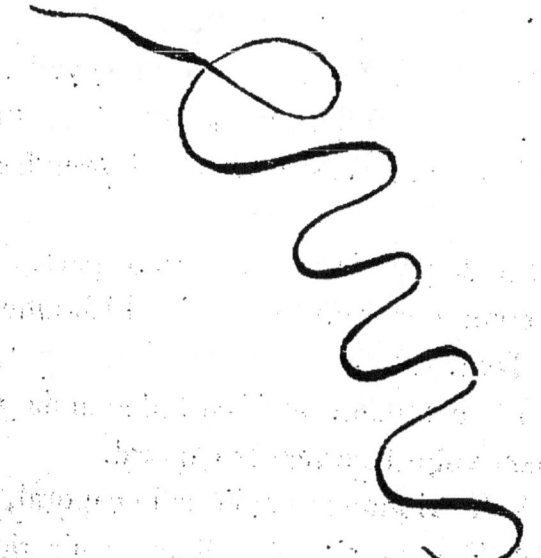

Un millier des plus subtils syllogismes de mon père n'aurait pu en dire davantage en faveur du célibat.

Mon oncle Toby regarda attentivement son *cottage* et son boulingrin.

Le caporal avec sa baguette avait inconsidérément évoqué l'esprit de calcul ; il ne lui restait qu'à le conjurer avec son histoire; et c'est ce que le caporal fit dans cette forme d'exorcisme tout à fait hétérodoxe.

CHAPITRE CCLXXXIV.

Comme la place de Tom, sauf votre respect, était commode, — et le temps chaud, — cela lui fit songer sérieusement à s'établir; et comme il arriva vers cette époque, qu'un Juif qui tenait une boutique de saucisses dans la même rue, eut le malheur de mourir d'une rétention d'urine, et laissa sa veuve à la tête d'une maison bien achalandée, — Tom, voyant que chacun à Lisbonne soignait de son mieux ses propres intérêts, pensa qu'il ne pouvait pas y avoir de mal à lui offrir ses services pour continuer le commerce. Là-dessus, sans autre introduction auprès de la veuve que d'acheter dans sa boutique une livre de saucisses, — Tom partit, — calculant à part lui en chemin, — qu'au pis aller, il aurait au moins pour son argent une livre de saucisses; — et que si les choses tournaient bien il serait lancé; attendu qu'il aurait non-seulement une livre de saucisses, — mais une femme et une boutique de saucisses, sauf votre respect, par-dessus le marché.

Tous les domestiques de la maison, depuis le premier jusqu'au dernier, souhaitèrent à Tom un heureux succès, et il me semble, sauf votre respect, le voir en ce moment en veste et culotte de basin, le chapeau un peu de côté, passer gaiement dans la rue, en brandissant son bâton, avec un sourire et un mot joyeux pour chaque personne qu'il rencontrait. — Mais, hélas ! Tom, tu ne souris plus, s'écria le caporal, regardant de côté à terre, comme s'il l'eût apostrophé dans son cachot.

———— Pauvre garçon ! dit mon oncle Toby d'une voix pénétrée.

— C'était bien, sauf votre respect, le cœur le plus honnête et le plus enjoué qui ait jamais battu.

— Alors il te ressemblait, Trim, dit vivement mon oncle Toby.

Le caporal rougit jusqu'au bout des doigts ; — une larme de sensibilité honteuse, — une autre de reconnaissance pour mon oncle Toby, — et une troisième de chagrin pour les infortunes de son frère, jaillirent dans son œil, et coulèrent doucement ensemble sur sa joue. — Celle de mon oncle Toby s'alluma comme fait une lampe à une autre ; et saisissant le devant de l'habit de Trim (qui avait été celui de Le Fèvre) comme pour soulager sa jambe estropiée, mais en réalité pour satisfaire un plus noble besoin, — il resta en silence une minute et demie ; après quoi, il retira sa main, et le caporal, faisant un salut, continua l'histoire de son frère et de la veuve du Juif.

CHAPITRE CCLXXXV.

Quand Tom, sauf votre respect, arriva à la boutique, il ne s'y trouvait qu'une pauvre négresse, qui, avec une touffe de plumes blanches légèrement attachées au bout d'un long roseau, chassait les mouches, — sans les tuer.

———— C'est un joli tableau ! dit mon oncle Toby ; elle

avait souffert de la persécution, Trim, et elle avait appris la miséricorde.

——— Sauf votre respect, elle était bonne par nature autant que par souvenir de ses souffrances ; et il y a dans l'histoire de cette pauvre délaissée des circonstances qui attendriraient un cœur de pierre, dit Trim ; et quelque triste soir d'hiver, quand votre Honneur sera d'humeur de les entendre, je les lui raconterai avec le reste de l'histoire de Tom, car elles en font partie.

——— Eh bien, ne l'oublie pas, Trim, dit mon oncle Toby.

——— Un nègre a une âme, sauf votre respect, dit le caporal (d'un air de doute).

——— Je ne suis pas très-versé, caporal, dit mon oncle Toby, dans les choses de cette espèce ; mais je suppose que Dieu ne voudrait pas le laisser sans, plus que toi ou moi.

——— Ce serait faire bien cruellement passer l'un sur le dos de l'autre, reprit le caporal.

——— Assurément, dit mon oncle Toby. ——— Pourquoi donc, sauf votre respect, une négresse doit-elle être traitée plus mal qu'une blanche ?

——— Je n'en vois aucune raison, dit mon oncle Toby.

——— Si ce n'est, s'écria le caporal en secouant la tête, qu'elle n'a personne pour prendre son parti.

——— C'est précisément cela, Trim, dit mon oncle Toby, qui la recommande à notre protection, — elle et ses frères ; c'est la fortune de la guerre qui a placé le fouet dans nos mains pour le moment ; — où il peut être par la suite, Dieu sait ! — Mais qu'il soit où il voudra, Trim, le brave n'en usera point avec dureté.

—— Dieu nous en préserve ! dit le caporal.

—— Amen, répondit mon oncle Toby en mettant sa main sur son cœur. ——

Le caporal en revint à son histoire, et la continua — mais avec un embarras, que par-ci par-là dans ce monde un lecteur ne sera pas en état de comprendre ; car à force de brusques transitions, d'un sentiment tendre et cordial à un autre, arrivé à cet endroit, il avait perdu le ton de voix enjoué qui donnait un sens et de l'entrain à son récit : il essaya deux fois de le reprendre, mais il n'y put parvenir à son gré. Poussant donc un vigoureux *hem !* pour rallier ses esprits qui battaient en retraite, et en même temps aidant d'un côté la Nature en posant sa main gauche sur sa hanche, et la soutenant de l'autre, en étendant un peu le bras droit, — le caporal se rapprocha de la note autant qu'il put, et dans cette attitude il reprit son histoire. ——

CHAPITRE CCLXXXVI.

Comme Tom, sauf votre respect, n'avait en ce moment rien à démêler avec la négresse, il passa dans l'autre chambre pour parler à la veuve du Juif de son amour, — et de cette livre de saucisses ; et étant, comme j'ai dit à votre Honneur, un garçon au cœur franc et joyeux, et qui portait son caractère écrit sur sa physionomie et sur son maintien, il prit une chaise, et sans tant de façons, mais en même temps avec beaucoup de civilité, il la plaça tout près d'elle à la table, et s'assit.

Il n'y a rien de si gauche, sauf votre respect, que de

faire la cour à une femme qui prépare des saucisses. —
Tom commença la conversation par en parler; d'abord,
gravement : — « comment est-ce qu'on les faisait ? — avec
quelles viandes, herbes et épices ? » puis, un peu plus
gaiement : — « avec quels boyaux ? — et s'ils ne crevaient
jamais ? — si les plus gros n'étaient pas les meilleurs ? »
etc., prenant seulement soin d'assaisonner plutôt trop peu
que trop ce qu'il avait à dire sur les saucisses, — afin
d'avoir ses coudées franches. —

C'est pour avoir négligé cette précaution-là, dit mon
oncle Toby en mettant la main sur l'épaule de Trim, que
le comte de La Motte perdit la bataille de Wynendale; il
s'engagea trop précipitamment dans le bois : sans cela
Lille ne serait pas tombé dans nos mains, non plus que
Gand et Bruges, qui suivirent son exemple. L'année était
si avancée, continua mon oncle Toby, et la saison devenait si terrible, que si les choses n'avaient pas tourné
comme elles firent, nos troupes auraient péri en rase
campagne.

———— Ne serait-ce donc pas que les combats, sauf
votre respect, sont, ainsi que les mariages, écrits d'avance
dans le ciel ? ———— Mon oncle Toby réfléchit. ———— La
religion le portait à dire une chose, et sa haute idée de
l'art militaire le poussait à en dire une autre : de sorte
que n'étant pas en état de formuler une réponse exactement à son gré, — mon oncle Toby ne dit rien du tout,
et le caporal acheva son histoire.

Tom s'apercevant, sauf votre respect, qu'il gagnait du
terrain, et que tout ce qu'il avait dit sur les saucisses était
pris en bonne part, se mit à l'aider un peu à les faire :
— d'abord en tenant le haut de la saucisse tandis que de

la main elle y enfonçait la viande ; — puis en coupant les ficelles à la longueur convenable, et en les tenant en main pendant qu'elle les prenait une à une ; — puis en les lui mettant en travers de la bouche, pour qu'elle pût les prendre à mesure qu'elle en avait besoin, — et ainsi de suite, peu à peu, jusqu'à se hasarder enfin à attacher lui-même la saucisse, tandis qu'elle tenait le boyau.

——— Or, une veuve, sauf votre respect, choisit toujours un second mari aussi peu semblable au premier que possible : si bien que l'affaire était plus d'à moitié réglée dans l'esprit de la Juive, avant que Tom en eût dit un mot.

Elle feignit pourtant de se défendre en empoignant une saucisse. ——— A l'instant Tom en saisit une autre —

Mais voyant que celle de Tom était plus cartilagineuse, —

Elle signa la capitulation, — Tom la scella ; et ce fut une affaire faite.

CHAPITRE CCLXXXVII.

Toutes les femmes, continua Tom (commentant son histoire), depuis la première jusqu'à la dernière, sauf votre respect, aiment la plaisanterie ; la difficulté est de savoir comment elles veulent qu'on la leur serve ; et il n'y a pas d'autre moyen que d'essayer, comme nous faisons avec notre artillerie sur le champ de bataille, en levant ou abaissant les culasses, jusqu'à ce que nous atteignions le but.

—— La comparaison me plaît, dit mon oncle Toby, plus que la chose elle-même.

—— C'est que votre Honneur, dit le caporal, aime la gloire plus que le plaisir.

—— J'espère, Trim, répondit mon oncle Toby, que j'aime le genre humain avant tout ; et comme la science des armes tend évidemment au bien et au repos du monde, — et que particulièrement la branche que nous en avons cultivée ensemble dans notre boulingrin n'a pas d'autre objet que d'arrêter les pas de l'*Ambition* et de retrancher la vie et la fortune du *petit nombre* contre le pillage du *plus grand ;* — toutes les fois que le tambour battra à nos oreilles, je me flatte, caporal, que ni l'un ni l'autre nous ne serons assez dépourvus d'humanité et de sympathie fraternelle, pour ne pas faire volte-face et marcher à ce signal.

En prononçant ceci, mon oncle Toby fit volte-face et marcha d'un pas ferme, comme à la tête de sa compagnie ; — et le fidèle caporal, le bâton à l'épaule, et frappant de la main sur la basque de son habit en faisant le premier pas, — marcha immédiatement derrière lui le long de l'avenue.

—— Que diantre se passe-t-il dans leurs deux caboches ? s'écria mon père à ma mère. — Dieu me pardonne, ils assiégent mistress Wadman en forme, et ils marchent autour de sa maison pour marquer les lignes de circonvallation.

—— J'ose dire, repartit ma mère —— Mais arrêtez, cher monsieur, — car ce que ma mère osa dire à cette occasion, — et ce que mon père dit de son côté, — avec ses réponses à elle et ses répliques à lui, sera lu, relu, paraphrasé, commenté et discuté, — ou pour tout

21.

dire en un mot, sera dévoré par la Postérité, — dans un chapitre à part; — je dis, par la Postérité, — et peu m'importe de répéter le mot, — car qu'a fait ce livre de plus que la Mission de Moïse, ou l'Histoire d'un Baquet [1], pour ne pas surnager avec eux sur l'abîme du temps?

Je ne discuterai pas là-dessus : le temps passe trop vite : chaque lettre que je trace me dit avec quelle rapidité la vie suit ma plume; nos journées et nos heures, plus précieuses, — ma chère Jenny, — que les rubis qui brillent à ton cou, s'envolent sur nos têtes comme de légers nuages un jour de vent, pour ne plus revenir; tout fuit; — tandis que tu tresses cette boucle de cheveux, — vois! elle devient grise; et chaque fois que je baise ta main en te disant adieu, et chaque absence qui suit, sont des préludes à cette éternelle séparation qui doit bientôt arriver. —

Le ciel ait pitié de nous deux!

CHAPITRE CCLXXXVIII.

Quant à ce que le monde pensera de cette éjaculation, — je n'en donnerais pas quatre sous.

---

[1] *The Tale of a Tub*, ouvrage de Swift, connu en France sous le titre impropre de Conte du Tonneau. (*Note du traducteur.*)

CHAPITRE CCLXXXIX.

Ma mère, son bras gauche toujours passé dans le bras droit de mon père, était parvenue avec lui à cet angle fatal du vieux mur du jardin, où le docteur Slop avait été culbuté par Obadiah monté sur le cheval de carrosse. Comme cet angle faisait directement face à la maison de mistress Wadman, quand mon père y arriva, il jeta un regard de côté; et voyant mon oncle Toby et le caporal à dix pas de la porte, il se retourna : — « Arrêtons-nous un moment, » dit mon père, « et voyons avec quelles cérémonies mon frère Toby et son valet Trim feront leur entrée ; cela ne nous retiendra pas une minute, » ajouta mon père.

——— Quand ce serait dix minutes, repartit ma mère.
——— Cela ne nous en retiendra pas la moitié d'une, dit mon père.

Le caporal entamait précisément alors l'histoire de son frère Tom et de la veuve du Juif : l'histoire continua, — continua ; — il y eut des épisodes, — elle revint sur ses pas, puis elle continua, — continua ; c'était à n'en pas finir : — le lecteur l'a trouvée très-longue.

Dieu ait pitié de mon père ! il pesta cinquante fois à chaque nouvelle attitude, et donna le bâton du caporal, avec tous ses moulinets hauts et bas, à autant de diables qu'il en crut de disposés à accepter le cadeau.

Quand des dénoûments pareils à ceux qu'attend mon père sont en suspens dans les balances du Destin, l'esprit a l'avantage de changer trois fois de principe d'attente, sans quoi il n'aurait pas la force d'aller jusqu'au bout.

Le *premier moment* appartient à la curiosité; et le second est tout économie pour justifier la dépense du premier; — quant aux troisième, quatrième, cinquième et sixième moments, et ainsi de suite jusqu'au jour du jugement, — c'est une affaire de point d'*honneur*.

Je n'ai pas besoin qu'on me dise que les moralistes ont attribué tout ceci à la patience; mais cette *Vertu*, ce me semble, a, de son propre, une étendue suffisante de domaines, et assez à y faire, sans envahir le peu de châteaux démantelés que l'*Honneur* a conservés sur terre.

Mon père, à l'aide de ces trois auxiliaires, attendit du mieux qu'il put la fin de l'histoire de Trim; et ensuite jusqu'à la fin du panégyrique que mon oncle Toby fit de la profession des armes dans le chapitre suivant; mais les voyant, au lieu de marcher droit, à la porte de mistress Wadman, faire tous deux volte-face et suivre l'avenue dans un sens diamétralement opposé à son attente, — il se laissa aller à cette humeur tant soit peu aigrelette, qui, dans certaines occasions, distinguait son caractère de celui de tous les autres hommes.

CHAPITRE CCXC.

— « Que diantre se passe-t-il dans leurs deux caboches? » s'écria mon père, ——— etc. ———

——— Je crois, en vérité, dit ma mère, qu'ils font des fortifications.

——— Pas sur le terrain de mistress Wadman ! s'écria mon père en reculant.

——— Je suppose que non, repartit ma mère.

——— Je voudrais, dit mon père en élevant la voix, que toute la science des fortifications fût au diable avec toutes ses niaiseries de sapes, de mines, de blindes, de gabions, de fausses braies et de cuvettes.

——— Ce sont de sottes choses, dit ma mère.

Or, ma mère avait une habitude, et, par parenthèse, je ferais à l'instant même le sacrifice de ma jaquette violette, et mes pantoufles jaunes par-dessus le marché, si quelques-unes de vos Révérences voulaient l'imiter, — c'était de ne jamais refuser son assentiment et consentement à aucune des propositions que mon père lui posait, lorsque sa seule raison pour le faire était qu'elle ne la comprenait pas, ou qu'elle n'avait aucune idée du principal mot ou terme d'art sur lequel roulait cette opinion ou proposition. Elle se contentait de faire tout ce que ses parrains et marraines avaient promis en son nom,— mais rien de plus ; et elle se serait servie vingt ans de suite d'un mot difficile, et elle y aurait répondu, si c'eût été un verbe, dans tous ses temps et modes, sans se donner la peine d'en demander la signification.

C'était une source éternelle de chagrin pour mon père, et cela coupait le cou, dès le début, à plus de bonnes conversations entre eux, que n'aurait pu faire la plus pétulante contradiction ; — le peu qui survécut de celle-ci le dut aux cuvettes.

——— « Ce sont de sottes choses, » dit ma mère.

——— Particulièrement les *cuvettes*, repartit mon père.

Cela suffit ; — il goûta les douceurs du triomphe, — et poursuivit :

— Ce n'est pas qu'à proprement parler, ce soit le terrain de mistress Wadman, dit mon père se reprenant en partie, — attendu qu'elle n'en a que l'usufruit.

——— Cela fait une grande différence — dit ma mère. Aux yeux des sots, répliqua mon père.

——— A moins qu'il ne lui arrive d'avoir un enfant, dit ma mère.

——— Mais d'abord il faut qu'elle persuade à mon frère Toby de lui en faire un.

——— Sans doute, monsieur Shandy, reprit ma mère.

——— Et encore, s'il faut en venir à la persuasion, — dit mon père, — le Seigneur ait pitié d'eux !

——— Amen, dit ma mère, *piano*.

——— Amen, s'écria mon père, *fortissimé*.

——— Amen, répéta ma mère, — mais elle l'accompagna d'une plaintive cadence de pitié toute personnelle, qui cassa bras et jambes à mon père : — il prit soudain son almanach ; mais avant qu'il eût pu l'ouvrir, la congrégation d'Yorick venant à sortir de l'église, ce fut une pleine réponse à la moitié de ce qu'il y voulait chercher ; — et ma mère lui disant que c'était jour de communion, — le laissa aussi peu en doute sur le reste. — Il mit son almanach dans sa poche.

Le premier lord de la Trésorerie songeant aux *voies et moyens*, ne serait pas rentré chez lui d'un air plus embarrassé.

CHAPITRE CCXCI.

En revoyant la fin du dernier chapitre, et en examinant l'ensemble de ce que j'ai écrit, je reconnais qu'il est nécessaire d'insérer dans cette page-ci et dans les cinq pages suivantes une bonne quantité de matière hétérogène pour maintenir ce juste équilibre entre la sagesse et la folie, sans lequel un livre ne saurait vivre une année; et ce n'est pas une pauvre digression traînante qui fera l'affaire : n'était le nom, autant vaudrait ne pas quitter la grand'route. — Non pas; si digression il y a, il faut une bonne digression frétillante, et sur un sujet frétillant aussi, où ni le cheval ni son cavalier ne puissent être attrapés qu'au rebond.

La seule difficulté c'est d'éveiller des facultés propres à la nature de ce service : l'*Imagination* est capricieuse, — l'*Esprit* ne veut pas être cherché, — et la *Plaisanterie* (toute bonne fille qu'elle est) ne vient pas à volonté, quand on mettrait un empire à ses pieds.

— Le meilleur moyen pour un homme, c'est de dire ses prières.

Seulement, si cela lui rappelle ses infirmités et défauts, tant de l'esprit que du corps, — pour cette raison, il se trouvera plus mal après les avoir dites qu'auparavant; — pour d'autres raisons, il se trouvera mieux.

Pour ma part, il n'y a pas au monde un moyen, soit moral soit mécanique, auquel j'aie pu penser, que je n'aie essayé sur moi en pareil cas; quelquefois m'adressant directement à l'âme elle-même, et discutant cent et cent fois la chose avec elle, autant que ses facultés s'étendaient.

— Je n'ai jamais pu les élargir d'un pouce.

Puis, changeant de système et essayant ce que pouvaient faire sur le corps la tempérance, la sobriété et la chasteté. Ce sont de bonnes choses en elles-mêmes, dis-je, — elles sont bonnes absolument, — elles sont bonnes relativement, — elles sont bonnes pour la santé, — elles sont bonnes pour le bonheur dans ce monde, elles sont bonnes pour le bonheur dans l'autre.

Bref, elles étaient bonnes pour tout, excepté pour ce dont j'avais besoin; et là elles n'étaient bonnes à rien, qu'à laisser l'âme juste comme le ciel l'avait faite. Quant aux vertus théologales de la Foi et de l'Espérance, elles lui donnent du courage; mais alors, la Charité, cette pleurnicheuse vertu (comme mon père l'appelait toujours) le lui retire tout : de sorte que vous voilà exactement à votre point de départ.

Or, dans les cas communs et ordinaires, il n'est rien que j'aie trouvé réussir aussi bien que ceci. ———

Certainement s'il y a quelque fond à faire sur la Logique, et que je ne sois pas aveuglé par l'amour-propre, je dois avoir en moi quelque chose qui tient du vrai génie, ne fût-ce que sur ce seul symptôme, que je ne sais pas ce que c'est que l'Envie : car je ne découvre jamais une invention ou un procédé tendant au perfectionnement de l'art d'écrire, que je ne les publie à l'instant, désirant que tout le monde puisse écrire aussi bien que moi.

— Ce qu'on fera certainement, quand on pensera aussi peu.

CHAPITRE CCXCII.

Or, dans les cas ordinaires, c'est-à-dire quand je suis simplement stupide, et que les idées s'éveillent pesamment et passent gommeuses par ma plume, ———

Ou que je suis entré, je ne sais comment, dans une froide veine d'infâme style sans métaphore, et que je ne saurais l'alléger, y allât-il du salut de mon âme ; qu'en conséquence je suis obligé de continuer à écrire comme un commentateur hollandais jusqu'à la fin du chapitre, si rien ne se fait. ———

Je n'entre pas un seul moment en pourparler avec ma plume et mon encre ; car si une prise de tabac, ou bien un ou deux tours ne font pas l'affaire, — je prends aussitôt un rasoir ; et après en avoir essayé le tranchant sur la paume de ma main, sans plus de cérémonie, excepté celle de me savonner préalablement le menton, je me rase ; prenant soin simplement, si j'y laisse un poil, que ce n'en soit pas un gris : ceci fait, je change de chemise, — mets un meilleur habit, — envoie chercher ma dernière perruque, — passe à mon doigt ma bague de topaze, et, en un mot, m'habille de la tête aux pieds de mon mieux.

Cette fois il faut que le Diable d'enfer y soit, si cela ne réussit pas ; car considérez, monsieur, que comme tout homme aime à être présent à l'opération du rasoir sur sa barbe (quoiqu'il n'y ait pas de règle sans exception) et s'assied inévitablement en face de lui-même tout le temps qu'elle dure, au cas qu'il y ait la main, — la situation la situation, comme tout autre, a des idées à elle à faire entrer dans le cerveau.

Je le soutiens, les conceptions d'un homme dont le menton est rude sont de sept années plus juvéniles et plus nettes pour une seule opération; et si elles ne couraient pas le risque de tomber tout à fait sous le rasoir, on pourrait, à force de se faire la barbe, les porter au plus haut degré de sublime. — Comment Homère a pu écrire avec une si longue barbe, je l'ignore, — et comme cela contredit mon système, peu m'importe ; — mais retournons à la toilette.

Louis de Sorbonne en fait entièrement une affaire du corps (ἐξωτερικὴ πρᾶξις), comme il l'appelle, — mais il se trompe : l'âme et le corps sont de moitié ensemble dans tout ce qui leur arrive : un homme ne peut pas faire sa toilette sans que ses idées ne fassent en même temps la leur, et s'il se met élégamment, chacune d'elles se présente à son imagination aussi élégante que lui; — en sorte qu'il n'a qu'à prendre la plume et à écrire comme lui-même.

Aussi quand vos Honneurs et Révérences voudront savoir si ce que j'écris est présentable et peut se lire, ils seront aussi en état d'en juger en examinant le compte de ma blanchisseuse qu'en examinant mon livre : il y a un certain mois où je puis faire voir que j'ai sali trente et une chemises à nettoyer mon style; et au bout du compte, j'ai été plus injurié, plus maudit, plus critiqué et plus chargé d'imprécations, et j'ai eu plus de têtes mystiques en branle contre moi pour ce que j'avais écrit dans ce seul mois, que pour ce que j'avais écrit dans tout le reste de cette année-là.

Mais leurs Honneurs et Révérences n'avaient pas vu mes comptes.

CHAPITRE CCXCIII.

Comme je n'ai jamais eu le projet de commencer la digression pour laquelle je fais toute cette préparation, avant d'être arrivé au 294me chapitre, — je puis faire de celui-ci l'usage que je jugerai convenable. J'ai en ce moment vingt manières de le remplir. — Je pourrais en faire mon chapitre des *Boutonnières*, —

Ou mon chapitre des *Pouah* qui doit venir après, —

Ou mon chapitre des Nœuds, au cas que leurs Révérences en aient fini avec eux ; — mais ils pourraient me mener à mal. Le plus sûr est de suivre la méthode des savants, et d'élever moi-même des objections contre ce que j'ai écrit, quoique, je le déclare à l'avance, je ne sache pas plus que mes talons comment y répondre.

Et d'abord on peut dire qu'il existe une piètre espèce de satire *thersitique* aussi noire que l'encre avec laquelle elle est écrite — (et, par parenthèse, quiconque parle ainsi est redevable au commissaire général de l'armée grecque pour avoir souffert que le nom d'un homme aussi grossier et aussi mal embouché que Thersite restât sur ses contrôles, — car cela lui a fourni une épithète) — il objectera que dans ces sortes de productions tous les lavages et frottages du monde ne feront aucun bien à un génie qui s'affaisse, — mais c'est juste le contraire, attendu que plus sale est le drôle, mieux en général il y réussit.

A cela la seule réponse que j'aie à faire, — au moins pour l'instant, — c'est que l'archevêque de Bénévent a écrit son *sale* roman de Galathée, comme tout le monde sait, en habit violet, en veste et culotte violettes ; et que la pénitence qui lui fut imposée d'écrire un commentaire sur le livre des Révélations, toute sévère qu'elle parut à une partie du monde, fut loin d'être jugée telle par l'autre, rien qu'à cause de ce costume.

Une autre objection contre mon remède, c'est son défaut d'universalité ; attendu que comme la partie relative à l'opération du rasoir, sur laquelle on compte tant, interdit complétement, par une loi invariable de la nature, l'usage de ce remède à une moitié de l'espèce humaine, — tout ce que je puis dire, c'est que les écrivains femelles, soit d'Angleterre, soit de France, doivent forcément s'en passer.

Quant aux dames espagnoles, — je n'en suis nullement en peine.

CHAPITRE CCXCIV.

Voici enfin le quinzième chapitre venu [1], et il n'apport rien qu'une triste preuve de « la rapidité avec laquelle nos plaisirs nous échappent en ce monde ! »

Car en parlant de ma digression, —— je déclare devant Dieu que je l'ai faite ! Quelle étrange créature que l'homme ! dit-elle.

——— C'est très-vrai, dis-je ; — mais il serait mieux de nous ôter toutes ces choses de la tête, et de revenir à mon oncle Toby.

---

[1] Du neuvième livre. (*Note du traducteur.*)

CHAPITRE CCXCV.

Quand mon oncle Toby et le caporal furent arrivés au bout de l'avenue, ils se rappelèrent que c'était de l'autre côté qu'ils avaient affaire : ils firent donc volte-face, et marchèrent droit à la porte de mistress Wadman.

Je me porte caution pour votre Honneur, dit le caporal touchant de la main son bonnet à la Montero, comme il passait pour frapper à la porte. —⸺ Mon oncle Toby, contrairement à sa manière invariable de traiter son fidèle serviteur, ne répondit rien : le fait est qu'il n'avait pas tout à fait coordonné ses idées; il souhaitait une autre conférence, et pendant que le caporal montait les trois marches qui étaient devant la porte, il toussa deux fois; à chaque émission, une partie des esprits les plus modestes de mon oncle Toby s'envola vers le caporal : celui-ci resta une bonne minute, le marteau de la porte suspendu dans sa main sans trop savoir pourquoi. Brigitte se tenait en embuscade au dedans, l'index et le pouce sur le loquet, se morfondant à attendre ; et mistress Wadman, ayant l'air toute prête à reperdre sa virginité, était assise derrière le rideau de la fenêtre de sa chambre à coucher, respirant à peine et guettant leur approche.

—⸺ Trim! dit mon oncle Toby ; — mais comme il articulait le mot, la minute expira, et Trim laissa tomber le marteau.

Mon oncle Toby, voyant tout son espoir d'une conférence assommé du coup, se mit à siffler son Lillabullero.

CHAPITRE CCXCVI.

Comme l'index et le pouce de mistress Brigitte étaient sur le loquet, le caporal ne frappa point autant de fois que fait peut-être le tailleur de votre Honneur. — J'aurais pu prendre mon exemple un peu plus près; car je dois au mien vingt-cinq guinées pour le moins ; et j'admire sa patience, à cet homme.

————— Mais ceci n'est d'aucun intérêt pour le public ; seulement c'est une maudite chose que d'avoir des dettes ; et on dirait qu'il y a une fatalité qui s'acharne sur les finances de certains pauvres princes, particulièrement de notre famille : il n'est pas d'économie capable de les tenir sous clef. Pour ma part, je suis persuadé qu'il n'existe pas sur terre de prince, de prélat, de pape ni de potentat, grand ou petit, plus désireux dans l'âme que je ne le suis d'être parfaitement en règle avec le monde, — ou qui fasse plus ce qu'il faut pour cela. Jamais je ne donne plus d'une demi-guinée, — ni ne me promène en bottes, — ni ne marchande de cure-dents, ni ne dépense un shilling en cartons, dans l'année ; et pendant les six mois que je passe à la campagne, j'y suis sur un si petit pied, que, malgré toute la bonne volonté du monde, je laisse Rousseau bien loin derrière ! — car je n'ai chez moi ni homme, ni petit garçon, ni cheval, ni vache, ni chien, ni chat, ni rien qui mange ou boive, excepté (pour entretenir mon feu) une pauvre maigre vestale, qui généralement a un aussi mauvais appétit que moi ; — mais si vous croyez que cela fait de moi un philosophe, — je ne donnerais pas, mes bonnes gens, un fétu de vos jugements

La vraie philosophie — mais il n'y a pas moyen de traiter ce sujet-là pendant que mon oncle Toby siffle son Lillabullero.

——— Entrons dans la maison.

CHAPITRE CCXCVII

CHAPITRE CCXCVIII

CHAPITRE CCXCIX.

——— * * * * * * * * * * * * * *
* * * * * * * * * * * * * * * *
* * * *
* * * * * * * * * * * * * * * *
* * * * * * * * * * * * * * * *
* * * * * * * * * * * * * * * *
* * * *

——— Vous verrez la place, madame, dit mon oncle Toby.

Mistress Wadman rougit, — regarda vers la porte, — pâlit, — rougit encore légèrement, — reprit son teint naturel, — rougit plus que jamais ; — ce que, pour le lecteur ignorant, je traduis ainsi :

« *Seigneur Dieu ! je ne saurais y regarder !* —
« *Que dirait le monde si j'y regardais ?*
« *Je me trouverais mal si j'y regardais !*
« *Je voudrais pouvoir y regarder.*
« *Il ne saurait y avoir de péché à y regarder.*
« ——— *J'y regarderai.* »

Tandis que tout ceci trottait dans l'imagination de mistress Wadman, mon oncle Toby s'était levé du sofa et avait franchi la porte du parloir pour donner en conséquence ses ordres à Trim dans le passage ——— * * * * * * ——— Je crois qu'elle est dans le grenier, dit mon oncle Toby. ——— Je l'y ai vue ce matin, sauf votre respect, répondit Trim. ——— Eh bien, va la chercher tout de suite, Trim, dit mon oncle Toby, et apporte-la au parloir.

Le caporal n'approuvait pas cet ordre, mais il y obéit de tout cœur. Il n'était pas maître de son approbation, — il l'était de son obéissance : il mit donc son bonnet à la Montero, et partit aussi vite que son genou estropié le lui permettait. Mon oncle Toby rentra dans le parloir, et se rassit sur son sofa.

———— Vous mettrez le doigt sur la place, dit mon oncle Toby. — Je n'y toucherai pas, pourtant, se dit mistress Wadman.

Ceci demande une seconde traduction, — c'est la preuve du peu d'instruction qu'on retire des mots ; — nous devons remonter aux sources premières.

Or, pour éclaircir le brouillard qui couvre ces trois pages, je dois moi-même m'efforcer d'être aussi clair que possible.

Passez trois fois vos mains sur vos fronts, — mouchez-vous, — nettoyez vos émonctoires, — éternuez, mes bonnes gens : — Dieu vous bénisse !

Maintenant, prêtez-moi toute l'assistance que vous pourrez.

CHAPITRE CCC.

Comme il y a cinquante motifs différents (en comptant tous les motifs, — tant civils que religieux) pour lesquels une femme prend un mari, elle commence par les examiner et peser soigneusement, puis elle les sépare, et démêle dans sa pensée lequel de tous ces motifs est le sien; ensuite par conversation, enquête, argumentation et induction, elle recherche et découvre si elle tient le bon; — et si elle le tient, — alors en le tirant doucement de ce sens-ci et de celui-là, elle en arrive à se faire une idée s'il aura de la consistance.

L'image au moyen de laquelle Slawkenbergius grave ceci dans l'imagination du lecteur, au commencement de sa troisième Décade, est si burlesque, que mon respect pour le beau sexe ne me permettra pas de la citer : — n'était cela, elle ne manque pas de gaieté. —

« Elle commence, dit Slawkenbergius, » par arrêter l'âne ; et tenant son licou de la main gauche (de peur qu'il ne s'échappe), elle fourre la main droite au fin fond de son panier pour l'y chercher. ——— Y chercher quoi ?

——— Vous ne l'en saurez pas plus tôt pour m'interrompre, dit Slawkenbergius. —

« Je n'ai, ma bonne dame, que des bouteilles vides, » dit l'âne.

——— « Je suis chargé de tripes, » — dit le second.

——— Et tu ne vaux guère mieux, dit-elle au troisième; car il n'y a dans tes paniers que des chausses et des pantoufles ; — et elle fait ainsi la revue du quatrième, du cinquième et de toute la file l'un après l'autre, jusqu'à ce qu'arrivant à l'âne qui en est porteur, elle renverse le panier sens dessus dessous, — elle regarde la chose, — la considère, — la compare à son échantillon, — la mesure, — l'étend, — la mouille, — la sèche, — puis met sa dent à la chaîne et à la trame —

——— De quoi ? pour l'amour du Christ !

——— J'y suis déterminé, répondit Slawkenbergius,

toutes les puissances de la terre n'arracheront jamais ce secret de mon sein.

CHAPITRE CCCI.

Nous vivons dans un monde assiégé de tous côtés de mystères et d'énigmes, — ainsi cela ne fait rien ; — autrement il semble étrange que la Nature, qui fait répondre si bien chaque chose à sa destination, et qui ne manque jamais ou rarement, à moins que ce ne soit par amusement, de donner à tout ce qui lui passe par les mains une forme et une aptitude telles que, soit qu'elle destine à la charrue, à la caravane, à la charrette — ou à tout autre emploi, la créature qu'elle modèle, quand ce ne serait qu'un ânon, vous êtes sûr d'avoir la chose qu'il vous faut ; il semble étrange que la Nature en même temps commette de si continuelles bévues, en faisant une chose aussi simple qu'un homme marié.

Si c'est dans le choix de la pâte, — ou si la pâte se gâte à la cuisson (dont l'excès peut rendre un mari trop croustillant, vous le savez d'une part, — et pas assez, faute de chaleur, de l'autre) ; — ou si cette grande ouvrière n'est pas si attentive aux petites exigences platoniques de *l'autre partie* de l'espèce, pour l'usage de laquelle elle fabrique *celle-ci* ; — ou si parfois dame Nature ne sait guère quelle sorte de mari conviendra — je ne sais : nous en causerons après souper.

C'est assez que ni l'observation même, ni le raisonnement auquel elle donne lieu, n'aillent point du tout au but, — et même aillent plutôt contre ; puisqu'à l'égard de l'aptitude de mon oncle Toby à l'état de mariage, il n'y eut jamais rien de mieux : elle l'avait formé de la pâte la meilleure, la plus tendre, — elle l'avait mélangée de son propre lait, et y avait soufflé le plus doux esprit ; — elle l'avait fait tout paisible, tout généreux et tout humain ; — elle lui avait rempli le cœur de candeur et de confiance, et en avait disposé toutes les avenues pour la communication des plus tendres offices ; — elle avait, en outre, tenu compte des autres causes pour lesquelles le mariage a été institué ————

Et en conséquence, * * * * * * * * * *
* * * * * * * * * * * * * * * * *
* * * * * * * * * * * * * * *
* * * * *

La *donation* n'avait pas été annulée par la blessure de mon oncle Toby.

Or ce dernier article était tant soit peu apocryphe ; et le Diable, qui est le grand perturbateur de notre foi en ce monde, avait soulevé à ce sujet des scrupules dans la cervelle de mistress Wadman ; et comme un vrai Diable qu'il était, il avait fait en même temps sa propre affaire, en réduisant le mérite de mon oncle Toby en ce genre à des *bouteilles vides, des tripes, des chausses et des pantoufles.*

CHAPITRE CCCII.

Mistress Brigitte avait gagé le peu d'honneur que possède ici-bas une pauvre soubrette, qu'elle saurait le fond de l'affaire en dix jours ; et son espoir se fondait sur un des *postulats* du monde les plus faciles à concéder ; à savoir que tandis que mon oncle Toby faisait la cour à sa maîtresse, le caporal ne pourrait trouver rien de mieux que de lui faire la cour à elle-même ; — « *Et je le laisserai faire tant qu'il voudra,* » dit Brigitte, « *pour savoir de lui la vérité.* »

L'Amitié a deux vêtements, un de dessus et un de dessous. Brigitte, avec l'un, servait les intérêts de sa maîtresse, et faisait avec l'autre ce qui lui plaisait le plus : si bien qu'elle avait autant d'enjeu sur la blessure de mon oncle Toby que le Diable lui-même. — Mistress Wadman n'en avait qu'un, — et comme ce pouvait bien être son dernier (sans décourager Brigitte, ou déprécier ses talents), elle était déterminée à jouer elle-même son jeu.

Elle n'avait pas besoin d'encouragement : un enfant aurait pu voir les cartes de mon oncle Toby; il y avait une telle ingénuité, une telle simplicité dans sa manière de jouer les atouts qu'il avait, — avec une telle ignorance du *dix et as*, — et c'était tellement à découvert et sans défense qu'il se plaçait sur le même sofa que la veuve Wadman, qu'un cœur généreux aurait pleuré de gagner sur lui la partie.

Quittons la métaphore.

CHAPITRE CCCIII

—— — Et l'histoire aussi, s'il vous plaît ; car bien que tout le temps je me sois hâté vers cet endroit, avec une si vive impatience, sachant bien que c'était le morceau le plus exquis que j'eusse à offrir au monde, néanmoins maintenant que j'y suis arrivé, quiconque voudra est le bienvenu à prendre ma plume et à continuer l'histoire à ma place ; — je vois les difficultés des descriptions que je vais donner, et je sens mon incapacité.

C'est du moins une consolation pour moi d'avoir perdu quelque quatre-vingts onces de sang cette semaine dans une fièvre désordonnée qui m'a attaqué au commencement de ce chapitre : de sorte qu'il me reste encore quelque espoir que cela peut être plutôt dans les parties séreuses ou globuleuses du sang, que dans la vapeur subtile du cerveau : — quoi qu'il en soit, une invocation ne peut pas faire de mal ; — et je laisserai entièrement à l'*invoqué* le soin de m'inspirer ou de m'injecter comme bon lui semblera. ——

INVOCATION.

Doux esprit de la plus charmante humeur qui jadis te posais sur la plume facile de mon bien-aimé Cervantes ! toi qui chaque jour te glissais par sa jalousie et changeais par ta présence le crépuscule de sa retraite en éclatant midi, — qui colorais sa petite urne d'eau d'un nectar céleste, et tout le temps qu'il écrivit l'histoire de Sancho et de son maître, jetas ton manteau mystique sur son moignon flétri[1], et le tins étendu pour écarter tous les maux de sa vie, —

— Viens ici, je t'en conjure ! vois cette culotte ! — c'est tout ce que j'ai au monde ; — cette déplorable déchirure lui a été faite à Lyon.

Mes chemises ! vois à quel schisme mortel elles sont en proie ; — le bas est en Lombardie, et le reste ici. — Je n'en avais que six, et une rusée sorcière de blanchisseuse à Milan m'en a rogné cinq par devant. — Il faut être juste, elle ne l'a pas fait sans raison, — car je revenais d'Italie.

Et pourtant, malgré tout cela, malgré une boîte à amadou pour pistolet qui m'a, en outre, été escamotée à Sienne, et dix pauls que j'ai payés en deux fois pour quatre œufs durs, la première à Raddicoffini, et la seconde à Capoue, — je ne pense pas qu'un voyage en France et en Italie, pourvu qu'un homme soit maître de lui tout le long de la route, soit une aussi mauvaise chose que certaines gens voudraient vous le faire croire : il faut bien qu'il y ait *des hauts* et *des bas,* sans cela comment diantre parviendrions-nous dans les vallées où la Nature a dressé tant de tables de régal ? — Il est absurde d'imaginer qu'ils vous prêteront gratis leurs voitures à démantibuler ; et, à moins que vous ne payiez douze sous pour graisser vos roues, comment le pauvre paysan mettrait-il du beurre sur son pain ? — Réellement nous demandons trop, — et pour une livre ou deux qu'on vous prendra de trop pour votre souper et votre lit — après tout, cela ne fait qu'un shilling neuf pence et demi ; — qui voudrait

---

[1] Il avait perdu la main à la bataille de Lépante.
(*Note de l'auteur.*)

pour cela jeter la perturbation dans sa philosophie ? Pour l'amour de Dieu et de vous-même, payez, — payez à mains ouvertes, plutôt que de laisser le *Désappointement* s'asseoir languissant sur les yeux de votre belle hôtesse et de ses filles debout sur la porte à votre départ ; — et d'ailleurs, mon cher monsieur, vous obtenez de chacune d'elles un fraternel baiser qui vaut une livre sterling : — du moins cela m'est arrivé.

— Car les amours de mon oncle Toby me trottant pendant toute ma route dans la tête, elles eurent sur moi le même effet que si c'eussent été les miennes. — J'étais dans le plus parfait état de bonté et de bienveillance, et je sentais la plus douce harmonie vibrer en moi, et suivre chaque oscillation de ma chaise : en sorte que les routes avaient beau être raboteuses ou unies, cela ne faisait aucune différence ; chaque chose que je voyais ou à laquelle j'avais affaire touchait quelque ressort secret, soit de raisonnement, soit d'enthousiasme.

———— C'étaient les sons les plus ravissants que j'eusse entendus, et je baissai aussitôt la glace de devant pour les entendre plus distinctement. ——— C'est Marie, dit le postillon, remarquant que j'écoutais. — Pauvre Marie ! continua-t-il (en se penchant de côté pour me la laisser voir, car il était juste entre nous), elle est assise sur une butte, jouant ses vêpres sur son chalumeau, et ayant sa petite chèvre à côté d'elle.

Le jeune garçon prononça ces mots d'un ton et d'un air en si parfait accord avec un cœur sensible, qu'à l'instant je fis vœu de lui donner une pièce de vingt-quatre sous quand j'arriverais à Moulins. ————

———— Et qui est la *pauvre* Marie ? dis-je.

———— L'amour et la pitié de tous les villages d'alentour, dit le postillon : — il n'y a que trois ans, le soleil ne luisait pas sur une fille aussi belle, aussi vive d'esprit, aussi aimable; et Marie méritait mieux que d'avoir ses bans arrêtés par les intrigues du curé de la paroisse qui les publiait.

Il continuait, quand Marie, qui avait fait une courte pause, reporta son chalumeau à sa bouche, et recommença son air ; — c'étaient les mêmes sons, — mais dix fois plus doux. ———— C'est la prière du soir à la Vierge, dit le jeune homme ; — mais qui lui a appris à la jouer, ou comment elle s'est procuré son chalumeau, personne ne le sait : nous pensons que c'est au ciel qu'elle doit l'un et l'autre, car, depuis qu'elle a l'esprit dérangé, cela paraît être sa seule consolation; elle n'a jamais été une seule fois sans son chalumeau à la main, et elle joue dessus cette prière presque nuit et jour.

Le postillon raconta cela avec tant de *mesure* et d'éloquence naturelle, que je ne pus m'empêcher de déchiffrer sur sa figure quelque chose au-dessus de sa condition, et que j'aurais tiré de lui sa propre histoire, si celle de la pauvre Marie ne m'eût pas si complétement préoccupé.

Nous étions arrivés en ce moment à la butte où Marie était assise; elle était en mince camisole blanche, ses cheveux, à l'exception de deux boucles, relevés dans un filet de soie, avec quelques feuilles d'olivier assez fantastiquement entrelacées d'un côté ; — elle était très-belle; et si jamais j'ai senti toute la force d'un serrement de cœur honnête, ce fut au moment où je la vis. ————
Dieu l'assiste ! pauvre demoiselle ! s'écria le postillon. On a dit pour elle plus de cent messes, dans les paroisses et

couvents d'alentour, — mais sans effet : nous avons toujours l'espoir, comme elle a sa raison pour de courts intervalles, que la Vierge finira par la lui rendre tout à fait; mais ses parents, qui la connaissent mieux, sont sans espérance, et pensent qu'elle l'a perdue à tout jamais.

Comme le postillon disait cela, Marie fit une cadence si mélancolique, si tendre et si plaintive, que je sautai hors de ma chaise pour la secourir, et je me trouvai assis entre elle et sa chèvre, avant d'être revenu de mon enthousiasme.

Marie fixa pendant quelque temps un regard attentif sur moi, puis sur sa chèvre, — puis sur moi, — puis de nouveau sur sa chèvre, et ainsi de suite, alternativement.

——— Eh bien, Marie, dis-je doucement, quelle ressemblance trouvez-vous?

Je supplie le lecteur candide de me croire, c'était d'après l'humble conviction de la sorte de *bête* qu'est l'homme, — que je fis cette question ; et je n'aurais pas voulu laisser échapper une plaisanterie déplacée en la vénérable présence du Malheur, quand c'eût été pour tout l'esprit qu'a jamais éparpillé Rabelais ; — et pourtant j'avoue que mon cœur me la reprocha, et l'idée seule m'en fut si cuisante, que je jurai de me vouer à la Sagesse, — de ne plus parler que gravement le reste de mes jours, — et de ne plus essayer de plaisanter avec homme, femme ou enfant, si longtemps que j'aurais à vivre.

Quant à leur écrire des folies, — je crois que j'avais fait une réserve ; — mais je laisse au monde à en juger.

Adieu, Marie! — adieu, pauvre infortunée! quelque jour, mais pas à présent, je pourrai entendre tes chagrins de ta propre bouche ; — mais je me trompais ; car en ce moment elle prit son chalumeau, et me fit avec un tel récit de douleur, que je me levai, et que d'un pas chancelant et irrégulier je gagnai doucement ma chaise.

— Quelle excellente auberge à Moulins!

CHAPITRE CCCIV.

Quand nous serons à la fin de ce chapitre (mais pas avant), il nous faudra tous revenir aux deux chapitres laissés en blanc, au sujet desquels mon honneur gît tout saignant depuis une demi-heure. — J'arrête le sang en ôtant une de mes pantoufles jaunes, et en la lançant de toute ma force à l'autre côté de ma chambre, avec cette déclaration à son talon : —

Que quelle que soit la ressemblance que cela puisse avoir avec la moitié des chapitres qui ont été écrits dans le monde, ou qui, autant que j'en sache, peuvent s'y écrire en ce moment, — ç'a été aussi accidentel que l'écume du cheval de Zeuxis; d'ailleurs, je regarde avec respect un chapitre où *simplement il n'y a rien;* et à considérer tout ce qu'il y a de pis dans le monde, — ce n'est point là du tout un sujet convenable de satire.

— Pourquoi donc l'avoir laissé ainsi? Et ici, sans attendre ma réponse, on m'appellera auerlan, faictnéant, rien ne vault, traineguaine, landore, dendin, guaubregeu, guoguelu et ch—enlict, — et d'autant d'autres surnoms dégoûtants, que jamais les fouaciers de Lerné en jetèrent au nez des bergers du roi Gargantua [1] : — et je les lais-

[1] Chapitre XXV. (*Note du traducteur.*)

serai faire, comme dit Brigitte, tant qu'ils voudront ; car comment était-il possible qu'ils prévissent la nécessité où j'étais d'écrire le trois cent quatrième chapitre de mon livre avant le deux cent quatre-vingt-dix-septième ? etc.

— Ainsi je ne le prends pas en mauvaise part. — Tout ce que je désire, c'est que ce soit une leçon pour le monde « *de laisser les gens raconter leurs histoires à leur manière.* »

Deux cent quatre-vingt-dix-septième Chapitre.

Comme mistress Brigitte ouvrit la porte avant que le caporal eût fini de frapper, l'intervalle entre les coups de marteau et l'introduction de mon oncle Toby dans le parloir fut si court, que mistress Wadman n'eut que juste le temps de sortir de derrière le rideau, — de poser une Bible sur la table, et de faire ou un deux pas vers la porte pour le recevoir.

Mon oncle Toby salua mistress Wadman de la manière dont les femmes étaient saluées par les hommes en l'an de Notre-Seigneur mil sept cent treize ; — puis faisant volte-face, il marcha de front avec elle au sofa, et en trois mots fort nets, — quoique pas avant de s'asseoir, — ni après s'être assis, — mais tout en s'asseyant, il lui dit « *qu'il était amoureux ;* » de façon que mon oncle Toby alla plus loin dans sa déclaration qu'il n'étai nécessaire.

Mistress Wadman abaissa les yeux naturellement sur une reprise qu'elle venait de faire à son tablier, s'attendant à tout instant que mon oncle Toby continuerait ;

mais n'ayant aucun talent pour l'amplification, et l'amour en outre étant de tous les sujets celui qu'il possédait le moins, une fois qu'il eut dit à mistress Wadman qu'il l'aimait, il en resta là et laissa la chose opérer à sa manière.

Mon père était toujours dans le ravissement de ce système de mon oncle Toby, comme il l'appelait faussement, et il disait souvent, que si son frère Toby avait seulement ajouté à son procédé une pipe de tabac, il aurait avec cela, si l'on pouvait se fier à un proverbe espagnol, trouvé accès dans le cœur de la moitié des femmes du globe.

Mon oncle Toby ne comprit jamais ce que mon père voulait dire, et je ne prétends pas en tirer autre chose que la condamnation d'une erreur où est le gros des hommes, — à l'exception des Français, qui jusqu'au dernier croient à cet axiome presque autant qu'à la *présence réelle*, « *que parler d'amour, c'est le faire.* »

— J'aimerais autant me mettre à faire du boudin noir avec la même recette.

Poursuivons : — mistress Wadman resta assise dans l'attente que mon oncle Toby en ferait autant, et cela presque jusqu'à la première pulsation de cette minute où le silence de part et d'autre devient généralement indécent : se rapprochant donc un peu plus de lui, et levant les yeux tout en rougissant un peu, — elle ramassa le gant, — ou le discours (si vous l'aimez mieux), et eut avec mon oncle Toby la conversation suivante : —

Les soins et les inquiétudes de l'état de mariage sont très-grands, dit mistress Wadman. — Je le suppose, dit mon oncle Toby. ——— Aussi quand une personne, continua mistress Wadman, a, comme vous, toutes ses aises, — qu'elle est aussi heureuse que vous l'êtes, capitaine Shandy, par vous-même, par vos amis et par vos amusements, — je me demande quelles raisons peuvent la porter vers cet état.

——— Elles sont écrites, dit mon oncle Toby, dans le livre de prières.

Mon oncle Toby s'avança jusque-là avec circonspection, et n'alla pas au delà de l'endroit où il avait pied, laissant mistress Wadman voguer sur l'abîme comme elle voudrait.

——— Quant aux enfants, dit mistress Wadman, quoique le but principal, peut-être, de l'institution, et le désir naturel, je suppose, de tous les parents, — cependant ne voyons-nous pas que ce sont des chagrins assurés et des consolations fort incertaines? Et qu'y a-t-il là, cher monsieur, pour racheter les peines de cœur? — quelle compensation à toutes les tendres et inquiètes appréhensions d'une mère souffrante et faible qui les met au jour?———
Je déclare, dit mon oncle Toby, ému de pitié, que je n'en connais pas; à moins que ce ne soit le plaisir qu'il a plu à Dieu ———

——— Une bagatelle! dit-elle.

Deux cent quatre-vingt-dix-huitième Chapitre.

Or il y a une telle infinité de notes, de tons, de dialectes, de chants, d'airs, de mines et d'accents, dans lesquels le mot *bagatelle* peut être prononcé en pareil cas chacun d'eux présentant une signification et une idée aussi différente de l'autre que l'*ordure* de la *propreté*, — que les casuistes (car c'est une affaire de conscience à ce titre-là) n'en comptent pas moins de quatorze mille qui peuvent être innocentes ou coupables.

La manière dont mistress Wadman prononça ce mot de *bagatelle* fit monter le sang aux joues modestes de mon oncle Toby ; — sentant donc en lui-même qu'il avait de façon ou d'autre dépassé l'endroit où il avait pied, il s'arrêta court ; et sans entrer plus avant soit dans les chagrins, soit dans les plaisirs du mariage, il mit sa main sur son cœur, et fit l'offre de les prendre tels quels, et de les partager avec elle.

Quand mon oncle Toby eut dit cela, il ne se mit pas en peine de le répéter : jetant donc les yeux sur la Bible que mistress Wadman avait posée sur la table, il la prit ; et tombant, le cher homme ! sur un passage qui de tous était le plus intéressant pour lui, — sur le siége de Jéricho, — il se mit à le lire, — laissant cette proposition de mariage, comme la déclaration d'amour, opérer sur la veuve à sa manière. — Or, elle n'opéra ni comme astringent ni comme laxatif ; ni comme l'opium, ou le quinquina, ou le mercure, ou le nerprun, ou aucune des drogues dont la nature a fait présent au monde ; — bref, elle n'opéra pas du tout ; et la cause en fut qu'il y avait déjà quelque chose qui y opérait. — Bavard que je suis ! J'ai dit par avance ce que c'était une douzaine de fois ; mais tout le feu du sujet n'est pas éteint. — Allons !

CHAPITRE CCCV.

Il est naturel à un homme parfaitement étranger au pays, qui va de Londres à Édimbourg, de s'informer, avant de partir, à quelle distance est York, qui est à moitié chemin ; — et personne ne s'étonne s'il continue et questionne sur la commune, etc. —

Il était tout aussi naturel à mistress Wadman, dont le premier mari avait été toute sa vie affligé d'une sciatique, de désirer savoir quelle distance il y a de la hanche à l'aine, et jusqu'à quel point un cas, plus que l'autre, la menaçait de souffrir dans ses sentiments.

En conséquence, elle avait lu d'un bout à l'autre l'Anatomie de Drake. Elle avait parcouru Wharton sur le cerveau, et emprunté Graaf sur les Os et les Muscles [1] ; mais elle n'en avait rien pu tirer.

Elle avait aussi raisonné d'après ses propres facultés, — posé des théorèmes, — tiré des conséquences, et n'était arrivée à aucune conclusion.

Pour tout éclaircir, elle avait deux fois demandé au docteur Slop « si le pauvre capitaine Shandy paraissait devoir jamais se rétablir de sa blessure ———. »

——— Il est rétabli, avait dit le docteur Slop. ——— Quoi ! tout à fait ?

——— Tout à fait, madame.

——— Mais qu'entendez-vous par un rétablissement ? avait dit mistress Wadman.

[1] Ce doit être une méprise de M. Shandy ; car Graaf a écrit sur le suc pancréatique, et sur les parties de la génération. (*Note de l'auteur.*)

Le docteur Slop était le dernier homme du monde pour les définitions ; aussi mistress Wadman n'obtint aucun éclaircissement. Bref, le seul moyen d'en avoir, c'était de s'adresser à mon oncle Toby.

Il y a dans une enquête de cette espèce un accent d'humanité qui endort le *Soupçon;* — et je suis à moitié persuadé que le serpent en fut passablement près dans son entretien avec Ève ; car, sans cela, la propension du sexe à être trompé ne pouvait pas être assez grande pour qu'elle eût la témérité de jaser avec le Diable ; — mais il y a un accent d'humanité : — comment le décrirai-je ? — c'est un accent qui couvre la partie d'un vêtement, et donne au questionneur le droit d'être aussi minutieux que votre chirurgien ordinaire.

« — Était-ce sans relâche ?

« — Était-ce plus tolérable au lit ?

« — Pouvait-il avec se coucher également sur les deux côtés ?

« — Était-il en état de monter à cheval ?

« — Le mouvement lui était-il contraire ? », etc.

Tout cela était dit si tendrement, et si bien dirigé vers le cœur de mon oncle Toby, que chaque *item* s'y enfonçait dix fois plus avant que les maux eux-mêmes ; — mais quand mistress Wadman fit un détour par Namur pour arriver à l'aine de mon oncle Toby, et l'entraîna à attaquer la pointe de la contrescarpe avancée et, pêle-mêle avec les Hollandais, à prendre la contre-garde de Saint-Roch l'épée à la main, — puis, lui faisant résonner de tendres notes à l'oreille, le conduisit tout sanglant par la main hors de la tranchée, en s'essuyant les yeux comme on le portait à sa tente, — ciel ! terre ! mer ! — tout fut soulevé, — les sources de la nature montèrent au-dessus de leur niveau, — un ange de merci s'assit à côté de lui sur le sofa, — son cœur s'embrasa ; — et s'il avait eu mille cœurs, il les aurait tous offerts à mistress Wadman.

Et en quel endroit, cher monsieur, dit mistress Wadman, un peu catégoriquement, avez-vous reçu cette malheureuse blessure ? ——— En faisant cette question, mistress Wadman jeta un léger regard vers la ceinture de la culotte de peluche rouge de mon oncle Toby, s'attendant naturellement que mon oncle Toby, comme réponse plus courte, mettrait le doigt sur la place. — Il en arriva autrement, — car mon oncle Toby ayant eu sa blessure devant la porte Saint-Nicolas, dans une des traverses de la tranchée opposée à l'angle saillant du demi-bastion de Saint-Roch, — il pouvait, en tout temps, ficher une épingle sur l'espace même du terrain qu'il occupait quand la pierre le frappa. Ce fut là ce qui s'adressa aussitôt au sensorium de mon oncle Toby, — et en même temps, à sa grande carte de la ville et citadelle de Namur et des environs, qu'il avait achetée et collée sur une planche, avec l'aide du caporal, pendant sa longue maladie ; — elle était restée depuis lors dans le grenier, avec d'autres objets militaires ; et en conséquence le caporal fut dépêché au grenier pour l'aller chercher.

Mon oncle Toby, avec les ciseaux de mistress Wadman, mesura trente toises depuis l'angle de retour devant la porte Saint-Nicolas, et lui posa le doigt sur la place avec une modestie si virginale, que la déesse de la Décence, si elle était là en personne, — sinon ce fut son ombre, — secoua la tête, en passant un doigt devant ses yeux, — lui défendit d'expliquer cette méprise.

Infortunée mistress Wadman !

— Car il n'y a qu'une apostrophe à toi qui puisse donner de la chaleur à ce chapitre ; — mais mon cœur me dit que, dans une telle crise, une apostrophe n'est qu'une insulte déguisée ; et plutôt que d'en faire une à une femme dans le malheur, — que ce chapitre aille au Diable, pourvu que tout damné critique à ses gages ait seulement la peine de l'emporter avec lui.

CHAPITRE CCCVI.

La carte de mon oncle Toby est descendue à la cuisine.

CHAPITRE CCCVII.

— Et voici la Meuse, — et ceci c'est la Sambre, dit le caporal, la main droite un peu étendue vers la carte, et la gauche sur l'épaule de mistress Brigitte, — mais non pas sur l'épaule qu'il avait près de lui ; — et ceci, dit-il, c'est la ville de Namur, — et ceci la citadelle, — et là étaient les Français, — et là son Honneur, et moi-même ; — et c'est dans cette maudite tranchée, mistress Brigitte, dit le caporal en la prenant par la main, qu'il reçut la contusion qui le blessa si déplorablement *ici*. — En prononçant ces mots, il appuya légèrement le dos de la main de Brigitte contre la partie sur laquelle il s'apitoyait, — et la laissa tomber.

—— Nous pensions, monsieur Trim, que c'était plus au milieu, dit mistress Brigitte.

—— Dans ce cas-là notre affaire était faite, dit le caporal.

—— Et celle de ma pauvre maîtresse restait en plan, dit Brigitte.

Le caporal ne répondit à cette repartie qu'en donnant à Brigitte un baiser.

—— Allons, allons, dit Brigitte tenant la paume de sa main gauche parallèle à l'horizon et faisant glisser les doigts de l'autre dessus, d'une façon qui eût été impossible s'il y avait eu la moindre verrue ou protubérance.

—— C'est entièrement faux, s'écria le caporal, avant qu'elle eût à moitié fini la phrase.

—— C'est un fait, dit Brigitte ; je le tiens de témoins croyables.

—— Sur mon honneur, dit le caporal mettant la main sur son cœur, et rouge d'un honnête ressentiment, — c'est une histoire, mistress Brigitte, aussi fausse que l'enfer. —— Ce n'est pas, interrompit Brigitte, que moi ou ma maîtresse nous nous soucions le moins du monde que cela soit ou non ; — c'est seulement que quand on se marie, en fait de ces choses-là, on serait bien aise d'en avoir une au moins. ——

Il fut assez malheureux pour mistress Brigitte qu'elle eût commencé l'attaque en jouant des mains : car le caporal aussitôt * * * * * * * * * * * * * * *
* * * * * * * * * * * * * * * *
* * * * * * * * * * * * * * *
* * *

CHAPITRE CCCVIII.

Ce fut comme la lutte passagère dans les paupières humides d'une matinée d'avril : « Brigitte devait-elle rire ou pleurer ? »

Elle saisit un rouleau, — il y avait dix à parier contre un qu'elle aurait ri. —

Elle le posa, — elle pleura ; et si une seule de ses larmes avait eu le moindre goût d'amertume, le caporal aurait été peiné au fond du cœur d'avoir employé cet argument ; mais le caporal connaissait mieux le sexe que mon oncle Toby, au moins de la différence *d'une quatrième majeure à une tierce*, et en conséquence il s'attaqua à mistress Brigitte de cette manière —

« Je sais, mistress Brigitte, dit le caporal en lui donnant le baiser le plus respectueux, que tu es bonne et modeste de ta nature ; et que tu es avec cela une si généreuse fille au fond de l'âme, que, si je te connais bien, tu ne voudrais pas blesser un insecte, encore moins l'honneur d'un si galant et digne homme que mon maître, quand tu serais sûre de devenir comtesse ; — mais tu as été mise en avant et trompée, chère Brigitte, comme c'est souvent le cas des femmes « de faire plaisir aux autres plus qu'à elles-mêmes. ——— »

Les yeux de Brigitte ruisselèrent aux sensations que le caporal excitait.

— Dis-moi, — dis-moi donc, ma chère Brigitte, continua le caporal en lui prenant sa main qui pendait morte à son côté, — et en lui donnant un second baiser, qui t'a induite en erreur par ce soupçon ?

Brigitte sanglota une ou deux fois, — puis rouvrit les yeux ; — le caporal les essuya avec le bas de son tablier ; alors elle lui ouvrit son cœur et lui raconta tout.

CHAPITRE CCCIX.

Mon oncle Toby et le caporal avaient poussé séparément leurs opérations dans la plus grande partie de la campagne, et ils avaient été aussi privés de communication, et dans une aussi complète ignorance de ce que chacun avait fait de son côté, que s'ils eussent été séparés l'un de l'autre par la Meuse ou la Sambre.

Mon oncle Toby, quant à lui, s'était présenté toutes les après-midi dans ses uniformes rouge et argent, et bleu et or, alternativement, et sous ces deux costumes avait soutenu une infinité d'attaques, sans savoir que c'étaient des attaques ; — et ainsi il n'avait rien à communiquer.

Le caporal, lui, en prenant Brigitte, avait obtenu des avantages considérables, — et conséquemment avait beaucoup de communications à faire ; — mais la nature de ces avantages, — et la manière dont il les avait remportés, exigeaient un historien si précis, que le caporal n'osa pas tenter l'aventure ; et tout sensible qu'il était à la gloire, il eût mieux aimé aller à jamais tête nue et sans lauriers, que de torturer un seul moment la modestie de son maître.

— O le meilleur des braves et honnêtes serviteurs ! —

Mais je t'ai déjà apostrophé une fois, Trim; — et si je pouvais aussi faire ton apothéose (c'est-à-dire) en bonne compagnie, — je la ferais *sans cérémonie* dans la page suivante.

CHAPITRE CCCX

Or mon oncle Toby avait un soir posé sa pipe sur la table, et comptait en lui-même, sur le bout de ses doigts (en commençant par le pouce) toutes les perfections de mistress Wadman, une par une; et comme il lui arriva deux ou trois fois de suite, soit en en omettant quelqu'une, soit en en comptant d'autres deux fois, de s'embrouiller cruellement avant de pouvoir dépasser le doigt du milieu,
—————— je t'en prie, Trim, dit-il en reprenant sa pipe, apporte-moi une plume et de l'encre. — Trim apporta du papier aussi.

—— Prends une feuille entière, Trim! dit mon oncle Toby, lui faisant signe en même temps avec sa pipe de prendre une chaise et de s'asseoir près de lui à la table. Le caporal obéit, — plaça le papier droit devant lui, — prit une plume et la trempa dans l'encre.

—— Elle a mille vertus, Trim! dit mon oncle Toby.

—— Dois-je les inscrire, sauf votre respect? dit le caporal.

——— Mais il faut les prendre par ordre, repartit mon oncle Toby; car, Trim, celle qui de toutes me séduit le plus et qui est une sécurité pour tout le reste, c'est la tournure compatissante et la singulière humanité de son caractère. — Je proteste, ajouta mon oncle Toby, et, tout en protestant, il leva les yeux au plafond, — que, quand je serais mille fois son frère, Trim, elle ne pourrait pas faire de plus constantes ou de plus tendres questions sur mes souffrances, — quoique maintenant elle n'en fasse plus.

Le caporal ne répondit à la protestation de mon oncle Toby que par un petit accès de toux ; — il trempa une seconde fois sa plume dans l'écritoire ; et mon oncle Toby lui désignant du bout de sa pipe la toute extrémité du haut de la feuille au coin à gauche, — le caporal écrivit le mot

HUMANITÉ ——— ainsi.

— Je t'en prie, caporal, dit mon oncle Toby, aussitôt que Trim eut fini, — mistress Brigitte demande-t-elle souvent des nouvelles de la blessure à la rotule que tu as reçue à la bataille de Landen ?

——— Elle n'en demande jamais, sauf votre respect.

——— Ceci, caporal, dit mon oncle Toby, d'un ton aussi triomphant que la bonté de sa nature pouvait le permettre, — ceci montre la différence du caractère de la maîtresse et de la suivante. — Si la fortune de la guerre m'eût départi le même accident, mistress Wadman en aurait demandé cent fois toutes les circonstances. ———
Elle aurait, sauf votre respect, fait dix fois autant de questions sur l'aine de votre Honneur. ——— La douleur, Trim, est également cruelle, — et la Compassion a autant à s'exercer sur l'une que sur l'autre.

——— Dieu bénisse votre Honneur ! s'écria le caporal, — qu'est-ce que la compassion d'une femme a à faire avec une blessure à la rotule ? celle de votre Honneur aurait été mise en dix mille éclats à l'affaire de Landen, que mistress Wadman s'en serait aussi peu troublé la cervelle que Brigitte : attendu, ajouta le caporal, et il baissa la voix et parla très-distinctement en assignant sa raison, —

« Que le genou est à une grande distance du corps de la *place*, — tandis que l'aine, comme le sait votre Honneur, est sur la *courtine* même. »

Mon oncle Toby poussa un long sifflement ; — mais si bas qu'on pouvait à peine l'entendre à travers la table.

Le caporal s'était trop avancé pour reculer ; — en trois mots il raconta le reste.

Mon oncle Toby posa sa pipe aussi doucement sur le garde-feu que s'il eût été tissu des *effiloques* d'une toile d'araignée.

——— Allons chez mon frère Shandy, dit-il.

CHAPITRE CCCXI.

J'aurai juste le temps, pendant que mon oncle Toby et Trim se rendent chez mon père, de vous informer que mistress Wadman, quelques lunes avant celle-ci, avait pris ma mère pour confidente ; et que mistress Brigitte, qui avait à porter le fardeau de son propre secret, outre celui du secret de sa maîtresse, s'était heureusement déchargée de tous deux sur Susanne, derrière le mur du jardin.

Quant à ma mère, elle ne vit nullement là de quoi faire le moindre bruit ; — mais Susanne suffisait par elle-même à tous les buts et projets que l'on pouvait avoir en exportant un secret de famille ; car elle le communiqua aussitôt par signes à Jonathan, — et Jonathan par indices au cuisinier, pendant qu'il faisait rôtir une longe de mouton ; le cuisinier le vendit avec de la graisse pour un *groat* [1] à un postillon qui le troqua avec la fille de la laiterie pour quelque chose de même valeur à peu près ; — et quoique dites à l'oreille dans le grenier à foin, *la Renommée* emporta les notes dans sa trompette d'airain, et les fit retentir sur le toit de la maison. — En un mot, il n'y eut pas une vieille femme dans le village, ou à cinq milles à la ronde, qui ne sût les difficultés du siège de mon oncle Toby, et quels étaient les articles secrets qui avaient retardé la reddition.

Mon père, qui avait pour habitude de transformer, bon gré, mal gré, tous les événements du monde en hypothèse, au moyen de quoi personne ne crucifia jamais autant que lui *la Vérité* — venait tout juste d'apprendre la nouvelle quand mon oncle Toby se mit en marche ; et prenant feu soudain à cette offense faite à son frère, il démontrait à Yorick, quoique ma mère fût présente, — non-seulement « que les femmes avaient le diable au corps, et que le tout n'était que libertinage, » mais que tous les maux et désordres d'ici-bas, de quelque espèce ou nature qu'ils fussent, depuis la première chute d'Adam, jusqu'à celle de mon oncle Toby (inclusivement), étaient dus, de façon ou d'autre, à ce même appétit déréglé.

Yorick était précisément occupé à tempérer un peu l'hypothèse de mon père, quand mon oncle Toby entra dans la chambre, une bienveillance infinie et le pardon écrits dans ses regards ; à sa vue, l'éloquence de mon père se ralluma contre la passion qu'il attaquait ; — et

---

[1] Quatre sous environ. (*Note du traducteur.*)

comme il n'était pas très-scrupuleux dans le choix de ses termes quand il était en colère, — aussitôt que mon oncle Toby fut assis près du feu, et eut rempli sa pipe, mon père éclata de la manière suivante : —

CHAPITRE CCCXII.

—Qu'il ait fallu pourvoir à la continuation de la race d'un être aussi grand, aussi sublime, aussi divin que l'homme, — je suis loin de le nier ; — mais la philosophie parle librement de tout ; c'est pourquoi je persiste à penser et je soutiens que c'est une pitié que cela se fasse au moyen d'une passion qui rabaisse nos facultés, et fait aller à reculons toute la sagesse, toutes les contemplations et opérations de l'âme ; — une passion, ma chère, continua mon père en s'adressant à ma mère, qui assimile et égale les sages aux fous, et nous fait sortir de nos cavernes et cachettes plutôt comme des satyres et des bêtes à quatre pieds que comme des hommes.

Je sais qu'on dira, continua mon père (se servant de la *prolepsis*) qu'en elle-même, et prise simplement, — comme la faim, ou la soif, ou le sommeil, — c'est une affaire qui n'est ni bonne ni mauvaise, — ni honteuse, ni autrement. — Pourquoi donc la délicatesse de Diogène et de Platon en était-elle si révoltée ? et d'où vient que lorsque nous allons faire et planter un homme, nous soufflons la chandelle ? et par quelle raison se fait-il que tout ce qui en dépend, — les ingrédients, — les préparations, — les instruments, et tout ce qui y sert, soient tenus pour ne pouvoir être présentés à un esprit pur dans aucune langue, traduction ou périphrase quelconques ?

— L'action de tuer et de détruire un homme, continua mon père en élevant la voix, — et en se tournant vers mon oncle Toby, — vous le voyez, est glorieuse, — et les armes avec lesquelles nous le faisons sont honorables ; — nous les portons sur l'épaule en marchant ; — nous nous carrons avec elles au côté ; — nous les dorons ; — nous les ciselons ; — nous y enchâssons des pierres ; — nous les enrichissons ; — que dis-je ? même un *gredin* de canon, nous y gravons un ornement sur sa culasse.

— Mon oncle Toby posa sa pipe pour tâcher d'obtenir une meilleure épithète, — et Yorick se levait pour battre en brèche l'hypothèse tout entière, —

Quand Obadiah entra brusquement au milieu de la chambre avec une plainte qui réclamait une attention immédiate.

— Le cas était celui-ci : —

Mon père, soit une ancienne coutume du fief, soit comme possesseur laïque des grandes dîmes, était obligé d'entretenir un taureau pour le service de la paroisse ; et Obadiah avait mené sa vache lui rendre visite en passant, un certain jour de l'été précédent ; — je dis un certain jour, — parce que le hasard voulut que ce fût le jour où il épousa la servante de mon père : — de sorte qu'une époque rappelait l'autre. Aussi, quand la femme d'Obadiah fut en mal d'enfant, — Obadiah rendit grâces à Dieu ———

Allons, dit Obadiah, je vais avoir un veau : et tous les jours Obadiah allait voir sa vache.

Elle mettra bas lundi, — ou mardi, — ou mercredi, au plus tard.

La vache n'en fit rien ; — non, — elle ne mettra bas que la semaine prochaine ; — la vache tardait terriblement ; — enfin, au bout de la sixième semaine, les soupçons d'Obadiah (qui était bonhomme) tombèrent sur le taureau.

Or, la paroisse étant très-grande, le taureau de mon père, à parler franchement, n'était pas en état de suffire à ses fonctions ; il s'était pourtant, de façon ou d'autre, intrus dans cet emploi, — et comme il faisait sa besogne d'un air grave, mon père avait de lui une haute opinion.

———— La plupart des gens de la ville, sauf votre respect, dit Obadiah, croient que c'est la faute du taureau.

———— Mais une vache ne peut-elle pas être stérile ? repartit mon père en se tournant vers le docteur Slop.

———— Cela n'arrive jamais, dit le docteur Slop ; mais la femme de cet homme peut être accouchée avant terme, ce qui est assez naturel. — Dis-moi, l'enfant a-t-il des cheveux sur la tête ? ajouta le docteur Slop.

———— Il est aussi poilu que moi, dit Obadiah. — Obadiah n'avait pas été rasé depuis trois semaines. ———— Quand — u ———— u ———— s'écria mon père, commençant sa phrase par un sifflement en guise d'exclamation ; — et ainsi, frère Toby, mon pauvre taureau, qui est le meilleur taureau qui ait jamais p-ssé, et qui aurait pu être le fait d'Europe elle-même à une époque plus pure, — s'il avait seulement deux jambes de moins, aurait pu être traîné aux *Doctor's Commons*, et être perdu de réputation ;

ce qui, pour un taureau de ville, frère Toby, est la même chose que de perdre la vie.

————Seigneur Dieu ! dit ma mère, qu'est-ce que c'est que toute cette histoire ?

———— Un coq-à-l'âne [1], dit Yorick ; et un des meilleurs en son genre que j'aie entendus.

[1] En anglais, *a cock and a bull* (un coq et un taureau), ce qui, avec une autre équivoque qu'on m'excusera de ne point expliquer, motive la réponse d'Yorick. *Note du traducteur.*)

FIN DE TRISTRAM SHANDY.

VOYAGE SENTIMENTAL

EN FRANCE ET EN ITALIE

— Cela, dis-je, est mieux réglé en France. —
— Vous avez été en France? repartit mon homme, se tournant soudain de mon côté de l'air de triomphe le plus poli du monde. — Il serait étrange, me dis-je, agitant la question à part moi, qu'une traversée de vingt et un milles, car il n'y a positivement pas plus loin de Douvres à Calais, donnât à un homme ce privilége ! — Je m'en assurerai : Abandonnant donc la discussion — j'allai droit à mon logis, je fis un paquet d'une demi-douzaine de chemises et d'une culotte de soie noire. — « L'habit que j'ai là suffit, » dis-je en regardant la manche ; — je pris une place dans la diligence de Douvres, et le paquebot mettant à la voile le lendemain à neuf heures du matin — à trois, je dînais devant une fricassée de poulet, et si incontestablement en France, que si j'étais mort la nuit d'indigestion, le monde entier n'aurait pu suspendre les effets des *droits d'aubaine* [1]. — Me-

---

[1] Tous les effets des étrangers qui meurent en France (à l'exception des Suisses et des Écossais), sont saisis en vertu de cette loi, quand

chemises et ma culotte de soie noire, — mon portemanteau et tout le reste auraient passé au roi de France — même le petit portrait que j'ai sur moi depuis si longtemps, et que si souvent je t'ai promis, Éliza, d'emporter dans la tombe, on l'aurait arraché de mon cou. — C'est bien peu généreux ! — vous emparer des dépouilles d'un passager imprévoyant que vos sujets avaient attiré sur leurs côtes — par le Ciel! Sire, cela n'est pas bien ; et, ce qui m'afflige beaucoup, c'est avec le monarque d'un peuple si civilisé, si courtois et si renommé pour la délicatesse de son esprit et de ses sentiments, que je me trouve en contestation. —

Mais j'ai à peine mis le pied dans vos États. —

CALAIS.

Quand j'eus fini de dîner et bu à la santé du roi de France, pour me convaincre que je ne lui gardais point rancune, mais qu'au contraire, j'honorais hautement l'humanité de son caractère, — je me levai, grandi d'un pouce par cet accommodement.

— Non, — dis-je — la race des Bourbons n'est nullement cruelle : ils peuvent s'égarer ainsi que d'autres, mais il y a de la douceur dans leur sang. Comme je convenais de ce fait, je sentis se répandre sur ma joue une chaleur d'une nature plus noble, — plus chaude et plus amie de l'homme que celle qu'aurait pu produire le vin

---

même l'héritier est sur les lieux. Les profits de ce casuel étant affermés, le mal est sans remède. (*Note de l'auteur.*)

de Bourgogne (du moins à deux livres la bouteille, tel qu'était celui que j'avais bu).

— Juste Dieu! dis-je, en repoussant du pied mon portemanteau, qu'y a-t-il dans les biens de ce monde qui vaille la peine que nos esprits s'aigrissent, et que tant de frères au cœur tendre se divisent aussi cruellement que nous le faisons pour un rien?

Quand l'homme est en paix avec l'homme, comme dans sa main le plus lourd des métaux est plus léger qu'une plume! Il tire sa bourse, et, la tenant gaiement et sans la serrer, il regarde autour de lui comme s'il cherchait quelqu'un avec qui la partager. — Ainsi faisais-je, et je sentais dans mon corps chaque veine se dilater — Les artères battaient toutes dans un joyeux accord, et chacune des facultés qui soutenaient la vie s'acquittait de sa fonction avec un si léger frottement, que c'eût été de quoi confondre la *précieuse* de France la plus savante en physique : avec tout son matérialisme, elle aurait eu de la peine à m'appeler une machine. —

Je suis convaincu, me dis-je, que j'aurais renversé son système.

Cette nouvelle idée monta alors en moi la nature aussi haut qu'elle pouvait aller — j'étais déjà en paix avec le monde, et ceci acheva de me réconcilier avec moi-même —

— Maintenant, si j'étais roi de France, m'écriai-je, — quel moment pour un orphelin de me redemander le portemanteau de son père!

LE MOINE.

CALAIS.

J'avais à peine prononcé ces mots, qu'un pauvre moine de l'ordre de Saint-François vint dans la salle quêter quelque chose pour son couvent. Personne ne se soucie de voir ses vertus le jouet du hasard. — Ou peut-être un homme est-il généreux, comme un autre est puissant — *sed non quoad hanc* — ou qu'il en soit ce qu'il pourra — car il n'y a pas de raisonnement régulier sur les flux et reflux de nos humeurs; elles peuvent, autant que j'en sais, dépendre des mêmes causes qui influencent les marées — et souvent ce ne serait pas nous faire injure de le supposer : je sais que, quant à moi, du moins, je serais bien autrement satisfait que le monde dît de moi « Que j'ai subi l'influence de la lune dans une affaire où il n'y avait ni péché ni déshonneur, » que de voir imputer à mon propre mouvement un fait où il y aurait beaucoup de l'un et de l'autre.

— Mais qu'il en soit ce qu'il pourra, dès l'instant où je jetai les yeux sur lui, je fus bien déterminé à ne pas lui donner un sou, et en conséquence je mis ma bourse dans mon gousset. — Je me boutonnai — je repris un peu mieux mon centre de gravité, et m'avançai vers lui d'un air sérieux. Il y avait dans ma mine, j'en ai peur, quelque chose de répulsif : j'ai cette figure en ce moment devant les yeux, et je pense qu'elle méritait mieux.

Le moine, à en juger d'après le cercle rompu de sa

tonsure, dont il ne restait plus que quelques cheveux blancs clair-semés sur ses tempes, pouvait avoir environ soixante-dix ans — mais, d'après ses yeux et l'espèce de feu qu'ils avaient, et qui semblait plutôt tempéré par la courtoisie que par les années, il pouvait n'en pas avoir plus de soixante, — la vérité pouvait être entre les deux; — il avait certainement soixante-cinq ans; et l'aspect général de son visage, bien que quelque chose parût y avoir mis des rides avant le temps, s'accordait avec ce calcul.

C'était une de ces têtes que le Guide a souvent peintes, — douce, pâle, — expressive, libre de toutes les idées vulgaires de la grasse et béate ignorance à l'œil baissé vers la terre — elle regardait droit devant elle; mais elle semblait regarder quelque chose au delà de ce monde. Comment elle se trouvait appartenir à un homme de son ordre, le ciel, qui la laissa tomber sur les épaules d'un moine, le sait mieux que nous; mais elle aurait convenu à un bramine, et si je l'avais rencontrée dans les plaines de l'Indostan, je l'aurais vénérée.

Quelques touches suffiront pour achever son portrait; on pourrait le donner à dessiner au premier venu, car il n'était élégant ou autrement, qu'autant que le caractère et l'expression le rendaient tel : son corps était mince et maigre, un peu au-dessus de la moyenne taille, s'il n'avait pas perdu cet avantage en se penchant en avant — mais c'était l'attitude du suppliant, et, tel qu'il se présente maintenant à mon imagination, il y gagnait plus qu'il n'y perdait.

Quand il eut fait trois pas dans la chambre, il s'arrêta, et mit sa main gauche sur sa poitrine (dans sa droite était un petit bâton blanc, son bâton de voyage) — Lorsque je me fus approché de lui, il débuta par la courte histoire des besoins de son couvent, et de la pauvreté de son ordre — et il le fit avec une grâce si simple — et il y avait dans l'ensemble de sa physionomie et de son maintien un tel air d'humble ferveur, — qu'il fallait que je fusse ensorcelé pour n'en pas être frappé. —

— Une raison meilleure, c'est que d'avance j'étais déterminé à ne pas lui donner un sou.

LE MOINE.

CALAIS.

— C'est très-vrai, dis-je, répondant à un regard levé en l'air, par lequel il avait terminé sa harangue, — c'est très-vrai — et que le ciel soit la ressource de ceux qui n'en ont pas d'autre que la charité du monde, dont l'avoir, je le crains, est loin de pouvoir suffire à toutes les *demandes considérables* qu'on lui adresse à toute heure.

Comme je prononçais les mots *demandes considérables*, il jeta un léger coup d'œil sur la manche de son froc. — Je sentis pleinement la force de cet appel — J'en conviens, dis-je, — un habit grossier, et cela seulement tous les trois ans, avec une maigre chère — ne sont pas grand'chose : et ce qui est vraiment fâcheux, c'est que, lorsqu'on peut les gagner dans le monde avec si peu de travail, votre ordre veuille se les procurer en grevant un fonds qui est la propriété du boiteux, de l'aveugle, du vieillard et de l'infirme — le captif qui gît sur la terre, comptant et recomptant sans cesse les jours de son affliction, a droit, par sa lente torture, à sa part de ce fonds ; et si vous aviez été de l'ordre de la Merci, au lieu d'être de l'ordre de Saint-François, tout pauvre que je suis, continuai-je, en montrant du doigt mon portemanteau, je l'aurais ouvert de bien bon cœur pour la rançon des malheureux — Le moine s'inclina — Mais entre tous les malheureux, repris-je, ceux de notre pays ont assurément les premiers droits ; et j'en ai laissé sur nos côtes des milliers dans la détresse. — Le moine fit un signe de tête plein de cordialité — comme pour dire, sans doute : Il ne manque pas de misère dans tous les coins du monde, pas plus que dans notre couvent. Mais nous distinguons, — dis-je, posant la main sur la manche de son froc, en réponse à son appel — nous distinguons, mon bon père, entre ceux qui ne veulent manger que le pain de leur propre labeur — et ceux qui mangent le pain des autres, et n'ont d'autre plan de vie que de la traîner dans la paresse et l'ignorance, *pour l'amour de Dieu.*

Le pauvre Franciscain ne répliqua rien. Une rougeur passa un instant sur sa joue, mais n'y put rester — La nature, en lui, semblait en avoir fini avec tout ressentiment ; il n'en témoigna aucun — mais, laissant tomber son bâton entre ses bras, il pressa avec résignation ses deux mains sur sa poitrine, et se retira.

LE MOINE.

CALAIS.

Mon cœur se serra au moment où il ferma la porte. Bah ! dis-je d'un air d'insouciance, à trois reprises différentes. — Mais cela ne servit à rien ; tous les mots désobligeants que j'avais prononcés me revinrent en foule à la mémoire ; je réfléchis que je n'avais sur le pauvre Franciscain d'autre droit que de le refuser ; et que le désappointement de ce refus était une punition assez forte, sans y ajouter des paroles dures — Je considérai ses cheveux gris — cette honnête figure sembla rentrer et me demander doucement quelle injure elle m'avait faite — et pourquoi je l'avais traitée ainsi — J'aurais donné vingt livres pour avoir un avocat. — Je me suis très-mal conduit, dis-je en moi-même ; mais je ne fais que de me mettre en voyage, et je me formerai en voyant du pays.

LA DÉSOBLIGEANTE.

CALAIS.

Être mécontent de soi a pourtant un avantage, c'est qu'on est dans une excellente disposition d'esprit pour faire un marché. Or comme il n'y a pas moyen de voyager en France et en Italie sans une chaise — et comme la nature nous dirige en général vers ce qui nous convient le plus, j'allai dans la cour des remises, pour acheter ou louer quelque chose de ce genre qui remplît mes vues. Dans le coin le plus reculé de la cour était une vieille désobligeante ; je me pris de fantaisie pour elle à première vue, si bien que je montai dedans aussitôt ; et la trouvant passablement en harmonie avec l'état de mon âme, j'ordonnai au garçon d'appeler M. Dessein, le maître de l'hôtel — Mais M. Dessein étant allé à vêpres, et ne me souciant pas d'être face à face avec le Franciscain, que je voyais de l'autre côté de la cour, en conférence avec une dame qui venait d'arriver à l'auberge — je tirai entre nous le rideau de taffetas, et étant décidé à écrire mon voyage, je pris dans ma poche ma plume et mon encrier, et j'écrivis la préface dans la désobligeante.

PREFACE

DANS LA DÉSOBLIGEANTE.

Plus d'un philosophe péripatéticien doit avoir observé que la nature a posé, de sa propre et incontestable autorité, certaines bornes et barrières pour circonscrire le mécontentement des hommes : elle a atteint son but de la manière la plus paisible et la plus facile, en les soumettant à l'obligation presque insurmontable de travailler à leur repos et de supporter leurs souffrances chez eux. C'est là seulement qu'elle les a pourvus des objets les plus propres à partager leur bonheur et à porter une part de ce fardeau qui, dans tous les pays et dans tous les temps, a toujours été trop pesant pour une seule paire d'épaules. Il est vrai que nous sommes doués de l'imparfaite faculté d'étendre parfois notre bonheur au delà des limites qu'elle a fixées ; mais l'ordre des choses veut que, par ignorance des langues, faute de relations et de points de rapports, et par suite de la différence de l'éducation, des coutumes et habitudes, nous soyons empêchés par tant d'obstacles de communiquer nos sensations hors de notre sphère, qu'ils équivalent souvent à une impossibilité totale.

Il s'ensuit infailliblement que la balance du commerce sentimental est toujours au désavantage de l'aventurier qui s'expatrie : il faut qu'il achète ce dont il a peu besoin, au prix que les gens du pays lui demandent — Sa conversation sera rarement acceptée en échange de la leur, sans un décompte considérable — et ceci, soit dit en passant, le jetant dans les mains de plus équitables courtiers de conversation pour en obtenir une telle quelle, il ne faut pas un grand esprit de divination pour prévoir sa société.

Ceci m'amène à mon point, et me conduit naturellement (si tant est que le balancement de cette désobligeante me permette de continuer) aux causes efficientes aussi bien que finales des voyages.—

Nos désœuvrés qui quittent leur pays natal, vont l'étranger pour une ou plusieurs raisons qui peuvent provenir de ces causes générales —

    Infirmité de corps,
    Faiblesse d'esprit, ou
    Inévitable nécessité.

Les deux premières classes comprennent tous ceux qui voyagent par terre ou par eau, malades d'orgueil, de curiosité, de vanité ou de spleen, subdivisés et combinés *in infinitum*.

La troisième comprend toute l'armée des martyrs errants ; plus particulièrement ces voyageurs qui se mettent en route par bénéfice de clergie, tels que des délinquants voyageant sous la direction de gouverneurs recommandés par le magistrat, ou tels que de jeunes messieurs déportés par la cruauté de leurs parents et tuteurs, et voyageant sous la direction de gouverneurs recommandés par Oxford, Aberdeen et Glasgow.

Il est une quatrième classe, mais si peu nombreuse qu'elle ne mériterait pas d'être mentionnée, s'il n'était nécessaire, dans un ouvrage de cette nature, d'observer la plus grande précision et le soin le plus minutieux, afin d'éviter une confusion de caractères. Ces hommes dont je parle sont ceux qui passent les mers et séjournent sur la terre étrangère, dans la vue d'épargner de l'argent pour diverses raisons et sous divers prétextes ; mais comme ils pourraient aussi s'épargner à eux et aux autres beaucoup de peine inutile en épargnant leur argent chez eux — et comme leurs raisons pour voyager sont les moins complexes de toutes celles des autres espèces d'émigrants, je distinguerai ces messieurs par le nom de

    Simples voyageurs.

Ainsi la totalité des voyageurs peut être réduite aux divisions suivantes :

    Voyageurs désœuvrés,
    Voyageurs curieux,
    Voyageurs menteurs,
    Voyageurs orgueilleux,
    Voyageurs vaniteux,

Voyageurs atteints de spleen.

Puis, suivent les voyageurs par nécessité :

Le voyageur pour délits et crimes,

Le malheureux et innocent voyageur,

Le simple voyageur.

Et le dernier de tous (s'il vous plaît),

Le voyageur sentimental.

Désignant par là moi-même, qui ai entrepris un voyage (dont je suis en train en ce moment de donner une relation) autant par *nécessité* et par *besoin de voyager* qu'aucun autre individu de cette classe.

Je sais bien, en même temps, que, comme mes voyages et mes observations seront d'une nature différente de ceux de tous mes prédécesseurs, j'aurais pu exiger pour moi seul une niche entière; — mais ce serait empiéter sur les confins du voyageur vaniteux que de vouloir attirer sur moi l'attention avant d'y avoir d'autres droits que la simple *nouveauté de mon véhicule*.

Il suffit à mon lecteur, si lui-même il a voyagé, d'être en état, avec de l'étude et de la réflexion, de déterminer sa place et son rang dans le catalogue — Ce sera un pas vers la connaissance de lui-même; car il y a de grandes chances pour qu'il ait conservé jusqu'à cette heure quelque teinture et quelque ressemblance de ce qu'il ramassa ou emporta en voyage.

L'homme qui le premier transplanta le raisin de Bourgogne au cap de Bonne-Espérance (observez que c'était un Hollandais), ne rêva jamais qu'il boirait au Cap le même vin que le même raisin produit sur les coteaux de France — il était trop flegmatique pour cela — mais, sans aucun doute, il s'attendait à boire une sorte de liqueur vineuse ; qu'elle fût bonne, mauvaise ou médiocre, il connaissait assez ce monde pour savoir que cela ne dépendait point de son choix, mais que ce qu'on appelle généralement *hasard* devait décider du succès : cependant, il espéra pour le mieux ; et dans cette espérance, par une confiance immodérée dans la force de sa tête et dans la profondeur de sa raison, *Mynheer* pouvait fort bien les perdre toutes deux dans sa nouvelle vigne, et, en découvrant sa nudité, devenir la risée de ses gens.

Autant en arrive au pauvre voyageur qui navigue et court la poste au travers des royaumes civilisés du globe, à la poursuite du savoir et des améliorations.

Le savoir et les améliorations peuvent s'obtenir en naviguant et courant la poste dans ce but ; mais sera-ce un savoir utile ? seront-ce des améliorations réelles ? ce n'est qu'une loterie — et même quand le chercheur d'aventures réussit, le fonds acquis doit être employé avec beaucoup de prudence et de discrétion pour être de quelque profit — Mais comme les chances sont prodigieusement contraires, tant comme acquisition que comme application, je suis d'avis qu'on agirait sagement si l'on pouvait prendre sur soi de vivre content sans savoir étranger ou améliorations étrangères, surtout si l'on vit dans un pays qui n'a absolument besoin ni de l'un ni des autres ; — et vraiment, mainte et mainte fois j'ai ressenti dans l'âme bien du chagrin, en songeant à tous les pas que le voyageur curieux a faits dans la fange pour voir des vues, et faire des découvertes que, comme dit Sancho Pança à don Quichotte, il aurait pu voir à pied sec chez lui. Le siècle est si éclairé, qu'il est à peine un pays ou un coin de l'Europe dont les lumières ne se croisent et ne s'échangent avec d'autres. Le savoir, dans la plupart de ses branches et dans la plupart des cas, est comme la musique dans une rue d'Italie : on peut en jouir sans rien payer — Mais il n'est pas sous le ciel de nation — et Dieu (devant le tribunal duquel je dois comparaître un jour et rendre compte de cet ouvrage), Dieu m'est témoin que je le dis sans jactance — mais il n'est pas sous le ciel de nation qui abonde en connaissances plus variées — où les sciences soient plus convenablement cultivées ou plus sûrement acquises qu'ici — où l'art soit plus encouragé et fasse des progrès aussi rapides, où la nature (à la prendre d'ensemble) ait aussi peu à se reprocher — et, pour en finir, où il y ait plus d'esprit et de diversité de caractères pour nourrir l'intelligence — Où allez-vous donc, mes chers compatriotes —

— Nous regardons simplement cette chaise, dirent-ils — Votre très-humble serviteur, dis-je, sautant dehors et ôtant mon chapeau — Nous nous demandions, reprit un d'eux, qui, à ce que je vis, était un *voyageur curieux*, — ce qui pouvait occasionner son mouvement. — C'était, répondis-je froidement, l'agitation résultant de la composition d'une préface. — Je n'ai jamais entendu parler, dit l'autre, qui était un *simple voyageur*, d'une préface écrite dans une désobligeante. — Elle eût été meilleure, répliquai-je, dans un vis-à-vis.

Comme un Anglais ne voyage pas pour voir des Anglais, je regagnai ma chambre.

CALAIS.

Je m'aperçus que quelque autre chose que moi obscurcissait le corridor, comme je le suivais pour aller à ma chambre : c'était effectivement M. Dessein, le maître de l'hôtel, qui revenait de vêpres, et qui, son chapeau sous le bras, me suivait fort complaisamment pour me faire souvenir de ce dont j'avais besoin. Je m'étais passablement dégoûté de la désobligeante en y écrivant, et quand M. Dessein m'en parla en haussant les épaules, comme si elle ne me convenait nullement, il me vint aussitôt à l'idée qu'elle appartenait à quelque *innocent voyageur* qui, à son retour dans ses foyers, l'avait confiée à l'honneur de M. Dessein pour en tirer le plus possible. Quatre mois s'étaient écoulés depuis qu'elle avait mis fin à son tour d'Europe dans un coin de la cour de M. Dessein, et comme ce n'était déjà qu'un rafistolage la première fois qu'elle en était sortie, quoiqu'elle eût été à deux reprises mise en pièces sur le mont Cenis, elle n'avait pas beaucoup gagné à ses aventures — mais jamais moins que par la station qu'on lui avait impitoyablement fait faire pendant tant de mois dans un coin de la cour de M. Dessein. Sans doute il n'y avait pas grand'chose à dire en sa faveur — mais enfin il y avait quelque chose — et quand deux ou trois paroles suffisent pour arracher un misérable à sa détresse, je hais l'homme qui peut en être avare.

— Ma foi ! si j'étais le maître de cet hôtel, dis-je en posant le bout de mon index sur la poitrine de M. Dessein, je me ferais certainement un point d'honneur de me débarrasser de cette infortunée désobligeante — chacun de ses balancements vous adresse un reproche chaque fois que vous passez près d'elle.

Mon Dieu! dit M. Dessein — je n'ai aucun intérêt — Excepté, dis-je, l'intérêt que les hommes d'une certaine tournure d'esprit, monsieur Dessein, puisent dans leurs propres sensations. — Je suis persuadé que, pour un homme qui, ainsi que vous, sent les souffrances des autres autant que les siennes, chaque nuit pluvieuse, déguisez-le-vous comme vous voudrez, doit vous glacer le cœur — Vous souffrez, monsieur Dessein, autant que cette machine. —

J'ai toujours observé que, lorsqu'il y a autant d'aigre que de doux dans un compliment, un Anglais est éternellement embarrassé de savoir s'il l'acceptera ou le laissera tomber à terre : un Français ne l'est jamais; M. Dessein me fit un salut.

C'est bien vrai, dit-il — mais, en ce cas, je ne ferais qu'échanger un malaise contre un autre, et avec perte. Figurez-vous, mon cher Monsieur, si je vous donnais une chaise qui tombât en pièces avant que vous fussiez à moitié chemin de Paris, — figurez-vous combien je souffrirais d'avoir donné une mauvaise opinion de moi à un homme d'honneur, et de m'être mis, comme je le serais effectivement, à la merci d'un homme d'esprit.

La dose était exactement conforme à mon ordonnance; je ne pus m'empêcher de l'avaler — je rendis à M. Dessein son salut, et sans plus faire les casuistes, nous nous dirigeâmes vers sa remise pour jeter un coup d'œil sur son magasin de chaises.

DANS LA RUE.

CALAIS.

Il faut que ce soit un monde bien enclin à l'inimitié que celui où l'acheteur (ne fût-ce que d'une triste chaise de poste) ne peut sortir dans la rue avec le vendeur, pour terminer leur différend, sans tomber aussitôt dans la même disposition d'esprit et sans regarder son contractant du même œil que s'il s'en allait avec lui au coin de Hyde-Park, pour se battre en duel. Quant à moi, n'étant qu'une pauvre lame, et nullement de la force de M. Dessein, je sentis en moi successivement toutes les émotions auxquelles cette situation expose. — Je regardai M. Dessein de part en part — je l'observai pendant qu'il marchait, de profil — puis en face — je trouvai qu'il avait l'air d'un Juif — puis d'un Turc — sa perruque me déplut — je le maudis par mes dieux — je le souhaitai au diable.

— Et tout cela doit-il s'allumer dans le cœur pour un misérable compte de trois ou quatre louis d'or au plus dont je puis être attrapé ? — Vile passion ! dis-je en me retournant, comme fait naturellement un homme qui change tout à coup d'idée, — vile, dure passion ! ta main est levée contre tous les hommes, et la main de tous les hommes est levée contre toi — Dieu préserve ! dit elle en portant la main à son front, car je m'étais tourné juste en face de la dame que j'avais vue en conférence avec le moine — elle nous avait suivis à notre insu. —

Dieu préserve, en effet ! dis-je en lui offrant la mienne — Elle avait une paire de gants de soie noire ouverts seulement au pouce et aux deux premiers doigts ; elle accepta donc sans façon, et je la conduisis à la porte de la remise.

M. Dessein avait donné plus de cinquante fois la clef au diable avant de s'apercevoir qu'il n'était pas venu avec la véritable : nous étions aussi impatients que lui de voir la porte ouverte, et si préoccupés de l'obstacle, que je continuai de tenir la main de la dame presque sans le savoir; si bien que M. Dessein nous laissa ensemble, sa main dans la mienne et la face tournée vers la porte de la remise, et dit qu'il serait de retour dans cinq minutes.

Or, un colloque de cinq minutes, dans une pareille situation, en vaut un d'autant de siècles la face tournée vers la rue : dans ce dernier cas, le sujet de l'entretien se tire des objets et des faits extérieurs — quand vos yeux sont fixés sur une surface morte, vous le tirez purement de vous-même. Un seul moment de silence après le départ de M. Dessein eût été funeste à la situation — la dame se serait infailliblement retournée — aussi je commençai sur-le-champ la conversation —

— Mais quelles furent mes tentations (comme je n'écris pas pour faire l'apologie des faiblesses de mon cœur dans cette tournée, — mais pour en rendre compte), — je l'exposerai avec la même simplicité que je les éprouvai.

LA PORTE DE LA REMISE.

CALAIS.

Quand j'ai dit au lecteur que je ne me souciais pas de sortir de la désobligeante, parce que je voyais le moine en grande conférence avec une dame qui venait d'arriver à l'auberge — je lui ai dit la vérité ; mais je ne lui ai pas dit toute la vérité, car je fus tout autant retenu par l'aspect et le maintien de la dame à laquelle il parlait. Un soupçon me traversa l'esprit et me dit qu'il lui racontait ce qui s'était passé ; quelque chose se désaccorda au dedans de moi — je le souhaitai à son couvent.

Quand le cœur devance l'esprit dans son vol, il épargne au jugement une foule de peines — J'étais certain qu'elle était d'un meilleur ordre de créatures — cependant je ne songeai plus à elle, mais je passai outre et écrivis ma préface.

L'impression revint quand je la rencontrai dans la rue. La franchise circonspecte avec laquelle elle me donna la main montrait, à ce que je pensai, sa bonne éducation et son bon sens ; et, tout en la conduisant, je sentis autour d'elle une attraction pleine de charme qui répandit du calme sur mes esprits —

— Bon Dieu ! comme on ferait le tour du monde avec une créature semblable !

Je n'avais point encore vu sa figure — ce n'était pas essentiel, car l'esquisse en avait été tracée à l'instant même, et longtemps avant que nous fussions arrivés à la porte de la remise, l'*Imagination* avait achevé toute la tête, et s'était plu autant à en faire une déesse que si elle eût plongé dans le Tibre pour l'avoir — Mais tu es une séduite et séduisante fripponne, et bien que tu nous trompes sept fois par jour avec tes peintures et tes images, tu le fais avec tant de charme, et tu embellis tes tableaux des formes gracieuses de tant d'anges de lumière, que c'est dommage de rompre avec toi.

Quand nous étions arrivés à la porte de la remise, elle avait retiré sa main de son front et m'avait laissé voir l'original — c'était une figure d'environ vingt-six ans — d'un brun clair et transparent, ajustée simplement, sans rouge ni poudre — elle n'était pas rigoureusement belle, mais il y avait en elle quelque chose qui, dans la disposition d'âme où j'étais, m'attachait bien davantage — elle était intéressante; je m'imaginais qu'elle portait les caractères de physionomie d'un veuvage sur le déclin, qui a déjà passé les deux premiers paroxysmes de la douleur, et qui commence paisiblement à se réconcilier avec sa perte — mais mille autres malheurs pouvaient avoir laissé les mêmes traces; j'aurais voulu savoir quels avaient été les siens — et j'étais prêt à demander (si le bon ton de la conversation l'eût permis, comme aux jours d'Esdras) — « Qu'as-tu? et pourquoi es-tu tourmentée? et pourquoi ton esprit est-il troublé? » — en un mot, je sentais pour elle de la bienveillance; et je résolus de lui offrir, de manière ou d'autre, si peu que ce fût de mes civilités, — sinon de mes services.

Telles étaient mes tentations — et c'est dans cette disposition à y céder que je fus laissé seul avec cette dame, sa main dans la mienne, et nos deux visages tournés vers la porte de la remise, et cela plus près qu'il n'était absolument nécessaire.

LA PORTE DE LA REMISE.

CALAIS.

Ceci certainement, belle dame, dis-je en élevant un peu sa main comme je commençais, ceci doit être un des tours fantasques de la fortune; prendre par la main deux personnes parfaitement étrangères — de sexe différent, et peut-être de différents coins du globe; et, en un moment, les placer ensemble dans une situation si cordiale, que l'amitié elle-même aurait eu peine à les y amener, quand elle l'aurait projeté depuis un mois. —

— Et votre réflexion à ce sujet montre combien, monsieur, elle vous a embarrassé par cette aventure.

Quand la situation est ce que nous l'aurions désirée, rien n'est si mal à propos que de faire allusion aux circonstances qui l'ont rendue telle. Vous remerciiez la fortune, continua-t-elle — vous aviez raison — le cœur le savait, et était satisfait; et quel autre qu'un philosophe anglais en aurait donné avis au cerveau pour qu'il cassât le jugement?

En disant cela, elle dégagea sa main d'un air que je jugeai un commentaire suffisant du texte.

Je vais donner une misérable idée de la faiblesse de mon cœur, en avouant qu'il éprouva une peine que de plus dignes occasions n'auraient pu lui causer. — J'étais mortifié de la perte de sa main, et la manière dont je l'avais perdue ne versait ni huile ni vin sur la blessure; de ma vie je n'ai si misérablement souffert du désavantage de la timidité.

Un vrai cœur féminin ne triomphe pas longtemps de ces sortes de déconfitures. Au bout de très-peu de secondes, elle posa sa main sur le parement de mon habit, afin d'achever sa réponse; si bien que, de manière ou d'autre, Dieu sait comment, je reconquis ma position.

— Elle n'avait rien à ajouter.

Je me mis donc à préparer un sujet différent de conversation, pensant, d'après l'esprit et la morale de celle-ci, que je m'étais mépris sur le caractère de la dame; mais quand elle tourna le visage vers moi, la chaleur qui avait animé sa réplique s'était dissipée — les muscles s'étaient relâchés, et je vis le même air de détresse et de délaissement qui, de prime abord, avait conquis mon intérêt — Quelle pitié de voir une telle vivacité la proie du chagrin ! — Je la plaignais du fond de l'âme ; et, quoique cela puisse sembler assez ridicule à un cœur engourdi, — je l'aurais prise et serrée, sans rougir, dans mes bras caressants, bien que ce fût en pleine rue.

Les pulsations des artères de mes doigts pressés sur les siens lui dirent ce qui se passait en moi : elle baissa les yeux — il se fit un silence de quelques instants.

Il faut, je le crains, que, dans cet intervalle, j'aie fait quelques légers efforts pour serrer davantage sa main, à en juger d'après une sensation subtile que j'éprouvai dans la paume de la mienne — non pas comme si elle allait me retirer sa main — mais comme si elle y pensait — et je l'aurais infailliblement reperdue, si l'instinct, plutôt que la raison, ne m'avait suggéré ma dernière ressource dans ce danger — de la tenir négligemment, et comme si j'allais à tout moment la lâcher de moi-même ; de la sorte, elle l'y laissa jusqu'à ce que M. Dessein revînt avec la clef ; et, pendant ce temps, je me mis à songer comment je détruirais les mauvaises impressions que l'histoire du pauvre moine, au cas qu'il la lui eût contée, devait avoir semées contre moi dans son esprit.

LA TABATIÈRE.

CALAIS.

Le bon vieux moine était à six pas quand son souvenir me traversa l'esprit ; et il s'avançait vers nous, pas tout à fait en droite ligne, comme incertain s'il devait ou non nous accoster. — Il s'arrêta, toutefois, dès qu'il fut arrivé près de nous, avec une parfaite bonhomie ; et ayant à la main une tabatière de corne, il me la présenta ouverte — Vous goûterez du mien, dis-je, en tirant ma boîte (qui était une petite boîte d'écaille) et la lui mettant dans la main — Il est excellent, dit le moine. Alors faites-moi la faveur, repartis-je, d'accepter la boîte et tout, et quand vous y prendrez une prise, rappelez-vous quelquefois que ce fut l'offrande de paix d'un homme qui jadis vous traita durement, mais non de l'aveu de son cœur.

Le pauvre homme devint aussi rouge que de l'écarlate. Mon Dieu ! dit-il en joignant les mains — vous ne m'avez jamais traité durement. — Je ne pense pas, dit la dame, qu'il soit homme à le faire. Je rougis à mon tour ; mais par suite de quelles émotions, je laisse au peu de gens qui sentent à l'analyser — Excusez-moi, Madame, répliquai-je — je l'ai traité fort durement, et sans aucune provocation — C'est impossible, dit la dame. — Mon Dieu ! s'écria le moine avec une chaleur d'affirmation qui ne semblait pas lui appartenir — la faute était à moi et à l'indiscrétion de mon zèle — La dame le contesta, et je me joignis à elle pour maintenir qu'il était impossible qu'un esprit aussi mesuré que le sien pût offenser personne.

Je ne savais pas que la discussion pût devenir une chose si douce et si agréable pour les nerfs que je l'éprouvai alors. — Nous restâmes silencieux, sans aucune idée de la sotte souffrance qu'on ressent en pareille situation lorsqu'on se regarde pendant dix minutes, face à face, sans dire une parole. Tant que ce silence dura, le moine frotta sa boîte de corne sur la manche de son froc ; et aussitôt qu'elle eut acquis un certain brillant par le frottement — il fit un profond salut, et dit qu'il était trop tard pour décider si c'était la faiblesse ou la bonté de notre caractère qui nous avait engagés dans cette discussion — mais que, quoi qu'il en fût — il me priait d'échanger nos boîtes — En disant cela, il me présenta la sienne d'une main en me prenant la mienne de l'autre ; et l'ayant baisée — les yeux rayonnants de bienveillance, il la mit dans son sein — et prit congé de nous.

Je conserve cette boîte avec le soin que j'aurais pour les parties instrumentales de ma religion, afin d'encourager mon âme à quelque chose de mieux. En vérité, je sors rarement sans elle, et mainte et mainte fois avec son aide j'ai évoqué l'esprit courtois de son possesseur pour guider le mien dans les luttes du monde. Elles lui avaient donné ample occupation, comme son histoire me l'apprit, jusqu'à sa quarante-cinquième année, où, mal récompensé de ses services militaires, et en même temps n'ayant trouvé que mécompte dans la plus tendre des passions, il avait abandonné à la fois l'épée et le beau sexe, et s'était cloîtré moins dans son couvent qu'en lui-même.

Je sens un froid au cœur d'avoir à ajouter qu'à mon dernier retour par Calais, ayant demandé des nouvelles du père Lorenzo, j'appris qu'il était mort depuis près de trois mois, et avait été enterré, non dans son couvent, mais, conformément à son désir, dans un petit cimetière qui en dépendait, à environ deux lieues de là. J'eus grande envie de voir où on l'avait déposé — assis donc près de son tombeau, j'avais tiré sa petite tabatière de corne, et j'arrachais une ou deux orties qui n'avaient que faire de croître là, quand tout cela m'émut si violemment que je fondis en larmes — mais je suis aussi faible qu'une femme, et je prie le monde de ne pas sourire, mais de me plaindre.

LA PORTE DE LA REMISE.

CALAIS.

Je n'avais pas quitté la main de la dame pendant tout cet intervalle, et je l'avais tenue si longtemps, qu'il eût été inconvenant de la lâcher sans y presser mes lèvres. Le sang et les esprits qui s'étaient retirés de sa face y refluèrent quand je le fis.

Or, les deux voyageurs qui m'avaient parlé dans la cour des remises étant venus à passer en ce moment critique, et remarquant nos mouvements respectifs, naturellement se mirent en tête que nous devions être *mari et femme* pour le moins. S'étant donc arrêtés dès qu'ils furent près de la porte de la remise, l'un d'eux, qui était le *voyageur curieux*, nous demanda si nous partions pour Paris le lendemain matin. — Je dis que je ne pouvais répondre que pour moi, et la dame ajouta qu'elle allait à Amiens. Nous y avons dîné hier, dit le *simple voyageur* — On passe directement par cette ville, ajouta l'autre, en allant à Paris. J'allais lui rendre mille grâces du renseignement *qu'Amiens était sur la route de Paris*; mais, ayant tiré la petite tabatière de corne du pauvre moine pour prendre une prise de tabac — je leur fis un salut silencieux, et, leur ayant souhaité un bon passage à Douvres — ils nous laissèrent seuls.

— Eh! où serait le mal, me dis-je, si je priais cette malheureuse dame d'accepter la moitié de ma chaise ? — et quel si grand malheur en pourrait-il résulter ?

Chacune des sales passions et des mauvais penchants de ma nature prit l'alarme à ma proposition — Cela vous obligera à avoir un troisième cheval, dit l'AVARICE ; ce qui vous ôtera vingt livres de la poche. — Vous ne savez qui elle est, dit la CIRCONSPECTION ; — ni dans quels tracas cela peut vous jeter, chuchota la LACHETÉ.

Comptez là-dessus, Yorick ! dit la PRUDENCE ; on dira que vous êtes parti avec une maîtresse, et que vous êtes venu à Calais parce qu'elle vous y avait donné rendez-vous —

Après cela, cria l'HYPOCRISIE, vous ne pourrez plus vous montrer dans le monde — ni avancer dans l'église, ajouta la BASSESSE — ni y être autre chose, dit l'ORGUEIL, qu'un pouilleux de prébendier.

— Mais c'est une honnêteté, dis-je — et comme généralement j'agis d'après la première impulsion, et qu'en conséquence j'écoute rarement ces cabales qui ne servent à rien, que je sache, si ce n'est à cuirasser le cœur de diamant — je me tournai sur-le-champ du côté de la dame —

— Mais elle s'était éclipsée sans être vue, pendant que la cause se plaidait, et avait eu le temps de faire dix ou douze pas dans la rue tandis que je prenais ma détermination : je me mis donc à la suivre à grands pas, pour lui faire ma proposition avec toute l'adresse de termes dont j'étais capable ; mais remarquant qu'elle marchait la joue à demi appuyée sur la paume de sa main — du pas lent, court et mesuré de la rêverie, et les yeux fixés sur la terre, tout en allant pas à pas, je fus frappé de l'idée qu'elle-même elle jugeait la même cause. — Dieu l'assiste ! dis-je, elle a quelque belle-mère, quelque tartufe de tante, quelque absurde vieille femme à consulter là-dessus, aussi bien que moi. Ne me souciant donc pas d'interrompre le procès, et trouvant plus courtois de la prendre par capitulation que par surprise, je me retournai, et fis un ou deux petits tours devant la porte de la remise, tandis qu'elle marchait rêveuse et penchée d'un côté.

DANS LA RUE.

CALAIS.

Ayant, à la première vue de la dame, arrêté ce point dans mon imagination, « qu'elle était d'un meilleur ordre de créatures, » — et posé ensuite comme un second axiome, aussi incontestable que le premier, qu'elle était veuve, et portait les caractères du malheur — je n'allai pas plus loin ; j'avais gagné suffisamment de terrain pour la position qui me convenait — et elle serait restée tout à côté de moi jusqu'à minuit, que je me serais tenu fidèle à mon système, et que je ne l'aurais envisagée que sous cet aspect général.

Elle s'était à peine éloignée de vingt pas, que quelque chose au dedans de moi réclama un examen plus particulier — cela me donna l'idée d'une plus longue séparation — je pouvais bien ne plus la revoir. Le cœur est d'avis de garder ce qu'il peut ; et je manquais de traces à l'aide desquelles mes vœux parvinssent jusqu'à elle, au cas que je ne pusse la rejoindre moi-même. En un mot, je désirais de savoir son nom — celui de sa famille — sa condition ; et, sachant l'endroit où elle allait, je voulais savoir d'où elle venait. Mais il n'y avait pas moyen d'arriver à tous ces éclaircissements ; cent petites délicatesses me barraient le chemin. Je formai vingt plans divers — un homme ne pouvait songer à la questionner directement — la chose était impossible.

Un élégant petit capitaine français, qui arriva en sautillant par la rue, me montra que c'était la chose du monde la plus aisée ; car, passant comme un trait entre nous, juste au moment où la dame revenait vers la porte de la remise, il se servit à lui-même d'introducteur auprès de moi, et avant de s'être bien annoncé, il me pria de lui faire l'honneur de le présenter à la dame — Moi-même je n'avais pas été présenté — Se tournant donc vers elle, il se tira d'affaire tout seul en lui demandant si elle arrivait de Paris. Non; elle allait en prendre la route, dit-elle. — Vous n'êtes pas de Londres? — Non, répliqua-t-elle. — Alors madame doit être venue par la Flandre. — Apparemment vous êtes Flamande? dit le capitaine français. — La dame répondit que oui. — Peut-être de Lille? ajouta-t-il. — Elle dit qu'elle n'était pas de Lille. — Ni d'Arras? — Ni de Cambrai? — Ni de Gand? — Ni de Bruxelles? Elle répondit qu'elle était de Bruxelles.

Il dit qu'il avait eu l'honneur d'être au bombardement de cette ville dans la dernière guerre — qu'elle était admirablement située pour cela — et pleine de noblesse quand les impériaux furent chassés par les Français (la dame s'inclina légèrement) — Lui faisant donc un récit de l'affaire et de la part qu'il y avait prise — il sollicita l'honneur de savoir son nom — et tira sa révérence.

— Et madame a son mari — dit-il, tournant la tête après avoir fait deux pas — Et sans attendre de réponse — il s'en alla en sautillant par la rue.

J'aurais été sept ans en apprentissage de savoir-vivre, que je n'aurais pu en faire autant.

LA REMISE.

CALAIS.

Comme le petit capitaine français nous quittait, M. Dessein vint tenant la clef de la remise, et il nous fit entrer dans son magasin de chaises.

Le premier objet qui frappa mes yeux, quand M. Dessein ouvrit la porte de la remise, ce fut une autre vieille désobligeante toute délabrée ; et quoiqu'elle fût le portrait exact de celle qui avait si fort piqué ma fantaisie dans la cour, il n'y avait pas plus d'une heure — sa seule vue éveilla maintenant en moi une sensation désagréable ; je pensai qu'il n'y avait qu'un grossier animal dans le cœur duquel eût pu entrer l'idée de construire une pareille machine, et je n'avais guère plus de charité pour l'homme qui pouvait songer à s'en servir.

Je remarquai que la dame n'en était pas beaucoup plus éprise que moi : M. Dessein nous mena donc à deux autres chaises placées de front, et dit, en nous les recommandant, qu'elles avaient été achetées par mylord A. et B. pour le grand tour, mais qu'elles n'avaient pas été plus loin que Paris, de sorte qu'à tous égards elles étaient aussi bonnes que neuves — Elles étaient trop bonnes — je passai donc à une troisième qui était derrière, et je me mis à la marchander — Mais on aura de la peine à y tenir deux, dis-je ouvrant la portière et y entrant. — Ayez la bonté d'y monter, madame, dit M. Dessein, offrant son bras — La dame hésita une demi-seconde et monta ; et le garçon en ce moment ayant fait signe à M. Dessein qu'il avait à lui parler, celui-ci ferma sur nous la portière de la chaise et nous laissa.

LA REMISE.

CALAIS.

C'est bien comique, c'est très-drôle, dit la dame en souriant de la réflexion que c'était la seconde fois que nous étions laissés ensemble par suite d'un tas d'incidents absurdes — c'est bien comique, dit-elle. — Il n'y manque, dis-je, pour le rendre tel, que le parti comique qu'en tirerait la galanterie d'un Français, de faire au premier moment et au second une offre de sa personne.

— C'est leur fort, repartit la dame.

On le suppose, du moins. Et comment cela est arrivé, continuai-je, je ne sais ; mais ils ont certainement la réputation de mieux s'entendre en amour, et de le faire mieux qu'aucune autre nation sur terre ; mais, pour ma part, je les crois de franches mazettes, et vraiment la pire espèce de tireurs qui aient jamais exercé la patience de Cupidon.

— Penser à faire l'amour par *sentiment* !

Je penserais aussi bien à faire un habit complet et élégant avec des coupons : — et faire cela — pop — à première vue, par une déclaration — c'est exposer son offre et soi-même à être épluchés, avec tous les pour et les contre, par un esprit resté froid.

La dame écoutait comme si elle s'attendait à me voir poursuivre.

Considérez donc, Madame, continuai-je, mettant ma main sur la sienne —

Que les gens graves haïssent l'Amour à cause du nom —

Que les égoïstes le haïssent à cause d'eux-mêmes

— Les hypocrites, à cause du ciel —

Et que tous tant que nous sommes, vieux et jeunes, ayant précisément dix fois plus de peur que de mal du nom — quel défaut de connaissances dans cette branche de commerce un homme trahit, lorsqu'il laisse le mot sortir de ses lèvres, avant qu'il se soit écoulé une ou deux heures au moins depuis l'instant où son silence à ce sujet est devenu tourmentant. Une série de petites attentions paisibles, pas assez positives pour alarmer, ni assez vagues pour qu'on s'y méprenne, et de temps en temps un tendre regard, et peu ou point de paroles sur la question — vous laissent la Nature pour guide, et elle en fait à sa tête. —

Alors je déclare solennellement, dit la dame en rougissant — que vous m'avez fait l'amour tout ce temps.

LA REMISE.

CALAIS.

M. Dessein revint nous ouvrir la chaise, et informa la dame que le comte de L—, son frère, venait d'arriver à l'hôtel. Quoique je souhaitasse à la dame infiniment de bien, je ne puis dire qu'au fond du cœur je me réjouis de l'événement — et je ne pus m'empêcher de le lui dire — car cela est funeste, Madame, ajoutai-je, à une proposition que j'allais vous faire

Vous n'avez pas besoin de me dire quelle était cette proposition, répliqua-t-elle en mettant sa main sur les deux miennes, comme elle m'interrompait. — Un homme, mon bon Monsieur, a rarement une offre aimable à faire à une femme, qu'elle n'en ait eu un pressentiment quelques instants auparavant —

La nature lui donne cette arme, dis-je, pour sa préservation immédiate. — Mais je pense, dit-elle en me regardant en face, que je n'avais rien à craindre — et, pour être franche avec vous, j'avais résolu d'accepter. — Dans ce cas (elle s'arrêta un moment) — je crois que votre bienveillance aurait tiré de moi une histoire qui aurait fait de la pitié la seule dangereuse chose du voyage.

A ces mots, elle me laissa baiser deux fois sa main, et, avec un regard de sensibilité mêlée d'un regret, elle descendit de la chaise — et me dit adieu.

DANS LA RUE.

CALAIS

De ma vie je n'ai conclu si lestement un marché de douze guinées : le temps me pesait depuis la perte de la dame, et, sentant que chaque instant en vaudrait deux tant que je ne serais pas en mouvement — je commandai sur-le-champ des chevaux de poste, et marchai vers l'hôtel.

Dieu ! dis-je en entendant l'horloge de la ville sonner quatre heures, et me rappelant qu'il n'y en avait guère qu'une que j'étais à Calais —

— Quel gros volume d'aventures peut être amassé dans ce petit espace de vie par celui qui intéresse son cœur à toutes choses, et qui, ayant des yeux pour voir ce que le temps et le hasard lui présentent sans cesse chemin faisant, ne néglige rien de ce qu'il peut honnêtement s'approprier !

Si ceci n'aboutit à rien — ce sera pour une autre fois — peu importe — C'est un essai sur la nature humaine —

j'ai mon travail pour ma peine — c'est assez — le plaisir de l'expérience a tenu mes sens et la meilleure partie de mon sang en éveil, et laissé dormir la partie grossière.

Je plains l'homme qui peut voyager de Dan à Bersabée, et s'écrier : Tout est stérile. — Eh ! oui sans doute, et la terre entière l'est aussi pour celui qui ne cultivera pas les fruits qu'elle offre. Je déclare, dis-je, frappant des mains avec gaieté, que si j'étais dans un désert, j'y saurais trouver de quoi éveiller mes affections — Si je ne pouvais mieux faire, je voudrais les attacher à quelque myrte odorant, ou chercher quelque cyprès mélancolique pour m'unir à lui — je voudrais courtiser leur ombre, et que mon abord amical les remerciât de leur protection — je voudrais graver sur eux mon nom, et jurer qu'ils sont les plus charmants arbres de tout le désert ; si leurs feuilles se flétrissaient, je voudrais m'apprendre à languir, et quand elles se ranimeraient, je voudrais me ranimer avec elles.

Le savant Smelfungus voyagea de Boulogne à Paris — de Paris à Rome — et ainsi de suite — mais il partit avec le spleen et la jaunisse, et chaque objet auprès duquel il passa était décoloré ou défiguré — il en écrivit un récit, mais ce n'était que celui de ses misérables sentiments.

Je rencontrai Smelfungus sous le grand portique du Panthéon — il en sortait — Ce n'est qu'une énorme arène à coqs [1], dit-il — Je voudrais que vous n'eussiez dit rien de pis de la Vénus de Médicis, repartis-je — Car, en passant par Florence, j'avais su qu'il était tombé impitoyablement sur la déesse, et l'avait traitée plus mal qu'une fille des rues, sans la moindre provocation.

[1] Voir les *Voyages de Smollet*. (*Note de l'auteur.*)

Je me trouvai de nouveau nez à nez avec Smelfungus à Turin, comme il s'en retournait dans son pays, et il eut à me faire un triste récit d'aventures déplorables, « d'accidents touchants sur la terre et sur l'onde, et des cannibales qui se mangent l'un l'autre, des anthropophages » — Il avait été écorché vif, endiablé et plus maltraité que saint Barthélemy, à chaque endroit où il s'était arrêté —

— Je le dirai au monde, s'écria Smelfungus. Vous feriez mieux de le dire à votre médecin, répliquai-je.

Mundungus, avec une immense fortune, fit le tour complet; allant de Rome à Naples, de Naples à Venise — de Venise à Vienne — à Dresde, à Berlin, sans avoir à citer une seule impression généreuse ni une anecdote intéressante; mais il avait voyagé droit devant lui, ne regardant ni à droite ni à gauche, de peur que l'Amour ou la Pitié ne le détournassent de sa route.

La paix soit avec eux! si la trouver est possible; mais le ciel lui-même, si l'on pouvait y parvenir avec de tels caractères, manquerait d'objets pour la leur donner — chaque doux esprit, volant sur les ailes de l'amour, viendrait saluer leur arrivée — les âmes de Smelfungus et de Mundungus n'entendraient que de nouvelles antiennes de joie, de nouveaux transports d'amour, de nouvelles congratulations de leur commune félicité — Je les plains de tout mon cœur : ils n'ont apporté aucune faculté pour jouir de cette œuvre; et quand la plus heureuse place dans le ciel serait accordée à Smelfungus et à Mundungus, ils seraient si loin d'être heureux, que les âmes de Smelfungus et de Mundungus y feraient pénitence pour l'éternité.

MONTREUIL.

Mon portemanteau était tombé de derrière ma chaise, et à deux reprises, j'étais descendu par la pluie, et une fois dans la boue jusqu'aux genoux, pour aider le postillon à l'attacher, sans pouvoir découvrir ce qui me manquait — Ce ne fut que lorsque j'arrivai à Montreuil que, sur la demande de l'aubergiste si je n'avais pas besoin d'un domestique, l'idée me vint que c'était précisément cela.

Un domestique! « Oh! oui, cruellement, m'écriai-je — C'est que, monsieur, dit l'aubergiste, il y a ici un habile garçon qui serait très-fier d'avoir l'honneur de servir un Anglais — Mais pourquoi un Anglais plus que tout autre? — Ils sont si généreux! repartit l'aubergiste. — Je veux être pendu, si ce n'est pas une livre hors de ma poche ce soir même, me dis-je — Mais ils ont de quoi l'être, monsieur, ajouta-t-il — Compte une livre de plus pour cela, dis-je. — Pas plus tard qu'hier au soir, reprit l'aubergiste, un mylord anglais présentait un écu à la fille de chambre — Tant pis pour mademoiselle Jeanneton, dis-je.

Or, Jeanneton étant la fille de l'aubergiste, et l'aubergiste supposant que j'étais novice en français, prit la liberté de me prévenir que je n'aurais pas dû dire tant pis — mais tant mieux. Tant mieux, toujours, monsieur, dit-il, quand il y a quelque chose à gagner — tant pis, quand il n'y a rien. Cela revient au même, dis-je. Pardonnez-moi, dit l'aubergiste.

Je ne peux saisir une occasion plus convenable de faire observer une fois pour toutes, que tant pis et tant mieux étant les deux grands pivots de la conversation française, un étranger ferait bien de se mettre au fait de leur emploi avant d'arriver à Paris.

Un pétulant marquis français, à la table de notre ambassadeur, demanda à M. H— s'il était H—, le poëte. Non, dit H— avec douceur — Tant pis, répliqua le marquis.

C'est H— l'historien, dit un autre — Tant mieux, dit le marquis. Et M. H— qui est un homme d'un cœur excellent, remercia des deux réponses.

Quand l'aubergiste m'eut mis au fait de cela, il appela La Fleur, c'était le nom du jeune homme dont il avait parlé — disant seulement d'abord que, quant à ses talents, il n'aurait pas la présomption d'en rien dire — Monsieur était le meilleur juge de ce qui lui convenait; mais quant à la fidélité de La Fleur, il s'en porterait garant pour tout ce qu'il possédait.

L'aubergiste dit cela d'une manière qui à l'instant fixa mes idées dans l'affaire en question — et La Fleur, qui attendait en dehors dans cette anxiété palpitante que nous tous, enfants de la nature, nous avons éprouvée à notre tour, La Fleur entra.

MONTREUIL.

Je suis disposé à me laisser prendre par toute espèce de gens à première vue; mais jamais plus que quand un pauvre diable vient offrir ses services à un aussi pauvre diable que moi ; et comme je me connais cette faiblesse, je laisse toujours mon jugement rabattre quelque chose à ce compte-là — et cela, plus ou moins, selon le mode où je suis, — et le cas — et je puis ajouter le genre aussi de la personne que je dois gouverner.

Quand La Fleur entra dans la chambre, après tout le décompte que j'avais fait par défiance de mon cœur, l'air et le maintien naturels du garçon décidèrent sur-le-champ la chose en sa faveur ; je commençai donc par l'arrêter — et puis je me mis à m'informer de ce qu'il savait faire. Mais je découvrirai ses talents, dis-je, à mesure que j'en aurai besoin — d'ailleurs, un Français sait tout faire.

Or, le pauvre La Fleur ne savait rien au monde, que battre du tambour et jouer une ou deux marches sur le fifre. J'étais décidé à trouver ses talents suffisants ; et je ne puis dire que ma faiblesse ait jamais été autant insultée par ma sagesse que dans cette tentative.

La Fleur était entré de bonne heure dans le monde, aussi bravement que font la plupart des Français, en servant quelques années, au bout desquelles ayant satisfait au sentiment, et vu en outre que l'honneur de battre du tambour paraissait devoir être par lui-même une récompense, car il ne lui ouvrait pas d'autre route de gloire — il se retira dans ses terres, et vécut comme il plaisait à Dieu — c'est-à-dire de rien.

— Et ainsi, dit la *Sagesse*, vous avez arrêté un tambour pour vous suivre dans votre tour de France et d'Italie ! Bah ! dis-je, est-ce qu'une moitié de nos gentlemen ne fait pas le même tour avec un fainéant de compagnon de voyage, et n'a pas à payer en outre les violons et le diable et son train? Quand un homme peut se tirer d'affaire avec une équivoque dans une contestation si inégale — il n'est pas trop malheureux — Mais vous savez faire quelque autre chose, La Fleur? dis-je — Oh! qu'oui! — Il savait faire des guêtres et jouer un peu du violon. — Bravo, dit la Sagesse. — Et moi, je joue de la basse, dis-je — nous nous accorderons très-bien — Vous savez raser et arranger un peu une perruque, La Fleur? — Il avait toutes les dispositions du monde — C'est assez pour le ciel! dis-je en l'interrompant — et cela doit être assez pour moi — Le souper donc arrivant, et ayant d'un côté de ma chaise un frétillant épagneul anglais, et de l'autre, un valet français, avec autant d'hilarité que jamais la nature en a mis sur une physionomie — j'étais pleinement satisfait de mon empire; et si les monarques savaient ce qu'ils veulent, ils pourraient être aussi satisfaits que je l'étais.

MONTREUIL.

Comme La Fleur fit avec moi tout le tour de France et d'Italie, et sera souvent en scène, je dois lui concilier un peu plus l'intérêt du lecteur, en disant que je n'eus jamais moins sujet de me repentir des impulsions qui généralement me déterminent, que par rapport à ce garçon — Ç'a été l'être le plus fidèle, le plus affectionné, le plus ingénu qui ait jamais marché sur les talons d'un philosophe; et si ses talents de battre du tambour et de faire des guêtres, quoique fort bons en eux-mêmes, se trouvaient ne m'être d'aucune utilité, j'étais dédommagé à toute heure par la gaieté de son caractère — elle suppléait à tout ce qui manquait — ses regards étaient ma ressource constante dans toutes mes difficultés et détresses — j'allais ajouter, et dans les siennes aussi ; mais La Fleur était au-dessus de tout ; car, que ce fût la faim, ou la soif, ou le froid, ou le dénûment, ou les veilles, ou tout autre coup de l'adversité que La Fleur subît dans nos voyages, aucun signe ne l'indiquait sur sa physionomie : il était éternellement le même ; de sorte que si je suis tant soit peu philosophe, ce que Satan de temps à autre me met en tête — l'orgueil de cette idée est toujours mortifié en moi par le souvenir de tout ce que je dois à la philosophie toute de tempérament de ce pauvre garçon, laquelle m'a fait honte de n'en pas avoir une d'une meilleure espèce. Avec tout cela, La Fleur avait une petite teinte de fatuité — mais il semblait, à première vue, être plutôt fat par instinct que par calcul ; et avant que j'eusse été trois jours à Paris avec lui — il ne me sembla plus du tout fat.

MONTREUIL.

Le lendemain matin, La Fleur entrant en fonctions, je lui remis la clef de mon portemanteau, avec un inventaire de ma demi-douzaine de chemises et de ma culotte de soie noire, et je lui ordonnai de tout attacher sur la chaise — de faire atteler — et fis dire à l'aubergiste de m'apporter son compte.

C'est un garçon à bonnes fortunes, dit l'aubergiste, montrant par la croisée une demi-douzaine de filles qui entouraient La Fleur, et prenaient très-affectueusement congé de lui, comme le postillon amenait les chevaux.

La Fleur leur baisait et rebaisait les mains à la ronde, et trois fois il essuya ses yeux, et trois fois il promit de leur rapporter des indulgences de Rome.

Ce jeune garçon, dit l'aubergiste, est aimé de toute la ville, et il n'est guère de coin dans Montreuil où son absence ne laissera pas un vide. Il n'a qu'un malheur dans le monde, continua-t-il; il est toujours amoureux. — J'en suis ravi, dis-je — cela m'épargnera la peine, tous les soirs, de mettre ma culotte sous ma tête. En disant cela, je ne faisais pas tant l'éloge de La Fleur que le mien, ayant été presque toute ma vie amoureux d'une princesse ou d'une autre, et j'espère bien continuer ainsi jusqu'à ce que je meure, étant fermement persuadé que si jamais je fais une action basse, ce sera dans l'intervalle d'une passion à une autre : tant que dure cet interrègne, je sens toujours mon cœur fermé à clef; — c'est à peine si j'y trouve un six-pence à donner à la misère. Aussi je sors de cet état le plus vite que je peux; et dès que je suis réenflammé, je redeviens toute générosité et toute bienveillance, et je ferais tout au monde pour ou avec n'importe qui, pourvu qu'on me prouvât que c'est sans péché.

Mais, en parlant ainsi — assurément je fais l'éloge de la passion — et non le mien.

FRAGMENT.

— La ville d'Abdère, quoique Démocrite y vécût, usant, pour la réformer, de toutes les ressources de l'ironie et du rire, était la ville la plus corrompue et la plus débauchée de toute la Thrace. Tant à cause des empoisonnements, conspirations et assassinats — que des libelles, pasquinades et émeutes, il n'y avait pas moyen d'y aller le jour — c'était encore pis la nuit.

Or, quand les choses étaient au plus mal, il arriva que l'*Andromède* d'Euripide ayant été représentée à Abdère, tout l'orchestre en fut enchanté; mais, de tous les passages qui enchantèrent, rien ne fit plus d'effet sur les imaginations que les touches pleines de sensibilité et de naturel que le poëte avait mises dans ce discours pathétique de Persée :

Amour, roi des dieux et des hommes, etc.

Presque tout le monde parlait en purs iambes le lendemain, et il n'était question que de la tirade pathétique de Persée — « Amour ! roi des dieux et des hommes » — dans chaque rue d'Abdère, dans chaque maison — « amour! amour! » Dans chaque bouche, comme les notes naturelles de quelque douce mélodie qui s'en échappe, qu'on le veuille ou non, — rien que « amour! amour! roi des dieux et des hommes » — Le feu prit — et toute la cité, comme le cœur d'un seul homme, s'ouvrit à l'amour.

Pas un pharmacien ne pouvait vendre un grain d'ellébore — pas un seul armurier n'avait le cœur de forger un instrument de mort — l'Amitié et la Vertu venaient au-devant l'une de l'autre et s'embrassaient dans la rue — l'âge d'or était de retour et planait sur la ville d'Abdère — chaque Abdéritain prenait son chalumeau d'avoine, et chaque Abdéritaine quittait ses tissus de pourpre, et s'asseyait d'un air chaste, et écoutait la chanson.

Faire cela, dit le fragment, n'appartenait qu'au dieu dont l'empire s'étend du ciel à la terre et jusque dans les profondeurs de la mer.

MONTREUIL.

Lorsque tout est prêt et que chaque article a été débattu et payé dans l'auberge, à moins qu'on ne soit un peu aigri de l'aventure, on a toujours une affaire à régler à la porte avant de pouvoir monter en voiture, et c'est avec les fils et filles de la Pauvreté qui vous entourent. Que nul ne dise : « Qu'ils aillent au diable ! » — C'est un cruel voyage à faire faire à quelques misérables, et ils ont assez de souffrances sans cela : j'ai toujours pensé qu'il valait mieux prendre quelques sous dans ma main, et je conseillerais à tout voyageur humain d'en faire de même ; il n'a pas besoin d'être si exact à supputer ses raisons de les donner — elles seront enregistrées ailleurs.

Pour ma part, je donne moins que personne ; car peu de gens, que je sache, ont aussi peu à donner : mais, comme c'était mon premier acte public de charité en France, j'y fis d'autant plus d'attention.

Hélas! dis-je en les montrant dans ma main, je n'ai que huit sous au monde, et voilà huit pauvres hommes et huit pauvres femmes.

Un pauvre être tout déguenillé et sans chemise se désista aussitôt de sa prétention en se retirant de deux pas hors du cercle, et faisant, pour sa part, un salut de renonciation. Quand le parterre entier aurait crié, tout d'une voix, Place aux dames ! il n'aurait pas donné une idée à moitié aussi frappante de déférence pour le beau sexe.

Juste ciel ! par quels sages motifs as-tu ordonné que la mendicité et l'urbanité, qui sont si mal d'accord dans les autres pays, trouveraient moyen d'être unies dans celui-ci?

— J'insistai pour qu'il acceptât un sou, rien que pour sa politesse.

Un pauvre petit diable, d'une taille de nain et plein de vivacité, qui était vis-à-vis de moi dans le cercle, mettant d'abord sous son bras quelque chose qui avait jadis été un chapeau, tira de sa poche sa tabatière, et offrit généreusement une prise à ses voisins : c'était un présent de conséquence, et qui fut modestement refusé — Le pauvre petit homme les pressa avec un geste engageant — Prenez-en — prenez, dit-il en regardant d'un autre côté; en sorte qu'ils prirent chacun une prise — Ce serait dommage que ta boîte en manquât jamais! me dis-je; j'y mis donc une couple de sous, prenant, comme je les y mettais, une petite prise dans la boîte, pour augmenter leur valeur — Il sentit le prix de la seconde obligation plus que celui de la première — c'était lui faire un honneur — l'autre n'était que lui faire une charité — et il me fit, en retour, un salut jusqu'à terre.

— Tiens, dis-je à un vieux soldat manchot que le service et les campagnes avaient usé jusqu'à la corde — voici deux sous pour toi — Vive le roi! dit le vieux soldat.

Il ne me restait que trois sous : j'en donnai un simplement pour l'amour de Dieu, c'est à ce titre qu'on le demandait — la pauvre femme avait une hanche disloquée : ainsi ce ne pouvait guère être par aucun autre motif.

Mon cher et très-charitable Monsieur — il n'y a pas moyen de résister à cela, dis-je.

Mylord anglais — rien que le son valait l'argent — je le payai de mon dernier sou. Mais dans mon empressement à donner, je n'avais pas aperçu un pauvre honteux qui n'avait personne qui demandât un sou pour lui, et qui serait mort, je crois, avant d'en demander un pour lui-même : il se tenait près de la chaise, un peu en dehors du cercle, et essuyait une larme sur un visage qui semblait avoir vu des jours meilleurs. — Bon Dieu ! dis-je — et il ne me reste pas un sou à lui donner — Mais vous en avez mille, s'écrièrent toutes les voix de la nature, s'éveillant au dedans de moi — Je lui donnai donc — il n'importe quoi — je suis honteux de dire *combien*, maintenant — et j'étais honteux de penser *combien peu*, alors : si donc le lecteur se fait quelque idée de mon caractère, ces deux points précis lui étant donnés, il peut juger, à une ou deux livres près, quelle était exactement la somme.

Je ne pus offrir au reste, que Dieu vous bénisse — Et le bon Dieu vous bénisse encore — dirent le vieux soldat, le nain, etc. Le pauvre honteux ne put rien dire — il tira un petit mouchoir et s'essuya la figure en se détournant — et je trouvai qu'il me remerciait plus qu'eux tous.

LE BIDET.

Ayant réglé toutes ces petites affaires, je montai dans ma chaise de poste plus à l'aise que je ne le fus de ma vie en montant dans une chaise de poste, et La Fleur ayant posé deci et delà sur les flancs d'un petit bidet deux grosses bottes fortes (car je compte pour rien ses jambes) — il prit les devants au petit galop, aussi heureux et aussi droit qu'un prince —

— Mais qu'est-ce que le bonheur ? Qu'est-ce que la grandeur dans cette scène enluminée de la vie ? Nous n'avions pas fait une lieue, qu'un âne mort arrêta soudain La Fleur dans sa carrière — son bidet ne voulut pas passer auprès — une contestation s'éleva entre eux, et le pauvre diable fut lancé hors de ses bottes fortes dès la première ruade.

La Fleur supporta sa chute en chrétien français, ne disant ni plus ni moins que : Diable ! il se releva à l'instant, et, revenant à la charge, enfourcha son bidet, le battant comme il aurait battu son tambour.

Le bidet courait d'un côté de la route à l'autre, puis reculait de nouveau — puis par ici — puis par là ; bref, partout, excepté où était l'âne. — La Fleur insista sur la chose — et le bidet le jeta par terre.

Qu'as-tu donc, La Fleur, dis-je, avec ton bidet ? — Monsieur, dit-il, c'est le cheval le plus opiniâtre du monde — Eh bien, si c'est un animal entêté, il faut qu'il aille à sa guise, répliquai-je. La Fleur, donc, en redescendit, et lui ayant donné un bon coup de fouet, le bidet me prit au mot, et, décampant, s'en retourna à Montreuil — Peste ! dit La Fleur.

Il n'est pas mal à propos de remarquer ici que, bien que La Fleur ne se fût servi que de deux exclamations différentes dans cette occurrence — à savoir : Diable ! et Peste ! néanmoins, il y en a trois dans la langue française, comme le positif, le comparatif et le superlatif, qui, l'une ou l'autre, répondent à chaque coup de dé imprévu dans la vie.

Le Diable ! qui est le premier degré, le positif, s'emploie, en général, dans les émotions ordinaires de l'âme, quand ce sont de petites choses seulement qui trompent l'attente — telles que : — un doublet qu'on amène — la chute de cheval de La Fleur, etc., — le cocuage, par la même raison, est toujours — le Diable !

Mais dans les cas où le coup a quelque chose de dépitant, comme dans celui de la fuite de ce bidet laissant La Fleur à pied en bottes fortes — c'est le second degré.

Alors, c'est Peste !

Et quant au troisième —

Mais ici, mon cœur est navré de pitié et de sympathie, quand je songe à toutes les misères qui ont dû être le lot d'un peuple si poli, et combien il a dû cruellement souffrir, pour s'être décidé à l'employer —

O vous, puissances qui douez la langue d'éloquence dans la détresse ! — quel que soit mon *dé*, ne m'accordez que des mots décents pour exclamations, et je me laisserai aller à ma nature.

— Mais comme on ne pouvait pas s'en procurer en France, je résolus de prendre tous mes maux comme ils viendraient, sans aucune exclamation quelconque.

La Fleur, qui n'avait pas fait une pareille convention avec lui-même, suivit le bidet des yeux, jusqu'à ce qu'il fût hors de vue — et alors, vous pouvez imaginer, si vous voulez, par quel mot il termina toute l'affaire.

Comme il n'y avait pas à courir en bottes fortes après un cheval effarouché, il ne restait d'autre alternative que de prendre La Fleur soit derrière la chaise, soit dedans —

Je préférai la dernière ; et en une demi-heure, nous arrivâmes à la poste de Nampont.

NAMPONT.

L'ANE MORT.

— Et ceci, dit-il en mettant dans son havresac le reste d'une croûte de pain — et ceci aurait été ta portion, dit-il, si tu avais vécu pour le partager avec moi. — Je crus, à l'accent, que c'était une apostrophe à son enfant ; mais c'en était une à son âne, et à ce même âne que nous avions vu mort sur la route, et qui avait été cause de la mésaventure de La Fleur. L'homme semblait le regretter beaucoup ; et cela me rappela à l'instant les lamentations de Sancho sur le sien ; mais l'autre avait des traits plus frappants de naturel.

L'affligé était assis sur un banc de pierre à la porte, ayant à côté de lui le bât et la bride de l'âne, qu'il soulevait de temps en temps — puis il les posait — les regardait et secouait la tête. Ensuite, il reprit sa croûte de pain dans son havre-sac, comme pour la manger ; il la tint quelque temps dans sa main — puis il la mit sur le mors de la bride de son âne — regarda attentivement le petit arrangement qu'il avait fait — et poussa un soupir.

La simplicité de sa douleur attira nombre de gens autour de lui, et La Fleur, entre autres, pendant qu'on préparait les chevaux ; comme j'étais resté assis dans ma chaise de poste, je pouvais voir et entendre par-dessus leurs têtes.

— Il dit qu'il arrivait en dernier lieu de l'Espagne, où il avait été du fin fond de la Franconie, et qu'il avait déjà fait tout cela de chemin pour regagner son pays quand son âne était mort. Chacun parut curieux de savoir ce qui avait pu décider un homme si vieux et si pauvre à partir de chez lui pour un si long voyage.

Il avait plu au ciel, dit-il, de lui accorder trois fils, les plus beaux garçons de toute l'Allemagne; mais ayant, en une semaine, perdu les deux aînés de la petite vérole, et le plus jeune étant tombé atteint de la même maladie, il avait eu peur d'être privé d'eux tous, et il avait fait vœu, si le ciel voulait ne pas le lui prendre aussi, d'aller, par reconnaissance, à Saint-Jacques, en Espagne.

Quand l'affligé en fut là de son histoire, il s'arrêta pour payer son tribut à la nature — et pleura amèrement.

Il dit que le ciel avait accepté les conditions, et qu'il était parti de sa chaumière avec cette pauvre créature, qui avait été un patient compagnon de son voyage — qu'elle avait mangé le même pain que lui pendant toute la route, et avait été pour lui un ami.

Tous les assistants avaient écouté le pauvre homme avec intérêt — La Fleur lui offrit de l'argent. — L'affligé dit qu'il n'en avait pas besoin — Ce n'était pas la valeur de l'âne, — mais sa perte. — L'âne l'aimait, dit-il, il en était sûr — et là-dessus, il leur raconta une longue histoire d'un malheur qui, à leur passage dans les Pyrénées, les avait séparés l'un de l'autre trois jours, durant lesquels l'âne l'avait cherché autant qu'il avait cherché l'âne, et qu'ils n'avaient presque ni mangé, ni bu jusqu'à ce qu'ils se fussent retrouvés.

L'ami, dis-je, tu as une consolation, du moins, dans la perte de ta pauvre bête ; je suis sûr que tu as été pour elle un bon maître. — Hélas ! dit l'affligé, je l'ai cru, tant qu'elle a vécu — mais, maintenant qu'elle est morte, je pense autrement. — Je crains que mon poids joint à celui de mes afflictions n'ait été trop pour elle — il aura abrégé les jours de la pauvre créature, et j'ai peur d'avoir à en répondre. — Honte au monde ! me dis-je — Si nous nous aimions les uns les autres comme ce pauvre homme aimait son âne — ce serait quelque chose.

NAMPONT.

LE POSTILLON.

L'attendrissement où m'avait jeté l'histoire de ce pauvre diable réclamait quelque attention : le postillon ne lui en accorda pas l'ombre, mais partit au grand galop sur le pavé.

L'être le plus altéré dans le désert le plus sablonneux de l'Arabie n'aurait pu désirer plus ardemment un verre d'eau froide, que je ne désirais de graves et paisibles mouvements, et j'aurais eu une haute opinion du postillon, s'il s'était tout doucement mis en marche avec moi d'un pas pensif, ou approchant. — Au contraire, comme l'affligé finissait sa lamentation, l'insensible drôle donna un coup de fouet à chacune de ses bêtes, et partit avec un tintamarre de tous les diables.

Je lui criai, aussi haut que je pus, d'aller plus lentement, au nom du ciel — et plus je criai, plus il galopa impitoyablement. Le diable l'emporte avec son galop — dis-je — il continuera de me briser les nerfs jusqu'à ce qu'il m'ait jeté dans une sotte colère, et puis il ira lentement pour que j'en puisse savourer les douceurs.

Le postillon exécuta la chose à point nommé : pendant le temps qu'il lui avait fallu pour arriver au bas d'une montée rapide, à environ une demi-lieue de Nampont, — il m'avait mis en fureur contre lui — et puis contre moi-même, de me sentir ainsi.

Ma position demandait alors un traitement différent, et un bon galop bien bruyant m'aurait rendu un service réel.

— Va donc, je t'en prie — va, mon bon garçon, dis-je. —

Le postillon me montra du doigt la montée — J'essayai alors de revenir à l'histoire du pauvre Allemand et de son âne ; — mais j'avais perdu le fil — et je ne pus pas plus le reprendre que le postillon reprendre son trot. —

— Que tout aille au diable ! dis-je. Me voilà ici aussi sincèrement disposé qu'on le fut jamais à prendre les choses du meilleur côté, et tout vient à la traverse.

Du moins il est un doux lénitif que la nature nous offre dans nos maux, et je le reçus avec reconnaissance de ses mains ; je m'endormis, et le premier mot qui m'éveilla fut Amiens.

— Bon Dieu ! dis-je en me frottant les yeux — c'est la ville où ma pauvre dame doit venir.

AMIENS.

Ces mots étaient à peine sortis de ma bouche, que la chaise de poste du comte de L— passa rapidement avec sa sœur dedans. Elle eut juste le temps de me faire un salut de connaissance — et d'une nature particulière qui m'annonçait qu'elle n'en avait pas fini avec moi. Elle tint ce que son regard avait promis; car avant que j'eusse achevé mon souper, le domestique de son frère entra avec un billet où elle disait qu'elle avait pris la liberté de me charger d'une lettre que j'aurais à porter moi-même à madame R —, la première matinée que je n'aurais rien à faire à Paris. Elle ajoutait seulement qu'elle était fâchée, mais par quel motif, elle n'y avait pas réfléchi, de n'avoir pu me raconter son histoire — qu'elle me la devait toujours, et que si jamais Bruxelles se trouvait sur mon chemin, et que je n'eusse pas alors oublié le nom de madame de L, — cette madame de L. serait charmée d'acquitter sa dette.

Je te reverrai donc à Bruxelles, dis-je, bel ange ! — Je n'ai qu'à revenir d'Italie chez moi par l'Allemagne jusqu'en Hollande, en prenant la route de Flandre — ce sera tout au plus un détour de dix postes ; mais quand ce serait de dix mille ! de quelle jouissance morale ce sera couronner mon voyage, que de prendre part aux incidents douloureux d'une histoire attristante racontée par une telle infortunée ! de la voir pleurer ! et, quoique je ne puisse tarir la source de ses larmes, quelle sensation exquise il me reste encore de pouvoir les essuyer sur les joues de la première et de la plus belle des femmes, assis toute la soirée près d'elle en silence, mon mouchoir à la main !

Il n'y avait rien de mal dans ce sentiment, et pourtant je le reprochai aussitôt à mon cœur dans les termes les plus amers et les plus durs.

Ç'a toujours été, je l'ai dit au lecteur, un des singuliers bonheurs de ma vie, d'être presque à toute heure éperdument amoureux de quelque femme ; et ma dernière flamme s'étant trouvée soufflée tout d'un coup, à un détour de rue, par une bouffée de jalousie, je l'avais rallumée au pur flambeau d'Eliza, il n'y avait guère que trois mois — et j'avais juré, en le faisant, qu'elle me durerait tout mon voyage — Pourquoi le dissimulerais-je ? Je lui avais juré une fidélité éternelle — elle avait droit à tout mon cœur — diviser mes affections, c'était les diminuer, — les exposer, c'était les risquer : où il y a risque, il peut y avoir perte : — et qu'auras-tu, Yorick, à répondre à un cœur si plein de confiance et de foi — si bon, si doux, si indulgent ?

— Je n'irai pas à Bruxelles, repartis-je en m'interrompant — mais mon imagination continua sa course — je me rappelai ses regards à cette crise de notre séparation, où ni l'un ni l'autre n'avait la force de dire adieu ! je regardai le portrait qu'elle m'avait attaché au cou avec un ruban noir — et je rougis en le regardant — J'aurais donné tout au monde pour le baiser — mais j'avais honte — Et cette tendre fleur, dis-je en le pressant entre mes mains — sera-t-elle frappée jusque dans sa racine — et frappée, Yorick, par toi, qui as promis de l'abriter dans ton sein ?

Source éternelle de bonheur ! dis-je en me mettant à

genoux — je te prends à témoin — et vous tous, purs esprits qui y puisez, je vous prends à témoin aussi, que je n'irais point à Bruxelles, à moins qu'Eliza n'y vînt avec moi, quand cette route me mènerait au ciel.

Dans ces sortes de transports, le jugement a beau faire, le cœur en dira toujours trop.

LA LETTRE.

AMIENS.

La Fortune n'avait pas souri à La Fleur ; car il avait été sans succès dans ses exploits chevaleresques — et pas une chance ne s'était offerte de signaler son zèle pour mon service depuis qu'il y était entré, c'est-à-dire depuis près de vingt-quatre heures. Le pauvre garçon grillait d'impatience, et l'arrivée du domestique du comte de L— avec une lettre étant la première occasion présentable qu'il trouvait, La Fleur l'avait saisie, et, afin de faire honneur à son maître, il avait emmené ce messager dans une arrière-salle de l'auberge, et l'avait régalé d'un verre ou deux du meilleur vin de Picardie; et le domestique du comte de L—, en retour, et pour ne pas être en arrière de politesse avec La Fleur, l'avait emmené à l'hôtel du comte. L'air prévenant de La Fleur (car sa physionomie était un passe-port), avait bientôt mis tous les domestiques à l'aise avec lui dans la cuisine ; et comme un Français, quels que soient ses talents, n'a aucune espèce de pruderie à les montrer, La Fleur, en moins de cinq minutes, avait tiré son fifre, et, menant lui-même la danse dès la première note, avait mis en branle la femme de chambre, le maître d'hôtel, le cuisinier, le marmiton, toute la maison, et les chiens et les chats, et jusqu'à un vieux singe : je crois qu'il n'y avait jamais eu de cuisine plus gaie depuis le déluge.

Madame de L——, qui passait de l'appartement de son frère dans le sien, entendant qu'on se divertissait si fort en bas, sonna sa femme de chambre pour en savoir la cause, et apprenant que c'était le domestique du Monsieur anglais qui avait mis toute la maison en train avec son fifre, elle ordonna de le faire monter.

Comme le pauvre garçon ne pouvait se présenter les mains vides, il s'était chargé, tout en montant l'escalier, de mille compliments pour madame de L——, de la part de son maître — il y ajouta une longue série apocryphe d'informations sur la santé de madame de L——, lui dit que monsieur son maître serait au désespoir qu'elle ne fût pas remise des fatigues du voyage — et pour couronner l'œuvre, que Monsieur avait reçu la lettre que Madame lui avait fait l'honneur — Et m'a-t-il fait l'honneur, dit madame de L——, interrompant La Fleur, de m'envoyer un billet en réponse ?

Madame de L—— avait dit cela d'un ton si confiant, que La Fleur n'eut pas le courage de la tromper dans son attente — il trembla pour mon honneur — et peut-être bien ne fut-il pas tout à fait rassuré pour le sien, comme capable d'appartenir à un maître qui pouvait manquer d'égards vis-à-vis d'une femme ; de sorte que quand madame de L—— demanda à La Fleur s'il avait apporté une lettre — Oh! qu'oui, dit La Fleur. Mettant donc son chapeau à terre, et prenant de sa main gauche la basque de sa poche droite, il commença à chercher la lettre de l'autre main — puis en sens contraire — Diable ! — Alors il fouilla chaque poche, poche par poche, tour à tour, sans oublier son gousset — Peste ! — Puis La Fleur les vida sur le parquet — il tira une cravate sale — un mouchoir — un peigne — une mèche de fouet — un bonnet de nuit — puis il jeta un coup d'œil dans son chapeau — Quelle étourderie ! Il avait laissé la lettre sur la table dans l'auberge — Il courait la chercher, et serait de retour avec dans trois minutes.

Je venais de finir de souper quand La Fleur vint me rendre compte de son aventure : il conta toute l'histoire simplement comme elle s'était passée, et ajouta seulement que si Monsieur avait oublié (par hasard) de répondre à la lettre de Madame, cette combinaison lui fournissait l'occasion de se tirer de ce faux pas — sinon, que les choses resteraient ce qu'elles étaient.

Or, je n'étais pas parfaitement sûr de l'étiquette, et si j'aurais dû écrire ou non ; mais je l'eusse été — un démon lui-même n'aurait pu se fâcher : ce n'était que le zèle officieux d'un être bien intentionné pour mon honneur ; et quoiqu'il pût s'être trompé de route — ou m'embarrasser en agissant ainsi — son cœur n'était pas en faute — je n'étais pas dans la nécessité d'écrire — et ce qui avait plus de poids que tout — il n'avait pas l'air d'un homme qui a mal fait.

— C'est très-bien, La Fleur, dis-je — ce fut suffisant. La Fleur partit comme l'éclair, et revint avec plume, encre et papier à la main ; et, s'approchant de la table, il les posa tout à côté de moi, d'un air si joyeux que je ne pus faire autrement que de prendre la plume.

Je commençai et recommençai ; et quoique je n'eusse rien à dire, et que ce rien eût pu être exprimé en une demi-douzaine de lignes, je fis une demi-douzaine de commencements différents, sans pouvoir me satisfaire.

Bref, je n'étais pas en humeur d'écrire.

La Fleur sortit et rapporta un peu d'eau dans un verre pour délayer mon encre — puis il alla chercher la poudre et la cire à cacheter — ce fut tout de même : j'écrivis, et raturai, et déchirai, et brûlai, et récrivis — Le diable l'emporte ! — je ne puis écrire cette maudite lettre, dis-je, jetant la plume de désespoir comme je disais cela.

Aussitôt que j'eus jeté la plume, La Fleur s'approcha de la table avec le maintien le plus respectueux, et, faisant mille excuses de la liberté qu'il allait prendre, me dit qu'il avait dans sa poche une lettre écrite par un tambour de son régiment à la femme d'un caporal, et qui, il osait le dire, conviendrait à la circonstance.

J'étais disposé à laisser le pauvre garçon faire à sa guise — Voyons-la donc, je t'en prie, lui dis-je.

La Fleur tira aussitôt un sale petit portefeuille, tout rempli de petites lettres et de billets doux dans un triste état, et le posant sur la table, puis dénouant le cordon qui les retenait tous ensemble, il les parcourut un à un jusqu'à ce qu'il en fût venu à la lettre en question — La voilà, dit-il en frappant des mains ; et après l'avoir déployée, il la mit devant moi, et se retira à trois pas de la table pendant que je la lisais.

LA LETTRE.

Madame,

Je suis pénétré de la douleur la plus vive, et réduit en même temps au désespoir par ce retour imprévu du caporal, qui rend notre entrevue de ce soir la chose du monde la plus impossible.

Mais vive la joie! et toute la mienne sera de penser à vous.

L'amour n'est *rien* sans sentiment
Et le sentiment est encore *moins* sans amour.
On dit qu'on ne doit jamais se désespérer.
On dit aussi que monsieur le caporal monte la garde mercredi : alors ce sera mon tour,

Chacun a son tour.

En attendant — Vive l'amour! et vive la bagatelle!

Je suis, Madame,
avec tous les sentiments les
plus respectueux et les
plus tendres, tout à vous,

Jacques ROQUE.

Il n'y avait qu'à changer le caporal en comte — et à ne rien dire de la garde à monter le mercredi — et la lettre n'était ni bien ni mal — Afin donc de faire plaisir au pauvre garçon, qui était là tremblant pour mon honneur, pour le sien et pour l'honneur de sa lettre — j'en pris doucement la crème, et la fouettant à ma manière — je la cachetai et le renvoyai avec chez madame de L—, et le lendemain matin nous continuâmes notre route vers Paris.

PARIS.

Quand un homme peut dans la discussion s'appuyer d'un équipage, et tout renverser sur ses pas, grâce à une demi-douzaine de laquais et une couple de cuisiniers — il est très-bien dans un endroit tel que Paris — il peut aller où bon lui semble.

Un pauvre prince qui est faible en cavalerie, et dont toute l'infanterie ne va pas au delà d'un homme, ferait mieux de quitter le champ de bataille, et de se signaler dans le cabinet, s'il peut y monter — je dis y monter — car il n'y a pas moyen de descendre perpendiculairement au milieu d'eux avec un « Me voici, mes enfants » — quoi qu'en puissent penser bien des gens.

J'avoue que mes premières sensations, dès que je fus laissé à moi-même et solitaire dans ma chambre de l'hôtel, furent loin d'être aussi flatteuses que je me les étais d'abord figurées. J'allai gravement à la fenêtre, dans mon poudreux habit noir, et regardant à travers la vitre, je vis tout le monde en jaune, en bleu, en vert, courant à l'appel du plaisir. — Les vieux, avec des lances rompues et des casques qui avaient perdu leur visière — les jeunes, sous d'éclatantes armures qui resplendissaient comme l'or, empanachés de toutes les plumes si gaies de l'Orient — tous — tous — joutant pour le prix comme les preux enchantés dans les anciens tournois, pour la gloire et l'amour.

Hélas, pauvre Yorick ! m'écriai-je, que fais-tu ici? Dès le premier assaut de tout ce brillant fracas, tu es réduit à l'état d'atome — cherche — cherche quelque ruelle tortueuse, avec un tourniquet au bout, où jamais coupé n'ait roulé, ni flambeau dardé ses rayons — où tu puisses soulager ton âme dans un doux entretien avec quelque aimable grisette, femme d'un barbier, et être admis dans de semblables coteries ! —

Plutôt périr ! dis-je, en tirant la lettre que j'avais à présenter à madame de R—. La première chose que je ferai sera d'aller chercher cette dame. J'appelai donc La Fleur et lui dis d'aller me chercher tout de suite un perruquier — et de revenir brosser mon habit.

LA PERRUQUE.

PARIS.

Quand le perruquier vint, il refusa absolument d'avoir affaire à ma perruque : elle était ou au-dessus ou au-dessous de son art. Je n'eus pas d'autre parti à prendre que d'en acheter une toute faite qu'il me recommanda.

— Mais je crains, l'ami, dis-je, que cette boucle ne tienne pas. — Vous la plongeriez dans l'Océan qu'elle tiendrait, répliqua-t-il. —

Sur quelle grande échelle tout est dans cette ville ! pensai-je — La plus grande portée d'idées d'un perruquier anglais n'aurait pas été au delà de « trempez-la dans un seau d'eau » — quelle différence ! c'est comme le temps comparé à l'éternité.

J'avoue que je hais toutes les froides conceptions, comme je hais les chétives idées qui les engendrent; et je suis, en général, si frappé des grands ouvrages de la nature, que, pour ma part, si je le pouvais, je ne prendrais jamais d'objet de comparaison qui fût au-dessous d'une montagne. Tout ce qu'on peut dire contre le sublime français, en cette circonstance, c'est que la grandeur est *plus* dans le *mot* et *moins* dans la *chose*. Nul doute que l'Océan ne remplisse l'esprit d'idées vastes; mais Paris étant si avant dans les terres, il n'était pas probable que je courrais en poste à une centaine de milles pour faire l'expérience. — Le mot du perruquier parisien ne signifiait rien. —

Le seau d'eau, placé à côté de l'immensité des mers, ne fait assurément dans le discours qu'une triste figure — mais on peut dire — qu'il a un avantage — il est dans la pièce à côté, et la solidité de la boucle peut être éprouvée dedans, sans tant de façon, en un instant.

En conscience, et après une révision plus candide de l'affaire, *l'expression française promet plus qu'elle ne tient.*

Il me semble que je puis mieux voir les signes précis et distinctifs des caractères nationaux dans ces insignifiantes minuties, que dans les plus importantes affaires d'État, où les grands personnages de toutes les nations ont un langage et une démarche si uniformes, que je ne donnerais pas neuf pence pour choisir entre eux.

Je fus si long à sortir des mains de mon perruquier, qu'il était trop tard pour penser à aller ce soir-là avec ma lettre chez madame de R — : mais quand une fois on est habillé de pied en cap pour sortir, les réflexions ne servent pas à grand'chose : prenant donc le nom de l'hôtel

de Modène où je logeais, je sortis sans savoir où j'irais.
— J'y songerai en marchant, dis-je.

LE POULS.

PARIS.

Salut, charmantes petites civilités de la vie, car vous en aplanissez la route ! Comme la grâce et la beauté qui disposent à l'amour à première vue, c'est vous qui ouvrez cette porte et faites entrer l'étranger.

Je vous prie, madame, dis-je, ayez la bonté de m'indiquer de quel côté je dois prendre pour aller à l'Opéra-Comique : — Bien volontiers, Monsieur, dit-elle en quittant son ouvrage —

J'avais jeté, tout en cheminant, un coup d'œil dans une demi-douzaine de boutiques, pour y chercher une figure qui ne parût pas devoir être bouleversée du dérangement que je causerais : enfin, celle-ci piquant ma fantaisie, j'étais entré.

Elle faisait une paire de manchettes, assise sur une chaise basse, dans le fond de la boutique, en face de la porte —

— Très-volontiers, dit-elle, posant son ouvrage sur une chaise à côté d'elle, et se levant de la chaise basse où elle était assise, avec un si gracieux mouvement, et d'un air si gracieux, que si j'avais dépensé cinquante louis chez elle, j'aurais dit — « Cette femme est reconnaissante. »

Il faut, Monsieur, que vous tourniez, dit-elle, allant avec moi à la porte de la boutique, et me montrant dans la rue le chemin que j'avais à prendre, il faut que vous tourniez d'abord à gauche — mais prenez garde — il y a deux rues; et soyez assez bon pour prendre la seconde — puis, vous ferez un peu de chemin, et vous verrez une église, et quand vous l'aurez passée, donnez-vous la peine de tourner tout de suite à droite, et cela vous conduira au bas du Pont-Neuf, qu'il faudra traverser — et là, tout le monde se fera un plaisir de vous indiquer votre route. —

Elle me répéta trois fois ses instructions avec la même patience et la même bonté la troisième fois que la première ; — et si le ton et les manières ont un sens, et ils en ont un certainement, excepté pour les cœurs qui les repoussent — elle semblait réellement s'intéresser à ce que je ne me perdisse point.

Je ne veux pas supposer que c'était la beauté de la femme (quoique ce fût la plus belle grisette que j'aie jamais vue, je crois) qui était pour beaucoup dans le sentiment que j'avais de son honnêteté; seulement je me souviens qu'en lui disant combien je lui étais obligé, je la regardai en plein dans les yeux, — et que je répétai mes remerciements aussi souvent qu'elle avait répété ses instructions.

Je n'étais pas à dix pas de la porte, que je m'aperçus que j'avais oublié jusqu'à la dernière syllabe de ce qu'elle avait dit — regardant donc en arrière, et la voyant encore debout à la porte de sa boutique, comme pour examiner si je prenais ou non le bon chemin — je revins sur mes pas, afin de lui demander si c'était à droite ou à gauche que je devais tourner la première fois — car je l'avais absolument oublié — Est-il possible ! dit-elle, riant à demi. — C'est très-possible, répliquai-je, quand on pense plus à une femme qu'à ses bons avis.

Comme c'était la pure vérité — elle le prit ainsi que toute femme prend ce qui lui est dû, en faisant une légère révérence.

— Attendez ! dit-elle, posant sa main sur mon bras pour me retenir, tandis qu'elle appelait un jeune garçon dans l'arrière-boutique pour préparer un paquet de gants. Je vais précisément, dit-elle, l'envoyer avec un paquet dans ce quartier, et si vous voulez avoir la complaisance d'entrer, ce sera prêt dans un moment, et il vous accompagnera jusque-là. — Je la suivis donc au fond de la boutique, et ayant pris dans ma main la manchette qu'elle avait posée sur la chaise, comme si j'avais envie de m'asseoir, elle s'assit sur sa chaise basse, et aussitôt je m'assis moi-même à côté d'elle.

— Il sera prêt dans un moment, Monsieur, dit-elle — Et je voudrais de tout mon cœur, répliquai-je, pouvoir profiter de ce moment pour vous dire quelque chose de civil, en retour de toutes vos honnêtetés. Tout le monde peut faire accidentellement un acte de bienveillance, mais une série d'actes semblables montrent qu'elle fait partie du tempérament ; et, certainement, ajoutai-je, si le sang qui vient du cœur est le même qui descend aux extrémités (touchant son poignet), je suis sûr que vous devez avoir le pouls aussi bon qu'aucune femme au monde — Tâtez-le, dit-elle en tendant le bras. Ayant donc posé mon chapeau, d'une main je lui pris les doigts, et j'appliquai les deux premiers de l'autre sur l'artère.

Plût au ciel, mon cher Eugène, que tu eusses passé par là, et que tu m'eusses vu assis, en habit noir, et avec mon air intéressant, comptant les pulsations une à une, avec une attention aussi religieuse que si j'avais épié l'instant critique du flux ou du reflux de sa fièvre — Combien tu aurais ri et moralisé sur ma nouvelle profession ! — et tu aurais pu rire et moraliser tout à l'aise — Crois-moi, mon cher Eugène, aurais-je dit, « il y a des occupations pires dans ce monde *que de tâter le pouls d'une femme.* » — Mais celui d'une grisette ! aurais-tu dit — et en pleine boutique, Yorick ! —

— Tant mieux : car lorsque mes vues sont droites, Eugène, peu m'importe que tout l'univers me le voie tâter.

LE MARI.

PARIS.

J'avais compté vingt pulsations, et j'allais grand train vers la quarantième, quand son mari, arrivant à l'improviste de l'arrière-boutique, me dérangea un peu dans mon calcul. — Ce n'était que son mari, dit-elle — de sorte que je recommençai une nouvelle vingtaine — Monsieur est assez bon, dit-elle, comme il passait près de nous, pour se donner la peine de me tâter le pouls — Le mari ôta son chapeau, et, me saluant, dit que je lui faisais trop d'honneur — et ayant dit cela, il mit son chapeau, et sortit.

Bon Dieu ! me dis-je, comme il s'en allait — cet homme peut-il être le mari de cette femme ?

Que le peu de gens qui savent quels ont dû être les motifs de cette exclamation, ne s'impatientent pas si je les explique à ceux qui les ignorent.

A Londres, un boutiquier et sa femme semblent être les mêmes os et la même chair : dans les diverses qualités de l'esprit et du corps, tantôt c'est l'un, tantôt c'est l'autre qui a la supériorité, de façon à être de niveau dans l'ensemble, et à cadrer l'un avec l'autre aussi exactement que doivent faire mari et femme.

A Paris, il existe à peine deux ordres d'êtres plus différents : car les pouvoirs législatif et exécutif de la boutique n'appartenant point au mari, il y vient rarement — il se tient dans quelque sombre et triste pièce par derrière, étranger au commerce, en bonnet de coton, dans l'état brut où l'a laissé sa mère, la nature.

Le génie d'un peuple qui n'a rien de salique que sa monarchie, ayant cédé entièrement aux femmes ce département avec maint autre, celles-ci, à force de débats continuels avec des chalands de tout rang et de toute taille, du matin au soir, comme autant de cailloux raboteux qu'on a longtemps secoués ensemble dans un sac, ont, par suite de ces collisions amicales, usé leurs aspérités et angles aigus, et non-seulement sont devenues rondes et unies, mais reçoivent, du moins quelques-unes, un poli tel que celui d'un brillant — monsieur le mari ne vaut guère mieux que la pierre qui est sous vos pieds. —

— Assurément — assurément, homme ! il n'est pas bon pour toi de rester seul — Tu as été fait pour les relations sociales et les doux rapports, et j'en appelle en témoignage ce perfectionnement que notre nature en reçoit.

— Et comment bat-il, monsieur ? demanda-t-elle. — Avec toute la bénignité que j'attendais, dis-je, en la regardant paisiblement dans les yeux. — Elle allait dire quelque chose de poli en retour — mais le garçon entra dans la boutique avec les gants — A propos, dis-je, j'en ai besoin de deux paires moi-même.

LES GANTS.

PARIS.

A ces mots, la belle grisette se leva, et passant derrière le comptoir, atteignit un paquet et le défit : j'avançai vis-à-vis d'elle ; ils étaient tous trop grands. La belle grisette les mesura l'un après l'autre sur ma main — cela n'en changeait pas les dimensions — Elle me pria d'en essayer une seule paire qui semblait la moins grande — elle tint le gant ouvert — ma main glissa dedans tout d'un trait — Il n'ira pas, dis-je en secouant un peu la tête — Non, dit-elle, en faisant de même.

Il est certains échanges de regards d'une subtilité pleine de simplicité, — où le caprice et la raison, le sérieux et l'enfantillage sont tellement confondus, que tous les langages de Babel déchaînés à la fois ne pourraient les exprimer — ils sont lancés et saisis si promptement, qu'on peut à peine dire de quel côté vient le poison. Je laisse à nos faiseurs de phrases à enfler des pages à ce propos — c'est assez pour le moment de redire que les gants n'allaient pas. Nous croisant donc les bras, nous nous appuyâmes tous deux sur le comptoir — il était étroit, et il n'y avait juste que la place du paquet entre nous.

La belle grisette regardait de temps à autre les gants,

puis la croisée de côté, puis les gants — et puis moi. Je n'étais pas disposé à rompre le silence — je suivis son exemple : je regardai donc les gants, puis la croisée, puis les gants, et puis elle — et ainsi alternativement.

Je vis que j'avais perdu considérablement à chaque attaque — elle avait l'œil noir et vif, et lançait, à travers des cils si longs et si soyeux, des traits si pénétrants, qu'elle lisait jusque dans mon cœur et mes reins. — Cela peut paraître étrange, mais je sentais en ce moment que cela était.

— N'importe, dis-je, prenant deux des paires qui étaient près de moi, et les mettant dans ma poche.

J'étais bien sûr que la belle grisette n'avait pas demandé plus d'une livre au delà du prix — j'aurais voulu qu'elle eût demandé encore une livre, et je me torturais l'esprit pour amener la chose — Pensez-vous, mon cher Monsieur, dit-elle, se méprenant sur mon embarras, que je pourrais demander un sou de trop à un étranger — et à étranger qui, par politesse plus que par besoin de gants, m'a fait l'honneur de se mettre à ma merci ? — m'en croyez-vous capable ? — Sur ma foi, non, dis-je ; et si vous l'étiez, vous seriez la bienvenue — Là-dessus, lui comptant l'argent dans la main et avec un salut plus profond qu'on n'en fait généralement à la femme d'un boutiquier, je sortis, et le garçon me suivit avec son paquet.

LA TRADUCTION.

PARIS.

Il n'y avait dans la loge où on me mit qu'un aimable vieil officier français. J'aime les militaires, non-seulement parce que j'honore l'homme dont les mœurs sont adoucies par une profession qui rend les méchants plus mauvais ; mais parce que, autrefois, j'en ai connu un — car il n'est plus — et pourquoi ne mettrais-je pas une page à l'abri des outrages, en écrivant son nom dessus, et en disant au monde que c'était le capitaine Tobie Shandy, le plus cher de mes amis et de mes ouailles, à la philanthropie duquel je ne pense jamais, à une si longue distance de sa mort, — sans que des larmes jaillissent de mes yeux ? Par amour pour lui, j'ai une prédilection pour tout le corps des vétérans. J'enjambai donc les deux banquettes de derrière, et me plaçai à côté de celui-ci.

Le vieil officier, à l'aide d'une grande paire de lunettes, lisait attentivement une petite brochure, ce pouvait être le livret de l'Opéra. Aussitôt que je m'assis, il retira ses lunettes, et, les renfermant dans un étui de chagrin, il les remit, ainsi que le livret, dans sa poche. Je me levai à demi et lui fis un salut.

Traduisez cela dans toutes les langues civilisées du monde — le sens est celui-ci :

« Voici un pauvre étranger venu dans la loge — il a l'air de ne connaître personne, et vraisemblablement il ne sera pas plus avancé, dût-il être sept ans à Paris, si chaque homme dont il approche garde ses lunettes sur le nez — c'est absolument lui fermer à la face la porte de la conversation — et le traiter plus mal que ne ferait un Allemand. »

L'officier français aurait bien pu le dire tout haut : et s'il l'avait dit, j'aurais naturellement aussi mis en français le salut que je lui avais fait, et lui aurais répondu que j'étais sensible à son attention, et que je lui en faisais mille remerciements.

Il n'est pas de secret qui aide autant au progrès de la sociabilité, que d'être au fait de cette *sténographie*, et d'être prompt à rendre en langue vulgaire les divers gestes et jeux de physionomie, avec toutes leurs inflexions et leurs nuances. Pour ma part, par suite d'une longue habitude, je le fais si machinalement que, lorsque je marche dans les rues de Londres, je vais traduisant tout le long du chemin ; et plus d'une fois je me suis tenu en arrière dans un cercle où il ne s'est pas dit trois paroles, et j'en ai rapporté vingt dialogues que j'aurais loyalement pu écrire et signer.

J'allais, un soir, au concert de Martini, à Milan, et j'entrais dans la salle comme la *marchesina di F* — sortait avec une espèce de précipitation — elle était presque sur moi avant que je l'eusse vue ; je fis donc un bond de côté pour la laisser passer — Elle avait fait de même, et du même côté aussi ; de sorte que nous nous cognâmes la tête : elle se porta aussitôt de l'autre côté pour sortir ; je fus précisément aussi malheureux qu'elle, car je m'étais jeté de ce côté, et je lui barrai de nouveau le passage — Nous nous lançâmes tous deux de l'autre côté, et puis du précédent — et ainsi de suite — c'était ridicule ; nous rougissions tous deux horriblement. A la fin, je fis ce que j'aurais dû commencer par faire — je restai droit comme un terme, et la *marchesina* passa sans plus de difficulté. Je n'eus pas le courage d'entrer dans la salle avant de lui faire au moins la réparation d'attendre et de la suivre de l'œil jusqu'au bout du corridor — Elle regarda deux fois en arrière, et marchait un peu de côté, comme si elle voulait laisser la place aux personnes qui monteraient — Non, dis-je — c'est une ignoble traduction : la *marchesina* a droit à la plus belle des excuses que je puisse offrir, et c'est une ouverture qui m'est faite pour que j'en profite — Je courus donc lui demander pardon de l'embarras que je lui avais causé, disant que mon intention était de lui faire passage. Elle répondit qu'elle avait eu la même intention à mon égard — et nous nous remerciâmes réciproquement. Elle était au haut de l'escalier ; et ne voyant près d'elle aucun Sigisbé, je lui demandai la permission de la mettre en voiture — Nous descendîmes donc, nous arrêtant de trois en trois marches pour parler du concert et de l'aventure — Sur ma parole, Madame, dis-je, comme je l'aidais à monter, j'ai fait six efforts différents pour vous laisser sortir — Et j'ai fait six efforts, répliqua-t-elle, pour vous laisser entrer. — Je voudrais, sur mon âme, que vous en fissiez un septième, dis-je — De tout mon cœur, dit-elle, en me faisant place — La vie est trop courte, pour être long en formalités — je montai donc à l'instant, et elle m'emmena chez elle — et ce que devint le concert, sainte Cécile qui y était, je suppose, le sait mieux que moi.

J'ajouterai seulement que la liaison qui résulta de cette traduction [1] me procura plus de plaisir qu'aucune de celles que j'eus l'honneur de faire en Italie.

[1] *Translation* signifie à la fois traduction et translation, et Sterne ici, comme en plus d'un autre endroit, joue sur le mot.

(*Note du traducteur.*)

LE NAIN.

PARIS.

Je n'ai jamais de ma vie entendu faire cette remarque que par une seule personne ; et quelle était cette personne ? on le verra probablement dans ce chapitre ; de façon qu'étant passablement exempt de préventions, il faut qu'il y ait eu quelque fondement à ce qui me frappa à l'instant où je jetai les yeux sur le parterre — et c'était l'inexplicable jeu de la nature en formant un si grand nombre de nains — Nul doute qu'elle ne se divertisse à certaines époques, dans presque tous les coins de l'univers ; mais à Paris, il n'y a pas de bornes à ses amusements — La déesse paraît aussi gaie qu'elle est sage.

Comme je m'étais transporté en idée avec ma réflexion hors de l'Opéra-Comique, je mesurai d'après elle chaque personne que je vis passer dans la rue — Triste occupation ! surtout quand la taille est extrêmement petite — la figure extrêmement noire — les yeux vifs — le nez long — les dents blanches — la mâchoire proéminente — de voir tant de misérables chassés, par la force des choses, de leur propre classe et poussés sur les limites d'une autre, qui me fait de la peine à écrire — Sur trois hommes un pygmée ! — les uns, grâce à des têtes nouées et des dos bossus — les autres, grâce à des jambes crochues — une troisième espèce, arrêtée par la main de la nature dans les sixième et septième années de la croissance — une quatrième, dans son état parfait et naturel, comme des pommiers nains, destinée, depuis les premiers principes et fondements de son existence, à ne jamais grandir davantage.

Un *voyageur médecin* dirait que c'est dû à l'abus des bandages — un *voyageur atteint du spleen*, au manque d'air — et un *voyageur curieux*, pour appuyer le système, mesurerait la hauteur de leurs maisons — le peu de largeur de leurs rues, et dans combien peu de pieds carrés, aux sixième et septième étages, une si grande quantité de bourgeoisie mange et dort ensemble ; mais je me souviens que M. Shandy l'aîné, qui n'expliquait rien comme un autre, parlant un soir là-dessus, affirma qu'on pourrait donner aux enfants, comme aux autres animaux, presque toute espèce de taille, pourvu qu'ils fussent venus au monde en bon état ; le malheur était que les habitants de Paris étaient si entassés, qu'ils n'avaient pas réellement de place pour les faire. — Je n'appelle pas cela faire quelque chose, dit-il — c'est ne rien faire — Et même, continua-t-il, enchérissant sur son argument, c'est faire pis que rien, quand après vingt ou vingt-cinq années des plus tendres soins et des aliments les plus nourrissants, ce qu'on a fait finit par ne pas être plus haut que ma jambe. Or, M. Shandy étant très-petit, on ne pouvait rien dire de plus fort.

Comme je ne fais point ici un ouvrage de raisonnement, je laisse la solution telle que je l'ai trouvée, et me contente de l'exactitude seule de cette remarque, qui se vérifie dans chaque petite rue et ruelle de Paris. Je suivais celle qui mène du Carrousel au Palais-Royal, et remarquant un petit garçon dans l'embarras au bord d'un ruisseau qui coulait au milieu, je lui pris la main, et je l'aidai à le passer. En lui relevant le menton après cela, pour regarder sa figure, j'aperçus qu'il avait environ quarante ans — N'importe ! dis-je ; quelque âme charitable en fera autant pour moi quand j'aurai quatre-vingt-dix ans.

Je sens au dedans de moi quelques petits mobiles qui me portent à être compatissant envers cette pauvre partie détériorée de mon espèce, qui n'a ni taille ni force pour se pousser dans le monde — Je ne puis souffrir d'en voir un seul foulé aux pieds ; et j'étais à peine assis à côté de mon vieil officier français, que ma répugnance fut mise à l'épreuve par un fait de ce genre que je vis précisément au-dessous de la loge où nous étions.

Au bout de l'orchestre, et avant la première loge de côté, il y a un petit espace de laissé, où, quand la salle est pleine, se réfugient nombre de gens de tous les rangs. Quoique vous soyez debout, comme au parterre, vous payez le même prix qu'à l'orchestre. Un de ces pauvres êtres sans défense avait été jeté, de façon ou d'autre, dans ce misérable endroit — c'était une soirée très-chaude, et il était entouré d'individus plus hauts que lui de deux pieds et demi. Le nain éprouvait de tous côtés des souffrances inexprimables ; mais ce qui l'incommodait le plus, c'était un grand et gros Allemand, haut de près de sept pieds (1), qui se tenait juste entre lui et toute possibilité d'apercevoir soit la scène, soit les acteurs. Le pauvre nain faisait tout ce qu'il pouvait pour entrevoir ce qui se passait, en cherchant quelque petite ouverture entre le bras et le corps de l'Allemand, essayant d'abord d'un côté, puis de l'autre ; mais l'Allemand se tenait carrément dans la posture la moins accommodante qu'on puisse imaginer

1 Anglais, à la vérité. (*Note du traducteur.*)

— Le nain aurait été tout aussi bien placé dans le puits le plus profond de Paris ; il leva donc poliment la main jusqu'à la manche de l'Allemand, et lui conta son embarras — L'Allemand détourna la tête, le regarda de haut en bas comme Goliath regarda David — et reprit impitoyablement sa posture.

Je prenais justement alors une prise de tabac dans la petite tabatière de corne — O mon cher moine ! comme avec ton esprit doux et courtois, si habitué à *soutenir et à s'abstenir* — tu aurais prêté une oreille bienveillante à la plainte de cette pauvre créature !

Le vieil officier français me voyant lever les yeux avec émotion, au moment où je faisais cette apostrophe, prit la liberté de me demander ce qu'il y avait — Je lui contai l'histoire en trois mots, et j'ajoutai que c'était bien inhumain.

Le nain cependant avait été poussé à bout, et dans les premiers transports qui en général sont déraisonnables, avait dit à l'Allemand qu'il lui couperait sa longue queue avec un couteau — l'Allemand regarda froidement en arrière, et lui dit qu'il était le bienvenu s'il pouvait y atteindre.

Une injustice aggravée par une insulte envers qui que ce soit, met tout homme doué de sentiment du parti de l'offensé : j'aurais sauté hors de la loge pour redresser celle-ci. — Le vieil officier français y réussit avec beaucoup moins de désordre; car, se penchant un peu en avant, il fit un signe de tête à une sentinelle, et en même temps lui montra la détresse du nain — et la sentinelle se fraya un passage jusque-là. — Il n'y avait pas lieu à exposer le grief — la chose parlait d'elle-même; repoussant donc aussitôt l'Allemand en arrière avec son fusil — il prit le pauvre nain par la main, et le plaça devant l'autre. — C'est noble! dis-je, en battant des mains — Et pourtant, dit le vieil officier, vous ne permettriez pas ceci en Angleterre.

En Angleterre, cher Monsieur, dis-je, *nous sommes tous assis à notre aise.*

Le vieil officier français m'aurait réconcilié avec moi-même, au cas que j'eusse été brouillé, — en disant que c'était un bon mot — et comme un bon mot vaut toujours quelque chose à Paris, il m'offrit une prise de tabac.

LA ROSE.

PARIS.

Ce fut maintenant mon tour de demander au vieil officier français « ce qu'il y avait, » car un cri de « Haussez les mains, Monsieur l'abbé, » répété sur une douzaine de points différents du parterre, était aussi inintelligible pour moi, que l'avait été pour lui mon apostrophe au moine.

Il me dit que c'était quelque pauvre abbé dans une des loges d'en haut, qui, à ce qu'il supposait, s'était fourré incognito derrière une couple de grisettes afin de voir l'opéra, et que le parterre, l'ayant découvert, insistait pour qu'il tînt ses deux mains en l'air pendant la représentation. — Et peut-on supposer dis-je, qu'un ecclésiastique veuille voler ces grisettes? Le vieil officier français sourit, et me parlant à l'oreille, m'ouvrit une porte de connaissances dont je n'avais pas l'idée —

Bon Dieu ! dis-je, en pâlissant d'étonnement — est-il possible qu'un peuple qui raffole du sentiment, soit en même temps si malpropre, et si peu semblable à lui-même ? — Quelle grossièreté ! ajoutai-je.

L'officier français me dit que c'était un ignoble sarcasme contre l'Église, lequel avait commencé au théâtre vers l'époque où avait été donné le *Tartufe* de Molière — mais qui passait avec les autres restes des mœurs gothiques — Toutes les nations, continua-t-il, ont leurs raffinements et leurs grossièretés, pour lesquels elles donnent et reçoivent tour à tour le ton l'une de l'autre — Il avait été dans la plupart des pays, mais jamais dans un où il n'avait pas trouvé quelques délicatesses dont d'autres paraissaient manquer. Le Pour et le Contre se trouvent en chaque nation ; il y a partout, dit-il, un équilibre de bien et de mal ; et ce n'est que la connaissance de cette vérité qui peut émanciper une moitié de la terre des préventions qu'elle nourrit contre l'autre — L'avantage de voyager, en ce qui regardait le savoir-vivre, était de voir une grande quantité d'hommes et d'usages ; cela nous enseignait une tolérance mutuelle ; et une tolérance mutuelle, conclut-il, en me faisant un salut, nous enseignait un mutuel amour.

Le vieil officier dit cela d'un air de candeur et de bon sens qui coïncidait avec les premières impressions favorables que j'avais conçues de son caractère — Je crus aimer l'homme ; mais je crains de m'être trompé d'objet — c'était ma manière de voir que j'aimais — la différence était que je n'aurais pas pu la rendre moitié aussi bien.

C'est également ennuyeux pour le cavalier et pour sa bête — quand celle-ci va dressant l'oreille et tressaillant tout le long du chemin à chaque objet qu'elle n'a pas encore vu — J'ai aussi peu de cette espèce de tourment qu'aucune créature vivante ; et pourtant j'avoue franchement que bien des choses m'ont mis mal à l'aise, et que j'ai rougi de bien des mots, le premier mois — que j'ai trouvés sans conséquence et parfaitement innocents, le second.

Madame de Rambouillet, après une connaissance d'environ six semaines, m'avait fait l'honneur de me mener dans sa voiture à deux lieues de Paris — De toutes les femmes, madame de Rambouillet est la plus irréprochable ; et je ne souhaite pas d'en voir une plus vertueuse et plus pure de cœur — A notre retour, madame de Rambouillet me pria de tirer le cordon — je lui demandai si elle avait besoin de quelque chose — Rien que de pisser, dit madame de Rambouillet —

Ne soyez pas peiné, *voyageur délicat*, de laisser pisser madame de Rambouillet — Et vous, belles nymphes mystérieuses, allez chacune *cueillir votre rose*, et effeuillez-la sur vos pas — car madame de Rambouillet ne fit rien de plus — Je donnai la main à madame de Rambouillet pour descendre de voiture ; et quand j'aurais été le prêtre de la chaste CASTALIE, je n'aurais pas desservi sa fontaine avec une décence plus respectueuse.

LA FEMME DE CHAMBRE.

PARIS.

Ce que le vieil officier français avait dit des voyages me faisant penser aux conseils de Polonius à son fils sur le même sujet — et ceux-ci penser à Hamlet, et Hamlet au reste des ouvrages de Shakespeare, en retournant chez moi, je m'arrêtai sur le quai de Conti, pour en acheter un exemplaire.

Le libraire dit qu'il n'en avait pas un seul au monde — Comment! dis-je, en prenant un volume d'un exemplaire qui était sur le comptoir entre nous. — Il dit qu'on le lui avait envoyé simplement pour le faire relier, et qu'il devait le renvoyer dans la matinée à Versailles, au comte de B—.

— Et est-ce que le comte de B— lit Shakespeare? dis-je. C'est un esprit fort, repartit le libraire. — Il aime les livres anglais, et, ce qui est plus à son honneur, Monsieur, il aime les Anglais aussi. Vous parlez si poliment, dis-je, que c'est assez pour obliger un Anglais à dépenser un ou deux louis dans votre boutique — Le libraire fit un salut, et allait dire quelque chose, quand une jeune fille d'environ vingt ans et d'une mine décente, qui, d'après son air et sa mise, paraissait être femme de chambre de quelque dévote de qualité, entra dans la boutique, et demanda *les Égarements du cœur et de l'esprit*. Le libraire lui donna le livre sur-le-champ; elle tira une petite bourse de satin vert, fermée avec un ruban de même couleur, et y mettant l'index et le pouce, elle y prit de l'argent et paya. Comme rien ne me retenait plus dans la boutique, nous sortîmes ensemble.

— Et qu'avez-vous à faire, ma chère, dis-je, avec *les Égarements du cœur*, vous qui savez à peine encore que vous en avez un? Et jusqu'à ce que l'amour vous ait dit cela, ou que quelque berger infidèle l'ait fait souffrir, vous ne pouvez pas en être sûre. — Dieu m'en garde! dit la fille. — Vous avez raison, dis-je — car si c'en est un bon, il serait dommage qu'on le volât : c'est un petit trésor pour toi, et il donne un meilleur air à ton visage que s'il était paré de perles.

La jeune fille écoutait avec une attention soumise, tenant tout le temps à la main sa petite bourse de satin par le ruban — C'en est une bien petite, dis-je, en la prenant par le fond — elle me la tendit — et il y a bien peu dedans, ma chère, ajoutai-je ; mais sois seulement aussi bonne que tu es belle, et le ciel la remplira. J'avais dans ma main une poignée d'écus pour payer le Shakespeare, et comme elle avait tout à fait lâché la bourse, j'en mis un dedans ; et faisant une rosette avec le ruban, je la lui rendis.

La jeune fille me fit une révérence plus humble que profonde — C'était un de ces affaissements paisibles et reconnaissants, où c'est l'esprit même qui s'incline — le corps n'est que l'interprète. Je n'ai jamais de ma vie donné à une fille un écu qui m'ait fait moitié autant de plaisir.

Mon avis, ma chère, n'aurait pas valu une épingle pour vous, dis-je, si je ne vous avais pas donné ceci avec ; mais maintenant, vous vous en souviendrez, quand vous verrez l'écu — ainsi, ma chère, ne le dépensez pas en rubans.

Sur ma parole, Monsieur, dit la fille d'un air pénétré, j'en suis incapable — et en disant cela, elle me donna la main, comme c'est l'usage dans les petits marchés d'honneur — En vérité, Monsieur, je mettrai cet argent à part, dit-elle.

Lorsqu'il se fait une convention vertueuse d'homme à femme, elle sanctifie leurs plus secrètes démarches :

aussi, quoiqu'il fît sombre, comme nous suivions la même route, nous n'eûmes aucun scrupule d'aller ensemble le long du quai de Conti.

Elle me fit une seconde révérence en se mettant en marche, et avant que nous fussions à vingt pas de la porte, comme si ce n'était point encore assez, elle fit une espèce de petit temps d'arrêt pour me redire — qu'elle me remerciait.

C'était un petit tribut, lui dis-je, que je n'avais pu m'empêcher de payer à la vertu, et je ne voudrais pas pour tout au monde m'être mépris sur la personne à qui je l'avais offert — Mais je vois, ma chère, l'innocence sur votre figure — et malheur à l'homme qui tendra jamais un piége sous ses pas !

La fille, pour une raison ou pour une autre, parut touchée de ce que je disais — elle poussa un soupir étouffé — je sentis que je n'étais pas autorisé à lui en demander la cause — je ne dis donc rien de plus, jusqu'à ce que je fusse arrivé au coin de la rue de Nevers, où nous devions nous séparer.

— Mais, ma chère, dis-je, est-ce là le chemin de l'hôtel de Modène? Elle me dit que oui — ou que je pouvais prendre par la rue de Guénégaud, qui était la première — Alors, ma chère, je vais aller, dis-je, par la rue de Guénégaud, pour deux raisons : d'abord je me ferai plaisir à moi-même, et ensuite je vous servirai de protecteur dans votre route, aussi loin que je pourrai. La fille sentit que c'était de la politesse — et dit qu'elle voudrait que l'hôtel de Modène fût dans la rue des Saints-Pères. — Vous y demeurez? dis-je — Elle me répondit qu'elle était femme de chambre de madame R——. — Bon Dieu ! m'écriai-je, c'est précisément la dame pour qui j'ai apporté une lettre d'Amiens — La fille me dit que madame R—, à ce qu'elle croyait, attendait un étranger avec une lettre, et était impatiente de le voir — Je priai donc la fille de présenter mes compliments à madame R—, et de lui dire que j'irais certainement chez elle dans la matinée.

Nous étions toujours au coin de la rue de Nevers tandis que ceci se passait — nous nous arrêtâmes encore un instant tandis qu'elle disposait de ses *Égarements du cœur*, etc., d'une manière plus commode que de les porter à la main — ils étaient en deux volumes ; je lui tins le second, pendant qu'elle mettait le premier dans sa poche ; et puis elle tint sa poche, et j'y mis l'autre par-dessus.

Il est doux de sentir par quels fils ténus nos affections s'attirent.

Nous nous remîmes en marche, et au troisième pas, la fille passa sa main dans mon bras — J'allais l'y engager — mais elle le fit d'elle-même, avec une simplicité irréfléchie, qui montrait que l'idée qu'elle ne m'avait jamais vu auparavant lui était sortie de la tête. Pour ma part, je sentis une si forte conviction de consanguinité, que je ne pus m'empêcher de me tourner à demi pour regarder sa figure, et voir si j'y découvrirais quelque ressemblance de famille. — Eh ! dis-je, ne sommes-nous pas tous parents ?

Quand nous arrivâmes au détour de la rue de Guénégaud, je m'arrêtai afin de lui dire adieu pour tout de bon : la fille voulut me remercier encore de ma compagnie et de ma bonté — elle me dit deux fois adieu — J'en fis autant de mon côté ; et notre séparation fut si cordiale, que si elle avait eu lieu partout ailleurs, je ne suis pas sûr que je ne l'aurais pas scellée d'un baiser de charité, aussi chaud et aussi saint que celui d'un apôtre.

Mais à Paris, comme il n'y a que les hommes qui s'embrassent — je fis ce qui revenait au même — je priai Dieu de la bénir.

LE PASSE-PORT.

PARIS.

Quand je revins à mon hôtel, La Fleur me dit que le lieutenant de police avait fait prendre des informations sur moi — Diable soit ! dis-je, — je sais la raison. Il est temps que le lecteur la sache, car dans l'ordre de choses où le fait est arrivé, il a été omis ; non pas qu'il me fût sorti de la tête, mais si je l'avais dit alors, on pourrait l'avoir oublié maintenant — et c'est maintenant que j'en ai besoin.

J'avais quitté Londres avec tant de précipitation, qu'il ne m'était pas venu à l'esprit que nous étions en guerre avec la France, et j'avais atteint Douvres, et regardé à travers ma lunette les falaises au delà de Boulogne, avant que cette idée se présentât et celle-ci à sa suite, qu'il n'y avait pas moyen d'aller là sans passe-port. Que j'aille seulement au bout de la rue, j'ai une répugnance mortelle à n'en pas revenir plus avancé que quand je suis parti ; et comme c'était un des plus grands efforts que j'eusse jamais faits pour m'instruire, je pouvais d'autant moins en supporter la pensée : apprenant donc que le comte de — avait loué le paquebot, je le priai de me prendre dans sa suite. Le comte me connaissait un peu, il fit donc peu ou point de difficulté — Seulement, il dit que son désir de me rendre service ne pouvait s'étendre plus loin que Calais, attendu qu'il devait retourner à Paris par la route de Bruxelles; cependant, qu'une fois passé là, je pourrais gagner Paris sans obstacle, mais qu'à Paris, il faudrait me faire des amis, et me tirer d'affaire. — Que j'arrive seulement à Paris, monsieur le comte, dis-je, et tout ira très-bien. Je m'embarquai donc, et ne pensai plus à tout cela.

Quand La Fleur me dit que le lieutenant de police avait fait prendre des informations sur moi — la chose à l'instant me revint en tête — et au moment où La Fleur venait de me tout conter, le maître de l'hôtel entra dans ma chambre pour me dire la même chose, ajoutant qu'on avait particulièrement demandé mon passe-port : le maître de l'hôtel termina en disant qu'il espérait que j'en avais un — Non, ma foi! dis-je.

A ces mots, le maître de l'hôtel s'éloigna de moi de trois pas, comme d'un pestiféré — et le pauvre La Fleur avança de trois pas vers moi, et avec cette sorte de mouvement que fait une bonne âme pour secourir un malheureux — Le garçon me gagna le cœur par là; et d'après ce seul trait, je connus aussi parfaitement son caractère, et j'aurais compté sur lui aussi fermement que s'il m'avait servi sept ans avec fidélité.

Mylord! s'écria le maître de l'hôtel — Mais se ravisant au milieu de son exclamation, il changea soudain de ton. — Si Monsieur, dit-il, n'a point de passe-port, apparemment il a à Paris des amis qui peuvent lui en procurer un. — Pas que je sache, repartis-je, d'un air d'indifférence. — Alors, certes, répliqua-t-il, on vous enverra à la Bastille ou au Châtelet pour le moins. Bah! dis-je, le roi de France est une bonne âme — il ne veut faire de mal à personne — Cela n'empêche pas, dit-il — on vous enverra certainement à la Bastille demain matin. — Mais j'ai pris votre logement pour un mois, répondis-je, et je ne le quitterai pas un jour avant le terme, pour tous les rois de France du monde. La Fleur me dit à l'oreille que personne ne pouvait s'opposer à la volonté du roi de France.

Pardi ! dit mon hôte, ces messieurs anglais sont des gens très-extraordinaires ! — et l'ayant à la fois dit et juré — il sortit.

LE PASSE-PORT.

L'HOTEL A PARIS

Je n'avais pas le cœur de tourmenter La Fleur en m'occupant sérieusement du sujet de mon embarras, c'était la raison pour laquelle j'avais traité la chose si cavalièrement ; et pour lui montrer combien je la prenais légèrement, j'écartai entièrement ce sujet ; et à souper, pendant qu'il me servait, je lui parlai avec plus de gaieté qu'à l'ordinaire, de Paris et de l'Opéra-Comique. — La Fleur y avait été aussi, et m'avait suivi par les rues jusqu'à la boutique du libraire ; mais m'en voyant sortir avec la jeune femme de chambre, et marcher avec elle le long du quai de Conti, La Fleur n'avait pas jugé nécessaire de me suivre un pas de plus — Tout en faisant donc ses réflexions là-dessus, il avait pris un chemin plus court — et regagné l'hôtel à temps pour être informé de l'affaire de la police avant mon arrivée.

Aussitôt que l'honnête créature eut desservi, et fut

descendue pour souper à son tour, je commençai alors à songer un peu sérieusement à ma position. —

— Et ici, je le sais, Eugène, tu souriras au souvenir d'un court dialogue qui eut lieu entre nous au moment où j'allais me mettre en route — Il faut que je le rapporte ici.

Eugène, sachant que j'étais aussi peu sujet à être surchargé d'argent que de prévoyance, m'avait pris à part pour me demander de combien je m'étais muni ; lui ayant dit la somme exacte, Eugène secoua la tête, et repartit qu'elle ne suffirait pas ; il tira donc sa bourse pour la vider dans la mienne. — J'ai assez, en conscience, Eugène, dis-je. — Vraiment, Yorick, vous n'avez pas assez, répliqua Eugène — je connais la France et l'Italie mieux que vous. — Mais vous ne réfléchissez pas, Eugène, dis-je, en refusant son offre, qu'avant que j'aie été trois jours à Paris, j'aurai soin de dire ou de faire une chose ou une autre pour laquelle on me coffrera à la Bastille, et que j'y vivrai une couple de mois entièrement aux frais du roi de France — Je vous demande pardon, dit sèchement Eugène : réellement j'avais oublié cette ressource.

Or, l'événement que j'avais traité gaiement me pendait sérieusement à l'oreille.

Je ne sais si c'est folie, nonchalance, philosophie, entêtement — ou ce qu'il y a en moi, mais après tout, quand La Fleur fut descendu, et que je fus tout à fait seul, je ne pus amener mon esprit à y penser autrement que je n'en avais parlé à Eugène.

— Et quant à la Bastille ! la terreur est dans le mot — Grossissez la chose autant que vous pouvez, me dis-je, la Bastille n'est qu'un autre mot pour une tour, et une tour n'est qu'un autre mot pour une maison dont on ne peut pas sortir — Dieu ait pitié des goutteux! car ils y sont deux fois par an — mais avec neuf livres par jour, une plume, de l'encre, du papier, et de la patience, si un homme n'en peut pas sortir, il peut s'y trouver très-bien — du moins un mois ou six semaines, au bout desquels, si c'est un honnête garçon, son innocence éclate, et il en sort meilleur et plus sage qu'il n'y était entré.

J'eus une raison (j'oublie laquelle) d'aller dans la cour, pendant que je faisais ce calcul; et je me souviens qu'en descendant l'escalier la bonne opinion que j'avais de mon raisonnement ne me rendait pas peu triomphant — Maudits soient les sombres pinceaux! dis-je orgueilleusement — Je n'envie point le talent de peindre les maux de la vie avec un coloris si dur et si livide. L'esprit reste terrifié à la vue des objets qu'il a grossis lui-même et noircis : ramenez-les à leurs vraies dimensions et couleurs, il n'y fait plus attention — Il est vrai, dis-je, amendant la proposition — que la Bastille n'est pas un mal à mépriser — mais dépouillez-la de ses tours — comblez le fossé — débarricadez les portes — appelez-la simplement une retraite forcée, et supposez que c'est la tyrannie d'une maladie — et non d'un homme, qui vous y retient — Le mal s'évanouit, et vous supportez le reste sans vous plaindre.

Je fus interrompu dans les boutades de ce monologue par une voix que je pris pour celle d'un enfant, et qui se plaignait de ne pouvoir sortir. — Je regardai d'un bout à l'autre du corridor, et ne voyant ni homme, ni femme, ni enfant, je sortis sans y donner plus d'attention.

Quand je repassai par le corridor, j'entendis répéter deux fois les mêmes paroles; et levant les yeux, je vis que c'était un sansonnet dans une petite cage. — « *I can't get out* [1] — *I can't get out* » disait le sansonnet.

Je restai à regarder l'oiseau ; et à chaque personne qui passait dans le corridor, il courait en battant des ailes du côté vers lequel elles approchaient, avec la même lamentation sur sa captivité — « *I can't get out,* » disait le sansonnet — Dieu t'assiste ! dis-je, mais je vais te faire sortir, coûte que coûte. Je retournai donc la cage pour trouver la porte ; elle était entortillée d'un double fil de fer, et si fortement, qu'il n'y avait pas moyen de l'ouvrir sans mettre la cage en pièces — Je m'y pris des deux mains.

L'oiseau vola à l'endroit où je travaillais à sa délivrance ; et passant sa tête à travers les barreaux, il pressait sa poitrine contre, comme avec impatience — Je crains bien, pauvre créature, dis-je, de ne pas pouvoir te mettre en liberté — « *No*, » dit le sansonnet — « *I can't get out — I can't get out,* » dit le sansonnet.

Je proteste que jamais mes émotions ne furent plus tendrement éveillées ; et je ne me rappelle pas dans ma vie un incident où les esprits dispersés dont ma raison avait été le jouet, aient été si soudainement rappelés au logis. Quelque machinales que fussent les notes, elles étaient chantées dans un accord si parfait avec la nature, qu'en un moment elles renversèrent tous mes raisonnements systématiques sur la Bastille, et je montai pesamment l'escalier, rétractant chaque parole que j'avais dite en le descendant.

Déguise-toi comme tu voudras, esclavage, dis-je — tu

---

[1] Je ne peux pas sortir. (*Note du traducteur.*)

seras toujours un breuvage amer ; et quoique dans tous les siècles des millions d'hommes aient été forcés de te boire, tu n'en es pas moins amer pour cela. C'est toi, trois fois douce et gracieuse déesse (m'adressant à la LIBERTÉ) que tous adorent en public ou en particulier, dont le goût est agréable, et sera toujours tel, jusqu'à ce que la NATURE change elle-même — Aucune *teinture* de paroles ne peut tacher ton manteau de neige, aucune puissance chimique, changer ton sceptre en fer — Avec toi, pour lui sourire tandis qu'il mange sa croûte, le berger est plus heureux que son monarque, de la cour duquel tu es exilée — Ciel miséricordieux ! m'écriai-je en m'agenouillant sur l'avant-dernière marche — accorde-moi seulement la santé, toi son grand dispensateur et ne me donne que cette belle déesse pour compagne — et fais pleuvoir tes mitres, si bon semble à ta divine providence, sur les têtes qui en sèchent d'envie.

LE CAPTIF.

PARIS.

L'oiseau en cage me poursuivit dans ma chambre ; je m'assis tout contre ma table, et appuyant ma tête sur ma main, je me mis à me représenter les misères de l'emprisonnement. J'étais pour cela dans une disposition parfaite : je donnai donc un plein essor à mon imagination.

J'allais commencer par les millions de mes semblables, nés sans autre patrimoine que l'esclavage ; mais voyant, quelque touchant que fût le tableau, que je ne pouvais l'approcher de moi, et que la multitude de tristes groupes qu'il contenait ne faisait que me distraire —

— Je pris un seul captif; et l'ayant d'abord enfermé dans son cachot, je regardai ensuite à travers le demi-jour de sa porte grillée pour faire son portrait.

J'aperçus son corps à moitié usé par une longue attente et par la réclusion, et je sentis de quelle espèce était cette maladie du cœur qui vient de l'espoir différé. En regardant de plus près, je le vis pâle et fiévreux : en trente années, la brise de l'ouest n'avait pas une seule fois rafraîchi son sang — il n'avait vu ni soleil, ni lune, pendant tout ce temps — la voix d'aucun ami, d'aucun parent, n'avait passé à travers ses barreaux — ses enfants —

— Mais ici mon cœur commença à saigner — et je fus forcé de m'occuper d'une autre partie du portrait.

Il était dans le coin le plus reculé de son cachot, assis à terre sur un peu de paille qui lui servait alternativement de chaise et de lit : au chevet était placé un petit calendrier fait de menus bâtons tout entaillés en souvenir des horribles jours et nuits qu'il avait passés là — il avait à la main un de ces petits bâtons, et avec un clou rouillé il gravait un autre jour de misère à ajouter à la masse. Comme j'obscurcissais le peu de lumière qu'il avait, il leva vers la porte un œil sans espérance, puis il le baissa — secoua la tête, et continua son œuvre d'affliction. J'entendis les chaînes de ses jambes, lorsqu'il se tourna pour mettre son petit bâton sur le tas — Il poussa un profond soupir — je vis le fer entrer dans son âme — je fondis en larmes — je ne pus soutenir la vue de cette prison que mon imagination venait de peindre — je me levai précipitamment, et appelant La Fleur, je lui dis de me commander un remise, et de l'avoir prêt à la porte de l'hôtel à neuf heures du matin.

— J'irai moi-même, dis-je, droit à M. le duc de Choiseul.

La Fleur voulait me mettre au lit ; mais ne me souciant pas que l'honnête garçon vît rien sur mes joues qui pût coûter à son cœur une souffrance — je lui dis que je me mettrais au lit tout seul, et je l'invitai à en faire autant.

LE SANSONNET.

ROUTE DE VERSAILLES.

J'entrai dans mon remise à l'heure que je m'étais proposé ; La Fleur monta derrière, et j'ordonnai au cocher d'aller à Versailles, et de son mieux.

Comme il ne se présenta rien sur cette route ou du moins rien de ce que je cherche en voyageant, je ne puis mieux remplir le vide que par une courte histoire de ce même oiseau qui est devenu le sujet du dernier chapitre.

Tandis que l'honorable M. — attendait à Douvres un vent favorable, un jeune garçon anglais qu'il avait pou groom avait attrapé, sur les rochers, l'oiseau qui ne savait pas encore bien voler ; ne voulant pas le tuer, il l'avait mis dans son sein sur le paquebot — et une fois qu'il l'eut pris sous sa protection et nourri un jour ou deux, il s'y attacha, et l'apporta sain et sauf à Paris.

A Paris, ce garçon avait dépensé une livre pour acheter une petite cage au sansonnet; et comme il n'avait guère rien de mieux à faire pendant les cinq mois que son maître y resta, il lui enseigna dans sa langue maternelle les quatre simples mots — (sans plus) — auxquels je me reconnaissais si fort redevable.

Son maître partant pour l'Italie — le garçon avait donné l'oiseau au maître de l'hôtel — Mais son petit chant de liberté étant dans un langage *inconnu* à Paris — on fit de lui peu ou point de cas — en sorte que La Fleur l'acheta pour moi avec sa cage, moyennant une bouteille de vin de Bourgogne.

A mon retour d'Italie, je le rapportai au pays dans la langue duquel il avait appris son ramage — et ayant raconté son histoire à lord A — lord A me demanda l'oiseau — au bout d'une semaine, lord A le donna à lord B — lord B en fit présent à lord C — et le valet de chambre de lord C le vendit à celui de lord D pour un shilling — lord D le donna à lord E — et ainsi de suite — à la ronde, jusqu'à la moitié de l'alphabet — De ce rang, il passa dans la chambre basse, et par les mains d'autant de membres des communes — Mais comme tous ceux-ci voulaient *entrer*[1] — et que mon oiseau demandait à *sortir* — on fit presque aussi peu de cas de lui à Londres qu'à Paris.

Il est impossible que beaucoup de mes lecteurs n'aient pas entendu parler de lui; et s'il en est, par hasard, qui l'aient vu — je demande la permission de les prévenir que cet oiseau était mon oiseau — ou quelque vile copie faite à son image.

Je n'ai rien de plus à ajouter sur lui, si ce n'est que, depuis cette époque, j'ai porté ce pauvre sansonnet en cimier dans mes armoiries —

[1] En place. (*Note du traducteur.*)

— Et que les hérauts d'armes lui tordent le cou, s'il l'osent!

LA REQUÊTE.

VERSAILLES.

Je n'aimerais pas à laisser voir à mon ennemi l'état de mon âme quand je vais demander la protection de quelqu'un : c'est pourquoi je tâche, en général, de me protéger moi-même; mais cette démarche auprès de M. le duc de Choiseul était un acte obligatoire—si c'eût été un acte volontaire, je m'en serais acquitté, je suppose, tout comme un autre.

Que de plans ignobles de plate requête mon cœur servile fit le long de la route! Je méritais la Bastille pour chacun d'eux.

Puis, quand je fus en vue de Versailles, je ne pus faire autre chose que coudre ensemble des mots et des phrases, et combiner des attitudes et des tons de voix pour m'insinuer dans les bonnes grâces de M. le duc de Choiseul — Cela fera l'affaire, dis-je — Tout aussi bien, objectai-je, qu'un habit que lui apporterait un tailleur aventureux, sans avoir pris sa mesure — Sot! continuai-je — voyez d'abord la figure de monsieur le duc — tâchez d'y lire son caractère — faites attention à sa posture en vous écoutant — remarquez la tournure et l'expression de son corps et de ses membres — quant au ton, le premier son qui sortira de ses lèvres vous le donnera ; et de tout cela réuni, vous composerez à l'instant sur les lieux une allocution qui ne pourra déplaire au duc — ce seront ses ingrédients, et très-vraisemblablement ils passeront.

Ma foi ! dis-je, je voudrais en être quitte — Encore poltron ! comme si d'homme à homme on n'était pas égal sur toute la surface du globe ; et si, sur le terrain — pourquoi pas aussi face à face dans le cabinet ! Et crois-moi, Yorick, toutes les fois qu'il n'en est point ainsi, l'homme se trahit lui-même, et compromet ses propres ressources dix fois sur la nature une. Présente-toi au duc de Choiseul, la Bastille dans tes regards — je parie ma tête que tu seras renvoyé à Paris dans une demi-heure sous bonne escorte.

Je le crois, dis-je — Je me présenterai donc au duc, par le ciel, avec toute la gaieté et toute l'aisance du monde. —

Et en cela encore vous avez tort, repartis-je. — Un cœur en repos, Yorick, ne se jette dans aucun extrême — il est toujours dans son centre — Eh bien ! eh bien ! m'écriai-je au moment où le cocher entrait dans la grille — je vois que je m'en tirerai très-bien. Et pendant le temps qu'il avait mis à tourner dans la cour et à m'amener devant la porte, je me trouvai tellement mieux de ma leçon, que je ne montai les marches ni comme une victime de la justice qui allait sur la dernière être privée de la vie — ni en un saut et deux enjambées, comme je fais quand je vole à toi, Éliza, pour la trouver.

Comme j'entrais dans le salon, je fus abordé par une personne qui pouvait bien être le maître d'hôtel, mais qui avait plutôt l'air d'un des sous-secrétaires, et qui me dit que le duc de Choiseul était occupé — J'ignore entièrement, dis-je, quelles sont les formalités pour obtenir une audience étant étranger sous tous les rapports, et qui pis est dans l'état présent des affaires, étant Anglais en outre. Il répondit que cela n'augmentait pas la difficulté. — Je lui fis un léger salut, et lui dis que j'avais quelque chose d'important à dire à monsieur le duc. Le secrétaire regarda du côté de l'escalier, comme s'il allait me quitter pour en rendre compte à quelqu'un — Mais je ne dois pas vous induire en erreur, repris-je — ce que j'ai à dire n'est d'aucune importance pour M. le duc de Choiseul — mais d'une grande importance pour moi-même. — C'est une autre affaire, répliqua-t-il — Point du tout, dis-je, pour un galant homme. — Mais je vous prie, mon bon Monsieur, continuai-je, quand un étranger peut-il espérer avoir accès? Pas avant deux heures, dit-il en regardant à sa montre. Le nombre des équipages qui étaient dans la cour semblait justifier le calcul, et ne me laisser aucune perspective plus rapprochée — et comme se promener de long en large dans le salon, sans une âme avec qui communiquer, était pendant ces deux heures aussi pénible que d'être à la Bastille même, je retournai aussitôt à mon remise, et ordonnai au cocher de me conduire au Cordon-Bleu, qui était l'hôtel le plus voisin.

Je crois qu'il y a en cela de la fatalité — Il est rare que j'aille à l'endroit pour lequel je me mets en route.

LE PATISSIER.

VERSAILLES.

Avant d'être à moitié chemin dans la rue, je changeai d'idée : puisque je suis à Versailles, pensai-je, je pourrais aussi bien parcourir la ville ; je tirai donc le cordon, et ordonnai au cocher de passer par quelques-unes des rues principales — Je suppose que la ville n'est pas très-grande, dis-je. — Le cocher me demanda pardon de me redresser, et me dit qu'elle était superbe, et que nombre des premiers ducs, marquis et comtes y avaient des hôtels — Le comte de B —, dont le libraire du quai de Conti avait parlé si avantageusement la veille au soir, me vint aussitôt à l'esprit. — Et pourquoi, pensai-je, n'irais-je pas trouver le comte de B —, qui a une si haute idée des livres anglais, et des Anglais eux-mêmes — et ne lui raconterais-je pas mon histoire? Je changeai donc d'avis une seconde fois — Dans le fait, c'était la troisième : car j'avais destiné ce jour à madame de R — dans la rue des Saints-Pères, et je lui avais positivement fait dire par sa femme de chambre que j'irais sans faute la voir — mais je suis gouverné par les circonstances — je ne puis les gouverner; voyant donc un homme qui se tenait avec une corbeille de l'autre côté de la rue, comme s'il avait quelque chose à vendre, je dis à La Fleur d'aller à lui, et de demander l'hôtel du comte.

La Fleur revint un peu pâle, et me dit que c'était un chevalier de Saint-Louis qui vendait des petits pâtés — C'est impossible, La Fleur! m'écriai-je. La Fleur ne put pas expliquer plus que moi ce phénomène; mais il persista dans son histoire : il avait vu la croix montée en or avec le ruban rouge, dit-il, attaché à la boutonnière — et avait regardé dans la corbeille et vu les petits pâtés que le chevalier vendait; il ne pouvait donc pas s'y être mépris.

Un tel revers dans la vie d'un homme éveille un meilleur principe que la curiosité: je ne pus m'empêcher de le regarder pendant quelque temps, du remise où j'étais — plus je le regardais — lui, sa croix et sa corbeille, plus tout cela se brouillait dans ma cervelle — je descendis du remise et j'allai vers lui.

Il avait devant lui un tablier de toile très-propre qui lui tombait au-dessous des genoux, et dont une sorte de bavette lui montait au milieu de la poitrine ; en haut de cette bavette, mais un peu plus bas que l'ourlet, pendait sa croix. Sa corbeille de petits pâtés était recouverte d'une serviette blanche damassée ; une autre de même espèce était étendue au fond ; et le tout avait un tel air de propreté et de soin, qu'on aurait pu lui acheter ses pâtés, autant par appétit que par sentiment.

Il ne les offrait à personne ; mais il se tenait tranquille au coin d'un hôtel, pour que les achetât qui voulait, sans sollicitation.

Il avait environ quarante-huit ans — Son regard avait du calme, quelque chose qui approchait de la gravité. Je n'en fus pas surpris. — J'allai à la corbeille plutôt qu'à lui, et ayant levé la serviette, et pris un de ses pâtés dans ma main — je le priai de m'expliquer les apparences qui me touchaient.

Il me dit en peu de mots, que la meilleure partie de sa vie s'était passée au service, où, après avoir dépensé un petit patrimoine, il avait obtenu une compagnie et la croix avec elle ; mais qu'à la conclusion de la dernière paix, son régiment ayant été réformé, et tout le corps, avec ceux des autres régiments, laissé sans ressources, il s'était trouvé dans le monde sans amis, sans une livre — et réellement, dit-il, sans autre chose que ceci — (montrant sa croix, comme il parlait) — Le pauvre chevalier se concilia ma pitié, et termina la scène en se conciliant aussi mon estime.

Le roi, dit-il, était le plus généreux des princes, mais sa générosité ne pouvait pas secourir ou récompenser tout le monde, et quant à lui, il n'accusait que sa mauvaise étoile s'il n'était pas du nombre des élus. Il avait, dit-il, une petite femme qu'il aimait, et qui savait faire la pâtisserie ; et il ajouta qu'il ne trouvait aucun déshonneur à se préserver du besoin elle et lui de cette manière — puisque la Providence ne lui en avait pas offert de meilleure.

Il serait mal de priver les bonnes âmes d'un plaisir, en omettant ce qui arriva, environ neuf mois après, à ce pauvre chevalier de Saint-Louis.

Il paraît qu'il se tenait habituellement près de la grille du palais ; et comme sa croix avait attiré les regards de beaucoup de gens, beaucoup de gens avaient pris les mêmes informations que moi. — Il leur avait raconté la même histoire, et toujours avec tant de modestie et de bon sens, qu'elle était à la fin parvenue aux oreilles du roi — qui, apprenant que le chevalier avait été un brave officier, et respecté de tout le régiment comme homme d'honneur et de probité — mit fin à son petit commerce par une pension annuelle de quinze cents livres.

Comme j'ai rapporté ce fait pour la satisfaction du lecteur, je le prie de me permettre d'en raconter un autre pour la mienne, quoique ce ne soit pas ici sa place — les deux histoires jettent du jour l'une sur l'autre, et il serait dommage de les séparer.

L'ÉPÉE.

RENNES.

Quand les états et les empires ont leurs périodes de déclin, et éprouvent à leur tour ce que c'est que la détresse et la pauvreté — je ne m'arrêterai pas à dire les causes qui avaient graduellement amené à sa décadence la maison d'E — en Bretagne. Le marquis d'E — avait lutté contre sa position avec une grande fermeté, désireux de conserver et de continuer à montrer au monde quelques petits débris de ce que ses ancêtres avaient été — leurs extravagances lui en avaient ôté le pouvoir. Il lui restait assez pour les faibles exigences de l'*obscurité* — mais il avait deux garçons qui lui demandaient le *grand jour* — il les en croyait dignes. Il avait essayé de son épée — elle n'avait pu ouvrir la route — il en coûtait trop cher pour *la monter* — et l'économie seule n'y pouvait suffire — Il n'y avait d'autre ressource que le commerce.

Dans toute autre province de France que la Bretagne, c'eût été couper dans la racine l'arbuste que son orgueil et son affection voulaient voir refleurir. — Mais en Bretagne, le cas ayant été prévu, il en profita : saisissant l'occasion de la tenue des états à Rennes, le marquis, accompagné de ses deux enfants, entra dans la salle ; et ayant revendiqué le privilége d'une ancienne loi du duché, qui, bien que rarement invoquée, dit-il, n'en était pas moins en vigueur, il détacha son épée. — Tenez, dit-il, prenez-la ; et soyez-en les fidèles gardiens, jusqu'à ce que des meilleurs temps me mettent en état de la réclamer.

Le président accepta l'épée — Le marquis resta quelques minutes pour la voir déposer dans les archives de l'assemblée — et partit.

Le marquis s'embarqua le lendemain pour la Martinique, avec toute sa famille, et après environ dix-neuf ou vingt ans d'une heureuse application au commerce, et quelques legs venus contre son attente de branches éloignées de sa maison, — il retourna chez lui réclamer sa noblesse et la soutenir.

C'était un coup de fortune qui n'arrivera jamais à d'autre qu'à un voyageur sentimental, de m'être trouvé à Rennes précisément à l'époque de cette solennelle réclamation : je l'appelle solennelle — elle le fut pour moi.

Le marquis entra dans la salle avec toute sa famille ; il donnait le bras à sa femme — l'aîné des fils donnait le bras à sa sœur, et le plus jeune était à l'autre extrémité près de sa mère — Le marquis porta deux fois son mouchoir à sa figure —

— Il régnait un profond silence. Quand le marquis fut à six pas du tribunal, il confia la marquise à son plus jeune fils, et faisant trois pas en avant de sa famille — il réclama son épée — Son épée lui fut donnée, et dès qu'il l'eut dans sa main, il la tira presque tout entière du fourreau — C'était l'aspect étincelant d'un ami qu'il avait jadis abandonné — Il la regarda attentivement dans toute sa longueur, en commençant par la poignée, comme pour voir si c'était bien la même épée — lorsque, remarquant un peu de rouille vers la pointe, il l'approcha de son œil, et penchant la tête dessus — je crois que je vis une larme tomber sur la tache : je ne pouvais m'être trompé, d'après ce qui suivit.

« Je trouverai, dit-il, quelque *autre moyen* de l'enlever. »

Quand le marquis eut dit cela, il remit son épée dans le fourreau, fit un salut à ceux qui en avaient été dépositaires, et, suivi de sa femme, de sa fille et de ses deux fils, il sortit.

Oh! comme je lui enviais ses sensations!

LE PASSE-PORT.

VERSAILLES.

Je n'eus aucune difficulté à être admis chez M. le comte de B — L'exemplaire de Shakspeare était sur sa table, et il le feuilletait. Je m'approchai de la table, et jetant d'abord un coup d'œil sur les livres, de manière à lui donner à penser que je les connaissais — je lui dis que j'étais venu sans avoir personne pour me présenter, sachant que je rencontrerais chez lui un ami, qui, je l'espérais, me rendrait ce service — C'est mon compatriote le grand Shakspeare, dis-je, en montrant ses œuvres — et ayez la bonté, mon cher ami, ajoutai-je en apostrophant son esprit, de me faire cet honneur-là. —

Le comte sourit de la singularité de cette présentation; et voyant que j'avais l'air un peu pâle et malade, il insista pour que je prisse un fauteuil : je m'assis donc; et pour lui épargner des conjectures sur une visite si fort contre toutes les règles, je lui contai simplement ce qui m'était arrivé dans la boutique du libraire ; et comment cela m'avait engagé à venir lui confier, de préférence à tout autre homme de France, l'histoire d'un petit embarras où je me trouvais — Et quel est votre embarras ? Veuillez me l'apprendre, dit le comte. Je lui en fis donc le récit juste comme je l'ai fait au lecteur. —

— Et le maître de mon hôtel, dis-je en le terminant, soutient, monsieur le comte, que je serai mis à la Bastille — mais je suis sans crainte, continuai-je — car en tombant dans les mains du peuple le plus poli de l'univers, et avec la conscience que j'ai de ma loyauté, et de n'être pas venu pour épier la nudité du pays, à peine si j'ai pensé que j'étais à sa merci. Il ne sied pas à la bravoure des Français, monsieur le comte, dis-je, de la déployer contre des invalides.

Une vive rougeur parut sur les joues du comte de B. — quand je dis cela — Ne craignez rien, dit-il — Oh ! je ne crains rien, répétai-je — D'ailleurs, poursuivis-je, sur le ton de la plaisanterie. — je suis venu en riant tout le long du chemin de Londres à Paris, et je ne pense pas que le duc de Choiseul soit assez ennemi de la gaieté pour me renvoyer en pleurs, pour ma peine.

— Le but de ma visite, monsieur le comte de B — (lui faisant un profond salut), est d'obtenir qu'il ne le fasse pas.

Le comte m'écouta avec beaucoup de bonté, sans quoi je n'en aurais pas dit moitié autant — et une ou deux fois il s'écria : — C'est bien dit. J'en restai donc là de mon plaidoyer — et résolus de n'en plus parler.

Le comte dirigea l'entretien : nous parlâmes de choses indifférentes — de livres et de politique, et des hommes — et puis des femmes — Dieu les bénisse toutes ! dis-je après avoir longtemps causé d'elles — Il n'y a pas d'homme sur terre qui les aime autant que je fais : après tous les faibles que je leur ai vus, et toutes les satires que j'ai lues contre elles, je les aime toujours, étant fermement persuadé qu'un homme qui n'a pas une sorte d'affection pour le sexe tout entier, est incapable d'en jamais aimer une seule comme il devrait.

Eh bien ! monsieur l'Anglais, dit le comte gaiement — vous n'êtes pas venu pour épier la nudité du pays — Je vous crois — ni encore, je présume, celle de nos femmes — mais permettez-moi de supposer que, si, par hasard, elles se trouvaient sur votre chemin, la perspective ne vous affligerait pas.

J'ai quelque chose en moi qui ne peut soutenir le choc de la moindre insinuation indécente : dans le badinage de la causerie, je me suis souvent efforcé d'en triompher, et j'ai hasardé avec une peine infinie, devant une douzaine de femmes réunies, un millier de choses — dont je ne risquerais pas la moindre en tête-à-tête, fût-ce pour gagner le ciel.

Excusez-moi, monsieur le comte, dis-je. — Quant à la nudité de votre pays, si je la voyais, ce serait avec des yeux en pleurs — et quant à celle de vos femmes (rougissant à l'idée qu'il avait éveillée en moi) je suis si évangélique à cet égard, et j'ai une telle sympathie pour ce qu'elles ont de *faible*, que je le couvrirais d'un vêtement, si je savais comment l'y mettre — Mais je pourrais, continuai-je, désirer d'épier la *nudité* de leurs cœurs, et de découvrir à travers les différents déguisements des costumes, des climats et de la religion, ce qu'il y a de bon en elles, afin d'y conformer le mien — et c'est pour cela que je suis venu.

C'est pour cette raison, monsieur le comte, poursuivis-je, que je n'ai pas vu le Palais-Royal — ni le Luxembourg — ni la façade du Louvre — et que je n'ai pas essayé d'enfler les listes que nous avons de tableaux, de statues et d'églises. — Je me représente chaque belle comme un temple, et j'aimerais mieux y entrer, et voir les dessins originaux et les esquisses imparfaites qui y sont suspendus, que la Transfiguration même de Raphaël.

Cette soif, continuai-je, aussi impérieuse que celle qui embrase le sein du connaisseur, m'a amené de chez moi en France — et de France me mènera en Italie — C'est un paisible voyage du cœur à la recherche de la NATURE, et des émotions émanées d'elle, qui nous donnent plus d'amour l'un pour l'autre — et pour le monde, que nous n'en avons.

Le comte me dit à cette occasion une foule de choses honnêtes, et ajouta fort poliment qu'il était très-obligé à Shakspeare de lui avoir procuré ma connaissance — Mais, à propos, dit-il — Shakspeare est plein de grandes choses — Il a oublié la petite formalité de m'apprendre votre nom — cela vous met dans la nécessité de le faire vous-même.

LE PASSE-PORT.

VERSAILLES.

Rien ne m'embarrasse plus dans la vie que de me mettre à dire à quelqu'un qui je suis — car il n'est presque personne dont je ne puisse mieux rendre compte que de moi-même ; et j'ai souvent souhaité de pouvoir le faire d'un seul mot — et en être quitte. — Ce fut la seule époque et occasion de ma vie, où j'y pus un peu réussir — car Shakspeare se trouvant sur la table, et me souvenant que j'étais dans ses œuvres, je pris Hamlet, allai droit à la scène des fossoyeurs, au cinquième acte, mis le doigt sur Yorick, et présentant le livre au comte, mon doigt toujours sur le nom — Me voici, dis-je.

Or, si l'idée du crâne du pauvre Yorick fut chassée de la cervelle du comte par la réalité du mien, ou par quelle magie il put sauter une période de sept ou huit cents ans, cela ne fait rien à l'affaire — il est certain que les Français conçoivent mieux qu'ils ne combinent — Je ne m'étonne de rien dans ce monde, et encore moins de ceci; d'autant qu'un de nos premiers prélats, pour la candeur et les sentiments paternels duquel j'ai la plus haute vénération, tomba dans la même méprise, justement à la même occasion. — « Il ne pouvait supporter, dit-il, l'idée d'examiner sérieusement des sermons écrits par le bouffon du roi de Danemark. » — Eh! monseigneur, dis-je; mais il y a deux Yorick. L'Yorick auquel pense Votre Grandeur est mort et enterré depuis huit cents ans; il florissait à la cour de Horwendillus — L'autre Yorick, c'est moi qui n'ai fleuri, Monseigneur, dans aucune cour — Il secoua la tête — Bon Dieu! dis-je, vous pourriez aussi bien confondre Alexandre le Grand avec Alexandre l'ouvrier en cuivre [1], monseigneur — C'est tout un, répliqua-t-il.

— Si Alexandre, roi de Macédoine, avait pu transférer Votre Grandeur à un autre siége, dis-je, — je suis sûr que Votre Grandeur n'aurait pas dit cela.

[1] Deuxième épître de Paul à Timothée, chap. IV, vers. 14.
(*Note du Traducteur.*)

Le pauvre comte de B— tomba dans la même erreur —

Et monsieur est-il Yorick? s'écria le comte. — Je le suis, dis-je. — Vous? — Moi — moi qui ai l'honneur de vous parler, monsieur le comte. — Mon Dieu ! dit-il en m'embrassant — vous êtes Yorick !

Le comte aussitôt mit Shakspeare dans sa poche — et me laissa seul dans son cabinet.

LE PASSE-PORT.

VERSAILLES.

Je ne pouvais pas concevoir pourquoi le comte de B— était sorti si brusquement, pas plus que je ne pouvais concevoir pourquoi il avait mis le Shakspeare dans sa poche — *Les mystères qui doivent s'expliquer d'eux-mêmes ne valent pas le temps qu'on perd à faire sur eux des conjectures :* mieux valait lire Shakspeare ; prenant donc *Beaucoup de bruit pour rien*, je me transportai à l'instant, du fauteuil où j'étais assis, à Messine en Sicile, et m'occupai si fort de *Don Pedro*, de *Bénédict* et de *Béatrice*, que je ne pensai plus à Versailles, au comte, ni au passe-port.

Douce flexibilité de l'esprit humain, qui peut tout d'un coup s'abandonner aux illusions qui trompent les ennuis de l'attente et du chagrin ! — Il y a longtemps — longtemps — que vous auriez mis fin à mes jours, si je n'en avais passé une si grande partie sur ce sol enchanté: quand le chemin est trop rude pour mes pieds, ou trop raide pour ma force, je le laisse pour quelque pelouse unie et veloutée que l'imagination a semée des roses naissantes du plaisir ; et après y avoir fait quelques tours, je reviens plus fort et plus frais — Quand mes maux me pressent avec violence, et qu'il n'est point de refuge contre eux dans ce monde, alors je prends une direction nouvelle — je le quitte — et comme j'ai une idée plus nette des Champs-Élysées que du ciel, j'y entre de force, comme Énée. — Je le vois rencontrer l'ombre pensive de sa Didon délaissée — et chercher à la reconnaître — je vois l'âme outragée détourner la tête, et s'éloigner silencieuse de l'auteur de sa misère et de son déshonneur. — Je perds le sentiment de mes maux dans celui des siens — et dans les émotions qui me faisaient pleurer sur elle quand j'étais au collége.

Assurément ce n'est pas là marcher dans une ombre vaine — et l'homme ne se tourmente pas inutilement *par là* [1]. — Il le fait plus souvent en confiant à la raison seule le soin de mettre un terme à ses agitations. — Je puis dire en toute sûreté, quant à moi, que je n'ai jamais su triompher si décisivement d'une seule sensation pénible de mon cœur, qu'en appelant à mon secours aussi vite que je pouvais quelque aimable et douce sensation, pour combattre l'autre sur son terrain.

J'en étais à la fin du troisième acte, quand le comte de B— entra, mon passe-port à la main. M. le duc de Choiseul, dit le comte, est aussi bon prophète, j'ose dire, qu'il est grand homme d'État. — Un homme qui rit, a dit le duc, ne sera jamais dangereux. — Si c'eût été pour tout autre que pour le bouffon du roi, ajouta le comte, je n'aurais pas pu l'avoir de deux heures. — Pardonnez-

---

[1] Verumtamen in imagine pertransit homo, sed et frustra perturbatur. Ps. 38, vers. 7. (*Note du Traducteur.*)

moi, monsieur le comte, dis-je — je ne suis pas le bouffon du roi. — Mais vous êtes Yorick ? — Oui. — Et vous plaisantez ? — Je répondis qu'effectivement je plaisantais — mais que je n'étais pas payé pour cela — que c'était tout à fait à mes frais.

Nous n'avons pas de bouffon à la cour, monsieur le comte, dis-je ; le dernier que nous eûmes, ce fut sous le règne licencieux de Charles II. — Depuis ce temps, nos mœurs ont été tellement en s'épurant par degrés — à présent notre cour est si pleine de patriotes qui ne désirent *rien* que l'honneur et la prospérité de leur pays — et nos dames sont toutes si chastes, si pures, si bonnes, si pieuses — qu'il n'y a pas pour un bouffon matière à plaisanter —

Voilà du persiflage ! s'écria le comte.

LE PASSE-PORT.

VERSAILLES.

Comme le passe-port enjoignait à tous les sous-gouverneurs, gouverneurs et commandants de place, généraux d'armée, justiciers et autres officiers de justice, de laisser voyager paisiblement M. Yorick, bouffon du roi, et son bagage — j'avoue que le triomphe d'avoir obtenu le passe-port ne fut pas peu flétri par la figure que j'y faisais, — mais il n'est rien sans mélange dans ce monde ; et quelques-uns de nos plus graves théologiens ont été jusqu'à affirmer que la jouissance même était accompagnée d'un soupir — et que la plus grande *qu'ils connussent*, ne finissait guère mieux, *en général*, que par une convulsion.

Je me souviens que le grave et savant Bevoriskius, dans son commentaire sur les générations depuis Adam, s'interrompt fort naturellement au milieu d'une note, pour rendre compte au monde d'un couple de moineaux qui, perchés sur le bord extérieur de sa fenêtre, l'avaient incommodé tout le temps qu'il écrivait, et à la fin l'avaient entièrement distrait de sa généalogie.

— C'est étrange ! écrit Bevoriskius ; mais les faits sont positifs, car j'ai eu la curiosité de les marquer un à un avec ma plume. — Le mâle, durant le peu de temps que j'aurais mis à finir l'autre moitié de cette note, m'a réellement interrompu, par la répétition de ses caresses, vingt-trois fois et demie.

Que le ciel, ajoute Bevoriskius, est miséricordieux envers ses créatures ! Sous quelle étoile es-tu né, Yorick, que le plus grave de tes frères ait été capable d'écrire au monde ce qui couvre ta face de rougeur, rien qu'à le copier dans ton cabinet !

Mais cela n'a rien de commun avec mes voyages — ainsi donc deux fois — deux fois pardon.

LE CARACTÈRE.

VERSAILLES.

Et comment trouvez-vous les Français ? dit le comte de B — après m'avoir donné le passe-port.

Le lecteur peut supposer qu'après une si obligeante

preuve d'honnêteté, je ne fus pas en peine de répondre quelque chose d'agréable à cette question.

— Mais passe pour cela — parlez franchement, dit-il ; trouvez-vous dans les Français toute l'urbanité dont le monde nous fait honneur ? — Tout ce que j'ai vu, dis-je, confirme cette idée — Vraiment, dit le comte. — Les Français sont polis. — A l'excès, repartis-je.

Le comte releva le mot *excès*, et prétendit que j'en pensais plus que je n'en disais. Je m'en défendis longtemps de mon mieux — Il persista à soutenir que j'avais une arrière-pensée, et à me demander de dire franchement mon opinion.

Je crois, monsieur le comte, dis-je, que l'homme a une certaine portée, aussi bien qu'un instrument, et que les besoins sociaux et autres emploient tour à tour chacune de ses clefs, en sorte que si vous commencez une note trop haut ou trop bas, il doit manquer quelque chose au-dessus ou au-dessous pour compléter l'harmonie. — Le comte de B — ne savait pas la musique, et il me pria de m'expliquer d'une autre manière. Une nation polie, mon cher comte, dis-je, rend chacun son débiteur ; et d'ailleurs, l'urbanité a, comme le beau sexe, tant de charmes par elle-même ! il répugne de dire qu'elle puisse malfaire ; et pourtant je crois qu'il n'est qu'un certain degré de perfection où l'homme, à le prendre dans son ensemble, ait la permission d'arriver — s'il va au delà, il change de qualités plutôt qu'il n'en acquiert. Je ne puis avoir la présomption de dire jusqu'à quel point cela a de l'influence sur les Français dans le sujet dont nous parlons — mais si les Anglais étaient jamais dans le cas, au nombre des raffinements de leur civilisation, d'arriver à ce poli qui distingue les Français, si nous ne perdions pas la politesse de cœur qui pousse plutôt les hommes à des actes d'humanité que de civilité — nous perdrions du moins cette variété sensible, cette originalité de caractère qui nous distinguent non-seulement les uns des autres, mais de tout le reste du monde.

J'avais dans ma poche quelques shillings du roi Guillaume aussi unis que glace ; et prévoyant qu'ils serviraient à éclaircir mon hypothèse, je les avais pris dans ma main quand j'en étais venu là —

Voyez, monsieur le comte, dis-je en me levant, et les mettant devant lui sur la table, à force de tinter ensemble et de se frotter l'un contre l'autre depuis soixante-dix ans dans la poche du tiers et du quart, ils sont devenus si semblables, que vous pouvez à peine les distinguer l'un de l'autre.

Les Anglais, comme d'anciennes médailles qui, tenues plus à part, ne passent que par peu de mains, conservent le fil aigu que la belle main de la nature leur a primitivement donné — ils ne sont point si agréables au toucher — mais, en revanche, la légende est si lisible, qu'au premier coup d'œil vous voyez de qui ils portent l'effigie et l'inscription. — Mais les Français, monsieur le comte, ajoutai-je, voulant adoucir ce que j'avais dit, ont tant de perfections, qu'ils peuvent bien se passer de celle-ci — c'est un peuple loyal, brave, généreux, spirituel et bon s'il en est sous le ciel. — S'ils ont un défaut — c'est d'être trop *sérieux*.

Mon Dieu! s'écria le comte, en se levant.

Mais vous plaisantez, dit-il, corrigeant son exclamation.

— Je mis la main sur ma poitrine, et lui assurai du ton le plus grave, que c'était mon opinion bien arrêtée.

Le comte dit qu'il était mortifié de ne pouvoir rester pour entendre mes raisons, ayant pris l'engagement d'aller en ce moment même dîner avec le duc de Choiseul.

Mais si ce n'est pas loin de venir jusqu'à Versailles pour manger ma soupe, je vous prie de me procurer, avant de quitter la France, le plaisir de vous entendre rétracter votre opinion — ou de voir de quelle manière vous la soutiendrez. — Mais si vous la soutenez, monsieur l'Anglais, dit-il, il faudra y employer toutes vos forces, car vous avez le monde entier contre vous. — Je promis au comte d'avoir l'honneur de dîner avec lui avant de partir pour l'Italie — et je pris congé de lui.

LA TENTATION.

PARIS.

Quand je descendis à l'hôtel, le portier me dit qu'une jeune femme avec un carton venait de me demander à l'instant même — Je ne sais pas, dit le portier, si elle est partie ou non. Je pris de ses mains la clef de ma chambre, je montai, et il ne me restait que dix marches pour arriver à mon palier, quand je la rencontrai qui descendait tout tranquillement.

C'était la jolie femme de chambre que j'avais accompagnée le long du quai de Conti. Madame de R— l'avait envoyée en commission chez une marchande de modes, à un ou deux pas de l'hôtel de Modène, et comme je n'avais pas tenu ma promesse d'aller chez elle, elle lui avait dit de s'informer si j'avais quitté Paris, et en ce cas, si je n'avais pas laissé une lettre pour elle.

La jolie fille étant si près de ma porte, revint sur ses pas, et entra avec moi dans la chambre pour une ou deux minutes, le temps d'écrire mon adresse.

C'était une belle et calme soirée, tout à la fin du mois de mai — les rideaux de fenêtre cramoisis (qui étaient de même couleur que ceux du lit) étaient exactement fermés — le soleil se couchait, et reflétait au travers une teinte si chaude sur la figure de la jolie femme de chambre — que je crus qu'elle rougissait. — Cette idée me fit rougir moi-même. — Nous étions tout à fait seuls, et ceci me couvrit d'une seconde couche de rouge, avant que la première eût pu partir.

Il est une sorte d'agréable rougeur à moitié coupable, où le sang est plus en faute que l'homme — il s'élance impétueux du cœur, et la vertu vole après lui — non pour le rappeler, mais pour en rendre la sensation plus délicieuse aux nerfs — ils sont associés.

Mais je ne veux pas la décrire — Je sentis d'abord en moi quelque chose qui n'était pas en parfaite harmonie avec la leçon de vertu que j'avais donnée la veille au soir — Je cherchai pendant cinq minutes une carte — je savais que je n'en avais pas. — Je pris une plume — je la posai — ma main tremblait — j'avais le diable en moi.

Je sais aussi bien que personne que c'est un adversaire qui s'enfuit si on lui résiste — mais il est rare que je lui résiste en rien ; j'ai beau pouvoir être vainqueur, je n'en crains pas moins d'attraper un mauvais coup dans le combat — je sacrifie donc le triomphe à la sûreté ; et au lieu de songer à le faire fuir, en général je fuis moi-même.

La jolie femme de chambre vint tout contre le bureau où je cherchais une carte — elle prit d'abord la plume que j'avais jetée, puis offrit de me tenir l'encrier : elle l'offrait avec tant de charme, que j'allais accepter — mais je n'osai — Je n'ai rien, ma chère, dis-je, sur quoi écrire.

— Écrivez, dit-elle, tout bonnement, sur n'importe quoi.

Je fus sur le point de m'écrier : Eh bien ! ma belle enfant, je vais écrire sur tes lèvres ! —

Si je fais cela, dis-je, je succomberai — Je la pris donc par la main, la menai à la porte, et l'engageai à ne point oublier la leçon que je lui avais donnée. — Elle dit qu'elle n'aurait garde — et tout en prononçant ces mots avec une certaine chaleur, elle se retourna, et me donna ses deux mains, jointes ensemble, dans les miennes. — Il était impossible de ne pas les serrer dans cette position — Je désirais de les lâcher ; et tout le temps que je les tenais, je ne cessais de me le reprocher intérieurement — et pourtant je les gardais. — Au bout de deux minutes, je vis que j'avais à recommencer tous mes combats — et je sentis mes jambes et tous mes membres trembler à cette idée.

Le pied du lit était à un pas et demi de l'endroit où nous étions debout — je tenais toujours ses mains — et comment cela se fit, je ne puis en rendre compte, mais je ne le lui demandai pas — je ne la tirai pas — et je ne songeai pas au lit — et pourtant nous nous trouvâmes tous deux assis dessus.

Je veux seulement vous montrer, dit la jolie femme de chambre, la petite bourse que j'ai faite aujourd'hui pour mettre votre écu. Elle fouilla dans sa poche droite qui était de mon côté, et l'y chercha quelque temps — puis dans la gauche. — « Elle l'avait perdue. » — Je n'ai jamais supporté l'attente plus patiemment — Elle la trouva enfin dans la poche droite — elle l'en tira; c'était une bourse de taffetas vert, doublée d'un peu de satin blanc piqué, et juste assez grande pour contenir l'écu. Elle me la mit dans la main — elle était jolie, et je la tins dix minutes, le dos de ma main posé sur ses genoux — regardant tantôt la bourse, tantôt à côté.

Un ou deux points s'étaient rompus dans les fronces de ma cravate — La jolie femme de chambre, sans dire un mot, prit son nécessaire, enfila une aiguille fine, et se mit à les recoudre — Je prévis que ce serait compromettre la gloire de la journée; et tandis qu'elle passait et repassait en silence sa main devant mon cou dans la manœuvre, je sentais s'ébranler les lauriers dont l'imagination avait ceint ma tête.

Une oreille de son soulier s'était défaite en marchant, et la boucle allait tomber — Voyez, dit la femme de chambre, en levant le pied — Je ne pouvais pas, en conscience, ne pas attacher la boucle à mon tour, et en y mettant l'oreille du soulier, et en levant l'autre pied aussi, quand j'eus fini, pour voir si tous deux étaient en bon état — je fis cela trop brusquement — la jolie femme de chambre fut inévitablement jetée hors de son centre — et alors —

LA CONQUÊTE.

PARIS.

Oui — et alors — Vous, dont les têtes froides comme l'argile et les cœurs tièdes peuvent raisonner leurs passions, ou les déguiser — dites-moi, quel crime y a-t-il à ce que l'homme en ait ? ou comment son esprit est-il responsable d'autre chose vis-à-vis du père des esprits, que de sa conduite sous leur empire ?

Si la nature a tissé sa toile de bienveillance, de façon à mêler dans la pièce quelques fils d'amour et de désir — faut-il déchirer toute la toile pour les en retirer ? — Fouette-moi de tels stoïciens, grand directeur de la nature ! me dis-je — En quelque endroit que ta providence me place pour éprouver ma vertu — quel que soit mon danger — quelle que soit ma situation, laisse-moi sentir les émotions qui en résultent, et qui m'appartiennent en qualité d'homme — et si je les dirige en homme de bien — je me reposerai des suites sur ta justice, car tu nous as faits — nous ne nous sommes pas faits nous-mêmes.

En finissant ma prière, je relevai par la main la jolie fille, et je la conduisis hors de la chambre — Elle se tint près de moi jusqu'à ce que j'eusse fermé la porte et mis la clef dans ma poche — *et alors* — la victoire étant tout à fait décisive — et seulement alors je pressai mes lèvres contre sa joue, et la reprenant par la main, je la menai saine et sauve jusqu'à la porte de l'hôtel.

LE MYSTÈRE.

PARIS.

Tout homme qui connaît le cœur humain comprendra qu'il m'était impossible de retourner immédiatement dans ma chambre — c'était passer dans un ton froid avec un bémol à la tierce après un morceau de musique qui avait éveillé mes sensations — lors donc que j'eus lâché la main de la femme de chambre, je restai quelque temps sur la porte de l'hôtel, regardant tous les passants, et formant sur eux des conjectures, jusqu'à ce que mon attention se fixât sur un seul objet, qui confondait tous mes raisonnements sur lui.

C'était une grande figure à l'air philosophe et sérieux, au teint brûlé, qui passait et repassait avec calme dans la rue, faisant environ soixante pas de chaque côté de la porte de l'hôtel — Ce devait être un homme de cinquante-deux ans — il avait une petite canne sous le bras — son habit, sa veste et sa culotte étaient d'un gris jaune foncé, et semblaient avoir vu plusieurs années de service — ils étaient encore présentables pourtant, et il avait dans toute sa personne un petit air de propreté économe. — Au geste d'ôter son chapeau et d'accoster nombre de gens sur son chemin, je vis qu'il demandait la charité ; je tirai donc un ou deux sous de ma poche, prêt à les lui donner quand il viendrait à moi — Il passa sans me rien demander — et pourtant il n'était pas à cinq pas qu'il demandait la charité à une petite femme — De nous deux, c'était

moi qui avais bien plutôt l'air de devoir donner — A
peine avait-il fini avec cette femme, qu'il ôta son chapeau
à une autre qui allait du même côté. — Un vieux monsieur
arrivait lentement — et, après lui, un jeune merveilleux
— Il les laissa passer tous deux, et ne demanda rien : je
restai une demi-heure à l'observer ; durant ce temps il
avait fait une douzaine de tours en avant et en arrière, et
je vis qu'il suivait invariablement le même plan.

Il y avait là deux choses très-singulières, qui firent travailler mon cerveau, et sans résultat — la première était pourquoi cet homme ne contait son histoire qu'aux femmes — et la seconde — quelle sorte d'histoire c'était, et quelle espèce d'éloquence ce pouvait être qui attendrissait le cœur des femmes, et qu'il savait inutile d'employer auprès des hommes.

Il y avait deux autres circonstances qui compliquaient ce mystère. — L'une était que ce qu'il avait à dire à chaque femme il le lui disait à l'oreille, et d'une manière qui avait bien plus l'air d'un secret que d'une supplique — L'autre était qu'il réussissait toujours — Il n'arrêtait jamais une femme, qu'elle ne tirât sa bourse et ne lui donnât à l'instant quelque chose.

Je ne pus former aucun système pour expliquer ce phénomène.

J'avais une énigme pour m'amuser le reste de la soirée : je remontai donc dans ma chambre.

LE CAS DE CONSCIENCE.

PARIS.

Je fus immédiatement suivi par le maître de l'hôtel, qui vint dans ma chambre me dire que je devais me pourvoir d'un logement ailleurs. — Comment cela, l'ami ? dis-je. — Il répondit que j'avais eu ce soir une jeune femme enfermée avec moi pendant deux heures dans ma chambre, et que c'était contre les règles de sa maison. — Très-bien, dis-je, nous nous quitterons donc tous bons amis — car la fille n'en est pas plus mal — ni moi non plus — et je vous laisserai tout juste comme je vous ai pris. — C'était assez, dit-il, pour ruiner le crédit de son hôtel. — Voyez-vous, Monsieur, dit-il, en montrant le pied du lit où nous nous étions assis. — Je conviens que cela avait une apparence de preuve ; mais ma fierté ne me permettant pas d'entrer dans aucun détail à cet égard, je l'exhortai à laisser son âme reposer en paix, comme j'avais résolu de laisser faire la mienne cette nuit, et au déjeuner je lui paierais ce que je lui devais.

Je n'y aurais pas fait attention, monsieur, dit-il, quand vous auriez eu vingt filles — C'est une vingtaine de plus que je n'ai jamais compté en avoir, repartis-je en l'interrompant — Pourvu seulement, ajouta-t-il, que c'eût été le matin. — Et la différence dans le moment de la journée fait-elle à Paris une différence dans le péché ? — Elle fait, dit-il, une différence dans le scandale. — J'aime de tout mon cœur une bonne distinction, et je ne puis dire que je fusse excessivement en colère contre cet homme. — Je conviens, reprit le maître de l'hôtel, qu'il est nécessaire qu'à Paris un étranger ait des occasions d'acheter de la dentelle, des bas de soie, des manchettes, et tout cela — et il n'y a rien à dire si une femme vient avec un carton. — Sur mon honneur! répliquai-je, elle en avait un; mais je n'ai pas regardé dedans. — Alors, dit-il, monsieur n'a rien acheté? — Pas la moindre chose, repartis-je. — C'est que, dit-il, je pourrais vous recommander une fille qui vous traiterait en conscience. — Mais il faut que je la voie ce soir, dis-je. — Il me fit un profond salut, et descendit.

Je vais donc triompher de ce maître d'hôtel, m'écriai-je — et puis ensuite? — Ensuite, je lui laisserai voir que je le connais pour un vilain être. — Et puis ensuite? Ensuite! — Je me voyais de trop près pour dire que c'était dans l'intérêt d'autrui. — Il ne me restait rien de bon à répondre — il y avait plus de rancune que de principes dans mon projet, et j'en fus dégoûté avant l'exécution.

Au bout de quelques minutes, la grisette entra avec son carton de dentelles — Je n'achèterai rien, néanmoins, me dis-je.

La grisette voulut me montrer tout — j'étais difficile à contenter : elle n'eut pas l'air de le voir ; elle ouvrit son petit magasin, posa toutes ses dentelles l'une après l'autre devant moi — les déplia et les replia une à une avec une patience angélique — Je pouvais acheter — ou ne pas acheter — elle me laisserait tout au prix que j'y mettrais — la pauvre créature semblait mourir d'envie de gagner deux sous, et elle se mit en frais pour me séduire, s'y prenant d'une manière qui ne me parut pas tant artificieuse que simple et caressante.

S'il n'y a pas dans l'homme un fonds d'honnête crédulité, tant pis — Mon cœur s'adoucit, et j'abandonnai ma seconde résolution aussi paisiblement que la première — Pourquoi punirais-je l'un de la faute de l'autre? Si tu es tributaire de ce tyran d'hôte, pensai-je en la regardant au visage, ton pain n'en est que plus dur à gagner.

Je n'aurais pas eu plus de quatre louis dans ma bourse, qu'il n'y avait pas moyen de se lever et de lui montrer la porte, avant d'en avoir dépensé trois pour une paire de manchettes.

— Le maître de l'hôtel partagera le profit avec elle — n'importe — eh bien ! j'aurai simplement payé comme a *payé* plus d'un pauvre diable avant moi, pour un acte qu'il n'a *pu* commettre, ni de fait ni d'intention.

L'ÉNIGME.

PARIS.

Quand La Fleur monta me servir au souper, il me dit combien le maître de l'hôtel était fâché de l'affront qu'il m'avait fait en m'invitant à changer de logement.

Un homme qui fait cas d'une bonne nuit ne se couchera pas avec de l'inimitié dans le cœur, s'il peut s'en dispenser — J'ordonnai donc à La Fleur de dire au maître de l'hôtel que, de mon côté, j'étais fâché d'y avoir donné lieu — Et vous pouvez lui dire, si vous voulez, La Fleur, ajoutai-je, que si la jeune femme revient, je ne la recevrai pas.

C'était un sacrifice que je faisais, non pas à lui, mais à moi-même, étant résolu, après l'avoir échappé si belle, à ne plus courir de risques et à quitter Paris, s'il était possible, avec toute la vertu que j'y avais apportée.

C'est déroger à la noblesse, Monsieur, dit La Fleur, me faisant, comme il parlait, un salut jusqu'à terre — et encore, Monsieur, dit-il, peut changer d'idées — et si (par hasard) il lui prenait envie de s'amuser — Je ne trouve pas d'amusement à cela, dis-je, en l'interrompant —

Mon Dieu ! dit La Fleur — et il desservit.

Au bout d'une heure, il vint pour me mettre au lit, et fut plus officieux qu'à l'ordinaire — il avait sur les lèvres quelque chose à me dire ou à me demander, et qu'il n'en pouvait faire sortir ; je ne pouvais concevoir ce que c'était ; et à la vérité, je me donnais peu de peine pour le découvrir, ayant en tête une autre énigme bien plus intéressante, celle de l'homme qui demandait la charité devant la porte de l'hôtel — J'aurais donné tout au monde pour la pénétrer ; et cela, pas par curiosité — c'est un principe si bas de recherche, en général, que je ne donnerais pas deux sous pour la satisfaire — mais un secret qui, si vite et si sûrement, attendrissait le cœur de chaque femme dont on approchait, devait être un secret égal, pour le moins, à la pierre philosophale : si j'avais possédé les deux Indes, j'en aurais cédé une pour le savoir.

Je tournai et retournai cette énigme presque toute la nuit dans ma cervelle sans aucun succès ; et le matin, quand je m'éveillai, je me trouvai l'esprit aussi troublé de mes songes, que jamais le roi de Babylone l'avait été des siens, et je n'hésiterai pas à affirmer que tous les sa-

vants de Paris auraient été aussi embarrassés que ceux de
la Chaldée d'en donner l'interprétation.

LE DIMANCHE.

PARIS.

C'était dimanche ; et quand La Fleur entra, le matin,
avec mon café, mon pain et mon beurre, il s'était si ga-
lamment ajusté que c'est à peine si je le reconnus.

J'étais convenu à Montreuil de lui donner un chapeau
neuf à ganse et bouton d'argent, et quatre louis pour s'a-
doniser quand nous serions à Paris ; et le pauvre garçon,
il faut lui rendre justice, avait avec cela fait des mer-
veilles.

Il avait acheté un bel et bon habit écarlate, fort propre, et la culotte pareille — Ils ne valaient pas, dit-il, un
écu de moins pour avoir été portés — J'aurais voulu le
voir pendu pour cette confidence — ils paraissaient si
frais, que, bien que je susse que la chose ne pouvait pas
être, j'aurais mieux aimé en imposer à mon imagination
en me figurant que je les avais achetés neufs pour lui,
que de penser qu'ils sortaient de la rue de la Friperie.

C'est là une délicatesse qui, à Paris, ne rend pas le
cœur bien malade.

Il avait acheté, de plus, une belle veste de satin bleu,
brodée avec assez de goût — elle se trouvait, par exemple, un peu plus mal du service qu'elle avait fait, mais
elle avait été proprement dégraissée. — L'or avait été net-
toyé, et, en somme, elle avait plutôt une certaine appa-

rence — et comme le bleu n'était pas vif, elle allait très-bien avec l'habit et la culotte : il avait su encore tirer de son argent une bourse à cheveux toute neuve et un solitaire, et avait exigé du fripier une paire de jarretières d'or pour sa culotte. — Il avait acheté, de sa poche, des manchettes de mousseline, bien brodées, pour quatre livres — et une paire de bas de soie blancs pour cinq de plus — et, pour couronner le tout, la nature lui avait donné une belle tournure, sans qu'il lui en coûtât un sou.

Il entra dans la chambre ainsi paré, coiffé dans le dernier goût, et un magnifique bouquet au côté — en un mot, tout en lui avait un air de fête, qui soudain me rappela que c'était dimanche — et en combinant ces deux circonstances, l'idée aussitôt me frappa que la faveur qu'il voulait me demander la veille au soir, c'était de passer ce jour-là comme tout le monde le passait à Paris. J'avais à peine fait cette conjecture, que La Fleur, avec une humilité infinie, mais avec un air de confiance, comme si je ne pouvais pas le refuser, me pria de vouloir bien lui accorder la journée, pour faire le galant vis-à-vis de sa maîtresse.

Or, c'était précisément ce que je me proposais de faire moi-même vis-à-vis de madame de R—. J'avais gardé le remise pour cela, et ma vanité n'aurait pas été mortifiée d'avoir eu un domestique aussi bien habillé que La Fleur, pour monter derrière : jamais il ne m'avait été plus difficile de me passer de lui.

Mais nous devons *sentir*, et non raisonner dans ces embarras — les fils et filles de la domesticité renoncent à la liberté, mais non à la nature, dans leurs contrats ; ils sont de chair et de sang, et ont leurs petites vanités et leurs petits désirs au milieu de leur esclavage, aussi bien que leurs donneurs de tâches — sans doute, ils ont mis un prix à leur abnégation — et leur attente est si déraisonnable, que souvent je voudrais la frustrer, n'était que leur condition me met trop à même de le faire.

Vois ! — vois, je suis ton serviteur[1] — me désarme à l'instant de toute mon autorité de maître—

— Tu peux aller, La Fleur ! dis-je.

— Et quelle maîtresse, La Fleur, repris-je, as-tu pu ramasser en si peu de temps à Paris ? La Fleur mit la main sur sa poitrine, et dit que c'était une petite demoiselle de chez M. le comte de B —. La Fleur avait un cœur fait pour la société ; et, pour dire la vérité sur lui, laissait échapper aussi peu d'occasions que son maître — si bien que de manière ou d'autre — mais comment — Dieu le sait — il s'était lié avec la demoiselle sur le palier de l'escalier, pendant que j'étais retenu pour mon passe-port ; et comme j'avais eu assez de temps pour mettre le comte dans mes intérêts, La Fleur avait trouvé moyen d'en avoir assez pour mettre la fille dans les siens. — Toute la maison, à ce qu'il paraît, devait être à Paris ce jour-là, et il avait arrangé avec elle et deux ou trois autres domestiques du comte une partie sur les boulevards.

Heureux peuple ! qui une fois par semaine, du moins, es sûr de déposer tous tes soucis ensemble, et de danser, et de chanter, et de secouer gaiement le fardeau de peines, qui courbe jusqu'à terre le courage des autres nations !

---

[1] Ecce nos ipsi hodie servi sumus, etc. 2ᵉ liv. d'*Esdras*, vers. 36.
(*Note du Traducteur.*)

LE FRAGMENT.

PARIS.

La Fleur m'avait laissé de quoi m'amuser pour la journée, plus que je n'y avais compté, ou que cela n'avait pu entrer dans ma tête ou dans la sienne.

Il avait apporté le petit rond de beurre sur une feuille de groseillier ; et comme la matinée était chaude, et qu'il avait passablement loin à le porter, il avait demandé un morceau de papier pour le mettre entre sa main et la feuille de groseillier. — C'était une assiette suffisante ; je lui dis de la mettre sur la table telle qu'elle était, et ayant résolu de rester chez moi toute la journée, je lui ordonnai de passer chez le traiteur commander mon dîner, et de me laisser déjeuner tout seul.

Quand j'eus fini le beurre, je jetai la feuille de groseillier par la fenêtre, et j'allais en faire autant du morceau de papier — mais m'étant arrêté pour en lire une ligne auparavant, et cette ligne me menant à une seconde, et à une troisième — je le jugeai digne d'un meilleur sort : de façon que je fermai la fenêtre, et tirant une chaise auprès, je m'assis pour le lire.

Il était en vieux français du temps de Rabelais, et autant que j'en sache, pouvait bien avoir été écrit par lui — il était, de plus, en caractères gothiques, et cela si passés, si effacés par l'humidité et le laps de temps, que je me donnai une peine infinie pour en tirer quelque chose — Je le jetai, et j'écrivis une lettre à Eugène — puis, je le repris, et, derechef, j'exerçai ma patience dessus — et puis, pour me guérir de cette idée fixe, j'écrivis une lettre à Éliza. — Mais il ne lâcha pas prise, et la difficulté de le comprendre ne faisait qu'accroître mon désir.

Je dînai; et après que j'eus illuminé mon esprit avec une bouteille de vin de Bourgogne, je me remis à la besogne — et après deux ou trois heures d'une attention presque aussi profonde qu'en mit jamais Gruter ou Jacob Spon à déchiffrer quelque inscription insignifiante, je crus y avoir trouvé un sens; mais, pour m'en assurer, le meilleur moyen, à ce que j'imaginai, était de le traduire en anglais, et de voir quel air il aurait alors — je m'y mis donc à loisir, comme fait un homme qui muse, de temps à autre écrivant une phrase — puis faisant un ou deux tours — et puis, regardant par la fenêtre, comment le monde allait : si bien qu'il était neuf heures du soir avant que j'eusse fini — Alors je commençai à lire ce qui suit.

LE FRAGMENT.

PARIS.

— Or, comme la femme du notaire contestait ce point au notaire avec trop de chaleur — je voudrais, dit le notaire (en jetant le parchemin), qu'il y eût ici un autre notaire pour mettre par écrit et attester tout ceci —

— Et que feriez-vous ensuite, Monsieur? dit-elle en se levant brusquement — La femme du notaire était une vraie petite soupe au lait, et le notaire crut bien faire d'éviter un ouragan en répondant avec douceur — J'irais, dit-il, me coucher. — Vous pouvez aller au diable, répondit la femme du notaire.

Or, il se trouvait n'y avoir qu'un lit dans la maison, les

deux autres chambres n'étant pas meublées, comme c'est la coutume à Paris, et le notaire ne se souciant pas de coucher dans le même lit avec une femme qui, il n'y avait qu'un moment, venait de l'envoyer cul par-dessus tête au diable, sortit avec son chapeau, sa canne et son manteau court, par une nuit très-venteuse, et se dirigea mal à l'aise vers le Pont-Neuf.

De tous les ponts qui furent jamais bâtis, quiconque a passé sur le Pont-Neuf, doit convenir que c'est le plus noble — le plus beau — le plus grandiose — le plus léger — le plus long — le plus large qui ait jamais uni la terre à la terre sur la face du globe terraqué —

Il semblerait, d'après cela, que l'auteur du fragment n'était pas Français.

Le plus grand défaut que les théologiens et docteurs en Sorbonne puissent lui reprocher, c'est que pour peu qu'il y ait plein un bonnet de vent à Paris ou aux environs, il est salué là de plus de blasphèmes et de sacredieu, que dans tout autre endroit découvert de la ville — et par une bonne et puissante raison, Messieurs; car il vient contre vous sans crier gare donc, et par bouffées si inattendues, que parmi le peu de personnes qui le passent, leur chapeau sur la tête, il n'en est pas une sur cinquante qui ne hasarde deux livres et demie, valeur exacte dudit chapeau.

Le pauvre notaire, tout juste comme il passait près du factionnaire, appliqua instinctivement sa canne, sur le sien ; mais, en la levant, le bout de la canne accrocha la ganse de celui de la sentinelle, et le lança par-dessus les piques de la balustrade en plein dans la Seine —

— *C'est un mauvais vent que celui qui n'est bon pour personne*, dit un batelier qui le rattrapa.

Le factionnaire, qui était un Gascon, releva incontinent sa moustache, et mit en joue son arquebuse.

Les arquebuses à cette époque partaient au moyen de mèches; et une vieille femme ayant eu sa lanterne de papier soufflée au bout du pont, avait emprunté la mèche du factionnaire pour la rallumer — cela donna un peu de temps au Gascon pour se refroidir le sang, et faire tourner l'accident plus à son avantage. — *C'est un mauvais vent,* dit-il en empoignant le castor du notaire, et légitimant la capture par l'adage du batelier.

Le pauvre notaire traversa le pont, et entrant par la rue Dauphine dans le faubourg Saint-Germain, se lamenta, tout en marchant, de cette manière :

Homme infortuné que je suis ! disait le notaire, être toute ma vie le jouet des ouragans — être né pour avoir une grêle de mauvais propos dirigés contre moi et ma profession partout où je vais — être forcé par les foudres de l'Église à épouser une tourmente de femme — être chassé de chez moi par les vents domestiques, et dépouillé de mon castor par les vents *pontifiques* [1] — être ici tête nue, par une nuit venteuse, à la merci du flux et du reflux des accidents — où poser ma tête ? — Malheureux homme ! quel vent, dans les trente-deux points du compas, peut être bon pour toi, comme il l'est pour le reste de tes semblables ?

Comme le notaire passait près d'une sombre allée en se plaignant de la sorte, une voix appela une fille pour lui dire de courir chercher le notaire le plus proche — or, le notaire étant le plus proche, et profitant de sa si-

---

[1] Du pont. (*Note du Traducteur.*)

tuation, enfila l'allée jusqu'à la porte, et traversant une espèce de vieux salon, il fut introduit dans une grande chambre démantelée de tout, excepté d'une longue hallebarde — d'une cuirasse — d'une vieille épée rouillée et d'une bandoulière, accrochées à égale distance, à quatre endroits différents du mur.

Un vieux personnage qui avait été gentilhomme autrefois et qui, à moins que la ruine de la fortune n'entraîne avec elle celle du sang, était encore gentilhomme, était couché dans son lit, la tête appuyée sur sa main; une petite table, avec une petite bougie allumée, était tout près du lit, et près de la table était placée une chaise — le notaire s'assit dessus; et tirant son écritoire et une ou deux feuilles de papier qu'il avait dans sa poche, il les mit devant lui; puis trempant sa plume dans l'encre et se penchant sur la table, il disposa toute chose pour rédiger les dernières volontés et testament du gentilhomme.

Hélas! monsieur le notaire, dit le gentilhomme en se relevant un peu, je n'ai rien à léguer qui puisse payer les frais du testament, si ce n'est l'histoire de ma vie, et je ne pourrais pas mourir en paix, si je ne la léguais au monde; les profits qu'on en retirera, je vous les donne pour la peine que vous aurez eue de l'écrire sous ma dictée — c'est une histoire si extraordinaire, il faut qu'elle soit lue de tout le genre humain — elle fera la fortune de votre maison — Le notaire trempa sa plume dans son écritoire — Tout-puissant directeur de tous les événements de ma vie! dit le vieux gentilhomme, levant avec ferveur les bras vers le ciel — toi, dont la main m'a conduit à travers ce labyrinthe étranger jusqu'à cette scène de désolation, assiste la mémoire défaillante d'un vieillard infirme dont le cœur est brisé — que l'esprit de ton éternelle vérité dirige ma langue, afin que cet étranger ne transcrive rien que ce qui est écrit dans le livre, sur le témoignage duquel, dit-il en frappant des mains, je dois être condamné ou absous ! — Le notaire éleva le bec de sa plume entre son œil et la bougie —

C'est une histoire, monsieur le notaire, dit le gentilhomme, qui éveillera toutes les émotions de la nature — elle tuera les gens humains, et touchera de pitié le cœur de la cruauté même —

Le notaire était enflammé du désir de commencer ; il enfonça une troisième fois sa plume dans son écritoire — et le vieux gentilhomme, se tournant un peu plus vers le notaire, se mit à lui dicter son histoire en ces termes. —

— Et où est le reste, La Fleur ? dis-je, comme il entrait dans la chambre.

LE FRAGMENT ET LE BOUQUET.

PARIS.

Quand La Fleur se fut approché de la table, et que je lui eus fait comprendre ce qui me manquait, il me dit qu'il n'y avait que deux autres feuilles, dont il avait enveloppé, pour les maintenir ensemble, les queues d'un bouquet qu'il avait offert à la demoiselle sur les boulevards — Alors, je t'en prie, La Fleur, dis-je, va la retrouver à l'hôtel du comte de B —, et *vois si tu peux les ravoir* — Il n'y a pas de doute, dit La Fleur — et il partit ne courant.

Au bout de très-peu de temps, le pauvre garçon revint tout essoufflé, ayant sur la physionomie de plus profondes marques de désappointement, que n'en pouvait produire la simple impossibilité de retrouver le fragment — Juste ciel! moins de deux minutes après que le pauvre garçon lui avait fait un tendre et dernier adieu — son infidèle maîtresse avait donné son gage d'amour à l'un des laquais du comte — le laquais, à une jeune couturière — et la couturière, à un violon, avec mon fragment au bout — Nos infortunes se confondaient — Je poussai un soupir — et La Fleur me le renvoya aux oreilles. —

Quelle perfidie! s'écria La Fleur — quel malheur! dis-je. —

— Je n'aurais pas été mortifié, Monsieur, reprit La Fleur, si elle l'avait perdu — Ni moi, La Fleur, dis-je, si je l'avais trouvé.

Si j'y parvins ou non, on le verra par la suite.

L'ACTE DE CHARITÉ.

PARIS.

L'homme qui dédaigne ou craint d'entrer dans un endroit sombre, peut être un digne et excellent homme, et propre à cent choses; mais il ne fera jamais un bon *voyageur sentimental*. Je fais peu de cas de tout ce que je vois se passer, en plein midi, dans de grandes et larges rues — La nature est timorée, et n'aime pas à agir devant témoin; mais dans un de ces coins abandonnés, on voit quelquefois d'elle une seule courte scène qui vaut tous les sentiments d'une douzaine de pièces françaises réunies ensemble — et pourtant elles sont parfaitement belles — et toutes les fois que j'ai une cérémonie plus brillante que de coutume, comme elles conviennent à un prédicateur tout aussi bien qu'à un héros, généralement j'en tire mon sermon — et quant au texte — « la Cappadoce, le Pont, la Phrygie et la Pamphylie » — valent autant que pas un de la Bible.

Il est un long et sombre passage qui va de l'Opéra-Comique à une rue étroite; il est traversé par quelques personnes qui attendent modestement un fiacre, ou veulent s'en aller tranquillement à pied quand l'opéra est fini. Au bout, du côté du théâtre, il est éclairé par une petite chandelle, dont la lueur est presque perdue avant que vous soyez à moitié chemin; mais près de la porte — elle est plutôt pour l'ornement que pour l'utilité: on la voit comme une étoile fixe de la plus petite dimension; elle brûle — mais fait peu de bien au monde, que nous sachions.

En m'en retournant par ce passage, je distinguai, comme j'arrivais à cinq ou six pas de la porte, deux dames debout, se tenant par le bras, le dos au mur, et attendant, à ce que j'imaginai, un fiacre — Comme elles étaient près de la porte, je pensai qu'elles avaient un droit de priorité: je me rangeai donc à un ou deux pas d'elles, et gardai tranquillement mon tour — J'étais en noir, et à peine vu.

La dame qui était à côté de moi était une grande et maigre figure de femme d'environ trente-six ans; l'autre, de même taille et de même tournure, en avait à peu près quarante; elles n'avaient en elles, ni l'une ni l'autre, rien qui sentît la femme mariée ou la veuve — elles avaient l'air roide de deux sœurs vestales que n'avaient pas sapées les caresses, que n'avaient pas assaillies de tendres baisers : j'aurais voulu pouvoir les rendre heureuses — leur bonheur était destiné, ce soir-là, à venir d'un autre côté.

Une voix basse, avec une bonne sorte d'expression et finissant en douce cadence, leur demanda, entre elles deux, une pièce de douze sous pour l'amour du ciel. Je trouvai singulier qu'un mendiant fixât la quotité d'une aumône — et que la somme fût douze fois autant qu'on donne habituellement dans l'obscurité. Elles en parurent toutes deux aussi étonnées que moi. — Douze sous ! dit l'une — Une pièce de douze sous ! dit l'autre — et elles ne firent pas de réponse.

Le pauvre dit qu'il ne savait comment demander moins à des dames de leur rang ; et il inclina sa tête jusqu'à terre.

Bah ! dirent-elles — nous n'avons pas d'argent.

Le mendiant garda le silence une ou deux minutes, et renouvela sa requête.

Mes belles jeunes dames, dit-il, ne me fermez pas vos oreilles charitables — Sur ma parole, brave homme ! dit la plus jeune, nous n'avons pas de monnaie — Alors Dieu vous bénisse, dit le pauvre, et multiplie incessamment les trésors de bonheur que vous pouvez donner aux autres ! — Je remarquai que la sœur aînée mettait sa main à sa poche — Je vais voir, dit-elle, si j'ai un sou — Un sou ! donnez-en douze, dit le suppliant ; la nature a été généreuse envers vous, soyez généreuse envers un pauvre homme.

Je le voudrais, mon ami, tout mon cœur, dit la plus jeune, si je les avais.

Ma belle dame charitable! dit-il en s'adressant à l'aînée — qu'est-ce donc, si ce n'est votre bonté et votre humanité, qui rend vos yeux brillants si doux, qu'ils effacent l'éclat du matin même dans ce sombre passage? et qu'est-ce donc qui a fait dire au marquis de Santerre et à son frère tant de choses de vous, quand ils viennent de passer?

Les deux dames parurent fort émues, et à la fois, comme par impulsion, elles mirent toutes deux la main à leur poche, et en tirèrent chacune une pièce de douze sous.

La contestation qu'elles avaient avec le pauvre suppliant avait cessé — Elle continua entre elles, à qui des deux ferait la charité de la pièce de douze sous — et pour terminer la dispute, elles la donnèrent toutes deux à la fois, et l'homme se retira.

L'ÉNIGME EXPLIQUÉE.

PARIS.

Je courus après lui : c'était le même homme dont le succès auprès des femmes à qui il demandait la charité devant la porte de l'hôtel, m'avait si fort intrigué — et je découvris tout d'un coup son secret, ou du moins ce qui m faisait la base — c'était la flatterie.

Délicieuse essence! comme tu rafraîchis la nature! comme toutes ses forces et toutes ses faiblesses se rangent avec ardeur de ton côté! avec quelle douceur tu te mêles au sang, et le guides à travers les passages les plus difficiles et les plus tortueux jusqu'au cœur!

Le pauvre, qui n'était pas pressé par le temps, l'avait donnée ici à plus grande dose : il est certain qu'il avait un moyen de la réduire à un volume moindre, pour tous les cas urgents qu'il avait à traiter dans les rues ; mais comment il venait à bout de la modifier, de l'adoucir, de la concentrer, de l'approprier — je ne me tourmente pas l'esprit à le chercher — c'est assez que le mendiant ait gagné deux pièces de douze sous — et ils peuvent mieux que personne dire le reste, ceux à qui elle a fait gagner bien davantage.

PARIS.

Nous ne nous avançons pas autant dans le monde en rendant des services qu'en en recevant : on prend un rejeton qui se fane, et on le met en terre : puis, on l'arrose parce qu'on l'a planté.

M. le comte de B —, uniquement parce qu'il avait eu une obligeance pour moi dans l'affaire de mon passe-port, voulut continuer et en avoir une autre, pendant le peu de jours qu'il était à Paris, en me faisant connaître de quelques personnes de distinction ; et celles-ci devaient me présenter à d'autres, et ainsi de suite.

J'étais devenu possesseur de mon *secret*, juste à temps pour mettre quelque peu ces honneurs à profit ; autrement, comme c'est communément le cas, j'aurais dîné ou soupé une ou deux fois à la ronde, et puis, en traduisant en bon anglais les airs et attitudes des Français, j'aurais bientôt vu que je tenais le couvert de quelque convive plus amusant ; et en conséquence j'aurais résigné toutes mes places l'une après l'autre, par l'unique motif que je ne pouvais pas les garder. — Telles qu'elles étaient, les choses n'allèrent pas trop mal.

J'eus l'honneur d'être présenté au vieux marquis de B — : au temps passé, il s'était signalé par quelques petits exploits de chevalerie à la cour d'amour, et depuis lors il s'était toujours vêtu dans une idée de joutes et de tournois — Le marquis de B — voulait faire croire que la chose était ailleurs que dans son cerveau. « Il pourrait être tenté de faire un tour en Angleterre, » et il me questionna beaucoup sur les dames anglaises. Restez où vous êtes, je vous conjure, monsieur le marquis, dis-je — les messieurs anglais ont déjà assez de peine à obtenir d'elles un regard favorable. — Le marquis m'invita à souper.

M. P — le fermier général, n'était pas moins questionneur au sujet de nos taxes. — Elles étaient fort considérables, avait-il ouï dire — Si seulement nous savions les percevoir, repartis-je en lui faisant un profond salut.

Jamais, à aucun titre, je n'aurais été invité aux concerts de M. P —.

J'avais faussement été représenté à madame de V — comme un bel esprit — Madame de V était un bel esprit elle-même ; elle brûlait d'impatience de me voir, et de m'entendre parler. Je n'avais pas pris un siége, que je vis que c'était le dernier de ses soucis que j'eusse ou non de l'esprit — On me recevait pour me convaincre qu'on en avait. — Je prends le ciel à témoin que je n'ouvris pas une seule fois la bouche.

Madame de V — affirma à chaque personne qu'elle rencontra que de sa vie elle n'avait eu avec aucun homme une conversation plus fructueuse.

Il y a trois époques dans le règne d'une Française — Elle est coquette — puis déiste — puis dévote : son empire durant ces trois phases n'est jamais perdu — elle change seulement de sujets : quand trente-cinq ans au plus ont dépeuplé ses États des esclaves de l'amour, elle les repeuple avec les esclaves de l'incrédulité — et puis avec les esclaves de l'église.

Madame de V— oscillait entre ces deux premières époques : les couleurs de la rose se fanaient rapidement — elle aurait dû être déiste cinq ans avant le jour où j'eus l'honneur de lui rendre ma première visite.

Elle me fit mettre sur le sofa où elle était, afin d'examiner de plus près la question religieuse. — Bref, madame de V — me dit qu'elle ne croyait à rien.

Je dis à madame de V— que ce pouvaient être ses principes, mais qu'à coup sûr ce ne pouvait pas être son intérêt de détruire les ouvrages extérieurs, sans lesquels je ne concevais pas comment une citadelle telle que la sienne pouvait se défendre — qu'il n'y avait rien de plus dangereux au monde pour une jolie femme que d'être déiste — que je devais à ma conscience de ne point le lui cacher — que je n'avais pas été cinq minutes à côté d'elle sur le sofa, sans avoir commencé à former des projets — et quel autre frein que les sentiments religieux, et la persuasion qu'ils existaient dans son cœur, pouvait en arrêter l'essor?

Nous ne sommes pas de diamant, dis-je, en lui prenant la main — et nous avons besoin de toutes sortes de contraintes, jusqu'à ce que l'âge arrive à son tour, et nous en impose — mais, ma chère dame, dis-je en lui baisant la main — c'est trop tôt — trop tôt —

Je déclare que j'eus dans tout Paris la réputation d'avoir *déperverti* madame de V —. Elle affirma à M. D — et à l'abbé M — qu'en une demi-heure j'en avais dit plus en faveur de la religion révélée, que toute leur encyclopédie n'en avait dit contre — Je fus enrôlé à l'instant dans la coterie de madame de V — et elle recula de deux ans l'époque du déisme.

Je me souviens que ce fut dans cette coterie, au milieu d'un discours où je démontrais la nécessité d'une cause première, que le jeune comte de Fainéant m'emmena par la main au coin le plus reculé du salon, pour me dire que mon solitaire était attaché trop près du cou — Il devrait être plus badinant, dit le comte en abaissant les yeux sur le sien. — Mais *un mot*, monsieur Yorick, *suffit au sage* —

— Et venant du sage, monsieur le comte, répliquai-je en le saluant.

Le comte de Fainéant m'embrassa avec plus de chaleur que je ne le fus jamais par un homme.

Trois semaines de suite, je fus de l'opinion de tous ceux que je rencontrai. — Pardi ! ce monsieur Yorick a autant d'esprit que nous autres. — Il raisonne bien, dit un second. — C'est un bon enfant, dit un troisième. — Et à ce prix j'aurais pu boire et manger, et passer joyeusement tous les jours de ma vie à Paris ; mais c'était un écot peu honnête — j'en devins honteux — c'était le gain d'un esclave — tous mes sentiments d'honneur se révoltaient contre — plus je m'élevais, plus j'étais astreint à mon *système de mendiant* — meilleure était la coterie — plus c'étaient des enfants de l'art — je soupirais après ceux de la nature : et un soir, après la plus vile prostitution de moi-même à une demi-douzaine de personnes différentes, j'eus mal au cœur — je me mis au lit — et j'ordonnai à La Fleur de me commander des chevaux le lendemain matin pour aller en Italie.

MARIE.

MOULINS.

Jamais jusqu'à ce moment, je n'avais senti sous aucune forme ce que c'était que l'embarras des richesses — Voyager à travers le Bourbonnais, la plus charmante partie de la France — dans le délire de la vendange, lorsque la nature verse l'abondance dans toutes mains, et que tous les yeux sont levés au ciel — lorsqu'à chaque pas la musique bat la mesure au *travail*, dont tous les enfants se réjouissent sous le poids de leurs grappes — passer au milieu, plein d'émotions prêtes à déborder et à s'enflammer à chaque groupe que je voyais — et dont chacun était gros d'aventures —

Juste ciel! — ce serait de quoi remplir vingt volumes — et, hélas! il ne me reste dans celui-ci que très-peu de pages où l'entasser — et la moitié en doit être prise par la pauvre Marie, que mon ami M. Shandy rencontra près de Moulins.

L'histoire qu'il a donnée de cette fille aliénée ne m'avait pas peu affecté à la lecture ; mais quand je fus dans le voisinage de l'endroit où elle demeurait, le souvenir m'en revint avec tant de force, que je ne pus résister à l'impulsion qui me porta à me détourner d'une demi-lieue pour aller au village habité par ses parents demander de ses nouvelles.

C'est aller, j'en conviens, comme le chevalier de la Triste Figure, en quête d'aventures douloureuses — mais je ne sais comment cela se fait, je ne suis jamais si parfaitement convaincu de l'existence d'une âme en moi, que lorsque je m'y trouve empêtré.

La vieille mère vint à la porte, ses regards m'avaient conté l'histoire avant qu'elle eût ouvert la bouche — Elle avait perdu son mari : il était mort, dit-elle, de désespoir de l'égarement de Marie, il y avait un mois environ — elle avait craint d'abord, ajouta-t-elle, que cela n'enlevât à la pauvre fille le peu de raison qui lui restait — mais, au contraire, cela lui en avait rendu — cependant elle n'avait pas de repos — Sa pauvre fille, dit-elle en pleurant, errait quelque part aux alentours du chemin —

Pourquoi mon pouls bat-il languissamment, pendant que j'écris ceci ? et qu'est-ce qui fit que La Fleur, dont le cœur semblait n'incliner qu'à la joie, passa deux fois sur ses yeux le revers de sa main tandis que cette femme debout nous faisait son récit ? Je fis signe au postillon de reprendre le chemin.

Quand nous fûmes arrivés à une demi-lieue de Moulins, à un petit embranchement de la route qui menait à un bois, je découvris la pauvre Marie assise sous un peuplier — elle avait le coude sur son genou et sa tête penchée de côté sur sa main — un petit ruisseau coulait au pied de l'arbre.

Je dis au postillon d'aller à Moulins avec la chaise — et à La Fleur de commander mon souper — et que je le rejoindrais à pied.

Elle était vêtue de blanc, et telle que mon ami l'avait décrite, si ce n'est que ses cheveux, qui auparavant étaient roulés dans un réseau de soie, tombaient épars. — Elle avait ajouté aussi à son corset un ruban vert pâle qui descendait obliquement de l'épaule à la taille, et au bout duquel pendait son chalumeau. — Sa chèvre n'avait pas été plus fidèle que son amant; et elle l'avait remplacée par un petit chien qu'elle tenait attaché par une corde à sa ceinture; comme je regardais son chien, elle le tira à elle avec la corde — « Tu ne me quitteras pas, Sylvio, » dit-elle. Je regardai les yeux de Marie, et je vis qu'elle pensait plus à son père qu'à son amant ou à sa petite chèvre; car, en prononçant ces paroles, des larmes coulèrent le long de ses joues.

Je m'assis tout près de Marie et elle me laissa essuyer ses larmes avec mon mouchoir à mesure qu'elles tombaient. — Alors je le trempai dans les miennes — puis dans les siennes — puis dans les miennes — et puis j'essuyai les siennes de nouveau — et en le faisant, je sentis en moi une émotion si inexprimable, que, j'en suis sûr, on ne pourrait l'expliquer par aucune combinaison de matière et de mouvement.

Je suis certain d'avoir une âme, et tous les livres dont les matérialistes ont infesté le monde ne pourront jamais me persuader le contraire.

MARIE.

Quand Marie fut un peu revenue à elle, je lui demandai si elle se souvenait d'un homme pâle et maigre, qui s'était assis entre elle et sa chèvre, il y avait environ deux ans. Elle dit qu'elle avait l'esprit bien dérangé à cette époque, mais qu'elle s'en souvenait pour deux raisons — l'une, c'est que, toute malade qu'elle était, elle vit que cette personne avait pitié d'elle ; et l'autre, c'est que sa chèvre avait volé le mouchoir de l'étranger, et qu'elle l'avait battue pour ce vol — elle l'avait lavé, dit-elle, dans le ruisseau, et toujours gardé depuis dans sa poche pour le rendre à ce Monsieur, en cas qu'elle le revît jamais, ce que, ajouta-t-elle, il lui avait à moitié promis. En me disant cela, elle tira le mouchoir de sa poche pour me le faire voir ; elle l'avait enveloppé proprement dans une couple de feuilles de vigne, entourées d'un surgeon — en l'ouvrant, je vis un S marqué à un des coins.

Elle avait depuis cela, me dit-elle, erré jusqu'à Rome, et fait une fois le tour de Saint-Pierre — et était revenue — elle avait trouvé son chemin toute seule à travers l'Apennin — avait voyagé dans toute la Lombardie sans argent — et sur les routes pierreuses de la Savoie sans souliers — comment elle l'avait supporté, et de quoi elle avait vécu, elle ne pouvait pas le dire — mais *à brebis tondue*, dit Marie, *Dieu mesure le vent*.

Tondue, en effet ! et jusqu'au vif, dis-je, et si tu étais dans mon pays, où j'ai une cabane, je t'y prendrais, et t'y abriterais : *tu mangerais de mon pain, et tu boirais dans ma coupe* — je serais bon pour ton Sylvio — dans toutes tes faiblesses et tous tes égarements, j'irais à ta recherche et te ramènerais — quand le soleil se coucherait, je dirais mes prières, et quand j'aurais fini, tu jouerais sur ton chalumeau ta chanson du soir, et l'encens de mon sacrifice n'en serait pas plus mal reçu pour entrer au ciel avec celui d'un cœur brisé.

La nature s'attendrit en moi, comme je proférais ceci ; et Marie remarquant lorsque je tirai mon mouchoir qu'il était déjà trop mouillé pour pouvoir servir, voulut à toute force aller le laver dans le ruisseau. — Et où le sécherez-vous, Marie ? dis-je — Je le sécherai dans mon sein, dit-elle — cela me fera du bien.

Et votre cœur est-il toujours aussi chaud, Marie ? repartis-je.

Je touchais une corde où se rattachaient tous ses chagrins — elle me regarda quelque temps au visage avec l'œil fixe de la folie ; et puis, sans rien dire, elle prit son chalumeau, et joua son cantique à la Vierge — La corde que j'avais touchée cessa de vibrer — au bout d'une ou deux minutes, Marie revint à elle — laissa tomber son chalumeau — et se leva.

Et où allez-vous, Marie ? demandai-je — Elle répondit : A Moulins. — Allons-y ensemble, dis-je. — Marie mit son bras dans le mien, et, allongeant la corde, pour laisser le chien suivre — dans cet ordre nous entrâmes à Moulins.

MARIE.

MOULINS.

Quoique je déteste les salutations et les compliments en plein marché, cependant quand nous fûmes au milieu de celui-ci, je m'arrêtai pour donner un dernier regard et un dernier adieu à Marie.

Marie, sans être grande, avait des formes d'une beauté de premier ordre — l'affliction avait laissé dans ses regards quelque chose d'à peine terrestre — pourtant de féminin — et il y avait en elle tant de ce que le cœur désire, ou l'œil cherche dans la femme, que si les traces du passé pouvaient jamais s'effacer de son cerveau, et celles d'Élisa s'effacer du mien, non-seulement Marie *mangerait de mon pain et boirait dans ma coupe,* mais elle reposerait sur mon sein et serait pour moi comme une fille [1].

Adieu, pauvre infortunée ! — que tes blessures s'imbibent de l'huile et du vin qu'y verse la compassion d'un étranger chemin faisant — l'Être qui t'a deux fois meurtrie peut seule les fermer pour toujours.

LE BOURBONNAIS.

Il n'était rien dont je me fusse promis une si joyeuse fête d'émotions que de ce voyage au temps des vendanges, à travers cette partie de la France ; mais y étant entré par cette porte de douleur, mes souffrances m'avaient mis hors d'état d'en jouir : à chaque scène de plaisirs, je voyais dans le lointain Marie assise, pensive, sous son peuplier ; et j'étais presque arrivé à Lyon, avant d'avoir été capable de jeter sur elle un voile —

— Chère Sensibilité ! source inépuisable de tout ce qu'il y a de précieux dans nos joies, ou de coûteux dans nos chagrins ! tu enchaînes ton martyr sur son lit de paille — et c'est toi qui l'emportes au CIEL — Fontaine éternelle de nos sensations ! — c'est ici que je te découvre — c'est ta *Divinité qui s'agite en moi* — non, parce que, dans certains moments de tristesse et de malaise, *mon âme se replie sur elle-même et tressaille à l'idée*

---

[1] De pane illius comedens et de calice ejus bibens et in sinu illius dormiens, eratque illi sicut filia. *Rois,* liv. II, ch. XII, vers. 4.

(*Note du Traducteur.*)

de la destruction [1] — Vaine pompe de mots ! mais parce que je sens des joies généreuses et de généreux soucis pour d'autres que moi — tout vient de toi, grand SENSORIUM du monde ! qui vibres, si un seul cheveu de nos têtes tombe à terre dans le désert le plus reculé de ta création. — Touché par toi, Eugène tire mon rideau quand je languis — il écoute le récit des symptômes de ma maladie, et accuse le temps du désordre de ses nerfs. Tu donnes quelquefois sa part de tendresse au plus grossier paysan qui parcourt les plus froides montagnes — il trouve égorgé un agneau d'un troupeau étranger — Je viens de le voir sa tête appuyée contre sa houlette, le regarder d'un air compatissant — Oh ! si j'étais venu un moment plus tôt ! — il perd la vie avec son sang — Son tendre cœur à lui saigne aussi —

Paix à toi, généreux pâtre ! — je te vois t'éloignant l'âme navrée — mais tes plaisirs rétabliront l'équilibre — car heureuse est ta cabane — et heureuse est celle qui la partage — et heureux sont les agneaux qui s'ébattent autour de vous.

LE SOUPER.

Le fer d'un des pieds de devant du limonier menaçant de se détacher, au bas du mont Tarare, le postillon mit pied à terre, l'arracha et le mit dans sa poche ; comme la montée était de cinq ou six milles, et que ce cheval était notre principale ressource, je voulus à toute force que le fer fût remis aussi bien que possible ; mais le postillon

[1] *Caton* d'Addison. Acte V, scène 1.

avait jeté les clous; et le marteau, qui était dans le coffre de la chaise, n'étant pas sans eux d'une grande utilité, je me résignai à continuer ma route.

Il n'avait pas monté plus d'un demi-mille, qu'arrivé à un endroit pierreux, le pauvre diable perdit un second fer et de son autre pied de devant; alors je descendis de la chaise pour tout de bon, et voyant une maison à environ un quart de mille sur la gauche, je décidai à grand'peine le postillon à prendre par là. L'apparence de la maison et de ses alentours, quand nous en approchâmes, me réconcilia bientôt avec mon accident. — C'était une petite ferme, entourée d'environ vingt acres de vignes, et d'à peu près autant de blé — tout contre la maison, d'un côté était un potager d'un acre et demi, plein de tout ce qui peut entretenir l'abondance dans une maison de paysan français — et de l'autre côté, était un petit bois qui fournissait de quoi cuire les produits du potager. Il était environ huit heures du soir quand j'arrivai à la ferme — je laissai le postillon se tirer d'affaire comme il pourrait — et quant à moi, j'entrai tout droit dans la maison.

La famille se composait d'un vieil homme à tête grise, et de sa femme, avec cinq ou six fils ou gendres et leurs femmes respectives, et toute une joyeuse généalogie.

Ils étaient tous ensemble assis autour de leur soupe aux lentilles; un gros pain de froment était au milieu de la table; et une cruche de vin à chaque bout promettait de la joie aux diverses stations du repas — c'était un festin d'amour.

Le vieillard se leva pour venir à moi, et avec une respectueuse cordialité m'invita à me mettre à table; mon cœur s'y était mis dès l'instant où j'avais mis le pied dans la salle. Je m'assis donc sur-le-champ comme un fils de la famille ; et pour entrer dans mon rôle aussi vite que possible, j'empruntai à l'instant le couteau du vieillard, et prenant le pain, je m'en coupai un bon morceau ; et tandis que je le faisais, je vis dans tous les yeux la preuve non-seulement que j'étais bienvenu, mais en outre, qu'on me savait gré de n'avoir pas paru en douter.

Était-ce cela — ou, dis-le-moi, Nature, qu'était-ce, qui me rendit ce morceau si savoureux — et par quelle magie le vin que je me versai de leur cruche fut-il également si délicieux, que jusqu'à ce jour tous deux me sont restés sur le palais ?

Si le souper fut de mon goût — les Grâces qui le suivirent le furent bien davantage.

LES GRACES.

Quand le souper fut achevé, le vieillard donna un coup sur la table avec le manche de son couteau — pour les avertir de se préparer à la danse. A l'instant où le signal fut donné, les femmes et les filles coururent toutes ensemble dans une chambre de derrière pour relever leurs cheveux — et les jeunes gens à la porte, pour se laver la figure et quitter leurs sabots ; et en trois minutes chacun fut prêt à commencer, sur une petite esplanade devant la maison — Le vieillard et sa femme sortirent les derniers, et, me plaçant entre eux, ils s'assirent sur un sofa de gazon à côté de la porte.

Le vieillard, quelque cinquante ans auparavant, n'avait pas été un mauvais joueur de vielle — et, à l'âge qu'il avait maintenant, il en jouait suffisamment pour la circonstance. Sa femme, de temps à autre, l'accompagnait un peu de la voix — puis s'interrompait — puis, de nouveau, rattrapait le vieillard, tandis que leurs enfants et petits-enfants dansaient devant eux.

Ce ne fut qu'au milieu de la seconde danse que, à certaines pauses pendant lesquelles ils paraissaient tous lever les yeux, je me figurai que je pouvais distinguer une élévation d'esprit différente de celle qui est la cause ou l'effet de la simple gaieté. — En un mot, je crus voir la religion se mêler à la danse — mais, comme je ne l'avais jamais vue à pareille fête, j'aurais regardé cela comme une des illusions d'une imagination qui m'égare perpétuellement, si le vieillard, aussitôt que la danse fut finie, n'eût dit que c'était leur habitude constante; et que toute sa vie, il s'était fait une règle d'inviter, après le souper, sa famille à danser et à se réjouir : croyant, dit-il, qu'un cœur enjoué et content était la meilleure espèce de remerciements qu'un paysan sans instruction pouvait offrir au ciel —

— Et aussi un savant prélat, dis-je.

LE CAS DE DÉLICATESSE.

Quand on a atteint le haut du mont Tarare, on descend ensuite jusqu'à Lyon — adieu alors à tout mouvement rapide ! On ne voyage plus qu'avec précaution, et les sentiments s'en trouvent mieux, de ne pas être menés si grand train : je fis donc marché avec un voiturin pour qu'il allât à sa guise avec une couple de mules, et me conduisît sain et sauf dans ma chaise à Turin par la Savoie.

Pauvre peuple, patient, paisible, honnête ! ne craignez rien. Votre pauvreté, le trésor de vos simples vertus, ne vous seront pas enviés par le monde, et il n'envahira point vos vallées. — Nature ! au milieu de tes désordres, tu es encore bienveillante dans ta parcimonie — Parmi tous les grands ouvrages dont tu t'entoures ici, il t'est resté peu à donner à la faux et à la faucille — mais à ce peu tu accordes sûreté et protection, et douces sont les demeures ainsi abritées !

Laissez le voyageur harassé exhaler ses plaintes des brusques détours et des dangers de vos routes — de vos rocs — de vos précipices — des difficultés de la montée — des horreurs de la descente — des montagnes impraticables — et des cataractes, qui roulent de grandes pierres de leurs sommets, et lui barrent le chemin. — Les paysans avaient été occupés toute la journée à écarter un fragment de cette espèce entre Saint-Michel et Modane ; et quand mon voiturin arriva à cet endroit, il fallait encore deux grandes heures de travail avant qu'on pût obtenir le moindre passage : il ne restait qu'à attendre avec patience — c'était une nuit pluvieuse et orageuse ; de sorte que pour cette raison, et à cause de l'encombrement de la route, le voiturier se vit forcé de s'arrêter cinq milles en deçà du lieu de sa station, à une espèce de petite auberge assez décente sur le bord du chemin.

Je pris sur-le-champ possession de ma chambre — fis faire un bon feu — commandai à souper ; et je remerciais le ciel de n'être pas plus mal — quand arriva une voiture avec une dame et sa femme de chambre.

Comme il n'y avait pas d'autre pièce à lit dans la maison,

l'hôtesse, qui n'y regardait pas de si près, les amena dans la mienne — leur disant, au moment où elle les faisait entrer, qu'il n'y avait personne dedans, qu'un monsieur anglais — qu'il y avait dans la chambre deux bons lits, et un cabinet qui en contenait un troisième — Le ton dont elle parla de ce troisième lit ne disait pas grand'chose en sa faveur — Néanmoins, continua-t-elle, il y avait trois lits, et seulement trois personnes — et elle osait dire que ce monsieur ferait tout au monde pour arranger les choses. — Je ne laissai pas à la dame le temps de faire ses conjectures à ce sujet — et je déclarai à l'instant que je ferais tout ce qui serait en mon pouvoir.

Comme cette déclaration n'allait pas jusqu'à un abandon absolu de ma chambre à coucher, je m'en sentis toujours assez le propriétaire, pour avoir le droit d'en faire les honneurs — j'engageai donc la dame à s'asseoir — l'obligeai de prendre la place la plus chaude — demandai plus de bois — invitai l'hôtesse à augmenter le menu, et à nous favoriser de son meilleur vin.

La dame se fut à peine chauffée pendant cinq minutes, qu'elle se mit à retourner la tête et à porter ses regards sur les lits; et plus elle jetait les yeux de ce côté, plus ils en revenaient inquiets — je souffrais pour elle — et pour moi-même; car, au bout de quelques minutes, tant par ses regards que par le fait lui-même, je me trouvais aussi embarrassé qu'elle pouvait l'être.

Que les lits où nous devions coucher fussent dans une seule et même chambre, c'était déjà assez par soi-même pour occasionner tout ceci — mais leur position (car ils étaient parallèles, et tellement rapprochés l'un de l'autre, qu'il ne restait de place entre eux que pour une petite chaise d'osier) rendait l'affaire encore plus pénible — De plus, ils étaient établis auprès du feu, et l'avance de la cheminée d'une part, et de l'autre une grande poutre qui traversait la pièce leur formaient une espèce de réduit qui n'était nullement favorable à la délicatesse de nos sensations — Si quelque chose avait pu ajouter à l'embarras, c'était que les deux lits étaient si étroits l'un et l'autre, qu'ils interdisaient toute idée de faire coucher ensemble la maîtresse et la suivante : si c'eût été faisable, n'importe dans lequel, mon voisinage du lit, sans être une chose à désirer, n'avait rien de si terrible que l'imagination ne pût passer outre sans tourment.

Quant à la petite pièce attenante, elle nous offrait peu ou point de consolation ; c'était un cabinet humide et froid, avec un volet à moitié démantibulé et une fenêtre qui n'avait ni vitres, ni papier huilé pour repousser la tempête de la nuit. Je n'essayai pas d'étouffer ma toux quand la dame y jeta un coup d'œil ; par conséquent, cela réduisait le cas à cette alternative — ou que la dame sacrifiât sa santé à ses scrupules, prît elle-même le cabinet et abandonnât à sa femme de chambre le lit voisin du mien — ou que cette fille prît le cabinet, etc., etc.

La dame était une Piémontaise d'environ trente ans, les joues brillantes de santé. La femme de chambre était une Lyonnaise de vingt, et aussi vive et éveillée que pas une fille française — Il y avait des difficultés de tout côté — et la pierre qui nous avait barré la route et mis dans cet embarras, toute grande qu'elle paraissait tandis que les paysans l'écartaient, n'était qu'un caillou auprès de celle qui se trouvait maintenant sur notre chemin —

J'ai simplement à ajouter, que ce qui ne diminuait pas le

poids qui accablait nos esprits, c'est que nous étions l'un et l'autre trop délicats pour nous communiquer réciproquement ce que nous éprouvions à cette occasion.

Nous nous mîmes à table ; et si nous n'avions pas eu à souper de vin plus généreux que n'en pouvait fournir une petite auberge de Savoie, nos langues auraient été enchaînées jusqu'à ce que la nécessité même les mît en liberté — mais la dame ayant quelques bouteilles de vin de Bourgogne dans sa voiture, en envoya chercher une couple par sa femme de chambre : de façon que lorsque le souper fut fini, et que nous fûmes laissés seuls, nous nous sentîmes inspirés par une force d'âme suffisante pour parler, du moins, sans réserve, de notre situation. Nous la retournâmes dans tous les sens, et la débattîmes, et la considérâmes sous tous ses points de vue dans le cours de deux heures de négociation, au bout desquelles les articles furent définitivement arrêtés et stipulés entre nous, dans la forme et manière d'un traité de paix — et, je crois, avec autant de religion et de bonne foi de part et d'autre, que dans aucun traité qui ait encore eu l'honneur d'être transmis à la postérité.

Voici quels étaient les articles :

1° Comme la chambre à coucher appartient à Monsieur — et qu'il pense que le lit voisin du feu est le plus chaud, il exige une concession de la part de Madame ; c'est qu'elle le prendra.

Accordé du côté de Madame, avec cette stipulation que, comme les rideaux de ce lit sont de coton mince et transparent, et paraissent en outre trop étroits pour se joindre, la femme de chambre les fermera, soit avec de grosses épingles, soit avec une aiguille et du fil, de manière à ce qu'ils soient jugés une barrière suffisante du côté de Monsieur.

2° Il est demandé de la part de Madame que Monsieur couche toute la nuit dans sa robe de chambre.

Rejeté : attendu que Monsieur ne possède pas de robe de chambre ; n'ayant dans son portemanteau que six chemises et une culotte de soie noire.

La mention de la culotte de soie motiva un changement total de l'article — car la culotte fut acceptée comme un équivalent de la robe de chambre ; il fut donc stipulé et convenu que je garderais toute la nuit ma culotte de soie noire.

3° Il était exigé et stipulé par Madame, qu'après que Monsieur serait au lit et la chandelle et le feu éteints, Monsieur ne prononcerait pas un seul mot de toute la nuit.

Accordé ; pourvu que les prières dites par Monsieur ne fussent pas regardées comme une infraction au traité.

Il n'y avait qu'un seul point d'oublié dans ce traité, c'était la manière dont la dame et moi serions obligés de nous déshabiller et de nous mettre au lit — il n'y avait qu'un moyen de le faire, et je le laisse à trouver aux lecteurs ; protestant, toutefois, que s'il n'est pas le plus délicat du monde, c'est la faute de leur imagination — dont ce n'est pas la première fois que j'ai à me plaindre.

Or, quand nous fûmes au lit, était-ce la nouveauté de la situation, ou toute autre chose, je ne sais ; mais tant il y a que je ne pus fermer l'œil : j'essayai d'un côté, et puis de l'autre, je me tournai et me retournai, jusqu'à plus d'une heure après minuit ; et alors, la nature et la patience étant à bout — ô mon Dieu ! m'écriai-je —

— Vous avez violé le traité, Monsieur, dit la dame, qui n'avait pas plus dormi que moi. — Je demandai mille pardons — mais je prétendis que ce n'était rien de plus qu'une éjaculation — Elle soutint que c'était une rupture complète du traité — Je soutins que le cas était prévu dans la clause du troisième article.

La dame ne voulut céder en aucune façon, quoiqu'elle affaiblît par là sa barrière ; car, dans la chaleur de la discussion, j'entendis deux ou trois grosses épingles tomber du rideau à terre.

Sur ma parole et mon honneur, Madame, dis-je, étendant mon bras hors du lit, en signe d'affirmation —

— (J'allais ajouter que pour rien au monde, je n'aurais voulu transgresser la moindre idée de décorum) —

— Mais la femme de chambre ayant entendu que nous nous prenions de paroles, et craignant qu'il ne s'ensuivît des hostilités, s'était glissée silencieusement hors de son cabinet, et, comme il faisait tout à fait obscur, était venue furtivement si près de nos lits, qu'elle était entrée dans l'étroit passage qui les séparait, et s'était avancée au point d'être sur la même ligne que sa maîtresse et moi —

De façon que, lorsque j'étendis la main, je saisis la femme de chambre par —

FIN DU VOYAGE SENTIMENTAL.

LETTRES
D'YORICK A ÉLIZA

LETTRE I.

Eliza recevra mes livres avec ce billet — Les sermons sont sortis tout brûlants du cœur; je voudrais que cela pût leur donner quelque titre pour être offerts au vôtre; le reste est sorti de la tête — je suis plus indifférent sur sa réception. —

Je ne sais comment cela se fait, mais je suis à moitié amoureux de vous — Je devrais l'être tout à fait; car je n'ai jamais estimé, ni vu plus de bonnes qualités à estimer, ni pensé plus de bien de personne de votre sexe que de vous — Là-dessus, adieu.

A vous fidèlement, sinon tendrement.

L. STERNE.

Elizabeth Draper, femme de Daniel Draper, chef de la factorerie anglaise à Surate. (*Note du Traducteur.*)

LETTRE II.

Je ne puis être en repos, Eliza, quoique je doive aller chez vous à midi et demi, tant que je ne saurai pas comment vous êtes — Puisse ton visage chéri sourire à ton lever, comme le soleil de ce matin ! J'ai été bien peiné hier d'apprendre votre alarmante indisposition, et bien désappointé aussi de n'être point reçu —« Souvenez-vous, ma chère, qu'un ami a les mêmes droits qu'un médecin. » — L'étiquette de cette ville (direz-vous) parle autrement ; n'importe, la délicatesse et la convenance ne consistent pas toujours dans l'observation de sa froide doctrine.

Je sors pour déjeuner, mais je serai chez moi à onze heures ; j'espère alors trouver une seule ligne de ta main, qui m'apprenne que tu es mieux, et que tu seras bien aise de voir

Ton Bramine.

Neuf heures.

LETTRE III.

J'ai reçu ta lettre hier au soir, Eliza, à mon retour de chez lord Bathurst, où j'ai dîné, et où j'ai été écouté (parlant de toi toute une heure de suite) avec tant de plaisir et d'attention, que le bon vieux lord a porté ta santé à trois reprises différentes, et quoiqu'il soit dans sa quatre-vingt-cinquième année, il dit qu'il espère vivre assez pour être présenté comme un ami à ma belle élève indienne, et pour la voir éclipser toutes les autres femmes de Nabab par ses richesses, comme elle fait déjà par ses qualités extérieures, et (ce qui vaut bien mieux) par ses qualités intérieures — Je l'espère aussi.

Ce seigneur est un vieil ami à moi. Vous savez qu'il a toujours été le protecteur des gens d'esprit et de talent, et qu'il avait toujours à sa table Addison, Steele, Pope, Swift, Prior, etc. — La manière dont ses rapports avec moi commencèrent fut aussi singulière que polie : il vint à moi un jour que j'étais à la cour de la princesse de Galles — « J'ai besoin de vous connaître, monsieur Sterne ; mais il est convenable que vous sachiez aussi qui est celui qui désire d'avoir ce plaisir. Vous avez entendu parler, continua-t-il, d'un vieux lord Bathurst sur qui vos Pope et vos Swift en ont tant chanté et tant dit ; j'ai passé ma vie avec des génies de cette trempe, mais je leur ai survécu ; et désespérant de jamais trouver leurs égaux, il y a quelques années que j'avais arrêté mes comptes et fermé mes livres, dans la pensée de ne plus jamais les rouvrir ; mais vous avez allumé en moi le désir de les ouvrir encore une fois avant ma mort, ce que je fais en ce moment. — Venez donc dîner avec moi. »

Ce seigneur, dis-je, est un prodige ; car, à quatre-vingt-cinq ans, il a tout l'esprit et toute la vivacité d'un homme de trente — une disposition à se plaire auprès des autres, et le talent de leur plaire, au delà de tout ce que j'ai connu ; ajoutez à cela de l'instruction, de la politesse et du cœur — Il a eu une extrême satisfaction à m'entendre parler de toi, Éliza ; car il n'y avait avec nous qu'une troisième personne, et sensible aussi — et nous avons passé, jusqu'à neuf heures, l'après-dînée la plus sentimentale. Mais, Éliza, tu étais l'étoile qui guidais et éclairais l'entretien ! et quand je ne parlais pas de toi, tu remplissais toujours mon âme, et tu échauffais chaque pensée que j'émettais ! car je ne rougis pas de reconnaître que tu me fais grandement faute — ô la meilleure de toutes les bonnes filles ! les souffrances que j'ai endurées toute la nuit par rapport à toi, Éliza, sont au-dessus de ce que je puis dire. — Assurément le ciel nous donne une force proportionnée au poids dont il nous charge — tu as été courbée, mon enfant, sous tous les fardeaux que l'affliction du cœur et les peines du corps peuvent imposer à une pauvre créature — et pourtant tu me dis que tu commences à être plus à l'aise, que ta fièvre est partie — que tes maux de cœur, que ta douleur de côté disparaissent aussi — Puissent ainsi disparaître tous les maux qui traversent le bonheur d'Éliza, ou qui seulement éveillent pour un instant ses craintes ! Ne crains rien, ma chère ; espère tout, et le baume de ce sentiment répandra son influence sur ta santé, et te fera puiser à une source de jeunesse et de gaieté, plus abondante que celle dont tu as à peine goûté jusqu'ici.

Et ainsi tu as fixé le portrait de ton Bramine au-dessus de ton pupitre, et tu le consulteras dans tous tes doutes et embarras ? — Reconnaissante et bonne fille ! Yorick sourit de contentement à tout ce que tu fais ; son portrait ne rend pas justice à son air satisfait. —

Ton charmant petit plan et la distribution de ton temps, comme ils sont dignes de toi ! vraiment, Éliza, tu ne me laisses rien à diriger ; tu ne me laisses rien à requérir, rien à demander, que la continuation de cette conduite qui a gagné mon estime, et qui m'a fait ton ami pour jamais.

Puissent les roses revenir vite à tes joues et les rubis à

tes lèvres ! Mais crois-en ma parole, Éliza, ton mari (s'il est bon et sensible, comme je le désire) te pressera contre lui avec plus d'honnête chaleur et d'affection, et baisera ton pauvre visage pâle et défait avec plus de transports qu'il ne serait capable de le faire si tu étais dans toute la fleur de ta beauté — et il le doit, ou je le plains — il faut qu'il ait d'étranges sentiments, s'il ne comprend pas la valeur d'une créature telle que toi !

Je suis charmé que miss Light aille avec vous, elle pourra vous adoucir bien des moments pénibles. — Je suis charmé aussi que vos passagers soient de bonnes gens — vous pourriez moins que personne vous accommoder à ce qui est contraire à votre nature, qui est douce et facile, Éliza ; elle civiliserait des sauvages ; pourtant ce serait dommage que vous fussiez souillée au contact. —

Comment peux-tu demander pardon de ta dernière lettre ! elle est délicieuse pour moi par les raisons mêmes dont tu l'excuses. — Ne m'en écris que de telles, mon enfant ; qu'elles témoignent de la douce insouciance d'un cœur qui s'ouvre n'importe quand et comment, à un homme à qui vous devez de l'estime et de la confiance. — C'est ainsi, Éliza, que je t'écris, et c'est ainsi que je vivrais toujours avec toi, sans le moindre artifice, avec la plus vive affection, si la Providence permettait que tu habitasses la même section du globe ; car je suis tout ce que l'honneur et l'affection peuvent me rendre,

Ton BRAMINE.

LETTRE IV.

J'écris ceci, Éliza, chez M. James, pendant qu'il s'habille, et que sa femme, la chère enfant, vous écrit à côté de moi — J'ai reçu votre triste billet avant que nous nous missions à table ; il est triste en effet, ma chère, d'apprendre de si fâcheuses nouvelles de ta maladie ; tu étais assiégée déjà d'assez de maux, sans cette autre surcharge. — Je crains qu'elle n'affaisse ta pauvre âme et ton corps à n'en pas revenir — Que le ciel te donne du courage ! nous n'avons fait que causer de toi, Éliza, et de tes douces vertus, et de ta conduite admirable, toute l'après-dînée.

Mistress James et ton Bramine ont mêlé cent fois leurs larmes en parlant de tes peines, de ta bonté, de tes grâces ; c'est un sujet qui n'aura jamais de fin entre nous — Oh ! elle est bonne et aimante !

Les —, par le ciel, sont indignes ; j'en ai appris assez pour frémir à leur nom seul : — Comment avez-vous pu, Éliza, garder d'eux des impressions le moins du monde favorables en les quittant, ou plutôt en les laissant partir ? Je t'en ai dit assez pour te pénétrer d'horreur contre leur trahison envers toi, jusqu'à la dernière heure de ta vie ; et pourtant tu as dit en dernier lieu à mistress James que tu crois qu'ils t'aiment tendrement — Ses ménagements pour mon Éliza, et ses égards véritables pour ta tranquillité d'esprit, t'ont épargné d'entendre des preuves plus éclatantes de leur bassesse. — Pour l'amour de Dieu, ne leur écris pas, ne prostitue pas tes jolis caractères à ces cœurs pollués. — Ils t'aiment ! — La preuve ? — sont-ce leurs actions qui le disent ? ou leur zèle pour les attachements qui te font honneur et te rendent heureuse ? ou leur sollicitude pour ta réputation? Non; mais ils *pleurent* et disent de *tendres choses.* — Adieu pour jamais à de telles gens.

— Le cœur honnête de mistress James se révolte à l'idée seule de leur rendre une visite. Je l'honore, et t'honore aussi pour presque chaque acte de ta vie ; mais j'en excepte cette étrange partialité pour un être qui en est indigne.

Pardonne à mon zèle, chère fille, et accorde-moi un droit qui ne prend naissance que dans ce fonds d'affection que j'ai et que je conserverai pour toi, jusqu'à l'heure de ma mort — Considère, Eliza, quels sont mes motifs en te donnant perpétuellement des avis ; vois si j'en puis avoir aucun qui ne vienne d'où je t'ai dit. Je pense que vous êtes une très-digne personne, et qu'il ne vous manque que de la fermeté et une meilleure opinion de vous-même, pour être le meilleur caractère de femme que je connaisse. Je voudrais pouvoir vous inspirer un peu de cette vanité dont vos ennemis vous accusent (quoique pour moi elle n'ait jamais été visible), parce que je crois que, dans un esprit bien guidé, elle doit produire de bons effets.

Probablement je ne vous reverrai plus ; mais je me flatte que vous penserez quelquefois à moi avec plaisir, car vous devez être convaincue que je vous aime, et que je m'intéresse tellement à votre bonne conduite, que j'aimerais mieux apprendre qu'il vous est arrivé n'importe quel malheur, que de savoir que vous vous êtes manqué de respect à vous-même. Je n'ai pas eu la force de re-

retenir dans mon cœur cette remontrance — la voilà dehors — adieu donc que le ciel veille sur mon Eliza!

A toi, YORICK.

LETTRE V.

A qui Eliza devait-elle s'adresser dans ses embarras, si ce n'est à l'ami qui la chérit? pourquoi donc, ma chère, vous excuser de m'employer? Yorick s'offenserait, et avec raison, si jamais vous donniez à un autre des commissions dont il pourrait s'acquitter — J'ai vu Zumps — et d'abord, votre piano-forte doit être accordé d'après la corde basse du milieu de votre guitare qui est C. — Je vous ai eu un marteau aussi, et une paire de pinces pour tortiller vos cordes de métal; et puisse chacune d'elles, ma chère, faire vibrer un doux espoir dans ton âme !

Je vous ai fait l'emplette de dix beaux clous à crochet en cuivre pour suspendre vos affaires : j'en avais acheté douze, mais je vous en ai volé deux pour les mettre dans ma petite chambre à Coxwould. Je n'accrocherai ni ne décrocherai jamais mon chapeau sans penser à vous. J'ai acheté en outre une couple de clous à crochet en fer, sur lesquels on peut plus compter que sur le cuivre pour les globes —

J'ai écrit aussi à M. Abraham Walker, pilote à Deal, pour le prévenir que j'avais envoyé ces objets dans un paquet à lui adressé, que je le priais de réclamer, dès que la voiture de Deal arriverait — Je lui ai de plus donné mes instructions au sujet de l'espèce de fauteuil dont vous auriez besoin, et je l'ai invité à acheter le meilleur que pourrait fournir Deal, et à le mettre avec le paquet dans le premier bateau qui partirait. — Je voudrais être à même, Eliza, de pourvoir à tous tes besoins, et à tous tes désirs ! ce serait un bonheur pour moi —

Le journal est ce qu'il doit être, sauf son contenu — Pauvre chère patiente créature : je fais plus que de vous plaindre ; car il me semble que je perds ma fermeté et ma philosophie quand je me représente vos peines ; — ne pensez pas que j'aie parlé hier au soir avec trop d'âpreté des — ; ce n'était pas sans raison, et d'ailleurs, un bon cœur n'en devrait pas aimer un mauvais ; et en vérité, il ne le peut pas ; mais adieu à ce sujet désagréable —

J'ai été ce matin voir mistress James ; elle t'aime tendrement et sans feinte ; elle est alarmée de ton état ; elle dit qu'en partant tu avais l'air toute malade et toute triste ; — elle te plaint — Je lui rendrai visite tous les dimanches tant que je serai en ville. —

Comme cette lettre peut être ma dernière, je te dis adieu avec ferveur ; puisse le Dieu de bonté être bon pour toi, et se montrer ton protecteur, maintenant que tu es sans défense ! et, pour ta consolation journalière, porte en ton cœur cette vérité, « que quelle que soit la mesure de chagrin et d'infortune qui te tombe en partage, tu en seras dédommagée dans une mesure égale de bonheur, par l'être que tu as sagement choisi pour ton éternel ami. » —

Adieu, adieu, Eliza ! tant que je vivrai, compte sur moi comme sur le plus chaud et le plus désintéressé de tes amis terrestres.

YORICK.

LETTRE VI.

Ma très-chère Éliza,

J'ai commencé ce matin un nouveau journal : vous le verrez, car si je ne vis pas jusqu'à ce que vous reveniez en Angleterre, je vous le léguerai : c'est une page attristante, mais j'en écrirai de gaies ; et si je pouvais t'écrire, mes lettres aussi seraient gaies ; mais il t'en parviendra peu, j'ai peur ! Cependant, compte que tu recevras quelque chose de ce genre à chaque courrier, jusqu'à ce que tu fasses signe de la main et que tu m'ordonnes de ne plus écrire —

Dites-moi comment vous allez, et quel degré de courage le ciel vous inspire : comment êtes-vous traitée, ma chère ? Avez-vous tout ce qu'il vous faut ? Griffonnez-moi tout et comme cela viendra. Attendez-vous à me voir à Deal avec les James, si vous y êtes retenue par les vents contraires. En vérité, Eliza, je volerais avec plaisir vers vous, si j'étais à même de vous rendre quelque service, ou de vous donner quelque marque d'amitié.

« Dieu bienveillant et miséricordieux, considère les angoisses d'une pauvre fille — fortifie-la et défends-la contre tous les chocs auxquels elle doit être exposée : elle est maintenant sans autre protecteur que toi ; sauve-la de tous les accidents d'un élément dangereux, et donne-lui du courage jusqu'au bout ! »

Ma prière, Eliza, est entendue ; car le ciel semble me sourire, au moment où je lève les yeux vers lui. Je sors à l'instant de chez notre chère mistress James, où voilà trois heures que je parle de toi — elle a votre portrait, et il est à son goût, mais Marcot et d'autres bons juges s'accordent à dire que celui que j'ai est meilleur, et qu'il annonce un plus charmant caractère ; mais qu'est-ce auprès de l'original ! — Pourtant je reconnais que son portrait est fait pour le monde, et que le mien ne doit plaire qu'à un ami très-sincère, ou à un philosophe sentimental. — Dans l'un vous êtes parée de sourires, et avec tous les avantages de la soie, des perles et de l'hermine ; dans l'autre, simple comme une vestale, et vous montrant bonne fille comme la nature vous a faite : ce qui pour moi donne une idée d'agrément plus dénué d'affectation, que mistress Draper vêtue pour des conquêtes en toilette de cour, le visage animé, et ses fossettes visibles.

Si je m'en souviens bien, Eliza, vous mîtes un soin plus qu'*ordinaire* à rassembler sur votre visage tous les charmes de votre personne, le jour où vous posâtes pour mistress James ; votre teint, aussi, brillait, vos yeux étincelaient de plus d'éclat que de coutume — Je vous demandai alors de venir simple et sans ornements quand vous poseriez pour moi ; sachant, moi qui vous vois d'un œil sans *préjugés*, que vous ne pouviez rien gagner à l'assistance du ver à soie, ni au lustre du bijoutier.

Laissez-moi vous répéter une vérité, que je crois avoir déjà dite. La première fois que je vous vis, je vous regardai comme un objet de compassion, et comme une femme fort ordinaire — votre genre de toilette, quoique à la mode, vous défigurait — mais rien à présent ne le pourrait faire, que l'envie de vous faire admirer comme une beauté — Vous n'êtes pas belle, Eliza, et votre figure n'est pas de nature à plaire à la dixième partie de ceux qui vous voient — mais vous êtes quelque chose de plus ; car je ne me fais pas scrupule de vous dire que je n'ai jamais vu de physionomie si intelligente, si animée, si bonne ; et il n'y a jamais eu, ni il n'y aura jamais d'homme sensé, tendre et sensible qui, au bout de trois heures de votre compagnie, ne soit devenu ou ne devienne votre admirateur et votre ami, c'est-à-dire, si vous ne prenez ou n'avez pris aucun caractère étranger au vôtre, et que vous vous soyez montrée la créature sans art que la nature a voulu faire. — Vous avez dans le regard et dans la voix un je ne sais quoi de plus persuasif qu'aucune femme que je connaisse par mes yeux, par les livres, ou par mes oreilles : — mais c'est une fascinante espèce de perfection sans nom, dont les hommes d'une *sensibilité exquise* peuvent seuls être touchés —

Si votre mari était en Angleterre, je lui donnerais volontiers cinq cents livres sterling, si on pouvait faire ce marché à prix d'argent, pour qu'il vous laissât passer deux heures par jour à côté de moi, pendant que j'écrirais mon *Voyage sentimental* — Je suis sûr que l'ouvrage s'en vendrait tellement mieux que je serais remboursé plus de sept fois d la somme.

Je ne donnerais pas neuf pence du portrait que les Newham ont fait faire de vous : c'est l'image d'une suffisante et franche coquette. Vos yeux, et la forme de votre visage (le plus parfait ovale que j'aie jamais vu), perfections qui doivent frapper le juge le plus indifférent, parce qu'elles sont égales à tout autre ouvrage de Dieu en ce genre, et plus belles que rien de ce que j'ai vu dans tous mes voyages, sont évidemment gâtés, les uns par leur regard affecté, l'autre par son étrange aspect qui tient à l'attitude de la tête, ce qui prouve le faux goût de l'artiste ou de votre ami.

Les — qui justifient le caractère que je leur ai jadis donné d'être harcelants et tenaces comme la poix ou la glu, ont annoncé par une carte à mistress — leur visite pour vendredi. — Elle a fait dire qu'elle était engagée — Alors ils la rencontreraient le soir au Ranelagh ; elle a répondu qu'elle n'y allait pas — Elle dit que si elle leur laisse prendre le moindre pied, elle ne pourra jamais se débarrasser d'eux, et elle est résolue à rompre tout d'un coup. — Elle les connaît ; elle sait qu'ils ne sont pas ses amis, ni les vôtres ; et le premier usage qu'ils feraient de leurs relations avec elle, serait de vous sacrifier à elle une seconde fois s'ils pouvaient.

Ne la laisse donc pas, ma chère, ne la laisse pas avoir plus d'amitié pour toi que tu n'en as toi-même : elle me demande de vous réitérer la prière de ne point leur écrire — ce serait lui faire, et à ton Bramine aussi, une peine inexprimable — Soyez certaine que tout ceci n'est pas sans raison de sa part ; j'ai les miennes aussi, et la première c'est que je serais affligé à l'excès si Eliza manquait du courage sur lequel Yorick a tant fondé d'espoir.

J'ai dit que je ne prononcerais plus leur nom : et si je n'en avais pas reçu comme une espèce d'ordre d'une chère femme qui vous aime, je n'aurais pas manqué à ma parole — Je t'écrirai encore demain, ô la meilleure et la plus captivante des filles ! je te souhaite une nuit paisible ; mon esprit sera près de toi à chaque heure de cette nuit. — Adieu.

LETTRE VII.

Je pense que vous ne pouviez pas agir autrement que vous n'avez fait avec le jeune militaire ; il n'y avait pas moyen de lui fermer la porte, soit comme politesse, soit comme humanité — Tu me dis qu'il paraît susceptible de tendres impressions, et qu'avant que miss Light ait été quinze jours en mer, il sera amoureux d'elle — Or, je pense qu'il est mille fois plus probable qu'il s'attachera à toi, Éliza, attendu que tu es mille fois plus aimable — Cinq mois avec Éliza, et dans la même chambre, et un amoureux fils de Mars en outre ! *ça pas se pouvoir, maître.* »

Le soleil, s'il pouvait l'éviter, ne luirait pas sur un tas de fumier ; mais ses rayons sont si purs, Éliza, et si célestes, que je n'ai jamais ouï dire qu'ils en aient été souillés — Il en sera tout juste ainsi des tiens, très-chère enfant, dans cette situation et dans toute autre semblable à laquelle tu seras exposée, jusqu'à ce que tu sois fixée pour la vie — Mais ta prudence, ta sagesse, ton honneur, l'esprit de ton Yorick et ton propre esprit, qui le vaut bien, seront tes conseillers les plus capables.

Sûrement à cette heure, il se fait quelque chose pour que tu sois plus commodément — mais pourquoi ne pas se contenter de laver et frotter, au lieu de peindre votre cabine puisqu'elle doit être tendue ? La peinture est si pernicieuse, tant pour les nerfs que pour les poumons, et elle vous privera si longtemps de votre chambre, où j'espère que vous passerez quelques-uns de vos plus heureux moments !

J'ai peur que ce que vous avez de mieux en passagers ne soit distingué que par contraste avec l'équipage auquel tu dois les comparer ; — il en a été ainsi, vous savez de qui, par suite de la même illusion de jugement, lorsque — mais je ne veux pas vous mortifier — S'ils sont convenables et réservés, c'est assez, et autant qu'on en puisse attendre ; s'il en est qui soient mieux, je m'en réjouis — Tu manqueras de toute assistance ; et il t'est dû d'en avoir — Prends seulement garde, ma chère, aux intimités ; — les bons cœurs sont ouverts, et s'y abandonnent naturellement — Que le ciel inspire au tien du courage, dans cette mortelle épreuve et dans toute autre !

O le meilleur des ouvrages du créateur ! Adieu — Aime-moi, je t'en conjure, et ne m'oublie jamais. Je suis, mon Éliza, et je serai toujours dans le sens le plus étendu,

Ton ami, YORICK.

P. S. Probablement vous aurez une occasion de m'écrire par quelque vaisseau hollandais ou français, ou bien des îles du Cap-Vert — Il me viendra une lettre de manière ou d'autre. —

LETTRE VIII.

MA CHÈRE ÉLIZA,

Oh ! votre cabine m'afflige, et la peinture fraîche suffira pour vous détruire tous les nerfs ; — rien de si pernicieux que le blanc de plomb. — Prenez soin de vous, chère fille, et n'y couchez pas trop tôt ; c'en serait assez pour vous donner une attaque d'épilepsie.

J'espère que vous aurez quitté le vaisseau, et que mes lettres pourront vous rencontrer et vous saluer au sortir de votre chaise de poste à Deal — Quand vous les aurez toutes, mettez-les, ma chère, un peu en ordre — les huit ou neuf premières sont numérotées ; le reste, je te l'ai écrit sans cette indication — mais tu t'y retrouveras au moyen du jour et de l'heure, que j'ai mis généralement en tête, je l'espère : quand elles seront réunies dans l'ordre chronologique, couds-les ensemble sous enveloppe — J'ai confiance qu'elles seront pour toi un refuge toujours prêt, et que de temps en temps (quand tu seras lasse des sots, et d'une conversation sans intérêt) tu t'y retireras, et causeras une heure avec elles et moi —

Je n'ai pas eu la force ni le cœur de viser à en animer aucune par un seul trait d'esprit ou de gaieté ; mais elles contiennent quelque chose de mieux, et que vous sentirez plus adapté à votre situation — une longue série d'avis, et de vérités instructives. — J'espère aussi que vous apercevrez dans chacune d'elles un cœur honnête dont les touches négligées en disent plus que les périodes les plus étudiées et donneront à ta confiance et à ta foi en Yorick une base plus solide que tout ce que pourrait fournir une éloquence apprêtée. — Appuie-toi donc de tout ton poids, Éliza, sur elles et sur moi.

« Puissent la pauvreté, la détresse, la douleur et la honte être mon partage, si jamais je te donne sujet de te repentir de m'avoir connu ! » —

Après cette protestation faite en présence d'un Dieu juste, je le prie de me traiter selon que j'en agirai candidement et honorablement avec toi. — Je ne voudrais pas t'égarer, Éliza ; je ne voudrais pas te faire tort dans l'opinion d'un seul individu, pour la plus riche couronne que porte le plus fier monarque —

Souvenez-vous que tant que j'aurai un souffle de vie, tout ce qui m'appartient, vous pouvez le dire et le croire à vous ; pourtant je serais fâché, à cause de votre délicatesse, que jamais mon amitié fût mise à une telle épreuve — L'argent et les jetons sont de même usage, à mon avis : ils servent également d'enjeu.

J'espère que vous répondrez à cette lettre ; mais si tu en es empêchée par les éléments qui t'entraînent, j'en écrirai une à ta place, et la sachant telle que tu l'aurais écrite, je la regarderai comme de mon Éliza —

Que l'honneur et le bonheur, que la santé et toutes les aises de la vie fassent voile avec toi, ô la plus digne des filles ! — Je veux vivre pour toi et pour ma Lydia ; être riche pour les chers enfants de mon cœur ; acquérir de la sagesse, acquérir de la réputation et du bonheur, pour partager avec toi et elle sur mes vieux jours —

Une fois pour toutes, adieu ; ménage ta vie, marche d'un pas ferme au but que nous avons marqué, et que rien ne te prive des facultés que le ciel t'a données pour te mener à bien. —

Que puis-je ajouter de plus dans l'agitation d'âme où je suis, et à cinq minutes du dernier coup de cloche du facteur, que de te recommander au ciel, et de me recommander moi-même au ciel avec toi dans la même fervente prière : « pour que nous puissions être heureux et nous revoir — sinon dans ce monde, du moins dans l'autre. »

Adieu : je suis à toi, Éliza, affectionnément et éternellement.

YORICK

LETTRE IX.

Plût à Dieu, Éliza, qu'il fût possible de remettre à une autre année le voyage aux Indes ; car je suis fermement persuadé au fond de mon cœur, que ton mari n'a jamais pu te limiter relativement au temps.

Je crains que M. B— n'ait exagéré les choses — Je n'aime pas sa physionomie ; elle est tout à fait tuante. S'il t'arrive malheur, de quoi n'aura-t-il pas à répondre ? Je ne connais pas d'être qui méritera plus de pitié, ou que je haïrai davantage : ce sera un proscrit, un étranger à jamais. Dans ce cas, je serai un père pour tes enfants, ma bonne fille ; ainsi ne te tourmente pas pour eux. —

Mais, Éliza, si tu es si malade, laisse là toute idée de retourner aux Indes cette année. — Écrivez à votre mari — dites-lui la vérité sur votre position — S'il est l'homme généreux et humain que vous dépeignez, il ne peut qu'applaudir à votre conduite. — Je tiens de bonne source que sa répugnance contre votre séjour en Angleterre vient uniquement de la frayeur qui lui est entrée dans l'esprit, que tu ne fasses des dettes en sus de ta pension, et qu'il n'ait à les acquitter — Qu'une telle créature soit sacrifiée à la piètre considération de quelques centaines de guinées, c'est par trop, par trop dur ! O mon enfant ! que ne puis-je convenablement l'indemniser, jusqu'à la dernière obole, de tout ce que tu lui as jamais coûté ! Je donnerais avec joie toute ma fortune ! oui, j'engagerais mes bénéfices, et je confierais aux trésors dont le ciel a garni ma tête le soin de ma subsistance future —

Vous devez, j'en conviens, beaucoup à votre mari ; vous

devez quelque chose aux apparences et à l'opinion du monde ; mais, croyez-moi, ma chère, vous vous devez aussi beaucoup à vous-même. Revenez donc de Deal, si vous continuez à être malade ; je vous donnerai des consultations gratis — vous n'êtes pas, à beaucoup près, la première femme à qui j'en ai donné avec succès —

Je ferai venir ma femme et ma fille, et elles vous emmèneront à la recherche de la santé à Montpellier, aux eaux de Baréges, de Spa, où tu voudras. Tu les dirigeras, et tu feras des parties de plaisir dans le coin du globe que ta fantaisie te désignera — Nous pêcherons sur les bords de l'Arno, et nous nous perdrons dans les charmants labyrinthes de ses vallées ; et alors tu devrais nous gazouiller, comme je te l'ai entendu faire une ou deux fois — « Je suis perdue, je suis perdue ; » mais nous te retrouverions, mon Éliza —

L'ordonnance de votre médecin était à peu près semblable à celle-ci : « Un exercice modéré, l'air pur du midi de la France, ou l'air plus doux de Naples, et la société de personnes bienveillantes et paisibles. » Homme sensé ! il lisait certainement dans votre cœur : il savait combien la médecine est trompeuse quand il s'agit d'une créature *dont la maladie n'est venue que des souffrances de l'âme.* — Je crains, ma chère, que ce ne soit qu'au temps que vous deviez avoir confiance, sur lui seul que vous deviez compter; puisse-t-il vous donner la santé que mérite une dévote si enthousiaste de cette charmante déesse !

Je vous honore, Éliza, de garder le secret sur des choses qui, expliquées, feraient votre éloge. Il y a une dignité dans l'affliction respectable, qui ne lui permet d'en appeler ni à la pitié, ni à la justice du monde. — Vous avez bien soutenu ce rôle, mon aimable et philosophe amie ! et vraiment, je commence à penser que vous avez autant de vertus que la veuve de mon oncle Toby — Je n'entends pas insinuer, friponne, que mon opinion n'est pas mieux fondée que la sienne sur mistress Wadman ; et je n'imagine pas qu'il soit possible à aucun *Trim* de me convaincre qu'elle est également fausse ; tant que j'aurai ma raison, du moins, je suis sûr que ce n'est pas possible.

A propos de veuves — je vous prie, Eliza, si jamais vous le devenez, ne songez pas à vous donner à quelque opulent Nabab ; car j'ai moi-même le dessein de vous épouser. — Ma femme ne peut pas vivre longtemps — elle a déjà usé toutes les provinces de France ; et je ne connais pas de femme que j'aimasse autant que vous pour la remplacer — Il est vrai que j'ai quatre-vingt-quinze ans au physique, et que vous n'en avez que vingt-cinq ; la différence est un peu forte ! mais ce qui me manque en jeunesse, je le compenserai par l'esprit et l'enjouement. Swift n'aima pas autant sa Stella, Scarrron sa Maintenon, ni Waller sa Sacharissa, que je t'aimerai et te chanterai, ô ma femme désignée ! — Tous ces noms, quelque éminents qu'ils aient été, feront place au tien, Éliza. Dites-moi, en réponse à ceci, que vous approuvez et honorez la proposition, et que, comme la maîtresse du Spectateur, vous auriez plus de joie à mettre à un vieillard sa pantoufle, qu'à devenir la compagne d'un homme gai, voluptueux et jeune — Adieu, ma Simplicia !

A vous, Tristram.

Ma chère Éliza,

J'ai été sur le seuil des portes de la mort : j'étais malade la dernière fois que je vous ai écrit, et j'en appréhendais les suites — Mes craintes n'étaient que trop fondées ; car dix minutes après l'envoi de ma lettre, la pauvre et frêle enveloppe d'Yorick a cédé, je me suis rompu un vaisseau dans la poitrine, et n'ai pu arrêter la perte de sang qu'à quatre heures du matin. — J'en ai rempli tous tes mouchoirs des Indes : il venait, je pense, de mon cœur. Je me suis endormi de faiblesse. A six heures, je me suis éveillé, le devant de ma chemise trempé de larmes. — J'avais rêvé que j'étais assis sous le dais de l'indolence, et que tu entrais dans la chambre un schall à la main, et que tu me disais que mon esprit avait volé vers toi dans les Dunes, t'apportant la nouvelle de mon sort ; et que tu étais venue pour m'administrer les consolations que pouvait offrir l'affection filiale, et pour recevoir mon dernier soupir et ma bénédiction — Là-dessus, vous m'avez entouré la taille de votre schall, et vous mettant à genoux, vous avez imploré mon attention — Je me suis éveillé ; mais dans quel état, ô mon Dieu ! — « Mais tu compteras mes larmes, et tu les recueilleras toutes dans ton flacon (1). » — Chère fille, je te vois : tu es à jamais présente à mon imagination, embrassant mes faibles genoux, et levant tes beaux yeux pour m'inviter à prendre courage ; et quand je parle à Lydia, les paroles d'Esaü, comme si tu les prononçais, retentissent perpé-

---

Psaume LV, vers. 8 et 9. (*Note du Traducteur*)

tuellement à mes oreilles. — « Bénissez-moi aussi, mon père » — Que la bénédiction t'accompagne, toi l'enfant de mon cœur ! —

Mon sang est tout à fait arrêté, et je sens le principe de la vie redevenu fort en moi: ainsi ne sois point alarmée, Eliza; je vois que j'irai bien. J'ai déjeuné avec appétit; et je t'écris avec un plaisir dû aux pressentiments de mon imagination qui m'annoncent que tout se terminera à la satisfaction de notre cœur.

Soutiens sans cesse ton courage avec la persuasion que « le meilleur des êtres (comme tu l'as exprimé d'une manière charmante) n'a pas pu, par une combinaison d'accidents, produire un tel enchaînement de circonstances, uniquement pour causer le malheur de la personne principale qui s'y trouve engagée. » — L'observation était très-applicable, très-bonne et très-élégamment exprimée: je souhaite que ma mémoire ait rendu justice aux termes.

Qui vous a enseigné l'art d'écrire avec tant de charmes, Éliza? vous l'avez positivement élevé au rang d'une science — Quand je manquerai d'argent comptant, et que ma mauvaise santé ne permettra pas à mon génie de se déployer, j'imprimerai vos lettres sous le titre d'*Essais achevés, par une infortunée dame indienne*. — Le style en est neuf, et serait, presque sans autre mérite, une recommandation suffisante pour qu'elles se vendissent bien; mais leur bon sens, leur aisance et leur verve naturelles ne sauraient, je crois, être égalés dans cette section du globe, ni, j'en réponds, par aucune de vos compatriotes dans la vôtre. —

J'ai montré votre lettre à mistress B — et à la moitié

des lettrés de la ville : vous ne m'en voudrez pas, attendu que par là mon intention a été de vous faire honneur. — Vous ne pouvez vous imaginer combien vos productions épistolaires vous ont valu d'admirateurs à qui vos qualités extérieures sont inconnues. Je me demande seulement où tu as pu acquérir tes grâces, ton mérite, tes perfections ! dans une telle société ! après une telle éducation ! sûrement la nature s'est étudiée à prendre de toi un soin particulier ; car tu es, et non pas seulement à mes yeux, le meilleur et le plus beau de tous ses ouvrages. —

Et ainsi, c'est la dernière lettre que tu dois recevoir de moi ; car le *comte de Chatham* (1), à ce que je lis dans les papiers, est arrivé aux Dunes, et le vent, je vois, est favorable. Si cela est, femme bénie, reçois mon dernier, dernier adieu ! garde bien le souvenir de moi ; songe combien je t'estime, que dis-je, combien je t'aime tendrement, et quel prix j'attache à toi ! Adieu, adieu ! et avec mon adieu, laisse-moi te donner une règle infaillible de conduite, que tu as entendue de ma bouche sous mille formes, mais que je résume ici en un seul mot :

RESPECTE-TOI.

Adieu encore une fois, Éliza ! qu'aucune angoisse de cœur ne creuse de ride sur ton visage, jusqu'à ce que je te revoie ! qu'aucun doute, aucune appréhension ne trouble la sérénité de ton âme, ou n'éveille une pensée péni-

1 Nom du vaisseau qui partit de Deal le 3 avril 1767.

ble au sujet de tes enfants, car ils sont ceux d'Yorick, et Yorick est à jamais ton ami! —

Adieu, adieu, adieu. —

P. S. Souviens-toi que « l'espérance abrége tous les voyages en les adoucissant. » Ainsi tous les matins à ton lever, chante ma petite stance sur ce sujet avec la même dévotion qu'un hymne; et tu en déjeuneras de meilleur cœur. —

Que les bénédictions du ciel, le repos et Hygée t'accompagnent! Puisses-tu revenir bientôt, dans la paix et l'abondance, illuminer ma nuit! Je suis et serai le dernier à pleurer ta perte, et je veux être le premier à saluer ton retour et à m'en réjouir. —

Porte-toi bien !

FIN.

Paris. — Imp. E. Capiomont et V. Renault, .ue des Poitevins, 6.

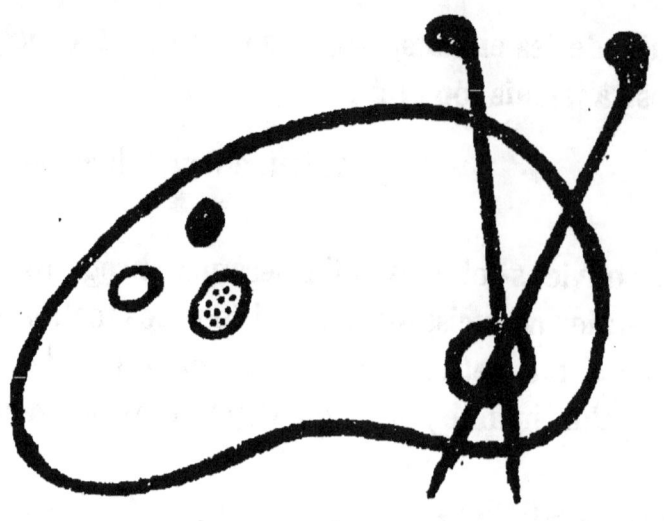

Original en couleur

NF Z 43-120-8

www.ingramcontent.com/pod-product-compliance
Lightning Source LLC
Chambersburg PA
CBHW072106220426
43664CB00013B/2013